福江充◉著

立山曼荼羅の成立と縁起・登山案内図

岩田書院

目　次

序 章　三禅定と木版立山登山案内図及び立山曼荼羅

はじめに

越中立山に関わる山岳宗教、いわゆる、「立山信仰」の内容が描かれた掛軸式絵画に「立山曼荼羅」と呼ばれるものがある。私の調査では、現在、全国各地に五二点の作品を確認している。

かつて筆者は、立山曼荼羅について、その画面には、立山の山岳景観を背景として、この曼荼羅の主題である「立山開山縁起」のいくつかの場面をはじめ、立山地獄の様子、阿弥陀如来と諸菩薩の来迎場面、立山山麓・山中の名所や旧跡、芦峅寺布橋灌頂会の様子などが、マンダラのシンボルの日輪（太陽）・月輪（月）や参詣者などとともに、巧みな画面構成で描かれていることを指摘した。

一方、別の視点で立山曼荼羅を見ていくと、その画面には立山連峰上空の天道や立山地獄谷の地獄道・餓鬼道・畜生道・阿修羅道、立山山麓の人道など、いわゆる六道の表現（六道絵）と、阿弥陀聖衆来迎の表現といった二つのモチーフが描かれており、したがってこれは、「六道絵＋阿弥陀聖衆来迎図」としても位置づけられることを指摘した。

このように立山曼荼羅を、縁起絵や、地獄絵・六道絵・十王図といったいわゆる地獄絵画として検討していくことは有意義であると思われるし、実際、平成一三年（二〇〇一）、筆者が富山県［立山博物館］の学芸員の時代に主務者として企画・開催した、同館開館一〇周年記念展『地獄遊覧—地獄草紙から立山曼荼羅まで—』では、鷹巣純氏とともに、六道絵や十王図などの絵画を中心に中世から近世にかけての日本の死後世界観イメージの展開を通覧し、立山曼荼羅を誕生させた視覚イメージの流れを検討している。その結果、立山曼荼羅を日本の地獄絵画の最終ランナーと位置づけた。

さて、こうした内容については、前掲企画展の解説図録(1)や、立山曼荼羅の画像の読み解き方を多面的に紹介した拙著『立山曼荼羅—絵解きと信仰の世界—』(2)に詳述しているので、興味がある方はそちらをご高覧いただきたい。

一方、本書はこれまでのアプローチとは異なり、立山曼荼羅がどのような時代環境や社会背景などから成立したのか、あるいは制作されたのかを論じたものである。そして、本書の内容は、筆者が先般上梓した『立山信仰と三禅定—立山衆徒の檀那場と富士山・立山・白山—』（岩田書院、二〇一七年）と連続するものである。同書は、立山信仰の伝播者たる芦峅寺衆徒の東海地方での檀那場形成と、その地域で盛んであった三禅定（富士山・立山・白山の三霊山巡礼）の習俗について、特に江戸時代の実態について考察したものである。そして両者が密接に結びついていたことも論じている。

本書では、江戸時代初期にはすでに行われていた芦峅寺衆徒の東海地方での檀那場形成及び廻檀配札活動、そしてそれと密接に結びついていた三禅定の習俗が、江戸時代初期から、芦峅寺一山の立山信仰世界を牽引するかたちで展開し、さらにその影響下で木版立山登山案内図と立山曼荼羅が成立したことを論証しようとするものである。そこで本章では、それを進める際の導入情報として、まずは江戸時代の立山信仰における、東海地方の檀那場及び三禅定の意義について整理しておきたい。

一　芦峅寺衆徒の東海地方での檀那場形成とその継続性

1　江戸時代初期における芦峅寺衆徒の東海地方での檀那場形成

立山衆徒の加賀藩領国内外での檀那場形成及び廻檀配札活動に関する史料には、芦峅寺一山会や芦峅寺雄山神社中宮祈願殿、岩峅寺雄山神社前立社壇、芦峅寺旧宿坊家、岩峅寺旧宿坊家、富山県［立山博物館］、栃木県文書館（大島延次郎家文書）などが所蔵する古文書史料群のなかに、檀那帳や廻檀日記帳・奉加帳・勧進記などが、多数見られる。

これらの史料のうち、立山衆徒の加賀藩領国外での檀那場形成に関する初見史料は、芦峅寺日光坊所蔵の慶長九年（一六〇四）の断簡文書である。同史料から、この頃すでに芦峅寺衆徒の日光坊や与十郎が、三河国設楽郡（月村など）や美濃国武儀郡（関村・生櫛村・笠神村）、尾張国知多郡（大里村・羽根村・日長村・大野村・鍛冶屋村、常滑の四村、阿野村、枳豆志の七村、椋原村）など、その規模は不明だが、東海地方に檀那場を形成していたことが確認できる。(3)

この日光坊については、天正一一年（一五八三）一一月二〇日付け「佐々成政の孀堂燈明銭寄進に対する芦峅中宮寺感謝状」(4)や天正一四年八月二日付け「佐々成政、日光坊宛寄進状」(5)などの史料から、慶長九年（一六〇四）以前の天正期に、越中国主佐々成政との直接的な関わりが見られ、芦峅寺一山のなかでも、とりわけ古参で最有力の宿坊衆徒であったことがわかる。なお、佐々成政は尾張国の土豪・佐々成宗の三男で、家督を継ぎ、比良城主（現在の名古屋市西区）となり、織田信長に仕えた人物である。したがって関係史料はないが、日光坊の東海地方での檀那場形成に、尾張国出身の佐々成政が何らかの意味を持っていたか否かが、気にかかるところである。

2　鈴木正三の著書に見る江戸時代初期・前期の東海地方からの立山参詣

江戸時代初期の曹洞宗の僧でかつ仮名草子作家の鈴木正三（一五七九～一六五五）は、三河国加茂郡足助庄の出身で、三河武士として徳川家康に従い、関ヶ原の合戦や大坂の陣で武功をあげて旗本になった人物である。のちに出家して曹洞宗の僧となった。

正三の語録『驢鞍橋』（慶安元年〈一六四八〉成稿、万治三年〈一六六〇〉刊行）[6]所収の立山地獄譚には、尾張国知多郡の七、八人が立山参詣をしたことが記されている。また、正三の作で弟子の義雲・雲歩が編纂した『因果物語』（寛文元年〈一六六一〉刊行）[7]所収の立山地獄譚には、寛永一六年（一六三九）のこととして、尾州山崎の同行一〇人の立山参詣や、慶安五年（一六五二）のこととして、尾州愛知郡星崎村彦十郎の白山・立山参詣や、元和年中（一六一五～一六二四）のこととして、東三川（東三河）貴雲寺の弟子の僧と同行五人の立山参詣などについて記されている。このように鈴木正三の著書から、江戸時代前期までにはすでに、尾張国・三河国の庶民層が立山参詣や白山参詣を行っていたことがわかる。さらにその場合、参詣者は同行一〇人、あるいは同行五人といった集団で行動しており、おそらくこれらの人々は、白山や富士山の御師との師檀関係、あるいは尾張国や三河国に当時すでに檀那場を形成していた芦峅寺日光坊などとの師檀関係を有していた可能性があろう。もっとも、正三自身も三河国の出身であり、彼の語った立山地獄譚の情報源が、同地で廻檀配札活動を行っていた芦峅寺衆徒そのものである場合も考えられる。

3　昭和時代の戦前まで続いた東海地方の檀那場

前述のとおり慶長九年（一六〇四）にはすでに、芦峅寺日光坊らが東海地方で檀那場を形成していたが、それ以降の檀那場形成状況は、関係の史料が江戸時代中期に入るまで見当たらず不明である。享保三年（一七一八）もしくは享保一三年に制作されたと考えられる檀那帳から、同時期に芦峅寺宝泉坊と推測される宿坊衆徒が、江戸と武蔵国で檀那場を形成していることがわかる(8)。また享保二〇年頃に制作されたと考えられる檀那帳から、同時期に、やはり宝泉坊と推測される宿坊衆徒が江戸・武蔵国・上総国・安房国・上野国で檀那場を形成していることがわかる(9)。

なお、これらの檀那帳においては、配札地の書き始めが、西国へ通じる陸海両路の江戸の玄関口である品川からであり、衆徒は尾張国・三河国を経由して、東海道を通って江戸に入ったものと考えられる。場合によっては東海道を船で移動することもあったと考えられる。宿坊名と年次が明確な事例としては、芦峅寺権教坊の寛保三年(一七四三)から延享五年(一七四八)までに作成された複数冊の檀那帳によって、権教坊衆徒が飛彈国・尾張国・伊勢国・三河国・遠江国・駿河国・相模国・武蔵国・上野国・信濃国・上総国・下総国・安房国・常陸国で檀那場を形成していたことがわかる(10)。そしてこの場合も、衆徒は廻檀配札の際に東海道経由で関東地方に移動していると考えられる。

このように江戸時代中期までには、芦峅寺衆徒の尾張国・三河国における檀那場経営が充実したものであったことは、享保年中に尾張国・三河国の信徒たちが、芦峅寺一山に対し、立山権現祭礼の湯立て神事に用いるための大釜を寄進している一件からもうかがわれる(11)。

江戸時代後期に入ると芦峅寺衆徒の東海地方での檀那場形成及び廻檀配札活動は頗る盛んであり、該当の芦峅寺衆徒には、日光坊・大仙坊・福泉坊・泉蔵坊・宝龍坊・宮之坊・吉祥坊・善道坊・権教坊ら九軒の宿坊衆徒が見られる。このように、芦峅寺衆徒にとって東海地方は、檀那場として中核的な場所であったことがわかる(12)。

さて、筆者が立山信仰関係の史料を管見する限り、芦峅寺衆徒の東海地方の檀那場に関する最後の檀那帳は、芦峅寺大仙坊の昭和一七年(一九四二)の愛知県の檀那帳である(13)。この大仙坊の宮司・佐伯幸長氏によると、昭和時代に入っても檀那場で廻檀配札活動を続けていた宿坊家は、大仙坊を含め、日光坊、善道坊、泉蔵坊の四軒だけとなり、いずれも愛知県に檀那場を保持していた。このなかの大仙坊が、前掲史料が示すように、昭和一七年(一九四二)まで続けていたのだという[14]。そうすると、先ほどの慶長九年(一六〇四)の檀那場形成から昭和一七年(一九四二)の最後の活動まで、檀那場の場所や規模、担当の宿坊家はさておき、単純に計算しても三三八年もの長期間、芦峅寺衆徒と東海地方の人々との師檀関係が続けられてきたということになる。おそらく芦峅寺衆徒が日本各地で形成してきた檀那場のなかでも、東海地方の檀那場は最も継続性が強い地域であったといえる。

二　芦峅寺衆徒の東海地方の檀那場と三禅定

筆者は近年、拙著『立山信仰と三禅定』(岩田書院、二〇一七年)において、立山信仰の伝播者たる芦峅寺衆徒の東海地方での檀那場形成と、その地域で盛んであった三禅定の習俗について、特に江戸時代の実態について考察した。この三禅定とは、富士山・立山・白山の三霊山を一度の旅で巡礼する、日本国内で最も壮大かつ苛酷な霊山・寺社の参詣旅行である。

延宝四年(一六七六)の尾張国知多郡小鈴谷村の盛田久左衛門著『三禅定之通』[15]は、三禅定の道程が当時すでに確立していたことを示す現存最古の史料である。なお、この史料からは、慶長九年(一六〇四)頃すでに、三河国設楽郡や、美濃国武儀郡、尾張国知多郡で檀那場を形成していた芦峅寺衆徒の日光坊の三禅定への関与もうかがわれる。

もっとも、のちの時期の享保期に転写された三禅定道道中記であれば、延宝期を遡る天正二年(一五七四)に原本が記されたという『三ツ山道中記』[16]が最古といえる。この道中記は愛知県知多郡美浜町布土上村の横田嘉左衛門家文書のうちの一冊で、同県常滑市大野町の松栄寺(天台宗)が天正二年に記した三禅定道中記を、のちの享保一二年(一七二八)に改め記したものである。本文中には松栄寺が立山禅定登山の際に芦峅寺の日光坊に二泊したことが記されている。この記載箇所は筆致や行間などから、おそらく成立当初の記載をそのまま転写した部分と思われる。したがって前掲の『三禅定之通』のようにリアルタイムの史料ではないものの、天正期には、宗教者によってすでに三禅定が行われていたことと、日光坊が三禅定に関わっていたことが推測される。

延宝期における三禅定の道者数が推測できる史料として、この他、「宝幡坊文書」(岐阜県白鳥町長滝・宝幡坊所蔵)所収「長瀧寺真鏡正編　下巻」の「荘厳講執事帳」延宝八年(一六八〇)の条[17]があげられる。それによると、同年中、七月二三日までに白山を参詣した道者は、三河国・尾張国からの道者で白山参詣のみの者が一二〇人〜一三〇人、遠江国からの三禅定道者が一五〇人、その他三河国・尾張国からの三禅定道者も多数見られ、これらを合わせて三五〇人余であったという。やはり、この史料からも延宝期における庶民層の三禅定の確立が見てとれる。そして三禅定の慣行は、とりわけ芦峅寺衆徒と密接に関わりながら、それ以後も明治時代後期まで継続した。

おそらく、延宝期以前から、芦峅寺日光坊などの衆徒が、三禅定をとりわけ東海地方で積極的に喧伝し続けてきたことによって、それまでは富士山だけ、あるいは白山だけの単独でしか参詣しなかった参詣者が、三禅定への認知度が次第に高まるとともに、それらを登り越えて三禅定の一霊場として立山にも参詣するようになったと考えられる。

さて、三禅定の道程の確立は、現代でいえば新幹線の循環路線が本州の中央部に確立したようなものである。それによって、立山(岩峅寺・芦峅寺)は富士山・白山とともに主要停車駅となったのである。その影響は単に参詣者の増減といった面にとどまらず、立山衆徒に優越意識をもたらしている。

芦峅寺衆徒や岩峅寺衆徒は、三禅定について次のように誇らし気に支配藩の加賀藩に上申している。『芦峅寺文書』の『一山旧記控』[18]によると、延宝二年(一六七四)、芦峅寺一山の衆徒・神主は支配藩の加賀藩に自山の由緒を説明したが、その際、「芦峅之庄立山中宮媼堂と申は日本三禅定之一山」と表現している。さらに同史料によると延宝五年、岩峅寺一山の衆徒も加賀藩に自山の由緒を説明したが、その際、立山を「日本三禅定之峯」と表現している。このように立山衆徒たちは支配藩の加賀藩に対して、立山及び自山が三禅定の一霊場であることを自分たちの権威づけに利用しているのである(19)。

さて、芦峅寺衆徒と東海地方の人々との間に江戸時代初期から徐々に師檀関係が結ばれ、さらに江戸時代前期に参詣のための路線が確立し、富士山や白山とともに立山も実際に訪れることを前提とした三禅定の習俗を通じて、その後も密接な繋がりを継続させていくのである。逆に三禅定の道程が江戸時代前期に確立したことによって、芦峅寺衆徒の日本各地の檀那場のなかでも、とりわけ東海地方の各地での檀那場形成が拡大していった。そして、江戸時代後期には九軒の宿坊衆徒が、縄張りを決めて檀那場を形成し、廻檀配札活動を行うに至った。

一方、江戸時代中期頃には、尾張国の檀那場は、芦峅寺衆徒が江戸など、東国へ布教圏を伸ばしていく際の重要な中継地となっている。おそらく、芦峅寺衆徒が諸国で形成した檀那場は、衆徒たちが廻檀配札活動を行いだした当初から、四方八方に無秩序に信仰圏を拡大させたものではなく、芦峅寺日光坊などによって飛騨街道を利用しての中部・東海地方の檀那場開拓・形成が先行的に行われ、さらに後発的な宿坊家も中継地として尾張国の檀那場を経由し、既存の三禅定の信仰圏を活用しながら、東海道を東進したものと思われる。それは、冬から春にかけて廻檀配札活動を行う芦峅寺衆徒にとって、天候の善し悪しの面でも合理的であった。その後、東海道筋と江戸の檀那場が確立すると、今度は北国街道や中山道を利用しての江戸までの檀那場も開拓されていったと考えられる。

さて、以上指摘したとおり、芦峅寺衆徒の東海地方の檀那場と三禅定は、江戸時代初期から昭和時代の長きにわたって、芦峅寺衆徒の立山信仰世界に大きな意味を持ち続けてきたと言える。

三　三禅定がもたらした立山山麓・山中の整備

天正一八年（一五九〇）、立山山麓の芦峅寺では、加賀藩初代藩主前田利家の命で、媼堂をはじめとする宗教施設の大がかりな修理が行われた[20]。さらに慶長一九年（一六一四）、前田利家夫人芳春院と加賀藩二代藩主前田利長夫人玉泉院が芦峅寺に参詣に訪れ、媼堂に仏具を寄進する他、媼堂の前の橋に布橋を掛け何らかの宗教儀式を行っている[21]。そしてその後も、加賀藩は寛文元年（一六六一）頃までたびたび芦峅寺一山の宗教施設を整備している[22]。

それとともに、加賀藩は立山峰本社や室堂及び諸末社など、立山山上・山中の宗教施設も整備している。具体的に見ていくと、加賀藩は立山峰本社を寛永一八年（一六四一）、寛文七年（一六六七）、正徳元年（一七一一）、宝暦五年（一七五五）に造営している[23]。また、室堂についても、元和三年（一六一七）に前田利長夫人の玉泉院が荒廃あるいは廃絶していた室堂を再興している[24]。

江戸時代初期の立山山中の状況については、高野靖彦氏の「近世立山名所の形成時期[25]」に次のように詳述されている。すなわち、元和七年（一六二一）の「末社因縁書上ル帳（控）[26]」によると、この頃、いちの谷・なかつ原・ち原・わしのいわ屋・ざい木坂・ゆのまた・ちの池・玉殿いわ屋が地名として記載されており、また、立山権現社の末社として、①谷の地蔵堂（九尺四方）、②池の地蔵堂（九尺）、③追分の地蔵堂（九尺四方）、④いちの谷の堂（九尺四方）、⑤なかつ原の堂（一間四方）、⑥不動堂の社とう（一間四方）、⑦不動堂の前堂（三間四方）、⑧からきのまへたちの堂（一間四方）、⑨ち原の堂（一間四方）、⑩ゆのまたの千じゅ堂（一間四方）、⑪ちの池の堂（一間四方）、⑫玉殿いわ屋内の堂（一間四方）、⑬玉殿いわ屋内の阿弥陀堂（九尺四方）、他の建築物として⑭大小屋（寸法記載なし）などが、記載されているという。

さらに、立山末社については、延宝五年(一六七七)の「岩峅寺高物成」[27]に「一、先年者八十末社、坊数七千ノ所二而御座候へ共、今程ハ六十六社、二十四坊二而御祈禱勤申候」とあり、延宝期には六六社が存在していることを加賀藩寺社奉行へ報告している。

こうした立山山麓・山中・山上の諸堂舎や登拝道の整備状況は、白山・立山・富士山を巡る三禅定の習俗とも連動するものであったと考えられる。三禅定は延宝期にはすでに豪農の間で確立しており、それ以降も道程などを拡大させながら庶民の間で日常的かつ継続的に行われていった。本州の中央部に三禅定の道程が確立し、主に東海地方から立山参詣者が安全に訪れることができるようになり、一方、三禅定の道者も含む各地からの立山参詣者に対応できるように、立山が次第に整備されていくといった相互の展開があった。

延宝六年(一六七八)以降に原図が成立した「越中国四郡絵図」(通称「延宝の国絵図」、金沢市立玉川図書館蔵)に、室堂や不動堂・祓堂などが描かれており[28]、やはり三禅定も含む立山参詣のかたちが、延宝期に確立していたものと考えられる[29]。さらに、「岩峅寺文書」所収の貞享三年(一六八六)「立山寄付券記」[30]に示されるように、貞享期や元禄期には、立山に心を寄せた藩領国内外の人々の寄進で、名所・施設の再興や新設、整備がさらに一段と進んでいる。これは延宝期以降、立山では三禅定の道者や六十六部廻国行者なども含む参詣者が、徐々に増加してたことによるものだと考えられる。

四　布橋灌頂会と東海地方の檀那場

1　江戸の檀那場における尾張国・三河国の大名と布橋灌頂会

江戸時代、立山は女人禁制の霊場であった。そこで山麓の芦峅寺では、男性の禅定登山と同義の儀礼として、村の閻魔堂・布橋・媼堂の宗教施設を舞台に、女性の浄土往生を願って「布橋大灌頂」の法会が開催された。この儀式は延享四年(一七四七)までにはすでに行われていた[31]。

地元宿坊衆徒の主催により、全国から参集した女性参詣者(実際は男性参詣者も参加していた)は閻魔堂で懺悔の儀式を受け、次にこの世とあの世の境界の布橋を渡り、死後の世界に赴く。そこには立山山中に見立てられた媼堂(芦峅寺の人々の山の神を根源とする媼尊が祀られている)があり、堂内で天台系の儀式を受けた。こうして全ての儀式に参加した女性は、受戒し血脈を授かり、男性のように死後の浄土往生が約束された[32]。

ところで幕末期に至ると、この布橋大灌頂は、三河国西尾藩松平(大給)家を檀家とした芦峅寺宝泉坊や、同国岡崎藩主の本多忠民を檀家とした芦峅寺吉祥坊らの江戸での勧進活動により、当時芦峅寺衆徒が執行した大施餓鬼・血盆納経式とともに、立山信仰ならではの女人救済儀礼として、庶民層にだけでなく、江戸城の関係者や諸大名家など近世身分制社会の最上級の人々にも認識されていた。第一三代将軍徳川家定の夫人の天璋院篤姫や第一四代将軍徳川家茂の夫人の皇女和宮をはじめ、多くの大奥女中、あるいは尾張名古屋藩徳川家などの諸大名家の藩主夫人や奥女中らも布橋大灌頂や血盆納経式に関心を示し、宝泉坊や吉祥坊に白布や金銭、立山曼荼羅などを寄進し、結縁している[33]。

さて、ここで着目すべきは、芦峅寺宿坊家の江戸の檀那場における上級身分の人々との師檀関係の構築には、尾張国や三河国の大名が軸になっている点である。

このように江戸時代、女性の参詣者で賑わった、あるいは上級身分の女性にも信仰された布橋大灌頂であったが、明治元年（一八六八）の神仏分離令及び廃仏毀釈の影響を受け、同年の開催を最後に廃止された(34)。

2　布橋灌頂会に必要な白布の量

布橋灌頂会に欠かせないのが、閻魔堂から布橋を経て媼堂まで敷き流す白布である。布橋灌頂会に関する史料から、それに必要な白布の量の記載を抜粋していくと、次のとおりである。

①延享　四年（一七四七）「芦峅寺衆徒・社人中から加賀藩寺社奉行所宛の書付」（芦峅寺衆徒・社人）（芦峅寺雄山神社所蔵）…一三六反。
②安永　四年（一七七五）「布橋灌頂会勧進記」（宝泉坊）（個人所蔵）…一三六反。
③安永　八年（一七七九）「芦峅媼堂大縁起」（日光坊）（個人所蔵）…一三六反。
④寛政　七年（一七九五）「立山御媼尊布橋施主帳」（大仙坊）（大仙坊所蔵）…一三六反。
⑤寛政　七年（一七九五）「立山御媼尊布橋布施主帳」（大仙坊）（大仙坊所蔵）…一三六反。
⑥寛政　七年（一七九五）「立山御媼尊布橋寄進帳」（相真坊）（岐阜県歴史資料館所蔵）…一三六反。
⑦文化　二年（一八〇五）「立山御媼尊荘厳施主帳」（善道坊）（富山県［立山博物館］所蔵）…三六〇反。
⑧文化一四年（一八一七）「芦峅中宮寺媼堂大縁起」（権教坊）（芦峅寺一山会所蔵）…一三六反。
⑨文政　三年（一八二〇）「御媼尊縁起」（宝伝坊）（芦峅寺一山会所蔵）…一三六反。
⑩文政　三年（一八二〇）「立山御媼尊別当奉加帳」（泉蔵坊）（半田市立博物館所蔵）…三六〇反。

⑪文政　六年（一八二三）「立山御媼尊別当奉加帳」（大仙坊）（国立国会図書館所蔵）…三六〇反。
⑫文政　六年（一八二三）～文政一二年（一八二九）「立山本地阿弥陀如来略記」（日光坊）（個人所蔵）…一三六反。
⑬文政期　「北国立山御媼堂別当奉加帳」（相善坊）（富山県［立山博物館］所蔵）…三六〇反。
⑭天保　二年（一八三一）「立山御媼尊布橋大灌頂勧進記」（善道坊）（富山県［立山博物館］所蔵）…三六〇反。
⑮天保一三年（一八四二）「諸堂勤方等年中行事外数件」（芦峅寺一山）（芦峅寺一山会所蔵）…三六〇反。
⑯天保一三年（一八四二）「立山御媼尊別当奉加帳」（大仙坊）（大仙坊所蔵）…一三六〇反。
⑰文久　四年（一八六四）「布橋灌頂会勧進記」（宝泉坊）（個人所蔵）…一三六〇反。
⑱元治　元年（一八六四）「布橋灌頂会勧進記」（宝泉坊）（個人所蔵）…一三六〇反。

以上の史料から白布の量の推移を見ていくと、延享四年（一七四七）以降、一三六反の記載が続き、早くは文化二年（一八〇五）に三六〇反の記載が見られるものの、概括的に見ると文政期の間に一三六反から三六〇反の記載へと切り替わっている。そして天保期は三六〇反の記載が続き、天保一三年（一八四二）に一三六〇反の記載が見られるようになると、以降、文久四年（一八六四）、元治元年（一八六四）と、一三六〇反の記載が続いている。

ところで、こうした一連の白布の量に関する記載に対し、文政一二年（一八二九）の芦峅寺一山『当山古法通諸事勤方旧記』(35)には、当時の布橋灌頂会に必要な準備として、「橋布、一山三十八軒ゟ壱反宛出ス事先例也。但シ、未出者損料として弐百文宛指出ス事」と記されている。この内容は、当時の布橋灌頂会で現実的に用いられた白布の量を示しており、大変重要である。前掲の「布橋灌頂会勧進記」などの史料に基づくと、当時は三六〇反の白布が用いられていたように思いがちだが、それに対し実際に芦峅寺一山で調達された白布は、三八軒の宿坊が義務として一軒あたり一反の白布を提出して集めた、合計三八反であった。もちろんこれは、一山の規約に基づいた最低限度の量であり、実際はこれよりは多少増えるであろう。ただし、それにしても前掲史料が示す一三六反や三六〇反、ましてや一三六〇反といった白布の量は、あまりにも多過ぎる。仮に三八反の白布が集まったとすると、一反は約一二・五メートルであるから、繋ぎ合わせると約四七五メートルの長さになる。閻魔堂から布橋を経て媼堂まで仮に一五〇メートル程の距離として、三列の白道を作っても充分足りるのである。

3　東海地方及び江戸の檀那場での白布の勧進とその意義

芦峅寺宿坊衆徒が文政七年(一八二四)に一同評議して定めた諸国廻檀の定書には、(36)廻檀仲間中として芦峅寺三三衆徒と五社人のうち、二六衆徒の連判しか見られず、そこに連判がない七衆徒と五社人は、当時何らかの理由で廻檀配札活動を行っていなかったと推測される。なお、連判の見られない宿坊衆徒は龍泉坊・浄光坊・教順坊・大乗坊・一相坊・正栄坊・宝珠坊であった。

廻檀配札活動を行っていた宿坊衆徒のうち、尾張国・三河国を中心とする東海地方で檀那場形成及び廻檀配札活動を行っていたのは、日光坊・大仙坊・福泉坊・泉蔵坊・宝龍坊・宮之坊・吉祥坊・善道坊・権教坊ら九軒の宿坊衆徒であった。(37)一方、江戸で檀那場形成及び廻檀配札活動を行っていたのは、宝泉坊・吉祥坊・実相坊・相栄坊ら四軒の宿坊衆徒であった。(38)

尾張国・三河国はそれぞれ知多木綿・三河木綿で知られる日本的な木綿の名産地であり、江戸はそれらの輸出先であった。このように芦峅寺衆徒の多くは、木綿の調達に実に有利な地域を選んで檀那場形成及び廻檀配札活動を行っていたのである。

右記の衆徒たちは檀那場で布橋灌頂会を喧伝しながら、檀家から金銭の寄進や布橋灌頂会の儀式で用いることを名目に白布の寄進を募った。ただし白布については、布橋灌頂会に必要な分は前述のとおり芦峅寺一山で概ね賄えているから（各宿坊家が一反ずつ提供して集まる最低三八反）、その勧進活動は実のところ各宿坊家が自坊の利益を積極的に増大させるために行っていたものである。

その際、薄利多売型の戦略をとる宿坊家と、高級感を売りにした戦略をとる宿坊家に分かれている。すなわち、寛政期から天保末期にかけては、大仙坊や泉蔵坊ら尾張国で檀那場を経営する複数の宿坊家が、同じ版木から摺った手軽な「布橋灌頂会勧進記」を携えて勧進活動を行っている。一方善道坊や宝泉坊らは、それぞれが独自に手書きで厚みと高級感のある「布橋灌頂会勧進記」を制作し、それを携えて勧進活動を行っている。

以下、「布橋灌頂会勧進記」のうち寄進を受けた白布の量が極端に多い例を数冊見ていくと、次のとおりである。

・芦峅寺善道坊の天保二年（一八三一）『立山御媼尊布橋大灌頂勧進記』[39]（富山県［立山博物館］所蔵）…三河国の宝飯郡・幡豆郡・渥美郡・設楽郡の村々から三六反。

・芦峅寺日光坊の弘化三年（一八四六）『立山御媼尊別当奉加勧進記』[40]（芦峅寺日光坊所蔵）…尾張国知多郡の村々から白布二五〇・五反、布団二枚。

・芦峅寺宝泉坊の元治元年（一八六四）「布橋大灌頂勧進記」[41]（芦峅寺宝泉坊文書）…江戸城本丸大奥、諸大名家、旗本らから一三二反。

このように、個々の宿坊家が、布橋灌頂会で実際に必要な白布の量ぐらいか、あるいはそれを遥かに超えるだけの勧進成果をあげているのである。

ところで衆徒たちが、檀那場で布橋灌頂会に関する勧進活動を行う場合、「布橋灌頂会勧進記」の文章のなかで決まって口にするのが、芦峅寺一山の役職である媼堂別当職を任せられたときの大変さである。

すなわち、芦峅寺一山の役職である嬶堂別当職は、三八軒の宿坊家が輪番制で順々に担当してきた。もしある宿坊家が当番になれば、その宿坊家はそれより一年間、芦峅寺一山の年中行事、そしてそのなかでも特に布橋灌頂会に対して、一山衆徒の中心者となって世話をしていかなければならなかった。もちろん白布などに対する金銭的な負担も、他家より多く負わなければならないとしている。その際、「布橋灌頂会勧進記」のなかでは、数年後に自坊に嬶堂別当職が回ってくるといった表現が必ずとられるが、前節の勧進記からその表現例を見ていくと、次のとおりである。

②宝泉坊「布橋灌頂会勧進記」…安永四年(一七七五)制作↓「来年」は安永五年(一七七六)で一年後。
④大仙坊「立山御嬶尊布橋施主帳」…寛政七年(一七九五)制作↓「来る未年」は寛政一一年(一七九九)で四年後。
⑥相真坊「立山御嬶尊布橋寄進帳」…寛政七年(一七九五)制作↓「来る未年」は寛政一一年(一七九九)で四年後。
⑦善道坊「立山御嬶尊荘厳施主帳」…文化二年(一八〇五)制作↓「来る巳年」は文化六年(一八〇九)で四年後。
⑩泉蔵坊「立山御嬶尊別当奉加帳」…文政三年(一八二〇)制作↓「来る戌年」は文政九年(一八二六)で六年後。
⑪大仙坊「立山御嬶尊別当奉加帳」…文政六年(一八二三)制作↓「来る戌年」は文政九年(一八二六)で三年後。
⑭善道坊「立山御嬶尊布橋大灌頂勧進記」…天保二年(一八三一)制作↓「来る午年」は天保五年(一八三四)で三年後。
⑯大仙坊「立山御嬶尊別当奉加帳」…天保一三年(一八四二)制作↓「来る辰年」は弘化元年(一八四四)で二年後。
⑱宝泉坊「布橋灌頂会勧進記」…元治元年(一八六四)↓「来る寅年」は慶応二年(一八六六)で二年後。

以上のとおり、「布橋灌頂会勧進記」の内容が檀那場で提示されてから嬶堂別当職に就任するまでの期間は、一年後から六年後までとさまざまであり、若干適当な感が否めない。ここで決定的に怪しいと思われるのは右記の④と⑥である。表紙はそれぞれ手書きで制作されているが、本文は同じ版木から摺られており、最後の年次と宿坊名のところだけは、それぞれが手書きもしくは当て木をして摺り込んでいる。本文中には、大仙坊と相真坊の両坊とも寛政七年（一七九五）の同年に媼堂別当職に就任すると述べている。したがってこの場合、どちらかが嘘をついているか、あるいは両坊とも嘘をついているかのいずれかである。

また、⑩文政三年（一八二〇）の泉蔵坊「立山御媼尊別当奉加帳」、⑪文政六年の大仙坊「立山御媼尊別当奉加帳」、⑯天保一三年（一八四二）の大仙坊「立山御媼尊別当奉加帳」の各勧進記については、表紙は各宿坊家で制作しているが、本文は同じ版木から摺られており、宿坊名と制作年次の部分だけを別の版木で摺り替えている。したがって、元版から摺られている媼堂別当職の就任年次については、全くいい加減な記載であると言える。

しかし、こうした事例も概して言えば、勧進活動における方便と言えよう。ましてや、いずれの宿坊家も、前述のとおり芦峅寺一山では概ね白布は賄われているのに、檀那場ではあえて「一三六反」とか「三六〇反」、あるいは「一三六〇反」などと極端な布の量を提示して、必要以上の勧進を行い、利益を得ているのである。

尾張国・三河国は木綿の日本的な名産地であり、江戸はその輸出先である。その木綿を勧進活動で有効に扱う方法を、尾張国や三河国及び江戸で檀那場を形成した芦峅寺衆徒たちは真剣に考えたに違いない。檀家が金銭はもちろん白布のほうが寄進しやすい名目に何があるかを考えたとき、まさに布橋灌頂会に対する結縁がそれであった。それが成立したとき、尾張国・三河国及び江戸は芦峅寺衆徒にとって最高の檀那場になった。

4　新川木綿と東海地方及び江戸の檀那場での白布の勧進

越中国の木綿布の生産・流通状況を見ていくと、加賀藩の安永・天明期の産業政策により、越中国新川郡では安永期頃から滑川・魚津・上市・三日市・入善・泊町などで白木綿の生産が行われた[42]。文化年間には信濃国松本方面に販路が開拓され、松本の木綿問屋が同業組合の「立山講」を作り（八〇余名の講員を組織する）、新川木綿（白木綿の布）の現金買いを行ったので、その生産・流通はますます盛況となった[43]。

ところで、かつて筆者は富山県小矢部市観音町に所在する真言宗観音寺の前庭に安置されている銅造地蔵菩薩半跏坐像の銘文から、芦峅寺教蔵坊の信濃国の檀那場を推測したことがある[44]。実はこの地蔵尊は、江戸時代までは芦峅寺閻魔堂の前庭に安置されていたもので、それが、明治初年の神仏分離令に基づく廃仏毀釈の影響を受け、観音寺に移遷されたものであった。この地蔵尊については、その蓮華座蓮弁に刻まれた銘文から、芦峅寺教蔵坊の衆徒照界が願主となり、文政八年(一八二五)七月に信州松本町立山講中から寄進されたものであることがわかる。地蔵尊には寄進者やその住所が数多く刻まれており、特に現在の松本市にあたる地域の寄進者は俗名と戒名を含めて一五九人であった。

このように、観音寺の銅造地蔵菩薩半跏坐像の銘文によって、芦峅寺教蔵坊の衆徒照界と松本の木綿問屋の同業組合「立山講」との接点が確認できるが、前述の文化年間における新川木綿の信濃国松本方面への販路開拓については、松本の木綿問屋の同業組合名が「立山講」と称するくらいであるから、おそらくは教蔵坊が新川木綿の問屋と松本の木綿問屋とを繋ぐような何らかの関与をしていたと考えられる。

さて、文政七年(一八二四)、高岡が加賀藩から綿取引の独占権を与えられ、加賀・能登・越中における唯一の綿場が設置された。高岡の綿問屋は関西地方から原綿を買い取り、北前船で高岡に運んだ。高岡で綿打ちをし、新川地方や能登地方、砺波地方の農家へ綿を卸した。そしてそこで綿が紡がれて綿糸となり機織されて白木綿に仕立てられた。そのなかでも、特に有名だったのが「新川木綿」である[45]。文政から天保期には新川木綿が加賀藩の主要産物になっており[46]、こうしたことと、「布橋灌頂会勧進記」において文政期に白布の反数の記載が「一一三六反」から「三六〇反」へと増加していくこととは、連動したものであろう。

このように、遅くとも文政期から天保期の間には新川木綿の生産・流通が確立しており、芦峅寺衆徒は、前述の教蔵坊の件などから考えても、布橋灌頂会に必要な白布を、全て地元の新川木綿で調達することができたであろう。そうすると、例えば前述のとおり、日光坊や善道坊が尾張国や三河国の檀那場で、あるいは宝泉坊が江戸の檀那場で檀家から大量の白布を寄進されても、わざわざそれを輸送経費をかけて国許に持ち帰ることはなかったであろう。おそらく檀那場で白布を売りさばいて金銭に換金したと考えられる。

ただし一方で、布橋灌頂会は延享四年(一七四七)までにはすでに行われていたことが確認できる。したがって、その頃から新川木綿の生産・流通がある程度調う文化・文政期まで、芦峅寺一山が布橋灌頂会で用いる白布をどのように調達していたのかは、今後も検討していかなければならない。

ところで、芦峅寺の伝承では、布橋灌頂会が終わったあと、使用された白布で経帷衣を制作したというが、各宿坊家は布橋灌頂会のために少なくとも一反ずつは提供しているから、それぞれ少なくとも一反ずつのお下がりはあったはずで、それを用いて経帷衣を制作したのであろう。受注枚数が多くて足りない場合は、地元の新川木綿を購入して制作したと考えられる。嘉永二年(一八四九)善道坊竜泰著『立山秘伝御帷子等整法草稿』(47)に記載された経帷衣の制作図面に、「御帷子仕立方寸尺」として「ヲモミ長二尺。是モ昔当時ハ布高値ニ付、大概二尺八寸ヨリ九寸也」との文言が見られ、経帷衣の制作にあたっては、外部から布が購入されていたことが推測される。おそらく、これも新川木綿であろう。

善道坊などは、経帷衣の受注枚数がそれほど多くなかったであろうから、芦峅寺の自坊で版木を用いて経帷衣を制作していたと考えられる。実際に善道坊が経帷衣を制作するために用いた版木が現存し、富山県［立山博物館］に所蔵されている。宝泉坊については、江戸の檀那場で頒布する経帷衣の枚数が毎年多数なため、檀家から受領した白布は国許に持ち帰らず、江戸で経帷衣に仕立てて、頒布していたのであろう。

五　東海地方と立山曼荼羅・木版立山登山案内図

芦峅寺宿坊家の三八軒のうち尾張国・三河国の檀那場経営に関わったのは、日光坊・大仙坊・福泉坊・泉蔵坊・宝龍坊・宮之坊・吉祥坊・善道坊・権教坊らの九軒である。これらの宿坊家の檀那場形成及び廻檀配札活動の実態については、これまで拙著でたびたび詳述しているのでここでは触れないが、もちろん宿坊衆徒たちは檀那場での配札活動で立山曼荼羅の絵解き布教を行っていた。したがって立山曼荼羅は各宿坊ごとに所持されていた。一軒の宿坊家が複数本の立山曼荼羅を所持する場合もあった。

一方、芦峅寺衆徒による檀那場での木版立山登山案内図（山絵図）の頒布については、文化九年（一八一二）に芦峅寺が寺社奉行所に宛てた嘆願書に「縮方ニ旦那場を段々相求、立山午玉札幷山絵図相くばり少々宛之初尾もらい、渡世仕リ来申候」と見られ[48]、おそらくは行われていたことが推測される。しかし、現存の各宿坊家の檀那帳をつぶさに見ていく限り、意外にも檀那場での廻檀配札活動において、木版立山登山案内図はほとんど頒布されていない。また、芦峅寺からは木版立山登山案内図の版木が見つかっていない。

こうした芦峅寺衆徒側の実態に対し、檀那場では檀家や講によって木版立山登山案内図の原版が制作され、それを用いて摺られたと考えられる数種類の作品が現在各地で見つかっている。各種類の作品の具体的な普及実態は不明であるが、ある程度世間に出回っていたことは明らかである。

例えば、現存の木版立山登山案内図のうち、檀那場側で制作された最も古い作品としては、享保七年（一七二二）に、宝泉坊の江戸の檀那場で檀家の中屋半七郎が施主となって制作された「越中国立山禅定並略御縁起名所附図」が見られる。この他、宝泉坊の江戸の檀那場では、幕末期にも江戸芝口一丁目の平芝屋幸七を施主として「越中国立山諸神社並名所図絵」が制作されている。

一方、芦峅寺宿坊家が積極的に廻檀配札活動を行っていた東海地方で制作されたものとして、数種類の木版立山登山案内図が見られる。

以下、東海地方に関する立山曼荼羅と木版立山登山案内図を整理しておきたい。まずは立山曼荼羅からである。

①『日光坊A本』、②『日光坊B本』、③『龍光寺本』（所蔵宿坊家の日光坊の檀那場が尾張国。『龍光寺本』は日光坊旧所蔵）。

④『坪井家A本』、⑤『坪井家B本』（日光坊旧所蔵）。

⑥『大仙坊A本』、⑦『大仙坊B本』、⑧『大仙坊C本』、⑨『大仙坊D本』（所蔵宿坊家大仙坊の檀那場が尾張国）。

⑩『坂木家本（福泉坊旧所本）』（所蔵宿坊家福泉坊の檀那場が尾張国）。

⑪『泉蔵坊本』（所蔵宿坊家の泉蔵坊の檀那場が尾張国）。

⑫『善道坊本』（所蔵宿坊家の善道坊の檀那場が三河国）。

⑬『最勝寺本』（尾張国で制作される）。

⑭『大江寺本』（三重県鳥羽市で発見された）。

⑮『富山県立図書館本』（裏書きに駿河国の地名の銘文）。

⑯『宝泉坊本』（三河国西尾藩主松平乗全の直筆。宝泉坊に寄進）。

⑰『吉祥坊本』（三河国岡崎藩主本多忠民が発願し、制作させる。後に皇女和宮が吉祥坊に寄進）。

次に、木版立山登山案内図である。

①宝暦一三年（一七六三）「越中国立山禅定並略御縁起名所附図」　銘文…宝暦十三未六月日／尾張国願主　野田惣左衛門、天野又八郎、樋江井弾七郎、伊藤伊八郎、渡辺孫次郎／角屋源助板本。

②「越中国立山禅定並略御縁起名所附図」　銘文…尾州春日井郡西枇杷嶋東六軒町施主　鍛治屋六右衛門

③「越中国立山禅定並略御縁起名所附図」　銘文…三河国願主　八千代組講

④「越中国立山諸神社並名所図絵」　銘文…願主　愛知県海東郡須成村山田半右衛門、同名古屋区住吉町画工　今江春近、写　同区東門前町彫刻　竹中有道　刀。

以上見てきたとおり、芦峅寺宿坊家が積極的に尾張国・三河国で檀那場経営を行ったので、それに連動して、尾張国・三河国との関係を持つ立山曼荼羅と木版立山登山案内図は、他所の地域と比べて数が多いのである。

註

（1）『地獄遊覧―地獄草紙から立山曼荼羅まで―（富山県［立山博物館］開館一〇周年記念資料集）』（富山県［立山博物館］、二〇〇一年）。

（2）拙著『立山曼荼羅―絵解きと信仰の世界―』（法蔵館、二〇〇五年）。

（3）「芦峅寺日光坊文書」（『立山町史別冊』三頁、立山町、一九八四年）。

（4）「芦峅寺文書　二二」（木倉豊信編『越中立山古文書』一二頁、立山開発鉄道、一九六二年）。

（5）「芦峅寺文書　二五」（『越中立山古文書』一三頁）。

(6)(7)　『文学にみる立山』(四〇頁～四二頁、富山県［立山博物館］、二〇一二年)。
(8)(9)(10)　拙著『江戸城大奥と立山信仰』(二九頁・三〇頁、法蔵館、二〇一一年)。
(11)　廣瀬誠編『越中立山古記録　第一巻』(二頁、立山開発鉄道、一九八九年)。
(12)　拙著『江戸城大奥と立山信仰』(二七頁・二八頁)。
(13)　立山(芦峅寺)大仙坊『信徒者名簿　立山講社本部　昭和十七年春改メ』(芦峅寺大仙坊文書)。帳冊の裏表紙に「愛知県部　主管　立山大仙坊」と記されている。
(14)　佐伯幸長『立山信仰の源流と変遷』(四六九頁、立山神道本院、一九七三年)。
(15)　『三禅定之通　延宝四年六月吉日　盛田久左衛門』(「盛田家文書」Ⅵ二六、鈴渓資料館所蔵)。
(16)　『三ツ山道中記』(個人所蔵)。寸法は縦一八・三×横二〇・三センチメートル。形態は横半帳。表表紙には「三ツ山道中記」、裏表紙には「松栄寺」と墨書が見られる。内題として「三ツ山道中記」と記されている。巻末に「南無浅間大菩薩　尾州知多郡大野松栄寺　天正弐年道中記用　享保十三戊申六月改メ記ス　少々道程相違ハ可有」と記されている。森田秀司「横田喜左衛門家文書(一)」(『みなみ』第七〇号、五六頁～六一頁、南知多郷土研究会、二〇〇〇年)。
(17)　『白山史料集　下巻』(二一二頁、石川県立図書館協会、一九八七年三月)。
(18)(19)　『越中立山古記録　第一巻』(二六頁・二七頁)。
(20)　『一山旧記控』『越中立山古記録　第一巻』(二六頁・二七頁)。
(21)　慶長一九年(一六一四)八月の条。「寺社来歴」(『加賀藩史料　第二編』一二三五頁・一二三六頁、清文堂出版、一九三〇年)。
(22)　註(20)参照。

(23) 廣瀬誠『立山黒部奥山の歴史と伝承』(八七頁、桂書房、一九八四年)。
(24)「寺社来歴(岩峅寺由来所)」(『加賀藩史料』第二編、四二七頁、誠文堂出版、一九三〇年)。
(25) 高野靖彦「近世立山名所の形成時期」(『立山禅定名所案内―観光地・立山のルーツをさぐる―』三二頁〜三七頁、富山県［立山博物館］、二〇一四年)。
(26) 元和七年(一六二一)一一月付「末社因縁書上ル帳(控)」(岩峅寺多賀坊文書)。
(27)『一山旧記控』(『越中立山古記録　第一巻』二三頁・二四頁)。
(28) 平成一五年度富山県［立山博物館］文化講演会(深井甚三氏「近世の絵図に見る立山―禅定名所図成立の検討も加えて―」平成一五年六月二一日、富山県民小劇場オルビス)から多くの知見を得た。拙稿「三禅定(富士山・立山・富士山)と木版立山登山案内図および立山曼荼羅の成立」(真鍋俊照編『密教美術と歴史文化』三四七頁・三四八頁、法蔵館、二〇一一年)。
(29) 拙著『立山信仰と三禅定―立山衆徒の檀那場と富士山・立山・白山―』(岩田書院、二〇一七年)。
(30)「立山寄付券記」『越中立山古文書』(二一〇頁〜二一四頁)、加藤基樹「近世初期における立山の民衆登拝のための整備事業」(『立山禅定名所案内―観光地・立山のルーツをさぐる―』四二頁・四三頁)。
(31)(32) 拙著『立山信仰と布橋大灌頂法会―加賀藩芦峅寺衆徒の宗教儀礼と立山曼荼羅―』(一一三頁〜一九五頁、桂書房、二〇〇六年)。
(33) 拙著『江戸城大奥と立山信仰』(二二五頁〜二九七頁)。
(34) 明治二年九月付け「本宮村念法寺より松木弥五郎宛の書付(下書)」(富山市・念法寺所蔵)。
(35)『当山古法通諸事勤方旧記　芦峅寺　文政十二丑年五月改之』(『越中立山古記録　第一巻』四六頁)。

(36)『諸国廻檀会得之定書　立山芦峅寺廻檀仲間中　文政七甲申年閏八月定改』(『越中立山古記録　第一巻』一二三頁・一二四頁)。
(37) 註(15)参照。
(38) 拙著『近世立山信仰の展開―加賀藩芦峅寺衆徒の檀那場形成と配札―』(四三頁・四四頁、岩田書院、二〇〇二年)。
(39) 拙著『近世立山信仰の展開―加賀藩芦峅寺衆徒の檀那場形成と配札―』(四六五頁・四七五頁)。
(40) 拙著『立山信仰と布橋大灌頂法会―加賀藩芦峅寺衆徒の宗教儀礼と立山曼荼羅―』(二一六頁)。
(41) 拙著『江戸城大奥と立山信仰』(三六八頁・三七〇頁)。
(42)(43)「第七章「商品生産と流通」第四節「織物類」三「木綿」」(『富山県史　通史編Ⅳ近世下』一三六頁～一四八頁、富山県、一九八三年)。奥田淳爾「新川木綿の盛衰」(『富山史壇』第三三号、八頁～一三頁、越中史壇会、一九六六年)。
(44) 拙著『近世立山信仰の展開―加賀藩芦峅寺衆徒の檀那場形成と配札―』(一四七頁～一六〇頁)。
(45) 山本和代子『室屋長兵衛　綿商人の町高岡』(www.yamagen-jouzou.com/murocho/aji/cotton/cotton1.html)
(46) 註(42)参照。
(47) 嘉永二年(一八四九)善道坊竜泰著『立山秘伝御帷子等整法草稿』(富山県［立山博物館］所蔵)。
(48)『納経一件留帳　一冊上印　芦峅寺』(『越中立山古記録　第一巻』六二頁)。

第一章　立山曼荼羅を巡る重層的な社会構造

はじめに

立山曼荼羅は現在、諸分野の研究領域で「参詣曼荼羅」として位置づけられつつある。参詣曼荼羅は、これまでの定説では近世初期の一七世紀に終焉を迎えたとされてきたが、近年の研究によって参詣曼荼羅に対する概念規定も再検討され、それにともなって、立山曼荼羅諸本も含め、一七世紀以降に作成された作品も多く現存していることが指摘されている(1)。

そこで本章では、立山曼荼羅を題材として、それが江戸時代に多く生み出されるに至った社会構造や制作環境、さらにそれが構図や画像に及ぼした影響などについても検討を試みたい。

一　立山曼荼羅の画像内容と形態

1　立山曼荼羅に描かれた画像

以下、立山曼荼羅に一般的に描かれている画像を整理しておきたい（図1）。

①布施城。鷹狩りに出かけた佐伯有頼と家臣。②逃げた白鷹。③佐伯有頼が熊に矢を射る。矢は熊に命中するが、熊は傷を負ったまま逃げる。それを追いかける佐伯有頼。④玉殿窟。玉殿窟に顕現した矢疵阿弥陀如来と不動明王。その霊験に平伏する佐伯有頼。⑤閻魔王庁。閻魔王と冥官。浄玻璃鏡。首枷の亡者。檀茶幢。業秤。⑥獄卒が鋭利な刃物で亡者の肉を捌く（等活地獄）。⑦獄卒が亡者を頑丈な鉄釜で煮る（等活地獄、瓮熟処）。⑧剣（針）の山の剱岳（等活地獄、刀葉林）。⑨獄卒が亡者を臼に入れ、杵で搗き潰す（衆合地獄）。⑩亡者が鉄の部屋に閉じ込められて炎で焼かれる（叫喚地獄）。⑪亡者が二百肘の厚さの猛火で焼き尽くされる（叫喚地獄、雲火霧処）。⑫獄卒が熱く熱せられた金挟みで亡者の舌を挟んで抜き出す（大叫喚地獄、受無辺苦処）。⑬亡者が二千年かけて阿鼻地獄に堕ちていく（阿鼻地獄）。⑭火車（阿鼻地獄）。⑮目連救母説話（阿鼻地獄）。施餓鬼法要。⑯獄卒が亡者に釘を打ち込む（等活地獄）。⑰血の池地獄と如意輪観音菩薩。⑱石女地獄。⑲両婦地獄。⑳寒地獄。㉑能「善知鳥」（片袖幽霊譚）。㉒賽の河原と地蔵菩薩。㉓餓鬼道。㉔畜生道。㉕森尻の智明坊（畜生道）。㉖阿修羅道。㉗天女（天道）。㉘阿弥陀聖衆来迎（阿弥陀如来と観音菩薩・勢至菩薩の阿弥陀三尊来迎、阿弥陀如来と二十五菩薩の来迎）。㉙藤橋。㉚称名滝。㉛伏拝。㉜一ノ谷の鎖場・獅子ヶ鼻。㉝材木坂。㉞美女杉。㉟禿杉。㊱媼石。㊲鏡石。㊳精霊田（餓鬼の田圃）。㊴天狗山・天狗平の天狗。㊵室堂小屋。㊶一ノ越〜五ノ越、雄山山頂に立つ立山峰本社。㊷別山山頂の硯ヶ池。㊸影向石。㊹媼堂と媼尊像。㊺閻魔堂と閻魔王像。㊻布橋。㊼引導師の式衆。㊽来迎師の式衆。㊾媼谷川の大蛇。㊿奪衣婆と衣領樹。(51)布橋灌頂会の参列者。(52)立山大権現祭礼。

2　立山曼荼羅の形態・素材・制作時期

立山曼荼羅諸本の形態や素材、制作時期に関わる個別情報については、本章の作品一覧（表1）を参照していただき

図１　『立山曼荼羅 大仙坊Ａ本』の画像を活用した図像分節及び名付図

①～④の図像は、立山開山縁起に関わるもの。⑤～㉒の図像は、立山地獄に関わるもの。㉓～㉗の図像は、六道のうち地獄道と人道を除く、餓鬼道・畜生道・阿修羅道・天道に関わるもの。㉘の図像は立山浄土に関わるもの。㉙～㊷の図像は立山禅定登山案内に関わるもの。㊸～(52)の図像は布橋灌頂会と立山権現祭礼に関するもの。

たい。

まず形態は、基本的には四幅一対の掛軸形式である。ただし少数だが一〜三幅、五幅の作品もある。それが掛軸形式をとる理由は、立山衆徒が行った廻檀配札活動や出開帳など、移動をともなう布教活動に適応するためにだろう。掛軸を巻き込んで束ねると、手頃な容量で持ち運ぶことができて便利である。また折り畳み本だと小さく畳めるとはいえ、折り目から破損しやすく、一方、掛軸形式だと本紙（絵画の本体部分）を内側に巻き込むため傷むことが少ない。さらに、四幅を掛け合わせると立山信仰の各種物語を網羅した大画面ができあがり、檀那場の信者に対しては、衆徒の言葉だけでの一般的な説教に留まらず、視角的な面でも相手に具体的なイメージを持たせながら伝えることができた。

こうした基本形式に反し、『大江寺本』は掛軸形式をとらず、折り畳み本形式の巨大な一枚物である。サイズは二二〇×二六〇センチメートル（軸装の部分も含む）もあり、とても壁面には掛けきれないから、たぶん畳の上に開いて見ていたのだろう。また現在、『来迎寺本』は掛軸形式をとるが、近年行った科学調査で（デジタル近赤外線撮影）、この作品は当初『大江寺本』と同様、一枚の折り畳み本形式であったことがわかった。のちに四幅一対の掛軸に改装されたのである。

次に素材についてである。立山曼荼羅は紙や絹布でできている。全五二作品のうち紙本は三六点、絹本は一六点である。

最後に制作についてである。現存する立山曼荼羅の制作時期や制作者・制作地・制作方法などは、それを示す史料がきわめて少なく、現在のところ不明な点が多い。そうしたなかで、軸裏の銘文などから制作時期や制作者が判明している作品には次のものがある。

表１　立山曼荼羅作品一覧

１．法会や祭礼の描写が見られる立山曼荼羅（芦峅寺宿坊家との関係が深い作品が多い）

№.	作品名	形態	法量	制作時期	所蔵
①現存作品のなかで古い構図・図柄を有する立山曼荼羅（模写系譜１、最新の科学調査でとらえた作品群）					
1	来迎寺本	紙本４幅	内寸164.5×240.0 外寸218.8×263.6		来迎寺
2	福江家本	紙本２幅	右幅：内寸67.3×48.5 外寸149.5×62.7 左幅：内寸67.5×49.0 外寸151.0×63.0		個人
3	坪井家Ａ本	紙本４幅	内寸176.0×186.0 外寸210.0×190.0	天保元年(1830)以前	個人※
4	金蔵院本	絹本４本	内寸155.0×195.0 外寸205.0×211.0		金蔵院
5	立山黒部貫光株式会社本	絹本３本	内寸143.0×173.0 外寸193.5×180.9		立山黒部貫光株式会社※
②立山信仰の布教者側の影響が強い作品群					
6	佐伯家本	紙本４幅	内寸149.0×180.0 外寸183.5×192.0		個人※
7	坪井家Ｂ本	紙本４幅	内寸150.0×150.0 外寸170.0×170.0		個人
8	相真坊Ａ本	絹本５幅	内寸136.0×203.0 外寸196.0×217.0		個人
③立山信仰の受容者側の影響が強い作品群（模写系譜２）					
9	相真坊Ｂ本	絹本４幅	内寸150.0×216.5 外寸199.5×235.0		個人
10	大仙坊Ａ本	絹本４幅	内寸133.0×157.0 外寸163.0×164.5		大仙坊
11	筒井家本	絹本４幅	内寸145.0×207.0 外寸197.0×227.5		個人
12	善道坊本	紙本４幅	内寸131.5×179.0 外寸191.0×191.0		富山県[立山博物館]
④立山信仰の受容者側（江戸の上級身分者）の影響が強い作品群（模写系譜３）					
13	宝泉坊本	絹本４幅	内寸140.0×180.0 外寸222.0×198.0	安政５年(1858)	個人※
14	吉祥坊本	絹本４幅	内寸128.5×147.0 外寸210.5×162.6	慶応２年(1866)	富山県[立山博物館]
15	富山県［立山博物館］Ｄ本(旧・越中書林本)	紙本１幅	内寸153.7×88.0 外寸233.0×108.0		富山県[立山博物館]
⑤立山信仰の受容者側の影響が強い作品（模写系譜４、特に浮世絵師有楽斎長秀と立山曼荼羅）					
16	稲沢家本	絹本３幅	内寸140.0×166.5 外寸196.5×198.0		個人※
17	多賀坊本	紙本１幅	内寸93.0×84.0 外寸170.0×96.0		個人
⑥立山信仰の受容者側の影響が強い作品群（立山曼荼羅の創作性・芸術性）					
18	最勝寺本	紙本１幅	内寸175.0×96.0 外寸261.0×137.5	安政２年(1855)	最勝寺※

19	大江寺本	紙本１幅	内寸190.0×220.0 外寸220.0×260.0		大江寺※
20	龍光寺本	紙本４幅	内寸167.0×223.0 外寸201.0×235.0		龍光寺
21	大仙坊Ｂ本	絹本４幅	内寸156.0×212.0 外寸183.0×227.0		大仙坊
22	大徳寺本	紙本４幅	内寸170.0×185.0		大徳寺

⑦立山信仰の受容者側の影響が強い作品群（模写系譜５の１）

23	富山県立図書館本	絹本４幅	内寸133.0×153.0 外寸140.0×210.0		富山県立図書館
24	泉蔵坊本	絹本４幅	内寸122.0×134.0 外寸164.5×149.0		円隆寺
25	立山町本	紙本４幅	内寸122.5×124.0 外寸162.0×144.0		立山町

⑧近代の立山曼荼羅（模写系譜５の２、芦峅寺宿坊家との関係が深い）

26	坂木家本	紙本４幅	内寸134.5×147.0 外寸170.3×157.8		個人※
27	日光坊Ｂ本	紙本３幅	内寸110.0×90.7 外寸160.8×110.1		個人
28	玉泉坊本	絹本１幅	内寸94.3×47.0 外寸180.0×71.0		個人※

⑨特定の図柄のみが描かれた作品群

29	日光坊Ａ本	絹本１幅	内寸41.0×54.5 外寸124.0×64.0		個人※
30	大仙坊Ｄ本（布橋灌頂会来迎師院主之図）	絹本１幅	内寸20.3×33.0		大仙坊
31	大仙坊Ｃ本	紙本２幅	賽の河原図 内寸77.0×41.0 外寸185.5×50.5 血の池地獄図 内寸0×40.2 外寸185.5×49.5		大仙坊

２．法会や祭礼の描写が見られない立山曼荼羅（岩峅寺宿坊家との関係が深い作品が多い）

No.	作品名	形態	法量	制作時期	所蔵
①木版立山登山案内図と立山曼荼羅（模写系譜１）					
32	市神神社本	紙本１幅	内寸102.0×55.5 外寸169.0×70.0	文化３年（1806）	市神神社
33	広川家本	紙本１幅	内寸135.0×60.0 外寸187.0×74.0		個人
34	飯野家本	紙本１幅	内寸122.3×43.2 外寸186.0×59.6	天保６年（1835）か	個人
35	富山県［立山博物館］Ｃ本	紙本１幅	内寸119.0×58.8 外寸171.5×68.0		富山県［立山博物館］
36	富山県［立山博物館］Ｅ本	紙本１幅	内寸70.4×65.7、 外寸159.0×71.0	元治２年（1865）	富山県［立山博物館］
37	志鷹家本	紙本１幅	内寸137.0×86.0 外寸193.8×105.0	天保７年（1836）	個人
38	富山県［立山博物館］Ｂ本	紙本２幅	内寸133.0×112.0 外寸203.0×132.0		富山県［立山博物館］

②山絵図風の立山曼荼羅（岩峅寺宿坊家との関係が明らかな作品）

39	富山県［立山博物館］A本	紙本２幅	内寸131.7×117.6 外寸214.5×131.2	文政２年(1819)	富山県［立山博物館］
40	玉林坊本	紙本４幅	内寸143.0×202.0 外寸166.0×229.6		個人

③山絵図風の立山曼荼羅（岩峅寺宿坊家との関係が明確でない作品）

41	桃原寺本	紙本４幅	内寸156.0×188.0 外寸183.5×192.0		桃原寺
42	伊藤家本	紙本２幅	内寸157.0×95.2 外寸190.0×134.0		個人
43	村上家本	紙本１幅	内寸126.5×47.2 外寸207.5×54.8		個人
44	専称寺本	紙本３幅	内寸148.2×176.1 外寸174.5×199.8		専称寺
45	竹内家本	紙本４幅	内寸134.5×182.0 外寸174.0×222.0		個人※
46	藤縄家本	紙本２幅	内寸右幅94.0×55.3 内寸左幅124.5×55.7		個人

④山絵図風の立山曼荼羅（岩峅寺一山との関係〔争論関係〕が深い）

47	称念寺Ａ本	紙本２幅	内寸176.0×91.0 外寸209.0×191.3		称念寺
48	称念寺Ｂ本	紙本２幅	内寸153.0×136.8 外寸199.0×143.9	文化10年(1813)	称念寺

⑤近代の立山曼荼羅（岩峅寺宿坊家との関係が深い）

49	中道坊本	紙本４幅	内寸124.7×225.0 外寸193.3×242.0		個人※
50	西田家本	紙本４幅	内寸149.5×225.3 外寸231.0×263.0		個人
51	四方神社本	屏風・２曲１隻	内寸165.0×172.0 外寸175.0×179.0		四方神社

３．その他

№.	作品名	形態	法量	制作時期	所蔵
52	称名庵本	紙本１幅	内寸90.5×76.7 外寸154.5×93.0	（箱）天保14年(1843)	富山県［立山博物館］

凡例　「所蔵」欄に「※」印が付られている作品は、富山県［立山博物館］の寄託資料である。

『市神神社本』（文化三年〔一八〇六〕・北条左近平氏富）。『称念寺Ｂ本』（文化一〇年〔一八一三〕・信濃国の桂斎）。『富山県［立山博物館］Ａ本』（文政二年〔一八一九〕・越後国高田の田中氏）。『坪井家Ａ本』（天保元年〔一八三〇〕に修復補筆・芦峅寺在住の龍淵と飛陽蘭江斎）。『飯野家本』（天保六年〔一八三五〕か・泰利光）、『志鷹家本』（天保七年〔一八三六〕）。『最勝寺本』（安政二年〔一八五五〕・尾張国知多郡寺本村の常光院の住僧至円）。『宝泉坊本』（安政五年〔一八五八〕・三河国西尾藩藩主松平乗全）。『富山県［立山博物館］Ｅ本』（元治二年〔一八六五〕・摂津国嶋

下郡坪井村の村田広秀）。『吉祥坊本』（慶応二年〔一八六六〕・施主は三河国岡崎藩藩主本多忠民や皇女和宮、絵師は江戸の登光斎林龍と林豊〔南伝馬町の加賀屋忠七と銀座の栄文堂庄之助〕・表装は南伝馬町の田村五太夫）。『富山県立図書館本』（年代不明・遠江国敷智郡引馬城南米津村の磐谷）。

このように、制作時期がわかるものについては、江戸時代中期の成立も考えられる『坪井家A本』を除き、他の全ての作品が文化期以降に制作されている。

なお従来、美術史の筆致の分析から『来迎寺本』が近世初期の成立で、最も古い作品とみなされてきた。(2)ただしこの作品については、最近行った科学調査（蛍光X線撮影）で新しい事実が判明した。(3)すなわち、同作品の顔料にコバルトCoを含む花紺青（スマルト）が使用されていたのである。同顔料の越中での普及を考えると、参考となるのは浄土真宗井波別院瑞泉寺桜門の天井画の飛天に使用されている事例であり、その建築年代が天明五年（一七八五）から文化六年（一八〇九）までであるので、『来迎寺本』の成立もその頃と見られる。

こうした科学調査とは別に、かつて筆者は、芦峅寺文書などの文献史料から考察した布橋灌頂会の儀式内容の変遷と、立山曼荼羅に描かれた同儀式内容の比較から、布橋灌頂会を描く芦峅寺系立山曼荼羅のうち、文政期頃の儀式の改変以前の内容を描く『来迎寺本』や『福江家本』『坪井家A本』を除いて、全ての作品が文政期以降の作品と推測している。

岩峅寺系立山曼荼羅の制作年代に関する研究が著しく停滞しており、片手落ちの感は否めないが、現存の芦峅寺系立山曼荼羅諸本に限って制作年代を推測すると、それらは概ね文化期以降の成立と考えてよかろう。しかも、『来迎寺本』のように折り畳み本から掛幅装に改変したものも見られるのである。

この他、立山曼荼羅諸本の模写関係については、表1を参照していただきたい。それは特に芦峅寺の宿坊家に関わる作品に多く見られる。その模写系譜を見ていくと、おそらく各作品は同一工房で一度に制作されたものではなく、その都度、一作品ずつ制作されたと考えられる。五二点の立山曼荼羅は、一般の人々には全て同じテーマで描かれていて似通ったもののように思われがちだが、このような制作方法をとっているため、意外にもその筆致や色彩はバラエティに富み、観る人を飽きさせない。

3　立山曼荼羅と蓮如上人絵伝との影響関係

越中は浄土真宗の信仰が盛んな地域で「真宗王国」とも称される。真宗の信仰が根づいた風土のなかで、蓮如上人絵伝が立山曼荼羅の成立に影響を及ぼした可能性がある。

蒲池勢至氏によると蓮如上人絵伝は現在二〇〇本近くが全国で確認されているという。それは、ちょうど蓮如の三百回忌であった寛政一〇年（一七九八）から三百五十回忌であった嘉永元年（一八四八）までに集中しており、さらに四百回忌の明治三一年（一八九八）までの間にそのほとんどが成立した。一方、立山曼荼羅も現存作品に限れば、文化期以降の成立である。このように、多くの蓮如上人絵伝と立山曼荼羅の制作年代は重なり合う。

この他、作品に対する呼称がともに「御絵伝」であること、形態が掛幅装であること、作品の分布状況を見ていくと立山信仰が盛んであった尾張国・三河国の地域に蓮如上人絵伝が最も多く発見されていること、さらにこの地域では、蓮如上人絵伝の絵解きを行う蓮如忌法要が盛んに行われており、同様に立山曼荼羅も衆徒の檀那場での勧進布教活動で絵解きされたこと、ともに地方絵師によって制作された作品が多いことなど、多くの共通性が見られる(4)。

さて、これまで蓮如上人絵伝と立山曼荼羅との直接的な関係を示す史料は見つかっていないが、以上見てきたように、作品の制作時期、御絵伝という名称、形態・幅数、分布状況、信仰圏、絵解き説法や出開帳といった布教形態など、両者の間には多くの共通点がある。こうした点から考えると、例えば四幅一対など複数本で構成される掛幅装の立山曼荼羅の成立には蓮如上人絵伝の形態が影響を与えていた可能性も指摘できよう。

二　立山曼荼羅を巡る社会構造

1　立山曼荼羅と廻檀配札活動・出開帳

江戸時代、立山信仰の拠点村落であった立山山麓の芦峅寺と岩峅寺（ともに、現、富山県立山町）は、加賀藩の支配下に置かれ、それぞれ三八軒と二四軒の宿坊を構え、同藩の祈願所や立山禅定登山の基地としての役割を果たしていた。特に芦峅寺は、立山連峰を越えて越中から信濃に抜けることが可能な間道に対する、関所の役割も果たしていた。

芦峅寺は標高約四〇〇メートルの高所に位置し、その自然環境（気温・日照時間・水温などの問題）から稲作には適さない村であった。したがって、この村では焼畑・炭焼・木挽などを主な生業としてきた。このような場所的・生業的な面からとらえると、芦峅寺の場所は「ヤマ」あるいは「サトヤマ」として位置づけられ、さらに、その中核である芦峅中宮寺は「山宮」として位置づけられる。一方、岩峅寺は山麓で常願寺川右岸扇状地の扇頂部に位置し、中世より荘園村落として発達、稲作を主な生業としてきた。このような場所的・生業的な面からとらえると、岩峅寺の場所は「サト」として位置づけられ、さらに、その中核である立山寺は「里宮」として位置づけられる。

両村のうち、芦峅寺の各宿坊家は、例えば尾張国や江戸・信濃国など、それぞれの地域に檀那場（立山信仰の信者がある程度集中して存在する得意先）を形成し、その衆徒は毎年農閑期になると自分の檀那場に赴き、立山信仰を布教しながら護符（お守り札）や経帷子を頒布して廻った。こうした宗教活動を「廻檀配札活動」という。

衆徒はさまざまな護符を刷っていたが、廻檀配札活動の際には牛玉札「立山之宝」を中心に火防札や祈禱札、山絵図、経帷子などを頒布した。また、特に女性には血印や血盆経、月水不浄除、安産などの護符、布橋灌頂会の血脈なども頒布した。この他護符に限らず、「立山反魂丹」や「立山御夢想丸」などの飲み薬、傷口への貼り薬、現地で調達した箸・針・楊枝・扇・元結なども頒布して利益を得ていた。

檀那場では、主に庄屋（名主）宅を定宿としたが、その庄屋は現地で立山講の信者たちをとりまとめる周旋人である場合が多い。護符などの具体的な頒布方法については、まず、衆徒が定宿の庄屋に対し、その村で必要な護符の枚数について注文をとる。それに対し庄屋は人足を雇い、村内の檀家を中心に、ときにはそうでない家々までも巡廻させ、村人が必要とする護符の枚数を把握する。衆徒はその枚数分の護符を庄屋にわたし、実質的な頒布は全て庄屋及び庄屋が雇った人足に委せてしまうのである。

ある村での勧進活動が終わると衆徒は次の村に向かうことになるが、その際、檀家に頒布するために持ち込んだ護符や経帷子・小間物・薬・土産などのたくさんの荷物のなかから、その村で必要な品物を必要な数量だけ取り出し、残りの荷物については、次に配札を予定している村までの搬送を庄屋に依頼する。それを受けて庄屋が人足を雇い、衆徒の荷物を次の村の庄屋宅まで送ってやる。この方法により、衆徒は配札に必要な沢山の荷物を自分自身ではほとんど持つことなく、身軽に村から村へと移動できた。なお、頒布した護符や諸品などの代金は初穂料として一年送り、すなわち、翌年再び当地に廻檀配札に訪れた際に徴収した。それで得た現金は路銀などの必要な分だけを所持し、あとは飛脚や為替を使って国許に送金した。

さて、こうした活動で大きな宣伝効果をもたらしたのが立山曼荼羅であった。

芦峅寺衆徒は毎年、檀家に宿泊した際、自らが持参してきたか、あるいは同家に預け置いていた立山曼荼羅を仏間や座敷に掛けてその信仰世界を絵解きし、浄財を募った。立山曼荼羅は「御絵伝」「立山絵伝」「御絵図」「曼荼羅」「有頼由来立山御絵」などと呼称され、それを用いた勧進活動は「招請」「請待」「弘通」「懸事」などと呼称されていた。芦峅寺旧宿坊家・大仙坊の佐伯幸長氏の談(5)によると、曼荼羅の画面から、「立山開山縁起」や立山の地獄と浄土、女人禁制にまつわる伝説をはじめとする禅定登山案内、布橋灌頂会などの内容を順々に引き出し、またときには、その場に応じた法話を話芸巧みに身振り手振りも交えて物語ったという。そして、男性には夏の立山での禅定登山を勧誘し、女性には秋の彼岸に芦峅寺で行われる布橋灌頂会への参加や血盆経供養を勧誘した。その際、自坊での宿泊を勧め、道案内などの便宜を図ることを約束した。

立山の山容や立山信仰の内容をよく知らない人々に、それを立山曼荼羅の具体的な図柄で視覚的に紹介したので、人々の間では難解な教学に基づく説教よりも、こうした絵解きによる娯楽性豊かな布教のほうが好まれ、人気を得ていたようである。

一方、このような芦峅寺衆徒の活動に対し、岩峅寺の宿坊家の衆徒は、江戸時代後期、出開帳による布教活動を頻繁に行うようになった。岩峅寺の出開帳は、立山山中諸堂舎の修復費用などの捻出を名目に、加賀藩寺社奉行の許可を得て藩内各地の寺院を宿寺とし、あらかじめ取り決められた開催期間と収益分配に基づいて行われた。この他、文化期以降、岩峅寺の中道坊や般若院などの一部の宿坊家衆徒が越後国の頸城郡や魚沼群、古志郡、苅羽郡、三島郡(以上は中道坊が配札していた地域)、加賀国石川郡(中道坊と般若院が配札していた地域)などで配札活動を行っていた(6)。こうした布教活動にも立山曼荼羅が宝物として公開されたり、芦峅寺と同様、檀那場の信者に対して絵解き布教が行われた。なお、立山曼荼羅の絵解き台本として、岩峅寺延命院の玄清が嘉永六年(一八五三)に書写した『立山手引草』が現存している。

2 宿坊家の家勢状況と立山曼荼羅

山岳小説や時代小説の作家として著名な新田次郎氏の作品『劔岳・点の記』（文藝春秋、一九七七年）には、明治三九年（一九〇六）のこととして、主人公の柴崎芳太郎（陸軍参謀本部陸地測量部測量手）と宇治長治郎（立山案内人）が、芦峅寺宝泉坊で、主人の佐伯永丸から立山曼荼羅の絵解きを聞かされる場面がある。

このような芦峅寺や岩峅寺の宿坊で立山曼荼羅が絵解きされるといった光景は、いたってあたりまえのことのように思われる。しかし筆者は、これまで立山信仰に関する膨大な古文書史料を調査・検討してきたが、立山曼荼羅が芦峅寺や岩峅寺の宿坊内で用いられた形跡や、あるいは芦峅寺一山や岩峅寺一山の年中行事において用いられた形跡を示す史料は、皆無であった。

例えば、芦峅寺一山の現存する全ての年中行事記録を精読しても、立山曼荼羅を用いた儀式については全く記載がない。一方、立山参詣者の道中日記などを精読しても、芦峅寺や岩峅寺の衆徒が自坊で参詣者に立山曼荼羅の絵解きしたことを示す記事は、やはり全く見られない。例えば金子盤蝸は、天保一五年（一八四四）『立山遊記』（個人所蔵）に彼が岩峅寺や芦峅寺で見聞き・体験した出来事を詳細に記しているが、それにもかかわらず立山曼荼羅に関する記載は全く見られない。ただし芦峅寺では、ときには媼堂で参詣者を教化することがあった。その際の立山曼荼羅の活用の有無は不明だが、尾張藩士著『三ツの山巡』（文政六年〈一八二三〉、国立国会図書館所蔵）には、「立山へ参詣のもの、先ツ此媼堂へ詣、此所にて色々教化いたし候事也」と記載が見られ、また前掲『立山遊記』には、「老婆堂へ拝ス。堂内幕ヲ張り、昼モ闇夜ノ如ク、燭ヲ点シ、開帳ス。僧縁起ヲ講ス。甚だ長ク、聞くに堪えず」と記載が見られる。

本章二節一項で、立山曼荼羅が芦峅寺衆徒の廻檀配札活動や岩峅寺衆徒の出開帳の際に用いられていたことを指摘したが、特に芦峅寺の場合、それが廻檀配札活動で用いられていたことは、芦峅寺一山が加賀藩寺社奉行に対して行った立山曼荼羅の説明からもうかがわれる。

「有頼之由来ヲ絵伝ニ仕、有頼一代幷布施城主ゟ於立山不思議奇瑞之事共を委細絵図ニ相認申物故、於立山之事共三幅之致絵伝ニ、往古ゟ他国江罷越致教化申故、自然と他国ゟ参詣之諸人も御座候」(7)

「勿論此方自他国江持運、開山上人之行徳散行之儀は、別当職之当然ニ而、往昔ゟ之弘道之振合、此方切リニ付」、「右絵伝は芦峅寺ゟ自他国江持運、弘通仕来」、「芦峅寺衆徒之義ハ、立山開山上人之行状絵伝等申弘、往昔ゟ自他国配札仕、壱紙半銭軽細之施物を以渡世ニ仕」(8)

右記の史料から、芦峅寺一山における立山曼荼羅は、各宿坊衆徒が自他国での廻檀配札活動を行う際、持ち運んで絵解き教化に用いるためのものと認識されていたことがわかる。すなわち、立山曼荼羅は芦峅寺の内部においてではなく、外部において絵解き布教の教具として用いられるべきものだった。したがって宿坊家によっては、衆徒が廻檀配札活動の際に立山曼荼羅をいちいち持ち運ぶことはしなくなり、檀那場の檀家に預け置く場合もあった。

一方、岩峅寺一山の場合は、江戸時代初頭にはすでに廻檀配札活動を開始し、それを長く継続してきた芦峅寺一山とは異なり、もともと諸国での廻檀配札活動には積極的ではなかったため、立山曼荼羅の絵解き教化についても明らかに芦峅寺一山の後発であった。岩峅寺一山における立山曼荼羅の絵解き教化は文化期頃から見られ始め、以降芦峅寺衆徒が所持する立山曼荼羅を摸倣したり奪ったりして行われていた。当初は岩峅寺一山が加賀藩領内の寺院などで出開帳を開催し、そのなかで立山曼荼羅が用いられたが、のちに有力宿坊家が加賀藩領国外の各地でも回数を増やして開催するようになった。さらに、文政期以降、数軒の有力宿坊家が加賀藩領国外での檀那場開拓及び経営に本格的に乗り出すと、そこでも立山曼荼羅の絵解き教化が行われた。ただし、いずれにしても岩峅寺一山をあげての全体的な活動ではなく、当時の一部有力宿坊家の個別な活動であったため、立山曼荼羅の本数もそれほど多くを必要としなかった。

さてこのように、立山曼荼羅が芦峅寺や岩峅寺の外において運用された実態は、芦峅寺一山や岩峅寺一山の宿坊家の勧進布教活動と立山曼荼羅の制作及びその絵解き布教が、一山組織の全体的なレベルで展開したものではなく、むしろ個々の宿坊家のレベルで展開していったことを示唆している。したがって、傾向としては立山曼荼羅は芦峅寺一山や岩峅寺一山において組織的・全体的に制作されたり用いられたりしたものではなく、あくまでも各宿坊家の裁量に任せて個別に制作されたり、用いられたりしたものであった。立山曼荼羅の軸裏の銘文などから、立山曼荼羅は地元で制作されるよりも檀那場で制作されることのほうが圧倒的に多かったことがうかがわれる。このことも、立山曼荼羅の制作が個々の宿坊家のレベルで展開していったことを裏づけている。

芦峅寺宿坊家の廻檀配札活動と立山曼荼羅の制作及びその絵解き布教が、このように各宿坊家の個別のかたちで展開したため、芦峅寺一山においては立山曼荼羅そのものに関する絵解き台本の制作や、それを用いての勉強会などは全く行われず、そればかりか立山曼荼羅に対する共通理解が図られることすらもなかったと考えられる。村の年中行事や評定の際、あるいは宿坊家の子弟教育の場においても、立山曼荼羅を用いた絵解き教化のあり方について共通理解が図られた形跡は見られない。

芦峅寺一山には若僧の組織があり、宿坊家の子弟は満年齢で一三歳前後かあるいは一五歳前後で加入した。在籍期間は三〇歳までである。その教育内容としては、芦峅寺一山の文政一二年（一八二九）『当山古法通諸事勤方旧記』（芦峅寺一山会所蔵）に「一、毎月十六日ハ媼堂江一山一統ニ致出勤候。但し、小僧ニ至迄、経文声明等為相調理、可致参詣事」や「衆徒之内、剃髪之僧ハ十五歳相成候ハヾ、密法加行等可有伝授事」などの記載が見られる。また、天保三年（一八三二）『当山若僧定書帳　芦峅寺若僧中』（芦峅寺一山会所蔵）には、「一、若僧勤方堅固ニ仕、開祖之教戒相守可申様相心得、猶又小僧之時分、随分入情ニ経読、学文可致候事」や「一、十五歳前ニ開山御真作之三通縁起、台宗例時法花、懺法読誦仕」などの記載が見られる。

なお、これらのなかに「三通縁起」すなわち「立山大縁起」三巻の学修が、あがっている。これについては立山曼荼羅の絵解きにも直接的に役立つと思われるが、立山曼荼羅そのものに関する記載は全く見られない。

それでは、芦峅寺宿坊家の子弟がいったいどのような場で立山曼荼羅の絵解き技術などを身に付けていたかというと、おそらくそれは諸国での廻檀配札活動の場においてであったと考えられる。

芦峅寺宿坊家の子弟は若僧の組織に一三歳前後かあるいは一五歳前後で加入するが、概ねその頃から父や他の宿坊家の先輩衆徒らとともに諸国の檀那場での廻檀配札活動に赴くようになる。例えば宝泉坊衆徒の泰音は一六歳から廻檀配札活動を始めている。血気盛んで多感な時期に数箇月にわたる国外での活動でさまざまな面を鍛えられ、さらにそれは毎年定期に行われるのである。

以前筆者は、毎年農閑期における廻檀配札活動の期間について、芦峅寺宝泉坊の廻檀日記帳を基にいくつかの実例を紹介したが、今一度整理しておきたい。

①安政二年（一八五五）一二月二日（出発）～安政三年（一八五六）五月八日（帰宅）。往路の途中まで、教蔵坊・三学坊・泉蔵坊及びその子弟たちの総勢八人で行動している。
②安政五年（一八五八）一一月二五日（出発）～安政六年（一八五九）六月一三日（帰宅）。往路の途中まで、権教坊・日光坊・実相坊・宮ノ坊・宝龍坊・金泉坊・三学坊・吉祥坊、及びその子弟たちの総勢一七人で行動している。
③安政六年（一八五九）一二月八日（出発）～万延元年（一八六〇）六月一三日（帰宅）。復路において実相坊・相栄坊と合流し、同日に帰宅している。

④万延二年（一八六一）正月一三日（出発）～文久元年（一八六一）六月一三日（帰宅）。往路の途中まで、吉祥坊・相栄坊・泉光坊らと行動している。

⑤文久三年（一八六三）二月六日（出発）～文久三年（一八六三）八月一八日（富山出町の芦峅屋源五郎宅泊）。往路の途中まで、龍泉坊・実相坊・吉祥坊・相栄坊らの総勢五人で行動している。

⑥元治二年（一八六五）正月二一日（出発）～慶応元年（一八六五）七月三〇日（帰宅）。往路の途中まで、宝泉坊泰音と興祀の親子、真長坊・日光坊・泉蔵坊・実相坊・三学坊・福泉坊・宝伝坊、及びその子弟らの総勢一二人で行動している。

以上見てきたように、宝泉坊は芦峅寺から檀那場までの移動日数も含め、五～六箇月の長期にわたって加賀藩領国外で廻檀配札活動を行っている。そしてその活動のなかで、父やあるいは往路でともに旅をする各宿坊の先輩衆徒らから、例えば立山曼荼羅の絵解きなどを実践的に学ぶ機会は多々あったはずである。これについては、芦峅寺一山における檀那場経営及び廻檀配札活動に関する天保四年（一八三三）の規約『立山衆徒諸国旦那持御札守等調筆方掟書誓条連判状』（芦峅寺一山会所蔵）にも、「右条々、若輩之時分ゟ先輩ニ随ひ、問尋臆持有之度、生長次第ニ若僧中折角申談、御国法制禁方・御裁判先規之条々、且又当山法、曁同山岩峅寺職分之大抵・山上山下之式法弁別等、無覚束候ハゞ、中﨟以上之預指南、万端意得可申候」[9]と記され、若輩の衆徒は先輩の衆徒に随うように記されている。

さて、先に芦峅寺宿坊家の廻檀配札活動と立山曼荼羅の制作、及びその絵解き布教が、芦峅寺一山組織の全体的なレベルで展開したものではなく、むしろ個々の宿坊家のレベルで展開していったことを指摘したが、その場合、各宿坊家の家勢状況がそれに大きな影響を与えたと考えられる。

筆者は以前、拙稿「芦峅寺宿坊家の廻檀配札活動とその収益の行方」[10]において、江戸時代後期における芦峅寺宿坊家の家勢状況とそれにともなう廻檀配札活動の有無、さらに恒常的に廻檀配札活動を行うことができた場合の同活動による収益の行方などについて検討を試みた。

すなわち、実際に廻檀配札活動を行っていた宿坊家の軒数について、江戸時代後期には芦峅寺一山三八軒の宿坊家のうち、時期によって宿坊家の顔ぶれは変わるが、およそ二五軒の宿坊家は廻檀配札活動を行っていたものの、残りの一三軒から一〇軒の宿坊家は行っていなかったことを指摘している。また、芦峅寺宿坊家の家勢状況については、芦峅寺の宿坊家の多くが、天保期におけるたびたびの難作や村内で発生したたびたびの火災、安政五年（一八五八）の大地震などの天災、芦峅寺衆徒・社人・門前百姓に対する加賀藩の身分支配の混乱と百姓による「三ノ壱」雑用の拒絶などのために著しく困窮したが、その状況はその後も益々拡大・悪化した。ただし、一方で勧進収益が多い宿坊家も存在し、廻檀配札活動で得た利益を加賀藩寺社奉行に祠堂銀として献上する宿坊家も存在した。そして、こうしたことから生じた各宿坊家における生活・経済格差が各宿坊家の立山曼荼羅の所持と活用に、また、立山曼荼羅の仕様そのものにも大きな影響を及ぼしたと考えられる。なお、芦峅寺宿坊家にとっての立山曼荼羅は、各宿坊家の生活・経済状況などによって、その価値や位置づけや使用方法が異なる可能性がある。そしてそれは、現代の各家庭が所持する自家用車に譬えるとわかりやすい。

・宿坊に立山曼荼羅を所持する必要があるか否か（家庭に自家用車を所持する必要があるか否か）。
・宿坊に立山曼荼羅を購入・所持する経済力があるか否か（家庭に自家用車を購入・所持する経済力があるか否か）。
・宿坊によっては複数の立山曼荼羅を所持している場合もある（家庭によっては複数の自家用車を所持している場合もある）。
・宿坊によっては立山曼荼羅を所持していない場合もある（家庭によっては自家用車を所持していない場合もある）。

・衆徒の立山曼荼羅の使用頻度（絵解きの回数）は各宿坊によって異なる（自家用車の使用頻度は各家庭によって異なる）。
・絹本の立山曼荼羅を所持するか紙本の立山曼荼羅を所持するか（高級車を所持するか大衆車を所持するか）。
・立山曼荼羅をこまめに作り替える人（自家用車をこまめに改造する人）。
・立山曼荼羅をこまめに修理して使い続ける人（自家用車をこまめに修理して使い続ける人）。
・立山曼荼羅をたびたび買い替える人（自家用車をたびたび買い替える人）。
・立山曼荼羅の基本的な構図と画像は概ね定まっている（自家用車の基本的な構造と部品は概ね定まっている）。
・立山曼荼羅が高級素材（絹本）で作成される場合もある（自家用車が高級素材で作成される場合もある）。
・古い構図の立山曼荼羅をあえて使用する場合もある（クラシックカーをあえて使用する場合もある）。
・古い型の立山曼荼羅を使わざるをえない人（古い型の自家用車を使わざるをえない人）
・大都市での立山曼荼羅の絵解き（大都市での自家用車の運転）。
・地方都市での立山曼荼羅の絵解き（地方都市での自家用車の運転）。
・地方の農村部での立山曼荼羅の絵解き（地方の農村部での自家用車の運転）。
・立山曼荼羅の絵解き内容や方法は人によってさまざま（自家用車の使用内容・使用方法は人によってさまざま）。
・立山曼荼羅の色調はさまざま（自家用車の色調はさまざま）。
異なる点。
・立山曼荼羅は外注して制作される場合は、１本ずつのオーダーメイド（自家用車が制作される場合は、一般的にはメーカーが大量生産）。

3 立山曼荼羅が江戸時代に多作された理由

近世初頭、加賀藩前田氏は、立山衆徒を、のちに江戸幕府が本山末寺制度に基づいて仏教界全体を支配下に置く以前に、自藩の寺社奉行の支配下に抱え置いてしまった。このことは、立山で修験道が廃れ、代わりに立山曼荼羅の文化が花開く大きな要因となった。

立山衆徒は中世から近世初頭にかけ、軍事的要素も備えた宗教者集団として、越中守護職の桃井直常や越中守護代の神保長誠、あるいは越中国主の佐々成政などの武将たちと結びついていた。佐々成政の「ざら越え」(羽柴秀吉と戦った成政は圧倒的に不利な戦況の打開策として、天正一二年(一五八四)一一月、浜松の徳川家康・織田信雄に直接面会し、再起を促すため、厳寒期の北アルプス越え「ざら越え」を敢行した)にも関与している。

その後、佐々成政が没落し、新たに加賀・能登・越中を支配した加賀藩初代藩主前田利家は、それまで成政に味方し反抗勢力だった立山衆徒に対し、壊滅させるのではなく懐柔政策をとった。ただしその際、立山衆徒が持つ軍事的要素、すなわち武器を持ち蜂起するような危うい要素の取り除きを図ったものと推測される。天正一五年(一五八七)、加賀藩前田氏が新川郡を支配すると(この時期は秀吉からの預かり地)、翌年、利家は立山衆徒に対し速やかに対応し、各々に一〇〇俵の土地を寄進して安心させ、藩の寺社奉行の支配下に治めてしまった。特に芦峅寺衆徒への対応を見ると、天正一八年、利家は媼堂をはじめとする宗教施設の大がかりな修理を行っている。さらに慶長一九年(一六一四)には、利家夫人芳春院と加賀藩第二代藩主前田利長夫人玉泉院が芦峅中宮寺を参詣し、滞在期間中、媼堂の前に架かる橋に白布を敷き流して布橋を掛け、宗教儀式を行っている。

加賀藩の立山衆徒へのこうした素早い対応は、近世初頭、江戸幕府が大大名の前田氏に脅威を感じ、隙あらば取り潰しにしようとたびたび圧力をかけていたこと、そして幕府が加賀藩に干渉し、難癖をつけそうな要素の一つとして、立山・黒部奥山に関わる軍事・国境問題があったこと、立山衆徒がそれに役立つこと、などによるものである。

加賀藩がこのように立山衆徒を統制したのに対し、一方、江戸幕府の修験道統制はどうだったか。幕府は、慶長一八年(一六一三)に修験道法度を定め、聖護院門跡を本山とする天台宗系修験道本山派と、醍醐寺三宝院門跡を本山とする真言宗系修験道当山派を支配下に置いた。次いで、各地の修験をそのいずれかに分属させ、競わせることで力を削ぎながら支配した。また、吉野山・羽黒山・英彦山などの修験集団は、日光輪王寺門跡直属の天台修験として存続させた。

加賀藩は、中世より商人や戦国武将が活用してきた信濃・越中間の最短往還道が存在する立山・黒部奥山の領域の軍事的重要性を強く認識していたと思われ、こうした幕府の修験道統制よりも先に、先述のとおり立山衆徒を自藩の支配下に治め、各宗派の本山との関係を一切持たせず、江戸幕府の息がかからないようにした。そのため、立山衆徒は天台宗だが、比叡山や東叡山とは関係のない「無本山天台宗」を称して活動していくのである。

なお、加賀藩は立山衆徒が藩に無許可で外部のさまざまな権力と結びつこうとした場合、芦峅寺宿坊家が藩領国外の檀那場で諸大名やその家臣らと師檀関係を結ぶことなどにはほとんど関心を示していないが、立山衆徒が有力寺社と結びつこうとすると必ずそれを阻止している。具体的な事例として、延宝期に吉田家より神道裁許を受けて禁牢を申し渡され、さらに後年御家断絶となった芦峅寺社人の十三郎の一件や、天保期に寛永寺と結びつこうとして、直前で踏みとどまって事なきを得た岩峅寺一山の一件、また青蓮院と結びつこうとして藩から罰せられた岩峅寺衆徒の玉蔵坊と円林坊らの一件があげられる。こうして立山衆徒は、他の霊山の修験集団のように、各宗派や修験道寺院の本山に帰属しなかったので、山中修行を主体としない独自路線の宗教活動を展開していくことになった。

また、加賀藩は立山衆徒に対し、軍事に結びつくような修験道の野性的な部分の抑え込みを図ったと考えられ、その代わりに、自藩の国家安泰や、藩主とその家族の無事息災を祈禱する山麓の祈願寺院としての役割を担わせた。そのため、立山衆徒の宗教活動の舞台は立山山中から山麓の自村に移り、山中を道場とする修験道の峰入りや柴灯護摩などの修行は次第に廃れ、むしろ山麓の芦峅寺や岩峅寺の境内地諸堂での年中行事が極端に増加していった。特に芦峅寺衆徒の間では、諸国の檀那場での廻檀配札など、勧進布教活動が次第に盛んとなった。こうした状況を背景に、立山曼荼羅の絵解き布教の文化も花開いたのである。

4 加賀藩の立山衆徒への支配体制が生み出した立山曼荼羅の系統

立山曼荼羅といってもさまざまな作品があるが、それらは三つに大別される。立山に最も近い芦峅寺の衆徒が布教した内容を描いた芦峅寺系作品、里である岩峅寺の衆徒が布教した内容を描いた岩峅寺系作品、その他のさまざまな作品の三系統である。

写真1の『大仙坊A本』は芦峅寺系作品だが、立山の山岳景観を背景に、立山開山縁起や立山地獄・浄土、禅定登山案内などの内容が所狭しと描かれている。また、芦峅寺の布橋灌頂会の法会や立山大権現祭の祭礼、三途の川の奪衣婆なども描かれ、物語性が豊かである。

一方、写真2の『富山県［立山博物館］A本』は岩峅寺系作品だが、画面いっぱいに立山の山岳景観が描かれ、山絵図そのものといった絵柄である。画中には一応、立山開山縁起や立山地獄・浄土、禅定登山案内などの内容が描かれているが、きわめて簡略な筆致で物語性に乏しい。

こうした説話画風の芦峅寺系作品と山絵図風の岩峅寺系作品を比較したときに見られる構図や図柄の差違は、江戸時代に芦峅・岩峅両寺の衆徒が行った宗教活動の違いを反映している。その活動の違いは、加賀藩の両峅寺に対する

写真１　『立山曼荼羅 大仙坊Ａ本』（大仙坊所蔵）

実に巧妙な支配によって生じた。

江戸時代、加賀藩は両峅寺衆徒に対し、立山に関するいくつかの宗教的権利を分与し、経済面で互いに競わせ、両者が協力して一大勢力にならないように力を削いだ。

ここで言う宗教的権利には、大きく二種の権利がある。まず、山の管理権であり「立山本寺別当（立山の宗務を代表として取り締まる長官）」の職号の使用権や立山山中の宗教施設の管理権（立山峰本社や室堂など）、入山者から山役銭を徴収する権利、禅定登山者や参詣者が持参してきた納経帳に記帳するための納経受付所の設置権などがあった。もうひとつは各地での布教権で、加賀藩領国内外で廻檀配札活動を行う権利や、同

写真２　『立山曼荼羅 富山県［立山博物館］Ａ本』
（富山県［立山博物館］所蔵）

藩領国内で出開帳を行う権利などがあった。

これらのうち、山に直接関わる権利は、江戸時代の中期まで、両峅寺がほぼ同等に持っていた。しかし、岩峅寺が山の管理権を独占し始めて両峅寺の間で争論が起こると、加賀藩公事場奉行は正徳元年（一七一一）に裁定を下し、以後、立山の山腹にある芦峅寺と里にある岩峅寺の立地条件を全く考慮せず、立山に最も近く山を知り尽くした芦峅寺には山の管理権を一切与えず、むしろ山から閉め出すように、各地での布教権、つまり加賀藩領国内外での廻檀配札活動を行う権利を与えた。一方、里人である岩峅寺には、前述の山の管理権を与えた。加賀藩は岩峅寺の廻檀配札活動や出開帳については裁判では特に言及しておらず、同寺の宿坊家の何軒かは廻檀配札活動も行っていたが、芦峅寺ほど積極的ではなかった。

このように、加賀藩は互いに不都合が生じるように権利を分与したので、その後、当然ながら両峅寺の間で、互いの権利侵犯を巡る争論が繰り返された。そして、文化・文政期には全国的に寺社や霊山への参詣が隆盛となり、立山でも参詣者が増え利権が大きくなったためか、争論はますます激化した。ただし、こうした一連の争論に対しては、加賀藩が両峅寺を自藩の寺社奉行のもとに独自に支配していたので、藩みずからが裁判官となって、天保四年(一八三三)に正徳元年(一七一一)の判決のとおり最終的な判決を下し、自藩に都合のよいかたちで服従させてしまった。

このような加賀藩の巧妙な政策で、芦峅寺衆徒は立山に直接関わる権利を失い、加賀藩領国内外での廻檀配札活動を経済的な基盤とせざるをえなかった。領国外の檀那場の人々は、当然領国内の人々より、立山や立山信仰に対する知識や理解が乏しく、そうした人々に効果的に立山信仰を布教するために、芦峅寺では人目を引く説話画風の立山曼荼羅が作成されたものと考えられる。一方、岩峅寺衆徒の場合は、例えば中道坊が江戸時代後期に越後国の頸城郡や魚沼郡、古志郡などで配札活動を行っていた事例なども見られたりするが、その中道坊も、般若院などとともに、主に加賀藩領国内の石川郡などでも配札活動を行っており、どちらかといえば地元の人々が実際に立山に訪れることに対応して、禅定登山案内など立山に直接関わる活動を重視したので、山絵図風の立山曼荼羅が作成されたものと考えられる。

三　立山曼荼羅諸本の制作環境

立山曼荼羅が制作されるとき、それに関わる人々として、「発願者（作品を作ろうと思った人）」「発注者」「実質的な制作者（絵師など）」「受納者（使用者）」があげられる。制作時には、これらの人々の絵への関わり方や影響力の度合いによって、絵の構図や図像にさまざまな変化が生じる可能性がある。

すなわち、立山曼荼羅諸本の構図や画像を詳細に見ていくと、その大方は衆徒の意識に基づいて描かれているが、なかには実質的な制作者である絵師の意識や画法・技術、あるいは立山信仰の受容者である檀家の意識に基づいて描かれたと推測される部分も多分に見られる。こうした事態が生じる理由は、立山曼荼羅の制作を依頼された絵師や立山信仰の受容者である檀家が、必ずしも衆徒側の期待どおりに、制作時の注文や衆徒側が意図する教義などの布教内容を百パーセント正確に受けとめてくれるとは限らないからである。

ここで、立山曼荼羅の制作時における「発願者」「発注者」「実質的な制作者」「受納者」らの関わり方と、それによって生み出される絵相の事例をいくつか見ておきたい。

事例その一として、衆徒の立場から見て、立山信仰の内容や現地の景観などが最も正確に描かれる場合は、衆徒自身が自ら発願し、自ら描き、自ら使用した場合である。ただし、このような作品は衆徒に絵心があれば別だが、大概は技術のない素人が描くのだから、どちらかといえば稚拙で泥臭い絵になる。作品でいえば『坪井家B本』や『佐伯家本』『相真坊A本』などである。

こうした作品は立山信仰を伝えようとする衆徒側に、描きたい物語や事象がたくさんあり、それをできるだけ欠か

写真3　『立山曼荼羅 坪井家B本』（部分）（個人所蔵）
布橋の構造や大施餓鬼法要などが正確に描かれている。

さず描き込もうとするので、画面のなかの画像数がどうしても多くなる。悪く言えばごちゃごちゃした絵になる。しかし、一方では、現地の立山連峰や芦峅寺境内地の様子、布橋灌頂会の内容など、衆徒が実際にそれらをしっかりと理解・認識しているため、いずれもかなり正確な情報として描かれている（写真3）。

事例その二として、発願者と発注者が衆徒か檀家のどちらか、あるいは両者であり、制作者は絵師、受納者は衆徒といった場合である。作品でいえば例えば『相真坊B本』や『大仙坊A本』『筒井家本』などである。こうした作品は根本的には全て絵師によって描かれているので、絵の構図や画像は美術作品としても非常に優れている。適度な図像配置がなされ、絵解き布教の教具としても立山信仰の受容者側には見易いものとなっている。制作時に絵師が衆徒から既存の立山曼荼羅を参考作品として与えられ、それに基づいて描いたか、あるいは制作現場で衆徒から直接指示を受けて描いたようであり、立山信仰の基本的な内容は概ね踏襲されているといってよい。

写真４　『立山曼荼羅 大仙坊Ａ本』（部分）（大仙坊所蔵）布橋灌頂会の場面に描かれた参列者の老婆。

ただし、より注意深く画像を見ていくと、それらのいくつかに衆徒側の布教意図を考えた場合、明らかに違和感を覚えるものがある。

その典型的なものは、前述の三作品に描かれた布橋灌頂会の女性参列者の画像である。同法会に参列する人物が老婆一名しか描かれていないのである（写真４）（『宝泉坊本』と『吉祥坊本』にも見られる）。これについて、もし芦峅寺衆徒の布教意図に基づくならば、檀那場の檀家たちに対し布橋灌頂会の盛況な様子を宣伝し、彼らが法会に参加したくなるように、あるいはそれができなければ浄財の寄進によって結縁したくなるように、もう少し多くの参列者を描いたほうが勧進活動の際には有効だったかと思われる。しかし、これらの作品では、この老婆がいったい何を象徴するのか説明がないまま、布橋灌頂会の参列者としてポツンと描かれているのである。この違和感は作品の制作を任された絵師が、布橋灌頂会をよく理解していなかったことから生じたものである。

筆者はこれについて、立山曼荼羅の実質的制作者である絵師が事前に持っていた知識に基づき、熊野観心十界曼荼羅に描かれた半円形に人生を象徴する「山坂」の出口直前の老婆の画像（頭を頭巾で覆い、杖をつき、腰が曲がった容姿）を取り込んだものと推測している。そして、熊野観心十界曼荼羅に描かれたこの老婆の画像の背景に潜む情報と立山曼荼羅に描かれた参列者としての老婆の画像の背景に潜む情報は共通の意義を持っている。すなわち、熊野観心十界曼荼羅において老婆は人生を象徴する「山坂」の出口の直前（あの世に入る直前）に描かれ、そこには境界の鳥居が立ち、その先には死者の家である墓地がある。一方、立山曼荼羅においても老婆はやはり布橋及び媼谷川を境界とするあの世の世界に入る直前に描かれているのである。いわゆる、今まさにあの世に行こうとしている老婆を象徴的な意味を持たせて、特定の意義のある場所に配置しているのである。

違和感を覚える画像の二例目として、阿弥陀如来と聖衆の来迎図があげられる。

立山衆徒の意識とすれば、救済の世界としての極楽浄土はその名のとおり立山連峰の浄土山かあるいはその背後のどこか遠い彼方に存在するべきものであった。

これに対して前述の三作品では、雄山と大汝山の山間に、画面に向かって左から右への進行方向で阿弥陀三尊の来迎が早来迎の形式で描かれ、さらに雄山の画面に向かって右斜面を滑り降りるように阿弥陀如来と二十五菩薩の来迎がひとつの雲に乗った集合体として描かれている（写真5）。その際、来迎の動きとしては、動き始めは画面に向かって左側の雄山側から始まるが、それが雄山と浄土山の山間で反転して、最終的には画面に向かって右から左への動きとなる。それゆえ、仏・菩薩たちの集合体のなかで前列の阿弥陀如来や諸菩薩は画面に向かって左向きであるが、後列の諸菩薩は右向きから正面向きになっている。そして浄土山周辺には来迎場面は全く描かれないのである。

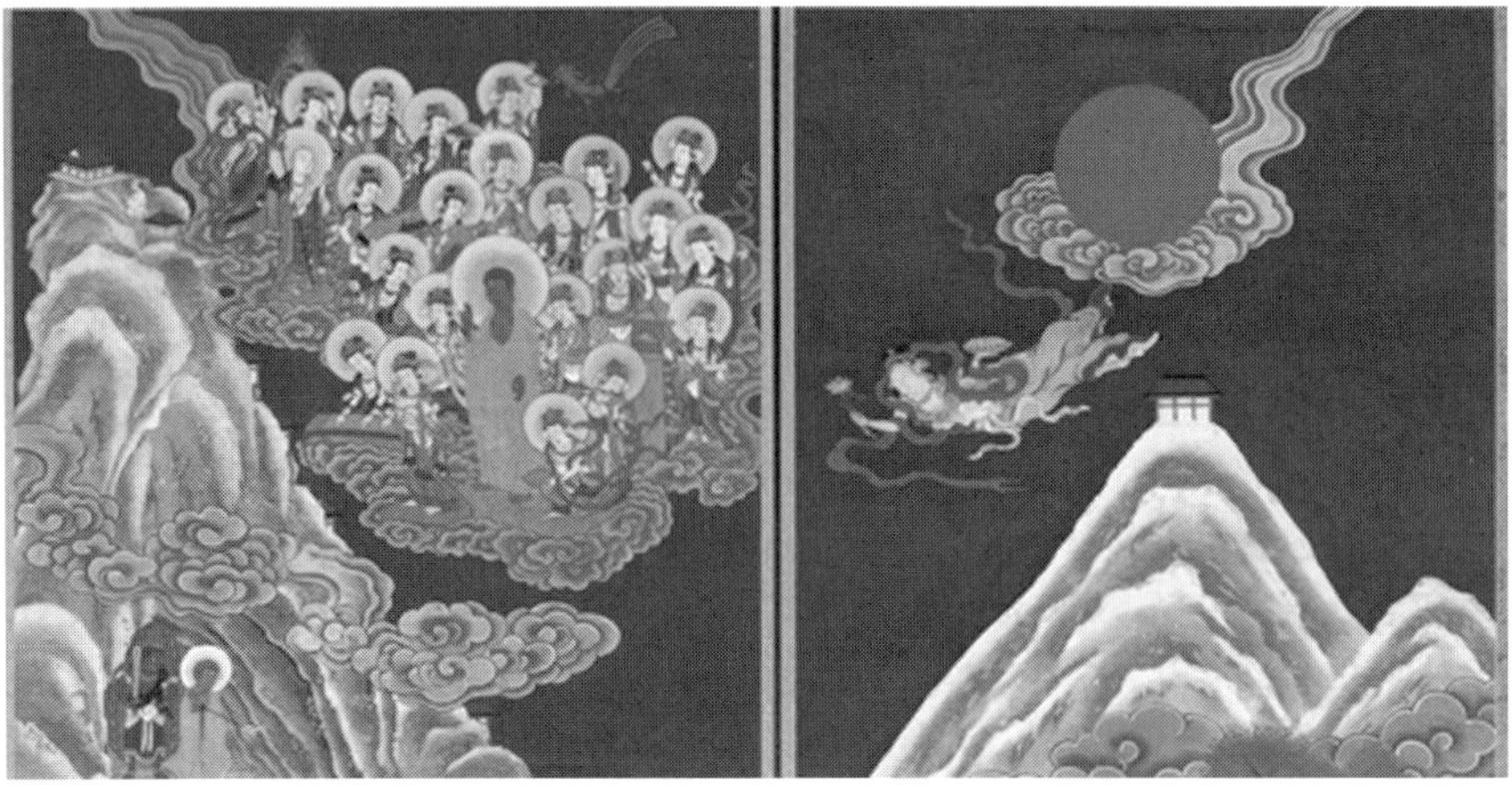

これは立山衆徒たちの意識と異なっている。すなわち、地獄の剣の山である劔岳の方角から阿弥陀如来と聖衆が来迎してきているのである。こうした構図は、絵師が衆徒の布教意図をよく理解していなかったか、あるいは理解していても信仰内容より全体的な構図を重視したために生まれたと考えられる。

事例その三として、安政五年（一八五八）に芦峅寺宝泉坊と師檀関係を結ぶ三河国西尾藩主松平乗全がプロ顔負けの技量でみずから模写し、同坊に寄進した『宝泉坊本』や、慶応二年（一八六六）に芦峅寺吉祥坊と師檀関係を結ぶ三河国岡崎藩主本多忠民が同坊に寄進した、江戸の町絵師の手になる『吉祥坊本』など、上級身分の人々が寄進し、絵解きの教具というよりはむしろ美術作品として成熟の域に達した作品の場合である。これらの作品はいずれも絹本であり、細密な画像と鮮やかな色彩を持つ。ただし細密過ぎることが、かえって絵解きの際に信者の視点を定め難くしているように思われる。

最後に事例その四として、衆徒が制作にほとんど関わらず、檀那場の檀家あるいは全くの部外者が主体的に制作したと考えられる『最勝寺本』や『大江寺本』の事例がある。

このうち『最勝寺本』をとりあげると、それは何とも風変わりな

写真５　『立山曼荼羅 大仙坊Ａ本』（部分）（大仙坊所蔵）
地獄の剣の山である劔岳の方向から来迎する阿弥陀三尊と聖衆。

立山曼荼羅である。画面を見ていくと、劔岳の針山地獄が二峰描かれ、浄土山には菩薩来迎の代わりに風神・雷神、立山地獄の位置関係はいい加減、布橋灌頂会は他の地獄絵の借り物と、通常の図柄からかなり逸脱している。ちなみに、立山開山縁起の内容については、通常作品には定番の佐伯有頼が手負いの熊を追いかける場面がない。玉殿窟の場面では窟がなく、阿弥陀如来と観音菩薩・勢至菩薩の三尊来迎を前に、佐伯有頼が跪いて合掌する姿が描かれている。熊は阿弥陀如来に変身せず、熊の姿のままで三尊の脇に跪いている（写真６）。

このようにいびつな構図と図柄の作品だが、軸裏の銘文に「立山和光大権現画伝」と画題が記され、一応、立山開山縁起の内容や立山地獄の様子、芦峅寺媼堂なども描かれているので、立山曼荼羅と判断した。さらに銘文から、この作品は江戸時代幕末の安政二年（一八五五）、知多郡寺本村の常光院の僧侶至円に前述の画題で描かれ、完成後に現所蔵の最勝寺に奉納されたことがわかった。

ところで、従来の調査により、名古屋をはじめ、知多半島は芦峅寺宿坊家の日光坊や大仙坊・泉蔵坊・宮之坊らの檀那場だったこと、衆徒が毎年農閑期に同地で布教活動を行っていたことなどがわかっ

写真6 『立山曼荼羅 最勝寺本』（部分）（最勝寺所蔵）
二峰が描かれた剣の山地獄の剱岳。浄土山の風神・雷神。

ている。おそらく至円は、そうした芦峅寺衆徒の布教活動に強く感化を受け、自身の信仰の発露としてこの作品を描いたものと推測される。

ただしここで興味深いのは、至円が立山信仰の主要な物語をある程度理解していたものの、その詳細にまでは至らなかった点である。衆徒は立山曼荼羅を絵解きして一生懸命布教したのだろうが、至円はある程度までしか理解しなかったようで、あとは自分のイメージで描いてしまった。だから、この作品には通常の立山曼荼羅とは異なった画像が数多く見られるのである。

さて、立山曼荼羅は全ての作品が芦峅寺や岩峅寺の宿坊衆徒によって描かれたと思われがちだが、現存五二点の作品を調査する限り、『最勝寺本』のように外部の人の手による作品がかなり多い。むしろ衆徒自身が描いた作品は少ない。それゆえ、いずれの作品も同じ物語に基づいて描かれているとはいえ、制作者の技術や立山信仰に対する理解度、遊び心などが作品に反映され、その筆致や色彩、図像はバラエティーに富んでいる。だから、例えば佐伯有頼の顔も、開山縁起に合わせ少年として描かれることは意外に少なく、髭面や親父面で描かれるといったことが生じるのである。

四　立山曼荼羅諸本の分類

以下は、前節までの分析結果を踏まえて考案した、現存五二点の立山曼荼羅諸本に対する分類案である（表1参照）。まず立山曼荼羅諸本に対し、図像学的に「布橋灌頂会」や「立山大権現祭」などの法会・祭礼が描かれているか否かで二系統に分けた。

次に各系統の諸作品に対し、本章の前節で指摘してきた、立山曼荼羅諸本の制作に関わる「場」（地域・人・情報）の多様性に基づいて、各作品の配列を規定した。そこでは特に「発願者」「発注者」「実質的な制作者」「受納者（使用者）」らの絵への関わり方や影響力の度合いによって生じる構図や図像の多様性、模写関係に留意し、具体的には以下のように分類している。

(1)法会や祭礼の描写がある立山曼荼羅。

①最新の科学調査でとらえた立山曼荼羅（模写系譜1）。②立山信仰の布教者側の影響が強い立山曼荼羅。③〜⑦立山信仰の受容者側の影響が強い立山曼荼羅（模写系譜2〜5）。⑧近代の立山曼荼羅。⑨特定の図柄のみが描かれた立山曼荼羅。

(2)法会や祭礼の描写が見られない立山曼荼羅

①木版立山登山案内図の影響が強い立山曼荼羅（模写系譜1）。②〜④山絵図の性格が強い立山曼荼羅。⑤近代の立山曼荼羅。

(3)その他（参考作品）

おわりに

立山曼荼羅の起源については、今なお、それを直接的に示唆するような作品や文献史料が見あたらず、明らかにすることができない。こうした状況下、本章では、幕藩体制下における加賀藩の立山衆徒に対する支配のあり方が、立山曼荼羅の展開に大きな影響を与えたものと推測した。また、立山曼荼羅の筆致や色彩の多様性については、立山曼荼羅が制作されるとき、それに関わる人々として、「発願者（作品を作ろうと思った人）」「発注者」「実質的な制作者（絵師など）」「受納者（使用者）」があげられ、制作時には、これらの人々の絵への関わり方や影響力の度合いによって、絵の構図や図像にさまざまな変化が生じる可能性があることを、実例をもって指摘した。さらに、これらを踏まえて立山曼荼羅諸本の分類案を提示した。

註

（1）大高康正「参詣曼荼羅試論」（高埜利彦・青柳周一・西田かほる編『近世の宗教と社会Ⅰ　地域のひろがりと宗教』二〇八頁〜二四三頁、吉川弘文館、二〇〇八年）。大高康正『参詣曼荼羅の研究』（岩田書院、二〇一二年）。

（2）「二　垂迹画」（『垂迹美術』、奈良国立博物館監修、角川書店、一九六四年）。

（3）高橋平明他『立山曼荼羅の科学的研究成果報告書二〇〇七年度富山県［立山博物館］委託研究』（元興寺文化財研究所、二〇〇八年）。

（4）蒲池勢至「真宗門徒と立山信仰　二つの阿弥陀信仰」（『立山と真宗　御絵伝がつなぐ二つの世界』六頁〜一〇頁、富山県［立山博物館］、二〇〇六年）。

（5）佐伯幸長著『立山信仰の源流と変遷』（三一一頁・三一二頁、立山神道本院、一九七三年）。

（6）拙稿「立山信仰における木版文化と配札・立山曼荼羅」（『木版文化と立山』四九頁～五七頁、富山県［立山博物館］、二〇一二年）。

（7）文政元年（一八一八）『納経一巻等記録立山芦峅寺』（廣瀬誠編『越中立山古記録　第一巻』一〇六頁、立山開発鉄道、一九八九年）。

（8）天保二年（一八三一）～同三年『岩峅寺配札方基本願書幷双方往復之旨趣書』（『越中立山古記録　第一巻』一三二頁・一三五頁）。

（9）天保四年（一八三三）『立山開山大上人御教化血脈相承芦峅寺各坊諸国配札檀家縁辨別留記』（『越中立山古記録　第一巻』一九六頁）。

（10）拙著『近世立山信仰の展開』（四二三頁～四五〇頁、岩田書院、二〇〇二年）。

第二章　芦峅寺の立山縁起と木版立山登山案内図・立山曼荼羅

はじめに

筆者はこれまで、江戸時代における芦峅寺衆徒の勧進活動に関して、檀那場形成及び衆徒の廻檀配札活動を中心に綿密な調査を行い、檀那帳や廻檀日記帳・由緒書・勧進記・奉加帳・縁起などの分析を通して、複数の地域における衆徒の勧進活動の実態を明らかにしてきた。さらに、血盆経信仰・布橋灌頂会など立山信仰を特徴づける女人救済信仰や、立山曼荼羅を用いた絵解き文化についても、その由来の検証を通して、近世後期以降に大きく開花したことを指摘し、かつ、これらの信仰や文化が立山信仰の普及に果たしてきた役割を指摘した（1）。

こうした研究活動のなかで、筆者は多数の由緒書や勧進記・奉加帳をとりあげ、翻刻・活用してきたが、それらを合わせると今ではかなりの分量となっている。

そこで本章では、それらの史料に加え、まずは他の未翻刻の勧進記や縁起なども翻刻し、一括整理し、さらにそれらを用いて、木版立山登山案内図や立山曼荼羅との関係についても、若干の検討を試みたい。

なおその際、本章では掲載分量に制限があるため、まずは芦峅寺一山及び同宿坊家に関する由緒書や縁起・勧進記だけをとりあげたい。岩峅寺一山及び同宿坊家に関するものやその他のものについては、今後別稿を用意したい。

一　芦峅寺一山及び宿坊家における由緒書・縁起・勧進記などの種類

江戸時代前期に加賀藩によって実施された寺社改めにおいて、芦峅寺一山が同藩に提出した寺社由緒書の内容も、祭神に関する記載など、唱導に活用できる部分があるので、参考までに提示しておきたい。なお後掲「史料の翻刻」に掲載したものについては［史料〇］と付記した。

それらには次のものがある。

(1)延宝二年(一六七四)八月一五日、立山芦峅寺衆徒・神主から永原左京・笹原織部に宛てられた芦峅寺の由緒書上。(2)

(2)延宝三年(一六七五)二月二〇日、立山芦峅寺衆徒・神主から永原左京・笹原織部に宛てられた芦峅寺の由緒書上。(3)

(3)延宝三年(一六七五)四月、立山芦峅寺衆徒中・社人中から石黒源右衛門・山村市十郎に宛てられた芦峅寺の由緒書上。(4)

(4)貞享二年(一六八五)九月三〇日、立山芦峅庄中宮媼堂天台宗衆徒中・社人中からに宛てられた芦峅寺の由緒書上。(5)

二　芦峅寺の縁起と勧進記

(1)立山大縁起

芦峅寺の立山大縁起には次のものがある。

(5)日光坊「立山大縁起三巻」(三巻・芦峅寺日光坊所蔵)[(6)]。内訳は「立山峰宮和光大権現縁起」、「□(一字欠損)𡸴媼堂大縁起(芦峅媼堂大縁起)」(安永八年〈一七七九〉)[史料1]、「神分」(安永八年〈一七七九〉)[史料2]。

(6)権教坊「立山大縁起三巻」(三巻一冊・芦峅寺一山会所蔵)[(7)]。内訳は「立峰宮和光大権現縁起」(文化一四年〈一八一七〉)、「芦峅中宮寺媼堂大縁起」(文化一四年〈一八一七〉)、「無題(「神分」か)」(文化一四年〈一八一七〉)。

(7)泉蔵坊「立山大縁起三巻」(三巻一冊・円隆寺所蔵)[(8)]。内訳は「立山宝(峰)宮和光大権現縁起」(文政一二年〈一八二九〉に龍淵改訂)、「芦峅中宮御媼尊縁起」、「神分」。

この他、最近、山吉頌平氏は、「立山大縁起三巻」のうちの「立山峰(宝)宮和光大権現縁起」と概ね同内容の『越中立山縁起』を、加賀藩士・森田盛昌(寛文七年〈一六六七〉～享保一七年〈一七三二〉)著『漸得雑記』巻二一のなかに発見した[(9)]。さらに、この縁起の『漸得雑記』のなかでの呼称は『越中立山縁起』であるが、一方、その本文の巻末には「立山宝宮和光大権現縁起」の文言が見られ、明らかに「立山大縁起三巻」のうちの「立山峰(宝)宮和光大権現縁起」に類するものであることがわかる。ただし、右記の「日光坊本」・「権教坊本」・「泉蔵坊本」の「立山大縁起三巻」には「立山峰(宝)宮和光大権現縁起」とともに「媼堂(媼尊)大縁起」と「神分」の二巻が三巻一揃えとして収められているが、この『漸得雑記』には、「媼堂(媼尊)大縁起」と「神分」の二巻は見られない。また、『越中立山縁起』からは芦峅寺一山や芦峅寺宿坊家との直接的な関係をうかがうことはできない。

『漸得雑記』の書誌や所収縁起群の由来などについては、山吉氏の論文に詳述されているので、ここでは触れないが、同書に収められた『越中立山縁起』の成立時期について山吉氏は、『漸得雑記』の著者である森田盛昌の没年を上限として、享保一七年(一七三二)までには成立していたと指摘している。

ところで、『越中立山縁起』に見られる「玉殿ノ窟ハ吉祥天。自二越中一立山宮参詣宿所。虚空蔵ノ窟ハ従二信州一衆人ノ宿、本体獅子無畏観音」の文言は、この縁起の成立時期を考える際に若干の示唆を与えてくれる。おそらくこの文言は、加賀藩が正徳元年(一七一一)以降、立山・黒部奥山における信越の国境を封鎖する以前の状況を反映していると考えられる。

すなわち、正徳元年(一七一一)までは、芦峅寺衆徒の誘引で信濃国の人々(芦峅寺宿坊家の檀家と考えられる)が通常の街道及び関所を通らず、北アルプスの山々を越えて信濃国側から直接的に立山参詣を行う場合もあった。しかし、宝永期から正徳期にかけて、芦峅寺一山と岩峅寺一山は激しく争論を起こしており、正徳元年(一七一一)、岩峅寺衆徒が北アルプスの山々を越えて立山参詣に訪れた信濃国の人々をこれ見よがしに拘束し、岩峅寺に連行するとともに、彼らの参詣行為が芦峅寺衆徒の誘引であることを加賀藩に対して顕在化させた。そのため同年以降、加賀藩によって立山・黒部奥山における信越の国境が実質的に封鎖されたのである[10]。前掲の文言は、立山室堂平の虚空蔵窟を信濃国からやって来た参詣者の宿と表現しており、おそらく信濃国から北アルプスの山々を越えて訪れる立山参詣者がそれほど珍しいことではなかったことを示していると思われる。したがって、『越中立山縁起』は正徳元年(一七一一)までに、おそらくは芦峅寺に関わる縁起としてすでに成立していたと考えられる。

(2)立山略縁起　芦峅寺の立山略縁起には次のものがある。

(9)相真坊「立山略縁起」(一冊・表紙に享保期に改め記すとある)(芦峅寺相真坊所蔵[11])。

(10)大仙坊「立山略縁起」（表題なし・継紙・年次未詳）（芦峅寺大仙坊所蔵）［史料3］。
(11)「立山略縁起　芦峅寺宝泉坊」（芦峅寺宝泉坊所蔵）（一冊・ガリ版摺り・年次未詳）［史料4］。
(12)宝泉坊「立山縁記（内題：立山大権現略縁記）」（一冊・年次未詳）（芦峅寺宝泉坊所蔵[12]）。
(13)権教坊「立山略縁起」（一冊・文化一三年〔一八一六〕）（芦峅寺一山会所蔵[13]）。
(14)宝泉坊「立山略縁起」（折本・年次未詳）（芦峅寺宝泉坊所蔵）［史料5］。
(15)芦峅寺「立山略縁起」（一冊・版本・年次未詳）（富山県立図書館所蔵）［史料6］。
(16)龍淵「立山本地阿弥陀如来略記」（一冊・龍淵直筆・文政後期）（芦峅寺日光坊所蔵）［史料7］。

(3)芦峅寺媼尊縁起　芦峅寺の媼尊縁起には次のものがある。

(17)宝伝坊「御媼尊縁起」（一冊・文政三年〔一八二〇〕）（芦峅寺一山会所蔵[14]）。
(18)宝泉坊「立山御媼尊略由来」（一冊・年次未詳）（芦峅寺宝泉坊所蔵[15]）。

(4)布橋大灌頂勧進記　芦峅寺の布橋大灌頂勧進記には次のものがある。

(19)宝泉坊「立山御媼堂別当勧進記」（一冊・安永四年〔一七七五〕）（芦峅寺宝泉坊所蔵）［史料8］。
(20)大仙坊「立山御媼尊布橋施主帳」（版本・寛政七年〔一七九五〕）（芦峅寺大仙坊所蔵[16]）。
(21)大仙坊「立山御媼尊布橋布施主帳」（版本・寛政七年〔一七九五〕）（芦峅寺大仙坊所蔵[17]）。
(22)相真坊「立山御媼尊布橋寄進帳」（版本・寛政七年〔一七九五〕）（岐阜県歴史資料館所蔵[18]）。
(23)善道坊「日牌月牌過去霊名記（立山御媼尊荘厳施主帳）」（一冊・文化二年〔一八〇五〕）（富山県［立山博物館］所蔵[19]）。
(24)宝泉坊「布橋大灌頂勧進記」（一冊・文化一〇年〔一八一三〕）（芦峅寺宝泉坊所蔵[20]）。
(25)宝泉坊「布橋大灌頂勧進記」（一冊・文化一〇年〔一八一三〕）（芦峅寺宝泉坊所蔵[21]）。

(26)宝泉坊「勧進帖」（一冊・文化一一年〔一八一四〕）（芦峅寺宝泉坊所蔵）［史料9］。
(27)泉蔵坊「立山御媼尊別当奉加帳」（版本・文政三年〔一八二〇〕）（半田市立博物館所蔵(22)）。
(28)大仙坊「立山御媼尊別当奉加帳」（版本・文政六年〔一八二三〕）（国立国会図書館所蔵(23)）。
(29)相善坊「北国立山御媼尊別当奉加帳」（一冊・版本・文政一〇年〔一八二七〕）（富山県［立山博物館］所蔵(24)）。
(30)善道坊「立山御媼尊布橋大灌頂勧進記」（一冊・天保二年〔一八三一〕）（富山県［立山博物館］所蔵(25)）。
(31)大仙坊「立山御媼尊別当奉加帳」（版本・天保一三年〔一八四二〕）（芦峅寺大仙坊所蔵(26)）。
(32)宝泉坊「布橋大灌頂勧進記」（一冊・元治元年〔一八六四〕）（芦峅寺宝泉坊所蔵）［史料10］。
(33)宝泉坊「布橋大灌頂勧進記」（一冊・文久四年〔一八六四〕以降）（芦峅寺宝泉坊所蔵(27)）。
(34)宿坊不明「布橋大灌頂勧進記」（断簡・年次未詳）（芦峅寺雄山神社所蔵(28)）。

(5)血盆経略縁起　芦峅寺の血盆経略縁起には次のものがある。

(35)宝泉坊「血盆経の由来」（巻子・年次未詳）（芦峅寺宝泉坊所蔵(29)）。
(36)醒眠「血盆経略縁起」（巻子・明治四四年〔一九一一〕）（富山県［立山博物館］所蔵）［史料11］。
(37)「仏説大蔵正教血盆経」（岡崎藩尾崎六三郎寄進の版木・年次未詳）（富山県［立山博物館］所蔵(30)）。
(38)実相坊「仏説大蔵正教血盆経」（摺り物・年次未詳）（芦峅寺宝泉坊所蔵(31)）。
(39)実相坊「血之池地獄納経略縁起」（摺り物・年次未詳）（個人所蔵(32)）。
(40)「血之池地獄納経略縁起」（摺り物一枚・年次未詳）（芦峅寺宝泉坊所蔵(33)）。
(41)三学坊「越中立山血盆地獄血盆□（一字欠損）経大縁起」（直筆・袋綴〔表紙と一部分〕）（芦峅寺宝泉坊所蔵）［史料12］。

以下は参考史料。

(42)宝泉坊「立山血池地獄血盆納経記帳」(一冊・文久二年(一八六二))(芦峅寺宝泉坊所蔵)[34]。
(43)宝泉坊「越中国立山血池地獄納経施主帳」(一冊・文久二年(一八六二))(芦峅寺宝泉坊所蔵)[35]。

(6)流水大灌頂支證　芦峅寺の流水大灌頂に関しては次のものがある。

(44)実相坊「流水大灌頂支證」(版木・万延元年(一八六〇))(芦峅寺宝泉坊所蔵)[史料13]。
(45)流水大灌頂の版木(年次未詳)(富山県[立山博物館]所蔵)[史料14]。

(7)大施餓鬼稟　芦峅寺の大施餓鬼法要に関する文言には次のものがある。

(46)立山中宮寺「永代大施餓鬼料稟」(版木・文政一二年(一八二九))(富山県[立山博物館]所蔵)[史料15]。
(47)立山中宮寺取次大仙坊「大施餓鬼稟」(版木・年次未詳)(富山県[立山博物館]所蔵)[史料16]。
(48)「大施餓鬼法会勧進記」(版木断簡・年次未詳)(富山県[立山博物館]所蔵)[史料17]。

(8)護摩修行略縁起　芦峅寺の護摩修行に関する文言には次のものがある。

(49)宝泉坊「一千座護摩修行募縁」(一冊・年次未詳)(芦峅寺宝泉坊所蔵)[史料18]。
(50)立山芦峅寺「一千座護摩灰仏功徳略記」(版木・年次未詳)(富山県[立山博物館]所蔵)[史料19]。
(51)教蔵坊「純密護摩之妙行」(版木・年次未詳)(富山県[立山博物館]所蔵)[史料20]。

(9)茶牌之支證　芦峅寺の茶牌供養に関する文言には次のものがある。

(52)実相坊「茶牌之支證」(版木・安政六年(一八五九))(富山県[立山博物館]所蔵)[史料21]。

(10)その他の勧進記　芦峅寺のその他の勧進記には次のものがある。

(53)立山中宮寺「越中国立山両大権現宝前永代常燈明供養勧化帳」(一冊・寛政七年(一七九五))(芦峅寺宝泉坊所蔵)[史料22]。

(54)立山中宮寺権教「越中国立山御嬶尊壇鏡建立勧進簿　升や分」(表紙と本文の一部。一冊・年次未詳)(芦峅寺宝泉坊所蔵)[史料23]。

(55)宝泉坊「立山御嬶尊御宝前円鏡勧進記」(一冊・寛政七年〔一七九五〕)(芦峅寺宝泉坊所蔵)[36]。

(56)吉祥坊「立山開山慈興大上人本堂再建序(開山堂碁天井再建寄進帳)」(一冊・文化二年〔一八〇五〕)(芦峅寺一山会所蔵)[37]。

(57)玉泉坊「立山地獄谷伽羅山地蔵大菩薩」(一冊・文政一〇年〔一八二七〕)(芦峅寺大仙坊所蔵)[38]。

(58)吉祥坊「開山御宝前額再建寄附帳」(一冊・天保三年〔一八三二〕)(富山県[立山博物館]所蔵)[史料24]。

(59)宝泉坊「立山御神前石鳥居造立万人講帳」(一冊・天保九年〔一八三八〕)(芦峅寺宝泉坊所蔵)[史料25]。

(60)宝泉坊「宝篋印塔造立勧進記」(一冊・天保一二年〔一八四一〕)(芦峅寺宝泉坊所蔵)[39]。

(61)善道坊「立山参詣人蒲団施主記」(一冊・天保一四年〔一八四三〕)(富山県[立山博物館]所蔵)[史料26]。

(62)日光坊「芦峅寺日光坊再建奉加帳」(一冊・元治二年〔一八六五〕)(芦峅寺日光坊所蔵)[40]。

(11)仏像寄進に対する證印

檀那場の信者などからの仏像寄進に対する證印の文言には次のものがある。

(63)「證印　下行村新井権右衛門殿　立山宝伝坊(立山願主宝伝坊〔発〕)→下行村新井権右衛門殿〔宛〕」(摺り物・封筒あり・天明七年〔一七八七〕)(個人所蔵)[史料27]。

(64)「證印」(版木・天明七年〔一七八七〕)(富山県[立山博物館]所蔵)[41]。

(65)「金仏建立證印　立山教蔵坊　観音地蔵二尊建立證印」(摺り物・封筒あり・寛政元年〔一七八九〕)(個人所蔵)[史料28]。

(66)「観音地蔵二尊建立證印」(版木・寛政元年〔一七八九〕)(富山県[立山博物館]所蔵)[42]。

(67)「営鋳地蔵尊　支證　立山教蔵坊　金像地蔵尊施財稟(立山教蔵坊〔発〕→信州細野村平林徳左衛門〔宛〕)」(摺り物・封筒あり・文政八年〔一八二五〕)(個人所蔵)〔史料29〕。

(68)封筒「営鋳地蔵尊　支證　立山教蔵坊　太兵兵」本紙「金像地蔵尊施財稟」(立山教蔵坊〔発〕→信州板取村新野太兵衛〔宛〕)(摺り物・封筒あり・文政八年〔一八二五〕)(個人所蔵)(43)。

(69)「営鋳地蔵尊　支證　立山教蔵坊　金像地蔵尊施財稟(立山教蔵密坊法印照界〔発〕→信州松本本町遠州屋久蔵〔宛〕)」一点(摺り物・封筒あり・文政八年〔一八二五〕)(長野県立歴史館所蔵)(44)。

三　由緒書・縁起・勧進記からの考察

1　寛政期から縁起や勧進記が増加する背景

延宝期・貞享期の寺社由緒書を除き、芦峅寺の縁起・勧進記は、制作年次が記されているものを抽出すると安永期以降のものしか見られない。ただし厳密に言えば、安永期のものも(19)と(5)だけで、あとは寛政七年(一七九五)の(20)(21)(22)以降、次第に増加していることがわかる。

安永期は、芦峅寺の大きな転換期であった。おそらく安永二年(一七七三)・同三年頃、芦峅寺は疫病に襲われ(45)、未曾有の危機に陥っていたと推測される。すなわち、村の人口が約四〇〇人から半分の二〇〇人にまで激減したのである(46)。この事態は、日常生活はもちろん一山の宗教活動などにおいても、あらゆる面で悪影響が出たと思われる。ちなみに、人口が元の四〇〇人ほどに戻るのは文化後期で、およそ四〇年ほどかかっている。

安永期直前の芦峅寺一山の状況を考えると、宿坊家間の貧富による格差は存在していただろうが、例えば享保期にすでに江戸で廻檀配札活動を行っていた宝泉坊や、東海地方や関東地方の広域で廻檀配札活動を行っていた権教坊などの事例も見られ[47]、そうした宿坊家の勧進収益によって、総体的には芦峅寺も次第に経済力をつけていったのではないかと思われる。前掲の安永期(19)(5)はそうした経済的優良宿坊家の所産と言える。このように他国での廻檀配札活動が順調な宿坊家は、その経済力を基に、安永期の疫病の難さえ遁れられれば、その後は人口減などで疲弊した芦峅寺の復興に牽引者としての役割を果たしたはずである。宝暦一〇年(一七六〇)に立山禅定登山を行った南画家・池大雅の『山岳記行』から、当時すでに立山山中にまで貨幣経済が浸透していたことがわかる[48]。こうした状況が成立した背景のひとつには、芦峅寺衆徒の廻檀配札活動などで培われた経済的観念の成長があっただろう。

安永期の人口激減に加え、さらに芦峅寺を疲弊させたのは天の浮橋(後の布橋)の荒廃(寛政初期にはすでに相当傷んでいた)[49]と天明五年(一七八五)の媼堂焼失事件である[50]。布橋と媼堂はともに加賀藩の普請所だった。そのため、焼失した媼堂は加賀藩の支出で天明七年に即座に再建された[51]。ただし、堂内の脇立媼尊像やその他の尊像、荘厳仏具などの準備費用は藩から支出されず、全て一山が自力で調達しなければならなかった。なお、荘厳仏具がある程度揃うのは文化後期であった[52]。一方、布橋の掛け替えは文政三年(一八二〇)にようやく行われているが[53]、この新しい布橋の完成は、芦峅寺にとって安永期頃からの諸問題をある程度克服し、一応の復興を成し遂げたことの象徴としての意味があった。

さて、安永期の人口激減の危機や媼堂内部の復興のために、芦峅寺一山及び各宿坊家は、それまで以上に廻檀配札活動やその他の勧進活動に力を注いだと思われる。こうした展開と寛政期頃からの縁起や勧進記の増加とは時期的に符合している。

具体的にその事例を指摘しておきたい。媼堂の再建一〇周年に当たる寛政七年(一七九五)に大仙坊と相真坊が共用として前掲の版本の布橋大灌頂勧進記(20)(21)(22)を制作し、東海地方で勧進活動を行っている。両坊とも、勧進の名目は版が共用であるから同一で、寛政一一年に一山の輪番制度で「御媼尊別堂番」の役を勤めなければならず、檀家に助成を求めるというものである。これが本当ならどちらかの宿坊家が嘘をついていることになるが、両坊とも「御媼尊別堂番」はあくまでも名目に過ぎず、その実は体の良いお布施集めといった側面もあったのだろう。

関東地方や東海地方で勧進活動を行っていた宝泉坊と権教坊は、寛政七年(一七九五)に浄頗梨鏡の設置に関する勧進記(55)(54)を制作している。また一山も永代常燈明供養に関する勧化帳(53)を制作している。

信濃国で廻檀配札活動を行っていた宝伝坊と教蔵坊も媼堂内部の復興に関わっており、宝伝坊は、媼堂が再建された天明七年(一七八七)に媼尊の脇立として「御脇立観世音菩薩」を、教蔵坊は寛政元年(一七八九)に媼尊の脇立として観音と地蔵の二尊を寄進されている。この他、媼堂の復興とは別に、教蔵坊が盂蘭盆会に供する尊像として、文政八年(一八二五)に檀那場から地蔵尊を寄進されている。(63)~(69)の書状はこれら一連の寄進への領収證印である。

ところで、一九世紀に入ると全国的に寺社参詣が隆盛し、時流のなかで立山でも参詣者が増加したと考えられる。立山参詣に対する藩領国内外の庶民の関心が以前に増して高まり、おそらくそこに利権が生まれたのであろう。寛政期から文化期には真宗寺院が自寺と立山との由緒を説き、出開帳を実施したり[54]、あるいは立山山麓の真宗寺院が独自の判断で立山参詣者を宿泊させたため[55]、加賀藩から正式に立山信仰の諸権利を認められている岩峅寺や芦峅寺と、藩を通して激しく対立した事例が見られる。

一方、芦峅寺一山が享和元年(一八〇一)に宿坊家の軒数を三三坊五社人に固定したことも[56]、廻檀配札活動の拡大や参詣者数の増加にともなって、各宿坊家が、宿坊家間の格差を含みながらも、総体的には経営・維持をしていけるだけの経済力を身につけてきたことを示している。こうした一連の社会状況から、芦峅寺一山及び各宿坊家は、以前より、立山参詣者や檀那場の信徒たちに対して立山開山縁起や媼尊信仰、布橋灌頂会などの信仰内容を説く機会が増え、必然的に縁起や勧進記の制作が行われたのであろう。

2 各宿坊家の裁量で制作された縁起・勧進記

勧進記(53)(54)は、まずは「立山中宮寺」の名義で一山の勧進記として制作され、活用する際にはその名義のあとに各宿坊名を入れている。このように、一山組織のなかで共通理解のもとに制作されることもあったが、しかし芦峅寺では、むしろ各宿坊家の裁量で制作されることのほうが多かったようである。例をあげれば、芦峅寺の立山大縁起でさえ、その制作・所蔵のあり方は、日光坊・権教坊・泉蔵坊といったように個人坊単位である。安永八年(一七七九)の日光坊本三巻(5)は、そのうちの「芦峅媼堂大縁起」と「神変」の二巻について言えば、同坊の檀那場だった尾張国知多郡大野村の松栄寺の僧侶が日光坊の依頼によって概存の作品を参考として制作したものである(57)。また、芦峅寺一山本とされ、文化一四年(一八一七)に加賀藩に提出された(6)も、実は権教坊の所蔵本であり、(5)を書写して制作している(58)。さらに、(7)は、もと高野山学侶・龍淵が、本人の知識を活かして大幅に脚色を施している(59)。

ところで、貞享二年(一六八五)(4)には、かつて「有頼自作之縁起」が存在していたが焼失して、貞享当時は写ししか残っていないことを記す(60)。また、天保三年(一八三二)『当山若僧定書帳　芦峅寺若僧中』によると、一山の制度として、若僧の勉学内容に立山大縁起と思しき「開山御真作之三通縁起」が含まれている(61)。さらに、天保一五年の加賀藩士・金子盤蝸『立山遊記』には、媼堂で衆徒が参詣者に対し大縁起と思しき長編の縁起を講じたことが記されている(62)。

以上の事例も見られるが、文化一四年(一八一七)に(6)が一山本として加賀藩に提出された経緯を考えると(63)、(4)で示唆された縁起の写しはそれ以前に失われていたと考えるのが妥当であり、また、他の事例も文化一四年以降のことなので、仮に大縁起の内容が一山で基本知識として共有されていたとしても、そのような状況は、(6)が一山本として加賀藩に提出された文化一四年以降のことと思われる。

勧進記の内容が、各宿坊家の裁量で制作されていたことの具体例として、各宿坊家の廻檀配札活動の対象地域の違いによって布橋大灌頂勧進記の形態や文言も違ってきていることがあげられる。東海地方を対象地域にしていた宿坊家と、関東地方を対象地域にしていた宿坊家では、儀式内容の時期的な変化を考慮する必要はあるが、次のような内容差が見られる。

まず、勧進記の文言に格式が感じられるのは、享保期にすでに江戸で檀那場を形成し、その後も安定した勧進活動を展開してきた宝泉坊のものである。文化一一年(一八一四)に照円が記した(26)は特にしっかりと書き上げられている。これは大都市江戸という特殊な土地柄で、上級身分も含めあらゆる身分階層の人々に通用するようにしたものであろう。

次に、前述のとおり寛政期に版本で大量頒布ができる布橋大灌頂勧進記(20)(21)(22)を頒布していたのは東海地域を檀那場としていた大仙坊や相真坊らである。その後、文政期から天保期に入ると、布橋大灌頂の儀式内容の変化ともなって、いずれの宿坊家の布橋大灌頂勧進記も、次第に直筆で格調の高い勧進文言が入ったものになっていく。ただし、一方では版本の手軽な勧進記も、その利便から相変わらず使い続けられている。

この他、天保一三年(一八四二)の芦峅寺一山の年中行事を記した『諸堂勤方等年中行事外数件』[64]によると、一山では、六月七日(旧暦)に流水灌頂式(流水大灌頂法会)、七月一五日(旧暦)に大施餓鬼・血盆納経式を執行していることがわかるが、文政期以降は、これに関する勧進文言が増えてくる。そしてその際も、芦峅寺一山の共有として制作されるたものはなく、各宿坊家の裁量で制作されている。

芦峅寺一山及び同宿坊家の血盆経に関する勧進活動と唱導文言(35)・(37)～(40)については拙著『江戸城大奥と立山信仰』で分析しているのでそちらを参照していただきたい[65]。なお、本章で翻刻した血盆経略縁起(36)は明治四四年(一九一一)のもので、近代に入ってもまだ、血盆経信仰が根強く継続していたことがうかがわれる。

3 媼尊「依存」から「脱」媼尊

安永期以降の芦峅寺の唱導文言を見ていくと、文政期頃までは、芦峅寺の立山信仰の主尊である媼尊に対する説明を巻頭で行っているものがきわめて多い。その後、天保期以降は媼尊の説明が見られなくなっていく。そしてこの傾向は、特に布橋大灌頂勧進記に強い。芦峅寺衆徒は諸国での廻檀配札活動を拡大していくなかで、当初は芦峅寺と言えばまずは「媼尊」といった、ある意味正攻法の喧伝活動を行っていたようである。しかし、廻檀配札活動がさらに展開していくなかで、立山信仰の受容者たちの身分が次第に多様化してくると、土俗的で妖怪性を帯びた媼尊だけでは格式が低く見られてしまい、とりわけ、ある程度の知識者層を惹きつけるには難しい面があったに違いない。そこで、縁起や勧進記の内容をどの身分階級でも対応できるような洗練されたものに切り替えていったのだろう。善道坊の(30)や宝泉坊の(32)(33)などがそうしたことの所産である。なお時期を問わず、唱導文言で比較的共通して入れられた内容は、「立山では峯に九品の浄土、谷に百六十三地獄がある」といった内容である。これらは、どちらかといえば縁起や勧進記の前段で、決まり文句のように入れられていることが多い。

4 布橋大灌頂勧進記に対する着目点

布橋灌頂会に関する勧進記で現存最古のものは芦峅寺宝泉坊の安永四年(一七七五)(19)である。以下その概要を見ておきたい。形態は版本ではなく直筆である。唱導文言は比較的短い。本文巻頭で媼尊の由緒が説明されている。本文中、芦峅寺が「女人成仏の霊場」と表現されている。また、儀式の呼称は「布橋灌頂会」ではなく「布橋」とされている。媼尊の本地が大日如来とされている。儀式「布橋」に必要な白布は一三六端で、それに対する経費が金一〇両とされている。

布橋大灌頂勧進記の諸本については、かつて拙著『立山信仰と布橋大灌頂法会』において、布橋を活用した儀式の呼称の変遷や、儀式で用いられる白布の量、媼堂の儀式に関わる諸経費、布橋を渡るのは女性の参詣者のみか、あるいは男女ともに渡るのかといった問題など、布橋大灌頂の儀式内容の推移を分析する際に有効と思われる着目点をいくつか指摘しており、そちらを参照していただきたい(66)。

5　立山大縁起「日光坊本」の特徴

立山では慶長末期か元和期頃までには加賀藩前田家関係者の間で血盆経信仰が受容されている(67)。その後の展開は不明だが、宝泉坊の安永四年(一七七五)の布橋大灌頂勧進記(19)に、信徒に対して血盆経を七年分として七本納めさせ、完納すると血脈を授けるといった、形式化した血盆経の納経に関する記載が見られることから(68)、この頃にはすでに、芦峅寺一山及び宿坊家において、血盆経信仰に関する勧進活動がとりわけ重要な位置にあったことがわかる。

さて、日光坊の安永八年(一七七九)の立山大縁起三巻(5)のうち芦峅媼堂大縁起には、この血盆経信仰が慈興上人の母を主人公として比較的詳しくとりあげられている。また、本文中でそれは芦峅寺を女人往生の霊場とするイメージと結びつけられ、さらに布橋灌頂会の展開にまで結びつけられている。今一度整理して述べると、芦峅媼堂大縁起(5)は、立山信仰の世界において、江戸時代前期にはすでに見られ、その後、江戸時代中期までには芦峅寺一山の勧進活動の主力となっていた血盆経信仰と、江戸時代中期以降、次第に整備されていく芦峅寺布橋灌頂会とを、『往生要集』や『地蔵十王経』内容も盛り込みながら、一元的に整理した現存最古の縁起と言える。

ところで、筆者はかつて立山大縁起「日光坊本」三巻のうちの「立山峰宮和光大権現縁起」の内容には、十所王子や十二光仏、十王信仰などの信仰の諸要素が見られることと、その理由として同縁起は、芦峅寺日光坊が尾張国知多郡大野村松栄寺の僧侶仙算に外注してできた作品であるからとの見解を示した。また同縁起が、芦峅寺衆徒によってではなく、外部者の仙算によって原体として制作された現存最古の「立山峰宮和光大権現縁起」であるとも位置づけた。しかし最近、前述のとおり山吉頌平氏により、加賀藩士・森田盛昌(寛文七年〔一六六七〕~享保一七年〔一七三二〕)が記した『漸得雑記』巻二一のなかに、安永八年(一七七九)の日光坊の「立山峯宮和光大権現縁起」と同類の『越中立山縁起』(「立山宝宮和光大権現縁起」)が発見された(69)。さらに山吉氏はその縁起が、森田の没年を上限として、享保一七年(一七三二)までには成立していたことを指摘している。したがって、これまでの筆者の見解については、山吉氏の指摘に基づいて訂正が必要である。

すなわち訂正内容については、まず、安永八年(一七七九)の立山大縁起「日光坊本」三巻のうちの「立山峰宮和光大権現縁起」は、それよりも成立時期が古い享保一七年(一七三二)以前の『越中立山縁起』(「立山宝宮和光大権現縁起」)の発見によって、「立山峰(宝)宮和光大権現縁起」の原体とは言えない点があげられる。次に、立山大縁起「日光坊本」三巻のうち「芦峅嫗堂大縁起」と「神変」の二巻については、それぞれの奥書に制作者として松栄寺仙算が記されるが、「立山峰宮和光大権現縁起」には、そもそも仙算に関する奥書が見られないといった点である。「日光坊本」の「立山峰宮和光大権現縁起」の成立過程や、「芦峅嫗堂大縁起」と「神変」の二巻の成立過程についても、まだまだ謎が多く、今後の検討課題としたい。

6　芦峅寺系木版立山登山案内図と立山略縁起

芦峅寺系木版立山登山案内図のうち、画中の銘文で成立年が判明しているといった点で現存最古の享保七年（一七二二）の作品には、画面の最上部に「越中国立山禅定幷略御縁起名所附図」と表題が見られる。(69) この表題はその後も幕末までの全ての芦峅寺系木版立山登山案内図に付けられていく。しかし、作品の画面にはどこにも縁起の文言そのものは記されておらず、したがってこの表題の意味するところは、「立山禅定道」上の名所と「立山略縁起」の舞台となる名所を併せ描いた図ということなのであろう。

さてそれならば逆に、享保七年（一七二二）の頃にはすでに、芦峅寺系木版立山登山案内図と密接な関係を持つものとして、この表題の「略御縁起」にあたる何らかの文言が存在したことになる。ではそれがどのような内容のものだったのかというと、おそらく立山略縁起（9）（10）などであったと考えられる。それは、のちの立山大縁起（5）（6）（7）ほどではないが、ある程度の長文であり、佐伯有若や嫡男有頼、文武天皇、白鷹、熊、慈朝、薬勢らを主な登場人物として、立山開山の物語だけを詳しく記したものである。ちなみに、（9）の表紙には「享保元年の改め記す、相真坊」とあり、(70) 享保期以前にすでにこの縁起の原本が存在していたことになるので、先述の享保七年の芦峅寺系木版立山登山案内図の表題に見る「略御縁起」と時期的にうまく符合する。

ところで、岩峅寺木版立山登山案内図では、芦峅寺系のものとは逆に、表題は「越中国立山禅定名所附図別当岩峅寺」の表題が見られるものの、そこには「縁起」の文言は見られず、むしろ画中に岩峅寺系の立山略縁起の文言そのものが記載されている。

それには、立山山中の名所案内が丁寧に記されている。それゆえ、立山山中の名所案内図である岩峅寺系木版立山登山案内図とは性格的に符合している。また、岩峅寺は立山信仰に関する諸権利のうち、加賀藩から立山山中諸堂舎の管理権や山役銭の徴収権を授かっていたので[71]、岩峅寺系木版立山登山案内図に、立山山中の名所案内などの山そのものに関わる情報が記された立山略縁起が挿入されたことは至って妥当と言える。なお、岩峅寺がこうした木版立山登山案内図を制作し始めた時期は、おそらく芦峅寺ほど古くはなく、江戸時代中期から後期の間であったのではないかと考えられる。おそらく、木版立山登山案内図の画面に挿入するために短い文言でまとめられた岩峅寺の立山略縁起に影響を受け、芦峅寺の立山略縁起(13)(14)(15)が制作されたと考えられる。しかし、芦峅寺の場合は、岩峅寺のように加賀藩から立山山中諸堂舎の管理権や山役銭の徴収権などを認められていなかったし[72]、芦峅寺の立山略縁起は、媼尊や山麓の芦峅寺の宗教施設などの紹介が中心的な内容であり、立山山中の禅定道や、河川、名所を描く木版立山登山案内図とは、内容的に隔たりがあった。そうかといって、加賀藩から正式に山中支配を認められている岩峅寺の手前、その権利を持たない芦峅寺が、岩峅寺のように立山山中の名所案内図としての木版立山登山案内図を積極的に制作することはできなかったのであろう。

もっとも、芦峅寺にとってこのことはそれほど大きな問題ではなかった。なぜなら、芦峅寺には初期の立山略縁起の内容を、木版立山登山案内図を拡大した大画面のなかに、具体的な登場人物をともなって描き込んだ、すなわち「立山曼荼羅」という優れた教具が、おそらく江戸時代中期頃には生み出されていたと考えられるからである。

史料の翻刻

【史料1】芦峅寺日光坊「立山大縁起（芦峅媼堂大縁起）」（安永八年〔一七七九〕）（芦峅寺日光坊所蔵）

□（一字欠損：「芦」か）峅媼堂大縁起

夫嬶者、天地未開先、空々寂々、仏祖神明無名、衆生未露、無名(以下欠損：「無字為本」か)。以爰過去久遠昔、然燈毘婆尸仏奉申、已到好成国対転輪聖王、地水火風四縁合成立(以下欠損：「空王殿建立」か)四方天地日月星□(一字欠損：「現」か)三光天神代、始号国常立命、是一切諸仏衆生之母、為万法(以下欠損：「之主梵天帝釈四」か)大天王示現、三皇□(一字欠損：「五」か)帝、始伊弉諾・伊弉冊命、須弥成二柱、現国土、化生万仏、三界遊(以下欠損：「戯大日輪和光」か)我朝飛来、豊芦原辺、現嬶之形。左御手納五穀、右御手執持麻種子、刀利雲分来、八識鏡面照光法界、現大円鏡、智果□(一字欠損：「満」か)田地、植五穀麻弘法界一切衆生、人民体裹、以大悲神力為天降彼土給也。抑、芦峅者、天地開闢之後、此所不動山麓、経九万八千劫。難越有海、名謂三茎之池。自是流川、名三途大河。此岸芦第一本生出、葉露日本之形、其実成万物種子、現此世界、故名豊芦原国、是我朝之始、為神祇本。天神七大之尊、一体分身、以嬶形現三体之尊像。先一尊者不動明王、慳根命。一尊者金剛界之大日、垂迹大戸間辺命。亦一尊者胎蔵界大日、迯損根之命。都合三仏者、則是伊弉諾・伊弉冊命以前三摩耶行之御神、立山宮御親也。今示現此所、一切衆生、群類等之導生死魂魄、三仏内証教救度誓願也。故此山号生死物政所。爰有恒河、地獄・餓鬼・畜生之三悪道趣境流、故名三途川、是則(以下欠損：「三茎之」か)池流水、三界之女人悉皆具足、已之円成旨間在。然者、此水鎮流積、永成苦海現在結其身来世、必可堕三悪道。若此河有亍後生速現変生男子形、今生者得安楽自在之果福、可為子孫繁栄瑞気。何況理性現罰、亦是雖罪過耶。適々生安楽国土七代五世四生百王御神汚、子孫現七祖五仏末代諸尊乍福御相好、此所不求仏道、何時得出離生死二路。依是、六根清浄発大願、六十六体嬶尊像幷帝釈四大天王・閻魔法王・具性神如是現尊像事、為一切衆生救方便也。故大円鏡智八尺鏡、本尊脇立置、依此理現、罪科軽重計給。一切有為法如夢幻泡影、如露亦電。(以下欠損：「応作如」か)是観。然間嬶詠定者、「波高くわたるせもなし舟もなし。きのふもけふも人はこへつつ」。雖然、衆生未知彼所。慈興上人母、志(以下欠損：「賀都」か)空成給。上人魂魄在所為尋極、発大願、彼地来給、倶性神告曰、正汝母血池堕三池底、其内尋給云。慈興象示現、趣六道三途之水上血池尋給所、先疑心血池、疾妬先立物事成疑人、堕此地獄。二者、邪見血池、嶮貪為旨万事悪敷事取成、向男常為腹立、吐悪口我儘、振舞狼藉、不用形背五常、六親他人疎被人、堕此地獄。午頭牛頭何放羅殺云鬼共、鉄以箸、抜目舌、三尺抜出串、其砕身、被逼事片時無隙。女人此三地獄難遁。第一女人生子時、血水流一天成雲、至地成劔、透地神頭、洗恒河鱗迄、煩悩之波被犯、龍神五寒三熱成苦、如是不浄、諸仏法性汚真月事、一ヶ月七度日数、年中八十四日也。邪念水深事猶如四大海、煩悩恒河波高、日月失光、無明深夜成闇、科天然道理。然間、血池苦患、更以難斗、先八寒氷堅閉、寒責余依刀寒割音響天、罪人善頭七割思也。水底者邪見劔生並、偏阿利樹之枝如利、此池焼事日夜六度宛、八熱成湯、罪人自業不浄煮濯事、八寒八熱之成地獄、逼身事無限、是則十万億土之海云。自是流川有三瀧之、橋瑞高十六万由旬、木名謂枇鑭樹、此木本、人頭神御坐在、是短田童子也。常破梨鏡明善悪之旧業事、微塵程不残書留、其軽重斗一々地獄被追落。先六道、至死出山路、黒闇地獄・等活地獄・羅刹地獄・劔刀地獄、銀山鉄壁打合、植劔刃立刀、従天降下、罪人頭指串、高一百十六丈山也。此主閻魔大王、麓三途媪御坐在。彼見童子善人、忽化黒闇天女新含咲面、父母如赤子愛、倩案殊意、善行毛端程不残書留、一会善心、以都卒雲上縁、元付、亦向罪人眼光赤起事忽如猛火、件之巻物読上、其声響天、百千雷電同時如轟、揺地威、三千界大地震従動猶勝。啼々此橋本来、川面見者為渡橋不見、為越無舟、激下無底、奈利辺不知、水色青早事如箭射流、波嶮々高如屏風返、無常殺鬼呵責刀以杖、指立追入。向之岸化生有美女招是、為渡橋、糸程不見。棟桁成火焔天焼上、彼間撰通時、鵄虵白虵白果虵、三之毒虵毒龍共、我々逼時、沈底、悪鬼集、鉄鉋引掛如刃成、大盤石上置、邪見波荒来五体寸分打砕、命途烏飛来、嘴長丈六尺、磨釼如刃、砕骨抜筋、身寸々指串、其外数多諸鳥獣至以下迄、悉被責喰。大王御前参着、媪宣様者、汝等裟婆ニ而生出時、骨肉備父母身皮授我所之衣那巾也、裹骨肉、以白乳、其身雖長、未其恩報不供養仏法僧、殊汚神社事、今札文分明、不撰貴賤高下、不依僧俗老少、背父母意、不用師君、不恐三宝、為戸帳金尾白布一尺不捧、破神社掟任、汝私欲、財宝貯、九夏三伏温鬼牛馬六畜好奴婢雑人原殺害、玄冬素雪之寒者、恣重衣好色求美食、夫類眷属被囲饒、身余躭誇栄花事、構自分私用、他人欲不知、今茲雖来、噸愛眷属一人無付、剰財宝如何汝助哉、却是被責。悉皆是授汝所之衣食成者、今速可還宣。破衣翁鬼忽飛来、罪人従頭爪先足裏至迄、刃劔立身皮七十五度剝取、枇钃樹木給、青黄赤白色々成模様塊之着物剝掛、碧緑長短幾千万共数不知、枷砕悩釼難苦痛被責、猛火之被追籠、日暮、心消果、死出之山路通過、地蔵御前参着合掌踞、如何御尊師六道能化大菩薩大慈大悲御恵、偏奉願、我等助給、歎悲。其時、地蔵菩薩宣、我是善悪導引所之能化、汝造作罪科、今此現鏡倶性神巻物速記置、一念業障迷雲成晴天道、煩悩波荒汚神社事、以是難遁、非他人力、汝応自業観、依慈興上人励懇志之修行再茲土来、立山再興申事、為父母成仏、次三界衆生為救方便也。猶其上、法師母、沈血池者、一仏成道観見法界、草木国土悉皆成仏与説、六趣群類等、仏助給者、于時和銅七年甲辰六月十四日、血池浜霊場定、金銀鏤、七宝荘厳、五色砂敷、供養千僧、血盆経百三十六巻一部定、三十六部頓写而、八万四千本卒都婆立串給者、一々地獄血池罪人共、華厳・阿含方等・般若・法華・涅槃等励法声、天龍八部人与非人、皆遥見被龍女成仏唱也。法王爰示現而、慈興母成本尊、其外地獄罪人共忽現真貴至菩提岸、成仏解脱得事、偏是一見卒塔婆永離三悪道也。故生時、自是生死亦帰爰。然間、立山一切衆生号生死惣政所、九品之蓮台現弥陀之浄土、麓女人成仏立霊場、末代濁世凡夫可救誓願。閻魔請御託奉、上人参内、元明天皇為御勅願倫旨給。同年七月十六日彼下芦峅、一百三十六端以白布、掛橋、御堂玉之簾、鎮金銀金襴戸帳、錦幕、以綾厳立、橋向閻魔堂、大王之左右十六万由旬有幡鉾輝天地明也。其後、橋掛替、媼堂立置、中宮為体両社宮造、諸堂伽藍暨七千坊四十九ヶ院七ヶ所ニ建立。芦峅ニ神社定、先二社宮幷諸之鎮守八百万神等、悉納受給、殊講堂者、慈興上人一刀三礼阿弥陀如来・観音・勢至同作本尊也。然間、此芦峅者後生市立町、横三筋、竪一筋道定、則是十王之学王一字、十方宣現一仏、中辻立大塔、十形恵愚真相幷六道化主釈尊今現茲土厳八相九品之浄土、金胎両部曼荼羅迄、上人自筆書堂也。去間、立山弟（第）一之王子天照太神御第（弟）、熱田大明神此所橋本来給、通巻鬼通符鬼仰云、三途迷妄輩、欲此山趣、奉財施法施成、布橋掛渡、清浄直心之志励、懇志修行、此霊場参詣者、諸善行成就、過去久遠昔、得現在之果福、至未来永劫仏果円満菩提、速到彼岸云云。然後、上人八十三歳六月十三日至申剋、我加持力有限宣而、「難波かた芦の葉ごとに風落て、よしかる舟のつくはかきし」、詠給、深入禅定。三茎池辺廟立、金剛杖指置、此杖猶末代枝葉栄繁昌、是又伽藍安穏、仏法為興隆也。芦峅媼堂大縁起敬白。

【史料2】芦峅寺日光坊「立山大縁起（神分）」（安永八年（一七七九））（芦峅寺日光坊所蔵）

立山仲宮寺日光坊大円敬白

右之縁起、依于日光坊懇願、雖為愚筆令拝写訖、冀因此功力、与法界之群生、将遊寂光浄刹焉者也。旹安永八宿舎己亥仲夏上弦、尾張州大野邑天満山松栄寺現住三部伝燈大阿闍梨法印菊堂仙算謹誌。此媼堂大縁起、立山日光坊依懇望、馳禿毫者也。尾張国知多郡大野県天満山松栄寺現住三部都法大阿闍梨大僧都竪者法印菊堂仙算慎拝写。（印）

旹安永八己亥歳仲秋日。日光坊現住大円。

神分

抑、上、梵天・帝釈四大天王・閻魔法王・五道之冥官・太山府君神・司命・司録・倶生神・下堅牢地神・難陀・抜難陀等、内海外海龍王龍衆・殊別而、立山三社之大権現、当所神祇倍増法楽為二倍増威光一、一切神分、般若心経丁、大般若経名丁、為二三国伝燈祖師尊霊仏果円満一、釈迦牟尼宝号丁、殊為二伽藍安穏興隆仏法一、阿弥陀宝号丁、別而今日旦那為二子孫繁昌之一、大聖不動明王丁。

表白

謹敬白、一代教主釈迦牟尼如来・極楽化主弥陀修学・観音・勢至・地蔵尊・高貴徳王菩薩・摩訶薩而言、今信心之大施主大日本国某甲、各ノ励二三業清浄懇志一、軸二無二丹誠一、厭二只今三途極悪苦患一之、生二弥陀之浄土一願フ。爰有二石橋、金銀瑠璃、弥陀来迎之橋一。自二善人一外不レ渡。二愚癡之衆生為レ渡、謂二石橋一与。依二因果之軽重一、此橋見二篠蟹之糸細一。三ハ極悪重罪之輩、是雖二金銀銅鉄之橋一、段々微塵砕落、暁曠四十四由旬之底沈。此橋端ニ、高有二一万由旬之木一。名ヲ謂二枇欄樹一。此木之本有レ鬼。名二破衣翁鬼一。則チ三途河、号ス二姥御前ト一。汝生レ始時、我祖母成テ、三尺之衣那巾為レ着。未知二其恩一、不レ報二衣食費一間、今着物皺取、掛二此木枝一、見ルニ因果之軽重、誠ニ三尺之衣雖軽、依二業因重一梢附地。哀レ哉、其業道、見テレ鏡難レ遁。爰有三之山。一者死出山、二ツニハ釼葉林山。三鉄枝林山与云。先剱葉林山者、岩石皆成釼、足之通二足裏一。鉄枝林山者、生ル草木到迄、成熱鉄之柱。炎油出身熱。第一死出山者、有二化生鬼一。男通時者成二美人一、女通時者化二美男一、亡者之心引見、懸レ意之輩ハ、妄念是被レ溺。身切筋断、骨微塵打砕、再似死。依レ是、名ク死出山ト。其後仏殿趣。広二寸四拾里之道、其内大鉄山小鉄山有。道鋪レ剱。依二虚空一呵砕刀輪降下、為レ行両山打合押血流如二大河之一。故謂二三途之川一、又名二内河津一。左右有二大樹一。枝二一鳥住居。一抜目鳥、二謂無常鳥。彼二鳥告曰、汝化旧里示化後、愚而未覚知、瞋抜目嘵肉、毒蛇毒龍充満。是三途者、見思・塵沙・無明之河、即三之流也。高位果満之人成共、迷則三道流転。此大苦難レ遁。悟、則、花中蓮台、為二勝用一、殊御本尊不動明王、辱花蔵世界密厳国荘厳、建立二光明殿一、令二済度一給。命途之道程勘、里数十万八千里也。洗十悪之業苦、煩悩無明之雲晴、三従五障之八邪者サリ、悉、可到二彼土一。此能化地蔵尊、大慈之願力深而、大河小河橋掛、渡二一切衆生一給。故仏前瑠璃之橋、神前玉之橋有リ。然間、祇園精舎阿育大王言人、天台山石橋、以二白布一厳立百三拾六端。布橋掛渡、兜卒天為登給云云。故御本尊誓願ニ曰、「造作五逆罪　常念地蔵尊　遊戯諸地獄　決定代受苦」。此文之意者、縦五逆罪者成共、我念者、代二其苦一誓給。何況、今日大施主励二信心一修二諸善根一今此霊場来冠ヲ着、七宝荘厳、玉之幡鉾立並、布橋掛渡、従淵蓮花開出、九品蓮台打乗、弘誓之船指掉、紫雲之影向弥陀如来二十五之菩薩聖衆与到二彼岸ヲ一頓成就メ、安養浄土導給。此河之流音者、「一切衆生　悉有仏性　如来常住　無有変易」、唱也。一度此橋渡人、常破梨之鏡無レ曇、照メ二天地一明三世世《（ママ）》之諸仏師。示現大日如来、放四十二光明。無二無三之輩、一念発起菩提心、念仏三昧入阿字門、歓喜殿合掌、安養浄土往生スル事、無疑者也。南無極楽化生弥陀善逝、南無地蔵大菩薩、南無抜苦与楽観音宝号、「願以此功徳　普及於一切　我等与衆生　皆共成仏道」。

此一軸、立山日光坊応需、卒援愚筆令拝写畢、願因此功力、現当成就悉地一切衆生与共遊安養浄刹也。

于時安永第八己亥歳中秋、尾張州知多郡大野荘天満山松栄寺見住沙門伝燈大阿闍梨法印仙算謹書。（印）

日光坊見住大円

七千坊四十九ヶ院ヶ所ニ建立、芦峅寺神社□（一字欠損）中宮寺等為体両社宮造諸堂伽藍建立、以上八十末社也。

四方四面以籬垣神社（印）

【史料3】芦峅寺大仙坊「立山略縁起」（表題なし・継紙・年次未詳）（芦峅寺大仙坊所蔵）

（前段部分欠損）想の鷹の形なし、黙然としてて（以下欠損）ましけ□（一字欠損）に、虚空ニ一鳥舞遊ひ（数字欠損）なはたうるしき鷹なり。是を□（一字欠損）度と思召、自ら餌をかひ鈴をならして、扣き給ふに、不思儀や其鷹、有若左（「衛」か）門殿の御手ニ入、是を御認あるに、先年夢想の鷹に違へる事のなきを御祝悦不斜忽ち御鷹部屋を御造栄あり。日々夜々に珍味をあたへ御悦ありて、我より外、此鷹を持べからずと御制辞ありて、御大切也。然処改元あり。大宝（数字欠損）丑の正月、父有若左衛門年頭御祝辞として文武天皇の御庁へ出府ましまし時、我る主の間必ず鷹ニ心添あるべし。卒忽ある時□(一字欠損)七世の勘気とおもき趣を以、上京ましましけり。去程ニ御嫡男有頼公頻に御鷹を以御延気の思召あるとかや。元より継母の間にましませば、もしや鷹を放逸の時、甚当せずやと、邪心なる御心にたやすく御宥□(一字「免」の誤字)免あるつぞ悲しけれ。扨有頼公飛立ごとくうれ敷思召、夜のあくるを待兼、次日二月十六日、大ヶ寺野へ御来駕ましましける。其日九ツ時其鷹南をさし飛散たり。扨はと主嗟驚き給ふひ、自ら鈴をならし餌をかへども、さらにかへり来らず。日も西山ニ順く、是悲におよばず。舘へ帰りたまふの事の遅き事継母思ひやり、何かわざのある事ぞと、早高札上ヶ、厳敷門を守らせ給ふとなり。建札の表ニ曰ク、不㆑許㆔放㆑鷹則入㆓門内㆒、扨有頼公力を落たまへ帰城ましまする処へ、件の高札御認し給ひ、涙を流し吾実母ましまさば、か程の怒りもあるましきと、涙袖をしぼりたまふ。付々のものは悉く永いとまをつかわされ、其時有頼公、鷹を手入帰らずれハ、二度父母の頼に向べからずと大願を発シ、夫より御発心まします心さし有とかや。翌十七日、東の山近く入たまふニ、布村嶽と申て乍左如意宝珠のことくの山也。其峯に蓬莱山の松と思ふひ給ふ古木あり。此枝に鷹暫止せり。其時千人力も得たまふごとくニて、其木下に至り、鈴をならし、餌をかひたまへ、鷹の羽相違ひの金紋の軍はいを御扣きたもふニ、不思議や其鷹有頼公の御手元下り、最早手入帰らんト、荒々敷大熊眉間より光りを放ち走り出て、其音響恐怖して、鷹天ニそびへ、其時有頼公逆鱗し給ひ弓箭の備ひいたもうに、はや箭は熊月の輪ニ射立給ふなり。野山禽獣なれば一ト箭にて射止め給ふ筈なれとも、如来変化の熊なれハ、矢を立血を流しながら、地を走り、鷹は天を舞ひ、東をさしかけり、高山へ登りけり。有頼公熊の流す血汐をしるべに跡を尋ねて登り給ふ。爰に森々たる霊地あり。是薬勢仙人住たもふ所なり。其時有頼公、仙人ニ出合、熊鷹見失ひ、熊鷹行衛をとひ給ふに、元来無言の行なれば、唯東をゆびさし教ひ給斗り也。夫より東の立嶽へ登走し給ふ。実に峨々た(る)岩石離々たる異草、森々たる林木、一として唯ならぬ霊地ニして、希なる啼意の有頼も口ニは至心ニ念仏称名し給ふ。内ニは母の勘気宥免をぞ願ハせ給ひヶる。一念阿れ盤鉄石も破る。先言終に八里の峡嶽ニ登り、鷹の行衛の不のゝの暁に、遥の山々御認ましましければ、熊鷹一度に玉殿の岩屋の内入りにけり。其時有頼公千金万玉を得たも如く悦ひ無際岩屋の元に至り給ひ、残情の眼を開らかせ室窟の内を窺ひ給ふに、熊は生身の阿弥陀《タ》如来と化現し、鷹は大聖不動尊とあらわれ給へハ、実いか成強気の有頼公も弓箭を拗、我しらず。大地に首を押付さんげ合掌ましましける。扨有頼公果を思ひ如来の仏勅伝奉りヶれども、いか成事かな、更に一声の御告もなく、只御胸に矢を立させあかを流し、青蓮の御眸をふさがせ、慈悲の顔に烏瑟高し。眉間より光を放ち十方ニ光明赫々と輝せ給ふ斗りなり。其時有頼公迷ふなりト思ハれ、此世は僅か仮りの世[illegible]は幻夢葉露のごとく風の前の燈、未来永劫不退の地に往生遂たくと、五濁煩塊の雲ははれて、鎧兜を打脱せ、十六才の碧髪を切捨一心に弥陀の本願にすがり、一千日一心不乱ニ念仏称名あるに、本願深きがゆへに、難有仏勅あり。其時御眸を開かせ、我此所ニ五百歳経ずといへども、衆生未タしらず故、汝を待て、衆生救度せん。峯に九品の浄土を顕し、日々来迎して、必引導せしめ、谷ニ百三十六十六地獄をしめし、疑心をはらさせ、二世の勝縁を遂させんと五色の紫雲[illegible]と化仏ととも本社へ移らせ給ふ。是則立山両大権現なり。其時天より大士唱あり。吾は天竺清凉山文殊菩薩の弟慈朝と云。密法付属せんかため、汝を待事年久し。今汝に三夜□（一字「経」の誤字）経巻秘密をさつけレハ名を慈興と改め、大慈悲心を以、此山奥隆せしと云云。是より慈興上人絶頂ニのぼらせ給ひ、一七日之間禅定し給ふに、弥陀如来観音勢至廿五菩薩御来迎ましまし、有難き御教勅あり。此峯は十方覧せ常住の地、三世の諸仏やを萬神守護し給ふしたもう御山也。一度此霊場を踏輩ハ三途八難苦を□（一字欠損）ぬかれ二度此峯に参り、碧水を呑人は必三会の暁生身の如来ニ奉値遇との給ひ、夫より慈興上人乾の谷へ御下り、地獄の業想御認ましましける時、がが件々としてなり渡り、音は天にひゞきて、雷に同じ。耳に立て、かまびすし。直ニ三悪道の有様物すごく、苦を受る衆生の俤を親りに見るが如し。其時上人前なる山ニ登り給ひ、何卒衆生有縁参詣の□□（二字欠損）を教ひ給ひと一心ニ祈願し給ふに、山もくずる々が如く六種振動して、金剛大威徳明王あらわれ給ふひ、汝此山の来由を聞渡す。九り八丁下本朝扶桑神姥の尊像あり。其森下ニ仙人あり。此人は汝ニ有縁の聖なりと御告て、雲上に去たまへ。扨上人悦びたまへ、麓に帰らせ尋ねたまふに、熊の行衛を御教化被下の仙也。是一楚□(一字欠損)因縁厚熟の尊師と観喜の涙を流し、此人に随る。九里八丁の山一々開基し給ふひは、六月朔日也。依之に今六月朔日山開の吉日也。

【史料4】「立山略縁起　芦峅寺宝泉坊」（一冊・ガリ版摺り・年次未詳）（芦峅寺宝泉坊所蔵）

（表紙）
「越中国立山略縁起（ガリ版の文字）
芦峅寺（木版の文字）
宝泉坊（木版の文字）」

越中州《ゑつちうのくに》 立山《たてやま》ハ東《ひがし》 南《みなみ》信濃《しなの》飛驒《ひだ》に距《いた》り、周回《めくり》四十里、高サ九里八丁、北ハ大海を環《めく》り、邦国《ほうこく》の鎮《ちん》たり。富山《とやま》を去《さ》るを三里にして寺あり。岩峅《いはくら》といふ。二十四坊有《あり》。横谷村《よこやむら》、千垣村《ちがきむら》有。過日《すき》出山を越へ芦峅寺《あしくらてら》に至る。三十六坊有り。塗《みち》縦横《たてよこ》三筋《みすじ》有り。王の字の形《かたち》を成《なす》。中宮寺《ちうくうし》ハ其長なり。大宮若宮《おほみやわかみや》両大権現、又開山堂有り。御影堂有り。御墓所《みはかしよ》有り。坊都《ほうすべ》て六十。春秋御媼尊《はるあきおんうはそん》を祭《まつる》。春ハ生《せい》に象《かたと》り、秋《あき》ハ死《し》に象《かたと》る。仁王門《におほもん》有り。閻魔堂《ゑんまとう》有り。行《ゆく》こと十町にして御坂《みさか》有り。牛《うし》坂有り。是《これ》より三途川《さんつかは》を踰《こえ》て 杉《すきのき》 有り。四仏《しふつ》に 象《かたとる》。天浮橋《あまのうきはし》有り。弥陀如来影向《みたによらいようかう》の所なり。御媼堂有り。西に三十六姥《さんしうろくうは》、東に三十六姥、両面に列り日本六十余州《ろくしうよしう》に象《かたと》る。帝釈天《たいしやくてん》有り。行くこと一里にして藤橋《ふしはし》有り。草生《くさおひ》坂《さか》あり。材木坂《さいもくさか》有り。是総《これすへ》て石《いし》と化《くは》するものなり。丹才《たんさい》坂有り。上《かみ》に熊野権現《くまのこんけん》を安置《あんち》す。鷲窟《わしのいはや》有り。苅安坂《かりやすさか》有り。行くこと四里、桑谷《くはたに》有り。凡《をよそ》登《のほ》るものここに至《いたり》て飯《はん》す。無明坂《むみやうさか》有り。不動堂有り。道分《みちわかれ》て二《ふた》つとなる。一《ひとつ》ハ則《すなはち》一谷道《いちのたにみち》、弘法大師《こうほうたいし》の開《ひら》き給《たま》ふ所《ところ》。一ハ則姥 懐《うはがふところ》と云、慈興上人《しこうしやうにん》の分《わけ》たまふ所なり。獅子鼻《ししがはな》ハ弘法《こうはう》大師の護摩《こま》を修《しゆし》給ふ所なり。鉄鎖《かねのくさり》あり。人これを援《とり》て登《のほり》、弥陀原《みたがはら》に到《いた》る。生霊田《しやうりうた》あり。前に下市場《しもいちは》、上市場《かみいちは》あり。行こと八里にして室《むろ》有り。人これに宿《やとる》。側に玉殿窟《たまとのいはや》あり。室《むろ》より上《のほる》こと一里八町にして五腰あり。皆弥陀如来の尊容《そんよう》に似たり。其上に堂有り。一ハ則弥陀尊、一ハ則ち不動尊《ふとうそん》、中ハ則宝物《ほうもつ》なり。又方九尺の庭有り。十人到《いたる》もこれに盈《みち》百千なるも亦《また》同し。浄土山《しやうとさん》有り。別山《へつさん》有り。帝釈天《たいしやくてん》有り。劔山《つるきのやま》有り。大走小走《おほはしりこはしり》有り。下に犀河原《さいのかはら》有り。地獄《ちこく》谷《たに》有り。其谷百三十六、是《これ》を奥の院と云。抑此御山《みやま》の開基《かいき》ハ文武天皇大宝元年《もんむてんわうだいほうくわんねん》二月十六日の夜、帝《みかと》の御夢《おんゆめ》に弥陀尊《みだそん》来臨《らいりん》ありて、今より四条大納言佐伯有頼《よしやうたいなこんきのありより》をして越の中つ国を領《りやう》せしめハ国家安穏《こくかあんをん》ならんと告《つけ》給ふける。明《あくれ》ハ諸《もろもろ》の公卿《くきやう》と議《はか》りたまひて、彼《かの》卿を乃《すなは》ち越中の国主《こくしゆ》に任《にんし》給ふ。卿も恩恵《おんけい》を謝《しや》し、嫡男有若《ちやくなんありわか》と共《とも》に当国金峯山《きんふせん》に移住《うつりしうす》る事。年有り、一日辰巳《たつみ》の方より白鷹飛来《はくわうとひきより》て有頼の拳に止《ととま》る。是を愛喜《めてよろこひ》玉ふこと限《かきり》なし。若君も亦狩《かり》せんとて父の卿に請《こひ》て彼白鷹《しらたか》を居野山《すへのやま》の露霧《つゆきり》を分《わけ》玉ふに、俄《にはか》に鷹翦《たかそれ》て行方《いくかた》をしらず。謚方なく館にかへり玉ふ。母上ハ継母なり。常に若君の人にまされるヲねたミ、過《あやまち》有ルことをのミねかひ給へハ、折よしと卿《きみ》に讒《さん》し入給ことを宥《ゆるし》給ハねば、もと行《ゆき》し山に到《いたり》、東に尋《たつね》、西に求《とどむ》れと更に是《さらにこれ》を得す。因て山神に鷹かへらんを祈り玉ふに、森尻権現《もりしりこんげん》示現《じけん》して宣く汝鷹を尋《たつね》たく欲《ほつせ》ハ、辰巳《たつみ》の方《かた》に求《もとむ》へしと。其告《つげ》に猶《なを》山深《ふか》く分入《わけい》るに、日も既《すて》に暮《くれ》、人家《じんか》も更《さらに》になし。夜□(一字欠損)すりし岩間《いはま》の苔《こけ》むし詠に只松風をきき明《あか》し。夙《つと》に起出《おきいて》て岩倉《いはくら》の林《はやし》に至《いたり》かなたかなた尋《たつね》こひ給ふに、忽然《こつせん》として老翁来《ろおふきたれ》り。左に念珠《す》をもち有若《ありわか》を招《まねき》しめて曰、今尋る所の鷹ハ横谷《よこたに》の林にありとて、彼《かしこ》にいたるへしと□(一字難読)霧《きり》ふかく立覆《たちおほ》ひ、其人の行《いく》衛はしらずなれり。是《これ》もまた神の教《おし》へ給ふならんと心に礼拝《らいはい》し、岩根《いはね》をつたひ行《ゆく》に、何《いつく》ともなく年経《としふ》る熊《くま》狂来る。若君弓矢《ゆみや》うち番《つがい》ひて、これを射《い》る。いられて熊ハ飛しさり玉殿窟《たまとのいはや》にのかれ入る。若君追《おひ》すかつて窟中《いはやのうち》に入れハ、おもはつも光明四方《よも》を照《てらし》、三尊《さんそん》の仏像魏々《ふつそうき》として異香芬々《いきやうふん》たり。熟是《つらつらこれ》を拝見《はゐし》給に、弥陀の尊像に矢立て血流《ちながれ》たり。こハいかに、おのれが射る所ならんと且歎且怪《かつなけきかつあやしむ》。如来告給ふハ、我あまねく衆生《しゆじやう》を済《すくわ》ん為《ため》に十界《じつかい》を此山《このやま》に現《げん》し、汝《なんじ》を待《まつ》。故《ゆへ》に有頼をして当国の主たらしむるも我が力なり。白鷹ハ不動明王なり。熊ハ我なり。汝速《なんしすみやか》に出家して宜く当山を開くへしと。有若忽《ありわかたちまち》菩提心《ほたいしん》を起《おこし》、随喜《すいき》の涙《なみだ》せきあへず、髻《もとどり》ふつとおし切《きり》、教《おしへ》のままに説法原《せつほうはら》に到《いたり》、慈朝《じちやう》聖人に謁《ゑつ》し戒《かい》を受《うけ》、名を改《あらため》て慈興《こう》と号し、又嶽《たけ》に躋《のほり》、浄土山《じやうとさん》に至《いたり》、一光三尊の如来、二十五の菩薩を拝し、信心いよいよ固《かた》し、扨《さて》又上人の継母ハ志賀の京に在しに、或日家子して呼上《よひのほ》セ給るに、上人日夜の勤行隙《いとま》なく、且志願《しくわん》もいたし満《みた》さるが為《ため》に下山し給ハす。母上いたくはらたてて宜ふハ、我子のかへり来さるとそやすからね、彼ミ山ハ女のいくへきすもあ（以下欠損）我ハ母なり。其子たるもの、徳いミしくあらんにハ、我もその功力によりて変生男子《へんしやうなんし》たらんこと疑《うたがひ》無シいて、一度《ひとたび》ハさほとの霊場《れいしやう》をミすやまんやとて、人のいさめも用《もちひ》す尾女禿《ひしよかむろ》といへる二人の婢をくしいそき、彼《かの》地におもむきミ山へ登《のほり》給ふに、俄然《にはか》として風あらあらし□（一字欠損）神鳴《かみなり》雨そゝき、砂石《すないし》を飛し林樹を翻《ひるかへ》し、目眩《めくれ》心迷《こころまよひ》ふ二人の婢ハただちに杉となれり。是を今尾女杉禿《ひしよすきかふろ》杉といふ。母上これもおくせすいよいよ進《すす》ミいよいよ登□（一字欠損）支躰すくミて行《ゆく》ことあたハす、持たる鏡《かがみ》をとりて擲《なげうつ》に化して石となる。是をかゝミ石と云。其身も終に石と変し今にあり。是を姥石と云。上人御事をいたくなけき一部始終（以下二字欠損）し、大施餓鬼を行《おこな》ひ給ふに、母上も其功力により成仏得脱《しやうふつとくだつ》の身となれるそ有難《ありかた》き。かくて上人の徳広大なれハとて。帝より勅願所《ちよくくわんしよ》を蒙り、其後和銅七年《わとうしちねん》六月十三日申の刻入定し給ふ。一度此ミ山にもふつる輩《ともから》、彼を見、是を聞は勧善懲悪《くわんせんてうあく》の意自《おのつか》ら生し、善因縁《せんいんねん》を結《むす》ひ、富貴貧賤《ふうきひんせん》の隔《へだて》なく現世未来《げんせみらい》の苦慮をまぬかれ安楽ならんをうたかひ不可るへし。

【史料5】芦峅寺宝泉坊「立山略縁起」（折本・年次未詳）（芦峅寺宝泉坊所蔵）

立山略縁起

抑《そもそも》　天照太神宮此世界を開闢《かいびやく》し給ふ時《とき》、立山御嬶三尊は右の御手に五穀《ごこく》を納《をさ》め、左の御手には麻《あさ》の種《たね》を執持《しゆじ》し、則《すなはち》　越中立山芦峅に天降《あまくだ》りたまへ。五穀麻《ごこくあさ》の種《たね》を法界《ほうかい》に弘《ひろ》め、一切衆生《しうじやう》の衣食《ゑじき》をあたへ生長《せいちよ》し、仏法《ぶつほう》の本源《ほんげん》をたもち、終《つい》には寂滅《じやくめつ》の本土《ほんど》にかへる。　則衆生生死《すなはちしゆじやうしよじ》の惣政所《そうまんどころ》なり。　故《かるがゆへ》に仏法《ぶつほう》第一の霊場《れいじやう》なり。後《のち》人皇四十二代文《もん》武《む》天皇の御宇《ぎやうう》に、志賀《が》の京より佐伯有若《さいきありわか》は越中の郡主《ぐんしゆ》をたまはりて、布施院《ふせいん》に居城《きよじやう》す。爰《ここ》に大宝元《だいほうぐわん》辛丑年、立山大権現は熊《くま》と化《け》し、刀尾《とうひ》天神は鷹《たか》と化《け》し、　則布施《すなはちふせ》の城《じやう》に入給ふ時《とき》、城主《じやうしゆ》の嫡男佐伯有頼公《ちやくなんさいきありよりこう》此鷹《たか》を心さし、　則出《すなはちいて》給ふ時《とき》、其跡《そのあと》をしたひ、高山《こうさん》に登《のぼ》り、岩崛《がんくつ》に向《むか》ひ玉ふに、熊鷹一度《くまたかいちど》に彼玉殿《かのたまどの》の崫《いわや》に入、熊《くま》は生身《しよじん》の阿弥陀《あみだ》如来と現《げん》し、鷹《たか》は大聖不動明王《だいしやうふどうめうわう》と現《あらは》れ給へは、　忽《たちまち》に崫《いわや》の内外如来《ないげにょらい》の大光明《たいこうめう》に照《てら》され、　則極楽浄土《すなはちごくらくじやうど》を有頼《ありより》は　親《まのあたり》に拝《はい》し奉る。肝《きも》に銘《めい》し鬢髪《びんはつ》を切捨《きりすて》、紅涙《こうるい》し給ふ時《とき》、立山両大権現　生身《しやうじん》の御声《みこえ》より、我此《われこの》所に五百歳経《さいふる》といへとも、　衆生《しゆじやう》いまだ知《しら》ずの所、今此《いまこの》山を開闢《かいき》し、末世濁悪《まつせじよくあく》の衆生《しゆじやう》を済度《さいど》させんがため此峯《このみね》へ導引《みちびか》せ、　必衆生《かならずしゆじやう》を摂化《せつけ》し給ふへしと　難有《ありがたき》御《ご》示現《じけん》　蒙《をこうむり》　給ふ。爰《ここ》に文殊菩薩来臨《もんじゆぼさつらいりん》して、佐伯有頼公《さいきありよりこう》を　教化《きやうけ》し持戒《じかい》して、慈興《じこう》大上人と受名《じめい》し、　則《すなはち》立山開山《かいさん》慈興《じこう》大上人是《これ》也。卯《う》月八日、　麓《ふもと》に帰着《きちやく》し給ふて、嬶堂講堂《うばどうこうどう》御前立《まへたち》の権現両宮閻魔《ごんげんりよぐうえんま》帝釈《たいしやく》堂《どう》大門仁王門鐘桜堂《しゆろうどう》等《とう》、其外大権現大宮四十八末社刀尾《まつしやとひ》天神若宮《わかみや》二十一末社建立《まつしやこんりう》し立山の中宮《ちうぐう》を定《さだ》め、　則寺号《すなはちじごう》中宮寺と唱《とな》へ、且佐伯《かつさいき》の宮《みや》に自像《じぞう》を遷《うつ》し、和銅《わどう》七年寅《とら》六月十三日申《さる》の刻《こく》に入定《にうじやう》し給ふ。開山の霊廟《れいびやう》より御峯《みね》迄九里八丁也。御峯へ玉殿《たまどの》より権現遷《うつ》り給ふ。峯《みね》に九品《くぼん》の浄土《じやうどう》を現《げん》じ、谷《たに》には一百三十六地獄《じごく》の想《そう》を示《しめ》し、一切衆生善悪《ぜんあく》の軽重《きよじう》をいましめ給ふ霊《れい》山《ざん》也。一度此《たびこの》山へ参詣《さんけい》の　輩《ともがら》　は現世《げんぜ》には福寿《ふくじゆ》を増長《ぞうぢやう》し、　来世《らいせ》は西方浄土《さいほうぢよどう》に往生　疑《おうじやううたがひ》　なし。然所慈興《じこう》大上人、権現の前立《まへたち》七堂伽藍《がらん》七ヶ所に建立《こんりう》七千坊四十九　院建《いんをたて》て、　文武《もんむ》天皇の　勅願《ちやくぐわん》を　蒙《こうむり》り、　天下第一の霊地《れいち》也。社僧芦峅寺岩峅寺末代の法式《ほうしき》あらたに納奉る。現当二世の大願成就の御山也。　短冊《たんさつ》而已。

立山社僧芦峅　宝泉坊什宝不出

【史料6】芦峅寺「立山略縁起」（一冊・版本・年次未詳）（富山県立図書館所蔵）

立山《りうさん》略縁起

抑《そもそも》　天照太神宮此《この》世界《かい》を開闢《かいひやく》し給ふ時《とき》、立山御嫗《うば》三尊《ぞん》ハ右の御手《て》に五穀《こく》を納《おさめ》、左の御手にハ麻《あさ》の種《たね》を執持《しゆぢ》し、則《すなはち》越中立山芦峅《あしくら》に天降《あまくだ》りたまへ。五穀麻《こくあさ》の種《たね》を法界《ほふかい》に弘《ひろ》め、一切衆生《しゆじやう》の衣食《ゑしよく》とあたへ生長《せい》し、仏法の本源をたもち、終《のち》には寂滅《じやくめつ》の本土《ど》にかへる。則《すなはち》衆生生死《しよじ》の惣政《そうまん》所なり。故《かるがゆへ》に仏法《ぶつほう》第一の霊場《れいじやう》なり。後《のち》人王四十二代文武《もんむ》天皇の御宇《ぎやうう》に、志賀《しが》の京より佐伯有若《さいきありわか》ハ越中の郡主《ぐんしゆ》をたまハり、布施院《ふせのゐん》に居城《きよじやう》す。爰《ここ》に大宝元辛丑年、立山大権現ハ熊《くま》と化《け》し、刀尾《とうひ》天神ハ鷹《たか》と化《けし》、則布施《ふせ》の城《じやう》に入《いり》給ふ時《とき》、城主《じやうしゆ》の嫡男《ちやくなん》佐伯有頼公《さいきありよりこう》此鷹《たか》を心さし、則出《いで》給ふ時、其跡《そのあと》をしたひ、高山に登り、岩崛に向《むか》ひ玉ふに、熊鷹《くまたか》一度《と》に彼玉殿《かのたまどの》の崫《いわや》に入、熊《くま》ハ生身《しやうじん》の阿弥陀如来と現《げん》し、鷹《たか》ハ大聖《しやう》不動《どう》明王と現《あらは》れ給《たま》へハ、忽《たちまち》に崫《いわや》の内外《ないぐはい》如来の大光明に照《てら》され、則極楽浄土を有頼《ありより》ハ親《まのあたり》に拝《はい》し奉る。肝《きも》に銘《めい》し鬢髪《びんはつ》を切捨《きりすて》、紅涙《こうるい》し給ふ時《とき》、立山両大権現生身《しやうじん》の御声《みこゑ》より、我《われ》此所に五百歳経《さいふる》といへとも、衆生未知《しゆじやういまだしら》ずの所、今《いま》此《この》山を開闢《かいき》し、末世濁悪《まつせじよくあく》の衆生を済度《さいど》させんがため此峯《みね》へ導引也《みちびくなり》。必《かならず》衆生を摂化《せつけ》し給ふへしと難有《ありがたく》御示現蒙《じけんをこうむり》給ふ。爰《ここ》に文殊菩薩来臨《もんじゆぼさつらいりん》して、佐伯有頼公を教化《きやうけ》し持戒《じかい》して、慈興《じこう》大上人と受名《じゆめう》し、則立山開山慈興大上人是《これ》也。卯《う》月八日、麓《ふもと》に帰着《きちやく》し給ふて、嫗堂講堂《うばどうこうたう》御前立の権現両宮閻魔《ゑんま》堂帝釈《たいしやく》堂大門仁王門鐘桜《しゆろう》堂等、其外大権現大宮四十八末社刀尾《まつしやとひ》天神若《わか》宮二十一末社建《まつしやこん》立し立山の中宮と定《さだ》め、則寺号《じごう》中宮寺と唱《とな》へ、且《かつ》佐伯の宮に自像《じぞう》を遷《うつ》し、和銅《わどう》七年寅《とら》六月十三日申《さる》の刻《こく》に入定《にふじやう》し給ふ。開山の霊廟《れいびやう》より御峯迄《みねまで》九里八丁也。御峯へ玉殿《たまどの》より権現遷《うつ》り給ふ。峯《みね》に九品《ほん》の浄土現《じやうどうあらは》し、谷《たに》にハ一百三十六地獄《ぢごく》の想《さう》を示《しめ》し、一切衆生善悪《あく》の軽重《けうぢう》をいましめ霊《れい》山也。一度此山へ参詣《さんけい》の輩《ともがら》、現世に福寿《ふくじゆ》を増長《ぞうぢやう》し、来《らい》世ハ西方浄土に往生《わうじやう》無疑《うたがひ》。然《しか》る所慈興大上人、権現の前立《まへたち》七堂伽藍《たうがらん》七ヶ所に建《こん》立し、七千坊四十九院建《たて》、文武《もんむ》天皇の勅願《ちやくぐわん》を蒙《こうむ》り、天下第一の霊地《れいぢ》也。社僧芦峅《しやそうあしくら》寺岩峅《いわくら》寺末代法式《まつだいほふしき》あらたに納《おさめ》奉る。現当《げんたう》

二世の大願《くわん》 成就《じやうしゆ》の御山也。短冊《たんさつ》而已。

立山
芦峅寺（角印）

【史料7】龍淵「立山本地阿弥陀如来略記」（一冊・龍淵直筆・文政後期）（芦峅寺日光坊所蔵）

立山本地阿弥陀如来略記

抑大宝元年辛丑二月、志賀ノ京四条ノ郡主越中ノ守佐伯有若ノ朝臣、始メハ庁府タリ。同二歳九月嫡男有頼越中新川郡布施ノ院ノ城ニ入リ、検田（ノ）之頃（ロ）、父鷹ヲ請テ数日検田之間、彼ノ鷹俄カニ南ヲ指シ遁レ高山ニ飛ニ入ル。彼ヲ呼、餌ヲ置キ、鷹ヲ待ツニ、更ニ還リ来ラズ。父曰、鷹ヲ還サズンハ全ク顔ヲ向ベカラスト。有頼大ニ驚キ、深山ニ入リ、朝ニ鷹ヲ志シ露ヲ払、夕ニハ衣ヲ敷キ雪ニ臥ス。爰ニ値ウ熊ニ矢放ツ。熊ハ矢ヲ中テ死ズシテ高峯ニ登リ、則チ鷹影ヲ追、熊ノ跡ヲ尋テ、遥岩窟ニ向イ、或ハ仙洞之霞ヲ分テ之ヲ求メ、龍山之雲ヲ凌テ之ヲ尋ス。鷹天ニ滄テ翅ヲ垂テ、五鈷ノ釼嶽ニ納イル。熊ハ岩ニ責テ血ヲ流シ、万仭ノ宝窟ニ入ル。有頼此ノ窟ヲ見ルニ、我カ射ル所ノ矢、即チ金色之弥陀如来ノ胸誤ル。有頼弓箭ヲ抛チ合掌シテ鬢髪ヲ切、頭ヲ傾テ紅涙スルコト良久シ。金容忽チ隠レ生身ノ阿弥陀如来親タリ拝ス。則チ悟道之教勅ヲ蒙テ、依之宿善内ニ薫、行願外ニ発。麓ニ一ノ聖跡有リ。遥ニ尋ヌルニ、雲煙之上ニ上人在ス。薬勢仙人ト号ス。又、清凉山文殊師利後身弟子在ス。慈朝仙人ト名ス。請テ戒法ヲ受ケ慈興号ス。尚モ巖山ニ登、或ハ四十九ノ窟ニ入リ、又ハ十所ノ、十二所ノ奇峯嶮嶽ニ到リ、入場座禅ノ床、星月ヲ経タリ。不断法華読誦シ弥陀ノ念仏怠ルコト無シ。時に如来示現シテ曰、北自東ニ泰嶽有リ。立山ト云フ。垂跡ハ則チ是レ弥陀ノ妙躰也。謂所ハ膝ヲ一ノ輿ト名ケ、腰ニ二ノ輿ト名ケ、肩ヲ三ノ輿ト名シ、額ヲ四ノ輿ト名ケ、烏瑟ヲ五ノ輿ト名ケ、又昔テ曰、是従リ乾ニ当リ、一ツノ澴リニ有リ。八大地獄ヲ現ス。其数一百三十六地獄アリ。一切衆生ノ群類等皆是自リ生シテ、而シテ又此地獄ニ堕セズ無。罪障煙ノ如クニ消シ、重苦ハ露ノ如滅シ、永ク生死ノ報ヲ転シ、今ハ退位ニ到ラズ、邪正一如之瑞示也ト云。又山ノ半ノ原ヲ弥陀原ト云。其辺ニ聖田ト云有リ。亡霊耕シ作リ遊戯スト弥陀如来云云。此ノ山ノ脇北ニ当ニ有百丈ノ瀧、水音弥陀ノ宝号ヲ唱ル故、称名カ瀧ト号ス。又浄土山、阿弥陀示現ノ所居ナリ。時に毎朝来迎ノ奇峯也。又別山ト云アリ。大日如来示現ノ所居ニシテ、亦タ帝釈天ノ奇瑞ノ所住也。立山ノ麓ニ芦峅《クラ》御媼《ウバ》尊ト云有ハ、開山慈興上人之母、志賀京ニ於テ死ス示時、上人母ノ亡霊ノ所在覚束無ク、大願ヲ発シ祈誓ス。弥陀如来示現ス。告曰ク、正ク汝チカ母ハ血池地獄ニ堕在シテ、而シテ苦患止無、汝チ早ク千僧供養セハ母ノ亡霊出期ヲ得シ。則チ示現ノ所ハ今ノ御媼《ウバ》堂ナリ。慈興上人入定シテ六道ニ趣キ玉ヘハ、教勅如ク堕在ス。故ニ和銅七年甲辰六月十四日、立山血池ノ辺リニ五色五砂ヲ散シ、霊場ヲ定メ七宝之法器ヲ荘厳シテ千僧供養シ、血盆経写テ読誦シ、八万四千本塔婆ヲ血池辺リニ建貫キ、経巻血池ニ投ケ、彼ノ芦峅従リ紫雲靉靆トシテ弥陀如来血池上ニ出現シ、母ノ亡霊菩薩形チト顕レ成仏得脱スト告ク。慈興上人報恩為ント欲シテ峯ニ九品ノ浄土ヲ開キ、麓ニ女人成仏ノ霊場ヲ建立シテ、濁世末代ノ衆生ヲ救度ス可キ請願頻ナリ。上人禁帝ニ参内奉リ、元明天王ノ勅願所ヲ蒙リ輪旨ヲ贈テ、則チ御媼堂ヲ建立ス。本尊ハ弥陀釈迦大日法報応ノ三身ニシテ、則チ神代降誕之三摩耶形之霊躰ニシテ立山大権現ノ御親也。別シテハ女人成仏ノ為、一百三十六端ノ白布ヲ以テ数丈ノ川上ノ橋ニ造リ、玉簾金幕綾紗綿紋美ヲ尽シ、宝幢幡蓋天地ヲ輝シ、数多ク龍象法器ヲ鳴シ声明山谷ニ響シ、鈴鐸梵風ニ和シテ鳥獣畜類和雅シテ集リ、十方信男善女蟻道シテ連リ、念仏称名シテ集会所ヲ出テ白布橋ヲ行渡シテ、引導来迎師ノ庭儀ノ式法厳重ナリ。是レ則チ輪旨旧式ニ任テ修行シ、秋彼岸ノ中日ニ母ノ亡霊ノ得脱ヲ習テ、十方遠近ノ女人蜂如ニ起リ蝿如ニ聚リ年々歳々倍繁茂ス。日本無双之法会ニシテ、天竺慈悲女倶那含女布灌頂秘法ノ伝来、女人ノ罪障消滅シテ即身成仏スル大法也。是則チ弥陀如来霊尊、且ハ女人成仏ノ本願空シ不ルシテ之致所也。又弥陀如来、慈興上人ニ示シテ曰ク、是従川北ニ其内一水廻ニノ西ニ流レ、三茎ノ蘆一本芽出生ス。其ノ中ハ我カ垂跡ノ池ナリ。濁世末代ノ衆生ノ為メ此所ニ於テ円頓妙典ヲ護持シテ、龍花之暁ヲ待ツト云云。上人拝テ見レハ示ノ如ク、今ノ芦峅ノ地是ナリ。難波かた芦の葉ごとに風おちて、よし苅り舟のつくはかのきし。茲ニ因テ山上山下諸伽藍鎮守社頭ヲ建立、御姥三尊ノ宝殿ヲ再営シ、天浮橋、帝釈堂、炎魔堂、中門、鐘桜堂、玉ノ橋、講堂、金銅、五重ノ塔、大宮、若宮、西社頭鎮守、諸伽藍悉皆建立善美ヲ尽ス也。別シテ彼地ノ辺リ講堂ヲ建立シ、丈六ノ弥陀如来及ヒ観音勢至ハ上人一刀三礼之尊像也。芦峅平原、横三筋縦一筋ノ道ヲ定ム。即チ王ノ字ヲ学ヒ十方空ニ弥陀一仏ヲ現シ、一切衆生ヲ貫キ、弥陀如来ヲ六道ノ中分ニ安置ス。上人尤其由ニ有リ。然シテ後、上人八十三歳ニシテ六月十三日申尅ニ我加持モ限有リト曰。深ク禅定ニ入リ、彼三茎ノ池ノ辺リニ廟ヲトシ、金剛杖ヲ指シ、此枝葉末代ニ於テ栄ヘハ弥陀ノ契約空ズシテ、立山ノ伽藍安穏ニシテ人法繁栄疑ナカレ云云。弥陀如来芦峅御嫗堂示現ノ託宣。波高くわたる瀬もなく舟もなし。きのふも今日も人わこへつつ。是ハ日本四十八阿弥陀尾州知多郡常滑正住院隠居専阿上人御集之時、右御願ニ付、龍淵法印御つづりニ而、日光坊弘厳右セつ話仕候。

【史料8】芦峅寺宝泉坊「立山御嫗堂別当勧進記」（一冊・安永四年〔一七七五〕）（芦峅寺宝泉坊所蔵）

抑立山御嫗《うば》尊は、立山大権現の御親神、天神七代の尊、地神五代の始、此所に来臨し給ふ也。然處、文武天皇の御宇に当時大宝元辛丑年、開山慈興《ちかう》大上人、立山の峯を啓迪《けいちく》□□（二字虫損）両大権現の想を示《しめ》し給と云々。是則御嫗《うば》の霊現たり。挙世《あげてよを》、人皆是を拝するなり。峯には九品の台弥陀の浄土をうつし、谷には八大地獄現し、其数一百三拾六地獄、麓に女人成仏の霊場を立故、十界生死の魂魄《こんはく》を受納、是日域《にちいき》一切生死の物政所《せいしょ》と号するゆへに、末代濁世《じょくせ》の凡夫《ほんふ》一切の衆生も詠々の群類等《くんるいとう》、生死の魂魄を導《みちびき》遍《あまねく》衆生を救《すくふ》との御誓願《せいくわん》也。励《たまたま》（「偶」か）の信心輩御名をしるし立山大権現御媼《うば》損御宝前に提為事現世安穏所願成就菩提□（一字虫損）と祈ものなり。

御媼尊御詠歌曰。

波たかく渡る瀬もなし、舟もなし。

きのふけふも人ハこへつつ。

然に、それがし来年御媼堂の当番たり。此番と申は、日参致し、香華《かうげ》・燈燭《とうめう》・仏餉《ぶつしやう》等を捧《ささけ》げ、其外布橋春夏秋の祭礼およびただしき入用に付、拙僧自力におよびがたく、諸檀越《たんおつ》の助成力をもつ事、御媼《うば》堂神前にお為事、現当二世の所具祈□（一字虫損）也。

越中立山

宝泉坊

安永四年未八月

御媼《うば》大日如来

年中毎日御膳之記

一日ニ御膳三膳宛　一膳ニ付青銅三拾弐銅

一日ニ蠟燭三挺宛　一挺ニ付青銅弐拾四銭

一日ニ燈明四拾八燈宛　一燈ニ付三銭

地蔵菩薩御膳　一膳ニ付青銅三拾弐銭

布橋　百三拾六端　金拾両　壱反ニ付四百銅

日回向　青銅百銅
日牌《につはい》　金壱両　年中ニ青銅五百銅
月牌《くわつはい》　金壱分　年中ニ青銅弐百銅
流灌頂《わらぐわんてう》　金壱両

【史料9】芦峅寺宝泉坊「勧進帖」（一冊・文化一一年〔一八一四〕）（芦峅寺宝泉坊所蔵）

（外題）「勧進帖」

（内題なし）

（印文「摩訶吉祥」）（印）

序

凡日本第一《およそにつほんだいいち》の霊山越中国新川郡立山《れいさんえつちうのくににいかわごほりたてやま》は、開山慈興大上人一切衆生済度方便《かいさんじこうだいしうにんいつさいしうじやうさいどほうべん》の為《ため》に蒙仏勅《ぶつちよくをこうむり》を、始《はじめ》て此梵窟《このぼんくつ》を開《ひら》き、絶頂《ぜつてう》に立山大権現鎮座皇《たてやまだいごんげんちんざましま》す。峯《みね》に九品《くほん》能浄土《じやうど》を自生《じしやう》し、常《つね》に諸仏来臨《しよぶつらいりん》し給ひ、善根功徳《ぜんごんぐどく》の衆生《しゆじやう》を導《みちび》き、谷《たに》に一百三十六《いつひやくさんぢうろく》の地獄《ぢごく》を顕現《けんげん》し、五逆《ごぎやく》十悪《あく》の凡俗《ぼんぞく》を徴諭《ちやうゆ》し給ふ。故《かるかゆへ》に是《これ》より諸人《しよにん》の禅定《ぜんじやう》をゆるす。抑麓《そもそもふもと》に立《たて》て玉ふ垂跡御嫗《すいしやくおんうば》三尊《ぞん》と申奉《たてまつ》るは、辱《かたじけなく》も日本開闢《につほんかいびやく》の時《とき》、右《みぎ》に五穀《ごこく》の種《たね》を納《おさめ》、左《ひだり》に麻《あさ》の種《たね》を手持《しゆじ》ましまし、降《ごう》臨《りん》し給ひ、国土《こくど》に是《これ》をあたへ給ふ。祭神《さいじん》は則天神七代国常立尊《すなはちあまつかみのおおよくにとこたちのみこと》・伊冊諾《いざなぎ》・伊冊冊尊《いざなみのみこと》の三神《さんじん》、本地弥陀《ほんちみだ》・釈《しや》迦《か》・大日如来《だいにちによらい》の三尊也《さんぞんなり》。和光同塵《わくわうどうじん》は結縁《けちえん》の始《はじめ》、八相成道《はつそうじやうどう》は利物《りもつ》の終《おわり》、元是一体分身《もとこれいつたいふんじん》にして、神《かみ》と顕《あらは》れ仏《ほとけ》と現《げん》じ、跡《あと》を御嫗尊《おんうばそん》に止《とど》め給ふ。依之《これによりて》諸神諸仏菩薩《しよじんしよぶつぼさつ》、幷国土《ならびにこくど》の父母《ふぼ》にして末世《まつせ》の衆生万物《しゆじやうばんもつ》にも又父母《またふぼ》たり。此世界《このせかい》に生《しやう》を請《うけ》、衣食住《いしよくぢう》の備《そな》はりしも皆是御嫗尊《みなこれおんうばそん》の御恵《おんめぐみ》によれるもの也《なり》。然《しか》らは、即人《すなはちひと》たらん者《もの》は、先此御恩得《まずこのごおんとく》を報《ほう》じ奉《たてまつ》らずんは有《ある》べからず。仍《よつ》て人皇四十二代文武天皇《にんかうしじうにだいもんむてんおう》の御宇大宝年中《ぎようたいほうねんぢう》、日本六十六ヶ国《につほんろくじうろくかこく》に評《じやう》し、一国一尊《いつこくいつそん》にして御脇立《おんわきだち》六十六尊《そん》を安置《あんち》し奉《たてまつ》る。此尊《このそん》の御利益広大無量《おんりやくくわうだいむりやう》にして、なかなか凡舌《ぼんぜつ》をもつて演尽《のべつく》しかたし爰《ここ》に聊《いささ》か其万億分《そのまんおくぶん》の一《いち》を述□(一字虫損)、一切衆生《しゆじやう》の日々夜々《にちにちやや》に造所《つくるところ》の悪業少罪《あくごうせうざい》たりへ共、仮《たとへ》は微塵積《みぢんつもり》りて山《やま》をなすが如《ごと》く、終《つい》には業因《ごういん》のがれがたく無尽《むじん》の苦悩《くのう》を受《うけ》る事《こと》、嗚呼痛敷哉《ああいたましいかな》。仏《ほとけ》も曰《まうさく》、無縁衆生《えんなきしゆぢやう》は度《ど》しがたしと也。一度此尊《ひとたびこのそん》に仏恩謝《ぶつおんしや》得《とく》の為《ため》、結縁《けちえん》の輩《ともがら》は右《みぎ》の如《ごと》き罪悪《ざいあく》たり共皆悉《みなことごとく》消滅《しやうめつ》し、二世《にせ》の諸願満足《しよぐわんまんぞく》せしめんとの御誓願可仰可貴《ごせいぐわんあおぐべしたつとむべし》。かゝる有《あり》かたき尊前《そんぜん》におゐて、毎年秋《まいねんあき》の八月彼岸中日《ひがんちうにち》に布橋観頂《ぬのばしくわんぢやう》とて御堂前《みどうまへ》に川有《かわあり》、是《これ》に渡《わた》せるを天《あま》の浮橋《うきはし》と号《ごう》し、又向《またむか》ひに閻魔堂有《えんまどうあり》。是《これ》より御堂迄《みどうまで》の間《あいだ》に三百六十六反《たん》の布《ぬのを》しきて、一山《いちさん》の衆徒相集《しゆとあいあつま》り灌頂《くわんじやう》を修行《しゆぎやう》し、此布則《このぬのすなはち》御経帷子《おんきやうかたびら》につくる。爰《ここ》に当山《とうざん》の寺役《じやく》として、住持一代《ぢうじいちだい》の内一度《うちにいちど》つゝ坊中《ぼうちう》を順番《じゆんばん》に、壹ヶ年《いつかねん》の間御嫗尊《あいだおんうばそん》の別当《べつとう》を相《あい》勤《つとめ》、此灌頂《このくわんじやう》の導師《どうし》に相立法会《あいたちほうえ》を修行《しゆぎやう》す。此功徳《このくどく》によつて、其身色衣《そのみしきえ》の僧位《そうい》に階《のぼ》る。然所《しかるところ》に、来《きたる》亥の年愚僧《としぐそう》別当職《すなはちべつとうしよく》にて法会《ほうえ》の導師《どうし》に相当《あひあた》り候所《ところ》、貧寺《ひんち》の事《こと》にて、参百六十六反《たん》の白布法会修行《しろぬのほうえしゆぎやう》の雑用《ぞうよう》、并年中《ならびにねんぢう》の御供《ごく》燈明料等《とうめうりやうとう》自力《じりき》に叶《かない》がたく、依之偏《これによつてひとへ》に信施《しんせ》の他力《たりき》を希《こひねが》ひて本願《ほんぐわん》を成就仕度《じやうじゆつかまつりたく》、普《あまねく》十方《じつほう》の旦越《だんおつ》を勧進《くわんじん》す。若善男善女此法会《もしぜんなんぜんによこのほうえ》の助力白布御供燈明料寄附《しよりきしろぬのごくうとうめうりやうきふ》なし給ふにおひては、其功徳《そのくどく》の善報唯身《ぜんほうたがみ》にか至《いた》らん。現世《げんぜ》にては仏神《ぶつじん》三宝《さんぼう》の擁護《ご》を蒙《こうむ》り、諸《もろもろ》の災難《さいなん》は朝日《あさひ》に霜《しも》の消《きゆ》るがごとくに悉滅《しつめつ》し、よく一切《よくいつさい》の願望空《ぐわんもうむな》しからず、鏡《かがみ》に影《かげ》の写《うつ》るが如《ごと》く成就円満《じやうじゆえんまん》し、幸福雲《こうふくくも》の如《ごと》くに集《あつま》り、風《かぜ》の如《ごと》くに来《きた》らん。其余徳必子孫《そのよとくかならずしそん》に迄幸《までさいわひ》せん。来世《らいせ》は無始已来造《むしよりこのかたつくる》所《ところ》の罪業《ざいごう》を必滅《ひつめつ》して、則身成仏《そくしんじやうぶつ》し、三界法王《さんがいほうおう》の位《くらい》に階《のぼ》らん。猶其世光《なをそのよくわう》、六親眷属乃至法界平等利益無疑者也《ろくしんけんぞくないしほうかいびやうどうりやくうたがいなきものなり》と《と》、謹《つつしん》で《で》此勧進《このくわんじん》の《の》意味《いみ》を説事爾《とくことしかり》。

何卒御信心《なにとぞごしんじん》の《の》御方々《おんかたがた》、多少《たせう》に《に》不限御寄附被下候様偏《かぎらずごきふくだされそうろうようひとへ》ニ《に》奉希《こひねかいたてまつり》候、然者則別当職首尾《しからはすなはちべつとうしよくしゆび》よく相勤右法会修《よくあひつとめみぎほうえしゆ》行《ぎやう》の砌《みぎり》は勿論《もちろん》、当院有《とういんあ》らん限《かぎり》は帳面《ちやうめん》に印置《しるしおき》、永代御施主方御武運長久《えいたいおんせしゆがたごぶうんちやうきう》・災難消滅《さいなんしやうめつ》・御家内安全《ごかないあんぜん》・諸願満足《しよぐわんまんぞく》の御祈念《ごきねん》、朝暮《ちやうぼ》御嬶尊前《おんうばそんぜん》において抽丹誠を《たんせいをぬきんで》修行《しゆぎやう》可申上《もうしあぐべく》候。以上。
于時文化第十一甲戌年三月摩訶吉祥日
越之中州立山宝泉坊
現住照円(印)(印文「立山中宮」)
東都十方信施且越衆中

別当職相勤ニ付、壹ヶ年雑用の覚

一、正月三ヶ日入用　金五両
一、春彼岸七日入用　金七両
一、秋彼岸七日入用　金七両
一、同中日入用白布参百六十六反　金四拾六両参分
一、毎月五日宛縁日入用　金十五両
一、五節句入用　金参両
一、毎日朝暮奉献　供米・香花・燈明料　金三十七両貳分
七口〆テ　凡金百貳拾壹両壹分程
右の通差増如斯御座候。已上。

【史料10】芦峅寺宝泉坊「布橋大灌頂勧進記」（一冊・元治元年（一八六四））（芦峅寺宝泉坊所蔵）

この布橋灌頂会執行奉加帳の形状は、袋綴の冊子で、寸法は縦三〇・〇×横二一・三センチメートルである。

冊子の前半部分が散逸しており、表紙の有無は不明である。奥付はない。前半の勧進文言の途中からと本文が残っている。散逸した勧進文言は、別の文久四年（一八六四）の布橋灌頂会執行奉加帳（表題はない。対象は江戸庶民の檀家であり、上級身分者については記されていない。勧進文言と本文の全てが揃っている。縦三〇・三×横二二・〇センチメートル）の該当部分から推測できる。以下は、右の二冊を重ね合わせて勧進文言を復元・翻刻したものである。部分一が、文久四年の布橋灌頂会執行奉加帳を参考にして勧進文言を補足した部分である。

〔部分1〕

布橋大灌頂トは、一切如来慈悲円満之悲報也。此ノ故ニ其ノ法力無疆ニ濟ル。抜苦之音声は地獄ニ徹ル。与楽ノ徳ハ浄土ニ通シ、群類化度無量而、難遭難遇純密ノ法也。抑其本源者瓔珞経灌□（一字欠損：「頂」か）経等ニ顕然ナリ。往昔天竺祇園精舎ニ於テ、釈迦如来説法ノ時ニ当テ、慈悲女人倶那含（部分2に続く）

〔部分2〕

女人等、数万端の白布ヲ以テ灌頂執行シ、汝等身ハ女人、内心は仏心ナリトノ宜説、遂ニ十方浄土ヲ拝見シ、都卒浄土ニ到ル。又夕曰ク、衆善の根本能ク衆生煩悩罪ヲ滅シ、無上菩提ヲ獲得。茲に灌頂ノ規則は閻魔堂従リ御媼灌頂堂ニ至ル間、一千三百六十端ノ白布以三通ヲ敷キ、其上ニ於テ引導師・来迎師の踟灌頂は最深秘密也。此故ニ、引導の阿遮梨は四百余箇日の間禁足而、一千三百六十余度の沐浴而、常ニ浄処ニ坐シ、又来迎師大阿遮梨は高徳貴覚苾蒭請シ、亦三通の白布は欲界・色界・無色界の三界衆生得脱の法也。一千三百六十端の白布は百三十六地獄而、其一の地獄ニ於テ大苦患数、十ニなし算へ、其数百三十六地獄の大苦、都テ一千三百六十度也。此ノ故ニ、一反の布は獄中の大苦抜濟の法也。これに依テ、一反施善人は菩薩行トして、又夕過去悪報転ス、現善報ヲ得ル。能ク生々世々の神仏酬恩の灌頂也。ここに一切衆生初メ生の時キ、神仏加護蒙ル者也。故ニ十王経ニ曰ク、汝ギ生レ始ル時、我レ祖母ト成テ三尺ノ衣那巾ヲ授ケ、然れども我レ等衆生は、即生隔忘メ生始ヲ知らず。本是無明煩悩種子の所為也。又、迷途の路ノ程ヲ考ルニ、十万八千里、其内川有リ、三途河ト号ス。此岸ニ木有リ。枇欄樹名ク。此ノ木ノ下ニ姥座ス。両眼ヲ輝カシテ悪人ヲ呵責メ曰ク、汝ヂ生ル時キ骨肉ハ父母ニ借リ、身ノ皮、我レ汝に授クル所の衣那巾、未だ衣食の大恩ヲ知らずして仏法不信の罪ヲ遁れ難し。今、着物皺ギ取リ此ノ木枝ニ掛並へ、誠ニ三尺巾軽ト雖ト、業因重ヲ而、梢大地ニ附ク。其罪業常破梨鏡ニ顕テ、譬、高位果満ノ人成リト雖モ苦患遁れず。迷ヒハ則チ況ム三途ニ悟レバ、則チ金蓮台乗メ、五障三従八迷ノ女人、十悪五逆ノ人、共ニ此ノ灌頂ノ道場ニ入レバ、懺悔頓ニ罪障消滅、菩提ヲ獲得メ云々。此布橋大あ灌頂執行開闢は、人皇四十三代元明天皇和銅七年、立山開基慈興尊師禁裏参内遂ケ、謹テ立山開峯の縁由、及ビ灌頂の深義ヲ奏聞ス。恭モ勅命ヲ蒙リ、誠ニ尊哉、永劫毎歳秋彼岸中日布橋大灌頂執行ハ勅賜也。此ノ時、布尺ハ二丈六尺定。御感悦ノ余リ五畿七道ニ命シ玉フ。続而、元正天皇御代々、将軍家等御帰依浅からず。御当代ニ至テ、加賀中納言殿御先代芳春院・玉泉院、慶長十九年ノ秋八月灌頂受給。寛永元年、微妙院殿は深ク御信仰有テ、法器等ヲ御再営有リ。法会、今に厳重也。伏テ願クハ布橋大灌頂執行の法筵ニ就テ、財宝ヲ投テ、供養荘厳の資料ヲ備ヒ、御膳・燈明・香花ヲ献シ奉リ、則此結縁の功徳ニよって、現世ニ息災長寿増運シ、来世弥陀三尊御来迎・二十五菩薩与倶ニ、大慈大悲弘誓荘厳の船ニ乗テ、安養浄土往生ス疑無き者也。

〔部分3〕

右前条ニ委曲御座候御姥堂別当ハ、凡四百余ヶ日の間禁足ニ而、一千三百六拾余ヶ度の沐浴いたし、生涯一度の大行、尤、布橋灌頂法会執行の導師に相立功徳によつて、其身色衣の僧位に昇る。然処来ル寅年愚僧別当職に相当り、其財用夥敷、殊ニ神事祭礼祈禱神供の饌品、年中御膳供・香華・燈明、別而大灌頂ハ千僧大会ニ付、莫太の雑用等少からず。拙僧自力に及がたし。依之十方旦縁之信施の他力を乞請、本願成就仕度、爰に一切衆生日々夜々に造所の悪業のがれがたし苦を受る事□□(二字難読)哉、経ニ曰、縁なき衆生ハ度しがたし仏恩謝徳のために結縁の善男善女此法会の白布等寄附成し給ふに、神仏三宝擁護を蒙り、諸の災難ハ朝日に霜の消るがごとく悉滅し、一切の願届空しからず。鏡に影のうつるがごとく成就円満し、幸福雲の如くに集り、風の如くに来らん。其余徳必子孫に迄幸せん。来世ハ無始以来造所の罪業を消滅して、則仏果を得て法王の位に階らん。猶余光六親眷属乃至法界平等利益也。何卒御信心の御方の多少ニ限らず御施入偏ニ奉願上候。その財施の志ニ随ひ、永代御武運長久・家内安全・息災延命・諸願満足の御祈禱、曁戒名・法名等別冊ニ志而、抽二丹誠一祈念回向無二怠慢一修行加仕候。以上。

元治元甲子歳

越中立山

宝泉坊現住(角印)

泰音(花押)

〔部分4〕

一　白布千三百六拾端

但シ壱端料　金三朱

一　壱口料　金弐両弐分

尤拾三反壱丈五尺六寸

一　大施餓鬼料　金壱両

一　御本尊　弥陀・釈迦・大日　御膳料三百銅宛

一　御脇立　六拾六尊御膳　金百疋

一　地蔵観音御膳料　　百銅宛
一　燈明毎朝四拾八灯　　壱燈料八銭ヅツ
一　代戒灌頂資料　　金百疋
但シ白布壱反より寄附之方へ一千座護摩執行之灰ヲ以鋳立開運出世大黒尊天壱躰外ニ灌頂血脈差上候間、左様思召可被成下候。

【史料11】醒眠「血盆経略縁起」（巻子・明治四四年〔一九一一〕）（富山県［立山博物館］所蔵）

血盆経略縁起

抑々血盆経は般若の船に乗るなり。目蓮尊者の母青提夫人死て後ち、往生を釈迦牟尼仏に問へ玉ふ。仏告げ玉ふ。羽州追陽の県に行く可と招給ふ。即ち彼の處へ行きて見るに、一百三十六つの地獄あり。亦た一つの血の池あり。廣さ八万四千由旬、飄々として浪の高き事は屛風を返すが如くなり。鉄梁鉄柱等、一百三拾件の責道具あり。目蓮尊者獄卒に向って曰く、許多の女人此の地獄に苦痛を受るを如何と、獄卒答ひて曰ク、女人の裟婆耳有し時、月に七日の月水を流し、一年に八十四日、亦た安産流産の時、不浄の下血を以て諸神諸菩薩を汚す。是れは一代の内に幾百日の不浄となり、一つには、是れを土に落せば地神荒神の頭を汚し、二つには、水に洗ば水神を汚し、三つには、土に埋ればこ天道の罰を蒙り、四つには、山に捨れば八万四千の神を汚す。五つには、海に落せば塩の神を汚す。川に流せば水に交り、人不知汲取り茶等に煎じ、神や仏に備ふれば大なる罪なりと云ふ。彼の血池地獄の呵責を見るに、八万四千由旬の其池に糸より細き業の橋あり。夥多の罪人を責め寄せて、此の橋を渡れよ、向ふの岸に到りなば成仏を遂ぐ可しと責るなり。餘りの責苦がせつなさに渡らんとすれば、橋は細し。罪業重き罪人の身なれば、真中より一つと切れ、体は血池に沈むなり。長に延びたる黒髪は只浮草の如くなり。時に鬼共鉄鎚を以て呵責をして申には、汝が身より出たる不浄の悪水を呑み干せよと責め行ふ。餘りの責め辛さに呑んとすれば、水は火炎と燃上る。加ふるに水は岩と変じたり。餘りの事に罪人は十方に逃走れば、大地遂に熱鉄となり、足の裏皮を爀煎、或は鉄の網に罫り熅火炎々と燃出でて、身肉たゞれ苦しむ。是れを東相象の苦痛なりと云ふ。如斯責苦一百三十件あり。之れを略す。目蓮尊者悲み給ふなり。多くの女人成仏の法を釈迦牟尼仏に立て願ひ玉ふ。即ち、懺法施餓鬼及大蔵正経血盆経を説き給ふ。故に血池八功徳水と変じ、五色の蓮華、真中より生じて、母は如意輪観世音菩薩と成仏し給ふ。血盆経に曰く、許多の女人変女転男超生仏地なりと。亦た曰く、読誦書写受持血盆経を説き玉ふ故に、此の血盆経一千巻を書読不可して、此に日本第一の立山は、諸仏瑞衆梵屈衆生済度の霊地なり。峯には九品の浄土を顕し、十界真相の隔なく、三界の火宅を出七宝の金臺に座する霊山なり。谷には一百三十六つの地獄一つ一つに水色を変じて、楽相悪業の疑ひ深き凡夫の女人等を戒め玉ふなり。又た一つの血の池あり。傍に如意輪観世音菩薩は遊戯し玉ふ女人の苦を抜き済し、若し重き咎あらん輩には吾代りて、其苦を受けんと誓ひ給ふ。依て十方の善女人、往古より此血盆経を血の池に納め来るなり。此輩者弾指の損も血の池に落さずと。開山慈興大上人の御誓願なり。叺に一人の女人、一千巻の血盆経を納むれば、変女転男即身成仏する事無疑也。

願以此功徳　普施女人
同出血盆池　往生安楽国
南無阿弥陀仏

明治四十四年五月十日　醒眠謹書

【史料12】芦峅寺三学坊「越中立山血盆地獄血盆□（欠損）経大縁起」（直筆・袋綴〔表紙と一部分〕）（芦峅寺宝泉坊所蔵）

（表紙）「越中立山
血盆□（一字欠損）経大縁起
血盆地獄
芦峅寺三学坊」

血之池地獄納経大縁起

抑越中の国立山は諸仏瑞集の梵窟、衆生済度の霊地にして、一切衆生（以下欠損）処の善悪によつて未来に其応報をあたふる大政所（以下欠損）ゆへに峯に九品浄土を自生し、谷に一百三拾六地獄の中に血盆地獄と云ふて怖□（一字欠損）地獄あり。縦横広サ八万由旬也。然るに此地獄は一切の女人、業を作るに依て堕る所の地獄也。其所以は如何。女人の胸の間に八葉の蓮花あり。迷に生じ迷に開が故ニ胸の間より血を出す。其色五色也。就中赤色の血流るゝ事一月に七日あり。十二月の間に八十四日也。是を以て名を月水といふ。大悪不浄の水也。然るに、此悪水大地に落れハ地神の頭を汚す。諸仏神の罰を蒙り、若シ水中にすつれ□（一字欠損）水神□（一字欠損）穢□（一字欠損）、山林に捨れハ山神を穢す。或は穢れたる衣裳を川水にて洗濯する時、其川下の諸（以下欠損）此水を汲ミ取（以下欠損）

【史料13】芦峅寺実相坊「流水大灌頂支證」（版木・万延元年〔一八六〇〕）（芦峅寺宝泉坊所蔵）

流水大灌頂支證

一　小塔婆為智静院悟山妙空信女菩提也

夫当山者峯顕九品浄土谷示一百三十六地獄相号生死政所由此観之十方一切亡霊悉皆帰入此山故御姥尊前於三途河毎歳

七月撰善増日有流水大灌頂法会執行功徳者抜苦与楽秘密法也別為難産死孩兒死溺死縊死刑罪死山海変死聾瘖横死亡之者大塔婆中塔婆小塔婆卒都婆施主之志戒名法号書写而永代流水大灌頂会不退之勤修等無怠功徳明鑑如件

万永（万延か）元申六月

立山
実相坊

江戸本町一丁目
谷　永五郎　殿

【史料14】　流水大灌頂の版木（年次未詳）（富山県［立山博物館］所蔵）

（種子四文字）

奉執行流水大灌頂功徳者抜苦与楽秘法戒定恵円頓大乗戒法也。別難産死孩児死溺死縊死山海変死横死女人五障三従死重罪消滅令成仏秘密神変大法也。然流水大灌頂施主各施財輩者塔婆書写唱戒名永代毎歳流水大灌頂不退勤修等明鏡

願我往生極楽界　　修習念仏三昧故
以本願力往娑婆　　最初引接結縁者

今月今日

立山中宮寺大僧都

【史料15】 立山中宮寺「永代大施餓鬼料稟」（版木・文政一二年〈一八二九〉）（富山県［立山博物館］所蔵）

永代大施餓鬼料稟

今般当山吉祥坊宦光法印依心願歳々不退会之大施餓鬼秘法執行仕反布各中様方へ信施相願上候所早速御心ニ叶御建立之位牌エ施物等被添御奉納被成申段慥ニ金受納候然間永代年々七月於御媼尊前卒都婆造立無怠慢亡霊進善之廻向曁現当二世之祈念可抽丹誠条如件

文政十二寅今月今日　　立山

中宮寺

十方御檀那

御施主衆中

【史料16】 立山中宮寺取次大仙坊「大施餓鬼稟」（版木・年次未詳）（富山県［立山博物館］所蔵）

大施餓鬼稟

夫当山者峯頭九品浄土谷現一百三十六地獄亦麓萬物能生之御媼尊自然降誕故三世諸仏菩薩常恒影向給由此観之一切衆生生善悪紕明給故生死大政所北涅槃門也故一切之亡霊悉皆帰入此山依而十方之施主追志之戒名立位牌一山僧侶集会大施餓鬼抜苦世楽秘法令執行依此功徳所志之聖霊速成仏無疑矣

大導師

立山中宮寺

取次大仙坊

信心之女人

【史料17】「大施餓鬼法会勧進記」（版木断簡・年次未詳）（富山県［立山博物館］所蔵）

抑立山ト奉申ハ諸仏瑞集梵崛《スイシウノホンクツ》衆生済度《サイト》之霊《レイ》地也。峯に《ミネニ》ハ移《ウツシ》二九品之浄土ヲ一、谷示《シメシ》二一百三十六地獄《シこく》ノ想《ソウ》ヲ一、利生化度之名山也。麓《フモトニ》御媼尊《ウハソン》ト奉レ申ハ本地弥陀《ミタ》釈迦《シヤカ》大日如来三仏也。天神七代左右《サユウ》之手ニ五穀麻《コクアサ》ノ種《タネ》ヲ執持《シユシン》テ天降《アマクタリ》、当山ニ一切衆生《シユシヤウ》初テ与二衣食《イシヨク》ヲ一。是人生の始《ハシメ》、また人間母ノ胎《タイ》内宿《ニヤトル》時三尺着《キセ》二胞衣《エナヲ》一此度江《ト》出生シ、依《ヨリテ》之衆生三世之母たり。亦死《シ》て帰《カエリ》此山来世ハ日域生死《ニチイキシヤウシ》ニ流転《ルテン》する魂魄《コンハク》を引導《イントウ》シ、故《カルカユエ》尓涅槃《ネハン》門衆生流出《ルシユツ》之本土仏果円満《クワエンマン》之梵窟《クツ》衆生生死之大政《マン》所と号《コウシ》、誠《マコト》ニ仏法根源霊場《コンケンノレイシヤウ》也。声を如レ斯霊出シテ年旧功《キウコウ》をなし、神仏之加護蒙空《コヲコウムリムナシクヲクリ》送二年月一恐二仏恩《ヲン》ヲ一依レ之、此度十方霊魂《レイコン》為二菩提《ホタイ》ノ一右御媼尊於《ウハソンヲイテ》二道場《トウシヤウ》一毎年七月十五日卒塔《ソト》婆造立《ゾウリウ》、百僧大法会施餓鬼修《エセカキシユ》行仕度候得共難《カタキ》及二自力一、十方大信之施主、為《タメ》二六親眷属暨亡霊追《シンケンソクオヨヒホウレイツイ》善之一、祠《シ》堂料《リヤウ》御入請《セ》被成下候得者、御位《イ》

【史料18】芦峅寺宝泉坊「一千座護摩修行募縁」（一冊・年次未詳）（芦峅寺宝泉坊所蔵）

一千座護摩修行募縁

夫《それ》護摩《ごま》とは、毘盧遮那《ひるしやな》仏阿弥陀《ふつとあみだ》仏両躰《ぶつとりよく》の如来を始《はし》め、金胎両部《こんたいりよぶ》明王諸天《みやうわうしよてん》秘蜜奥蔵《ひみつわうぞう》の法文《はふもん》にして、護摩修法《ごましゆほう》の時《とき》には必《かなら》す金剛部《こんがうふ》の聖尊諸《しよそんしよ》天善神其道場《ぜんじんそのどうじやう》に降臨《がうりん》ましまして、行者《ぎやうしや》を加持《かじ》し玉ふ。かる由へに、百由旬内《ひやくゆじんのうち》をして、諸《もろもろ》の不吉《ふきつ》の衰患《すへけん》なく、悪魔退散《あくまたいさん》し清浄《しよじ》の霊地《れいち》となり、あらゆる大地微塵数《だいぢみぢんしゆ》の虫《むし》けらをして、安穏《あんのん》にいせしめ玉ふ。況《いわん》や法筵《はふいん》に連《つらな》り、合掌瞻礼《がうしやうせんらい》する衆生は、悪魔の障礙《さわり》なく、悪病も立所《たちところ》に平愈し、怨敵《をんでき》の災《わざわひ》なく、火難水難の恐《を》怖《それ》を除《のぞ》きて、現世の意願速《すみや》かに成就するの法文なり。亦復《またまた》五穀成就家内安全には此法にすきたるはなし。寔《まこと》に護摩

の煙《けむり》は百億無量の功徳聚《しゆ》にして、正《まさ》しく天上界に立上《たちのぼ》りては五色の慶雲《くも》と変《へん》じて、其中に七宝の楼閣《ろかく》を現じ、あるへは、化《けつ》して百宝の蓮華を涌出《ゆしゆつ》す。その蓮臺に厳身《ごんしん》妙相の遮那仏《しやなふつ》現し玉ふとて、般若微《み》妙の法を宣説《とき》玉ふ。その威相の光明は、百千の日月の照する如く展転《てんでん》として、十方浄土を赫奕《かがやか》し、あまねく行者を讃歎《さんだん》し、施主を護持《ごぢ》し、結縁の衆生を廻向し玉ふに、尊哉《たといかな》、梵音和雅《ぼんのんわげ》の御声《みこへ》高《たか》く廣大甚遠《かうたいしんのん》の廻向にあつかる事、皆是《みなこれ》護摩《ごま》の徳《とく》にあらすや。此廻向にあつかる輩《ともがらは》、五逆十悪無量の罪を滅《めつ》して息災《そくさい》なる。或は、一道煙《けむり》地獄道にいたりては、あらゆる地獄の罪人も苦痛《くつ》をまぬがる。誠《まこ》とに護摩の功徳は、萬法の中にたかだか現世の利益無辺なり。復御世《またごせ》菩提の追福《ついふく》には、無量の功徳あり。然《しかれ》とも、秘密の法なれは顕《あきら》かに演《のべ》がたし。是故にわつかに海水の一滴をしるす。かかる大善功徳最尊無《さいそんむ》上《じやう》の法なりと云々。爰《ここに》越中立山は本朝無雙《むさう》の霊山にして、仏神菩提常《つね》に影向《よふご》し玉ふ。故に汚穢《をえ》不浄の人、禅定を許《ゆる》さず。悪業人登山可《かな》わず。是則《これすなは》ち仏神集会し玉ふの故なり。此霊山道場にして、往昔《むかし》開基《かいき》の尊祖《そんそ》を始《はじ》め、代々の賢《けん》哲《てつ》と護摩修行をなし玉ふ時には、かならす諸仏の来迎阿り。是故我素《われもと》より一千座護摩修行の心願ありといへども、餘《よ》財《さい》なくして徒《いたつら》に光陰を送《おく》る。仰願《あをぎねがわく》は十方の善男善女と信心発起の浄財を棄施《きせい》し玉ふはば、其志《そのこころさし》に随《したがへ》て、御名戒名としるし、御家運長久息災の御祈禱怠なく、永代修行侍《はべ》る事《こと》なり。されは万代不易の祈禱、先祖累世《るいせ》の逅善、現当二世子孫繁栄の祈求《きぐ》、何事《なにこと》か是《しか》に如る。此一事廣く十方の檀《たん》信に勤《すす》めて、早《はやく》心願成就を願而已。

越中立山

宝泉坊

各々様

【史料19】立山芦峅寺「一千座護摩灰仏功徳略記」（版木・年次未詳）（富山県［立山博物館］所蔵）

一千座護摩灰仏功徳略記

抑金胎両部の密教二十万煩の経法を説玉ひ、則如来真実ま法文利益冥顕の深法なれども、今末法にて、衆生の機縁薄く殊に日夜に八億四千の煩悩を作の邪義邪道なす故、八難三災の苦悩を受、一つとして我願を成就せず来世は三途の業苦を政三界六趣の衢に鈴鉼あゝ痛哉、是を何連の功徳を以て遁んや。爰に越中国立山は弥陀妙躰の山にて諸仏来迎ありて、自極楽浄土也。又谷には地獄涌出て罪人の俤を見るがごとし。かゝる霊山なれども、悲哉、女は五障雲ありきがゆへに、禁制す。依て此度碣山に立山を写し女人禅定を許す。今爰において末世に利益を得んがため、乍恐奉為今上皇帝天下太平国土安穏、且は十方精霊得脱のため、一千座護摩の密法を修行し、則灰仏の本尊を造立し、其残灰を以、此手引弥陀如来開運出世大黒天数万躰造営の所謂此尊像を信仰の輩は盗火難怨敵難剱難力難山海危難あらゆる諸難を除き、現世安穏子孫繁昌家運長久の程、末世は極楽に導き給ふ事、経文のごとし。かゝる現当二世の大願成就の秘密神変の尊像を護摩結縁ヲため、諸人に授く者なり。其徳恒沙のごとく難斗依而略于。

月　日

越中邦立山芦峅寺

【史料20】芦峅寺教蔵坊「純密護摩之妙行」（版木・年次未詳）（富山県［立山博物館］所蔵）

夫純密護摩之妙行者於諸経中随類得益妙用殊勝也誠印々咒々無盡加持門妙徳者能成浄菩提心茲越中邦立山者転迷開悟之霊山而諸仏集会之道場也於此道場恭搆四曼輪壇修無㝵六大秘密郡類倶入阿字門如来秘蔵證道矣蓋此勝妙功徳之護摩入檀入内除諸疒難延命外払悪魔障碍増運遠遁山川海陸諸危難怨敵呪詛水剱難火盗毒疾邪神方惟諸凶難毒虫疑惑之難近

家族繁栄令得無尋勝福家名永伝子孫悉悟入密乗登妙覚究竟位如是上妙之功徳如明鏡

立山
教蔵坊

【史料21】 芦峅寺実相坊「茶牌之支證」（版木・安政六年〔一八五九〕）（富山県［立山博物館］所蔵）

茶牌之支證

（種子）岳自観信士　位

夫当山者九界群類咸得成仏之霊地也爰建立之茶牌者盡未来際香花誦咒之茶湯供養無退転令廻向以此功徳所志之霊地頓滅重罪速生安養其施善人共出一苦城矣

立山中宮寺
実相坊

安政六未七月

尾州丹羽郡楽田一色浦
池田政右衛門殿

【史料22】 立山中宮寺「越中国立山両大権現宝前永代常燈明供養勧化帳」

（一冊・寛政七年〔一七九五〕）（芦峅寺宝泉坊所蔵）

（表紙）
「越中国

立山両大権現宝前

永代常燈明供養勧化帳

立山中宮寺」

越中国立山両大権現並御嫗尊閻魔大王御宝前へ永代常燈明を供養し奉る勧進の叙

夫《それ》三塗《さんづ》の極苦《ごうく》、是無明煩悩《むめうぼんのふ》の黒闇《くらやみ》より招《まね》き、九品《くほん》の極楽は本覚智恵《ほんかくちへ》の光明《こうめう》（以下欠損）生《しよう》ず。越中国立山中宮寺は、人皇四十二代文武天皇の御宇大宝元辛丑年、開山慈興《ぢこう》上人葛藤《くづ》を攀《よぢ》て山頂《さんぢよう》に登り給しの時、嶺《みね》に紫雲靉靆《しうんたなびき》、両大権現尊影を顕《あらは》し妙音《めうおん》を御告曰《つげていわ》く、我が日本国は唐土天《かつてん》の如き人国にあらず。天地開きし初め、伊弉諾《いざなき》・伊弉冊《いざなみ》尊《みことあめの》天祖の勅《みことのり》を承り、天地の要《かなめ》国として産《うみ》玉へる神国なれば、三世の諸仏深山《みやま》の奥陋巷《おくいなか》の中まで跡を神明に垂《た》れ、賞《しよう》罰厳《ばつきび》しく御座《ましま》せば、智者は知□（一字欠損）善に進み愚者《ぐしや》（以下欠損）れて敬尽《うやまいつく》し、仏縁《えん》を結《むす》ばざる者なし。中にも此立山は、峯《みね》には弥陀如来・不動尊我等両大権現と顕《あらは》れ、四魔《しま》の障导《しようげ》を攘《はら》ひ、九品の浄土を開き、麓《ふもと》には伊弉冊尊《いさなみの》御嫗尊《おんばそん》となる。是大日如来の垂跡《すいしやく》なり。閻魔《えんま》大王五道の冥官《めうくわん》と現《げん》ず。地蔵菩薩の応化《おうげ》にて、地神の初の代、此山に鎮座《ちんざ》し山の谷峡《たにあい》には、一百三十六地獄《じごく》を構《かま》へ、諸人の生死禍福《くわふく》を司《つかさど》り、善悪の軽重《けいぢう》を糺《ただ》し、善人には福寿を増し、後に天浄土へ送り、悪人には災難《さいなん》をあたえ、終《つい》に地獄餓鬼《がき》へ遣《つかは》し、地蔵菩薩毎日三時大悲の法水を灑《いただ》き、其苦身を救《すく》ひ、罪業《ざいこう》を懺悔《さんげ》せしめ給ふ。凡日本国の諸人、命終りて此山に来る。七々日の間善悪の糺《ただ》しを受《うけ》ざる者なし。上人此理を諸人へ告知らせて、伽藍《がらん》を建立し、参詣の男女に善悪《ぜんあく》の報《むく》ひをしらしめよと告終《つげおはり》て隠《かく》れ給へり。爰《ここ》に上人感《かん》涙《るい》を流し、神勅《しんちよく》の趣四方に告て、悪を捨て善を持《たも》つ道場を開き玉（以下欠損）即《すなはち》今の中宮寺これなり。爾し与り以来、千二百年参詣の諸人邪見《じやけん》の角《つの》を折《おり》、信心の頭《かふべ》を垂《た》れ、恭敬《くけう》供養の輩連綿《れんめん》として続き、たえず仏の説曰《ときたま》ハく、一切供養の中に功徳《くどく》の最上《さいぢやう》なるは、燈明にしくはなし。百年の冥暗《くらやみ》も僅《わづか》に一燈《とふ》をかゝぐれば、即時に明らかになる。

是則悪業滅《あくごうめつ》し、善果生《ぜんくわしやう》ずるの現證《げんしやう》なり。因茲拙衲有縁《うえん》の□（一字欠損）檀《だん》を勧《すすめ》□（一字欠損）し、永代常燈明を挑《かか》げ、日々光明真言を唱へ、至心《ししん》に供養し奉り、五智の光明を加《くは》へて燈明の威光《いかう》を増《ま》し、弥勒《みろく》出世の暁《あかつき》を期《ご》して、三途黒《づこく》闇《あん》のまよひを照し、九品浄土の覚《さと》りを開らかしめん事を乞願ふ。是豈四恩報謝《あにしおんほうしや》の善根、二世安楽の良因《りやういん》にあらすや。伏《ふ》しこふ深信《しんじん》の善男女子、我と心を同して、速《すみやか》に此大願を成就せしめ給へ。

維寛政七乙卯三月

越中国

立山中宮寺

【史料23】立山中宮寺権教「越中国立山御媼尊壇鏡建立勧進簿　升や分」

（表紙と本文の一部。一冊・年次未詳）（芦峅寺宝泉坊所蔵）

（表紙）「越中国立山　升や分

御媼尊壇鏡建立勧進簿

立山中宮寺

権教」

越中国《ゑつちうのくに》立山《たてやま》両《りよう》大権現《だいごんげん》並《ならびに》御《おん》媼尊閻《そんゑん》魔大王《だいわう》御宝前《ほうぜん》へ浄頗《しやうは》梨鏡《きやう》を安置《あんち》し奉《たてまつ》る勧進《くわんじん》の叙《じよ》

（以下は【史料22】の本文の記載と同一）

【史料24】芦峅寺吉祥坊「開山御宝前額再建寄附帳」（一冊・天保三年〔一八三二〕）（富山県［立山博物館］所蔵）

（表紙）「開山御宝前額再建寄附帳」

立山開山慈興大上人本堂額再建序

抑此立山と申は、諸仏瑞集の梵崛、衆生済度の霊地也。爰に地主大権現天下類ならしめんがため、和光の明跡を顕し本地阿弥陀如来積善衆生の拝鏡に。峯には九品の浄土を顕し、十界真相の隔なく、生死苦海を離て七宝の金臺に座せしむ。谷には一百三十六地獄の想をしめし、悪業の凡夫を誡め給ふ霊地也。慎で是を思へと。法華経に曰、練画作仏像百福荘厳相自作、若使人乃至童子の戯れ、若草木および筆、或は指爪の甲を以て仏像を画も、皆是仏道の因縁に夫立山禅定の善男子は如此の大功徳を成就す。然といへども、未宿縁の薄き人々済度結縁をため、文化二乙丑年開山堂再建致置所、先程龍圓和尚申伝へ取置未出来不致。依て此度宝前の額を成就如此不及自力、十方檀信の以施主、戒名にても俗名にても此帳に記し給はば、是を先年の過去帳に写し、此堂に安置し、永代回向怠慢なく、毎年七月十五日には施餓鬼の大法会を執行し、回向せしむ。此功徳をもつて今世にては諸願満足、末世にては永く三津の鉄網を離れて九品浄土の楽を極めんと云々。

越中立山芦峅寺

吉祥坊（花押）

天保三辰年同日

諸檀那衆中様

永代

一、小塔婆施主　金百疋

一、経木一枚施主　百文
一、縄一流施主　弐百文
一、頭大塔婆施主　金三両
一、同　大塔婆施主　金壱両弐分

【史料25】 芦峅寺宝泉坊「立山御神前石鳥居造立万人講帳」（一冊・天保九年〔一八三八〕）（芦峅寺宝泉坊所蔵）

（表紙）
「立山御神前
石鳥居造立万人講帳
宝泉坊　　」

夫当山は十方賢聖常住《けんせいじやうしゅ》の地《ち》、三世諸仏遊居《ゆうご》の砌《みぎり》なり。善神番々に是をまもり、星宿夜《せいしくよ》な、（夜な）これに（以下欠損）是釈迦転輪法《てんりんほう》の地、慈尊説《じそんせつ》□（一字欠損）の山にして、峯に九品の浄土あ（以下欠損）し、谷に一百三十六地獄（以下欠損）し、悪業疑心《あくごうぎしん》の輩《ともがら》を誡《いまし》めたもふ霊山《れいざん》也。其地獄のもよふいかんとなれば、俄《が》々叫《きやう》々となりわたる音は、天にひゞき、雷《らい》に同じ。耳《みみ》に立てかまびすし。直《じき》に三悪道の有様物《ありさまもの》すごく、苦を受る《うくる》衆生の俤《おもかげ》を親《まのあたり》に見るがごとし。抑立山両大権現者本地弥陀不動の二尊（以下欠損）大慈悲を以て、日々両方浄土よ□（一字欠損）峯に来迎《らいかう》なし給ふて、利《り》益《やく》（以下欠損）力《りき》ふ可思議の光明十方に照《てら》し、衆生を摂化《せつけ》し給ふ本願《ほんくわん》なり。麓に御嫗《うば》尊と奉号、天神七代の頃、五穀《ごこく》と麻《あさ》の種《たね》を執持し、一切衆生の母と成て天降《あまくだ》り給ふ天尊なり。一度此峯《みね》を詣《けい》する輩《ともがら》は、三途《づ》の業苦《ごうく》をのがれて、極《ごく》楽《らく》七宝の蓮台《れんだい》に座《さ》し、安養浄土に往生無疑ものなり。立山の開（以下欠損）人皇四十二代文武天皇の（以下欠損）佐伯有若左衛門尉嫡男有頼公《ちやくなんありよりこう》、鷹《たか》の跡《あと》をしたひ、大宝元年二□（一字欠損）十六日、雪《ゆき》の中《なか》を不厭、九里八丁の峯《みね》に登《のぼ》り、初て立山大権現の本地を拝《はい》し、出家授戒し天慈興上人と号し、永く御修行《しゆきやう》ましまして、坊舎三十八坊造立して、年々の法会修行厳重《げんじゆ》なり。然所、予《よ》当山に永く住務《しゆむ》いたし、山内の（以下欠損）護摩修行《ごましゆきやう》諸人病苦《びやうく》の（以下欠損）を救《すくわん》んがために、薬師《やくし》が□□（二字欠損）に登り、時々行法を修し、一々願念成□（一字欠損）咸応不少《かんおうすくなからず》。実に立山の御神徳也。予《よ》奉仰《あおきたてまつり》全我力にあらず。此度為謝徳《しやとくのため》大権現の神前に石の鳥居《とりゐ》一基造立存付《そうりうとそんじつき》、万人講企《くわたて》信施奉希上度、尤御施入の御方御名前右鳥井に彫付《ほりつけ》詠安全の御祈禱永代修行仕ものなり。

立山宝泉坊（角印）（角印）

天保九年

【史料26】芦峅寺善道坊「立山参詣人蒲団施主記」（一冊・天保一四年〔一八四三〕）（富山県［立山博物館］所蔵）

（表紙）
「天保十四天

立山参詣人蒲団施主記

癸卯正月吉日

立山善道坊」

抑越中国立山と奉申るは、日域無雙の霊山にして、峯に顕九品浄土、谷に一百三十六地獄の相を示し、善悪応化の霊山、常に諸仏菩薩来迎し、極楽浄土の有様を親に拝。依之日々参詣の輩を導とて、一山の繁栄他のひすべき方なく、然と云ども高峰の麓に坊舎を建立し有之、冷気甚しく、参詣の輩冷気為救の、先年より参詣の講中志をもつて、蒲団自坊に奉納有之候所、究早甚相損難く用相成、諸参詣人の手前甚迷惑奉存候得共、自力に出来難及、今般各々様志信を以当山へ奉納被成下はば、施主の苗目染附御寄進有之候得ば、諸参詣人喜事是に不勝、亦於当山、各先祖為菩提流

水灌頂修行仕。是此功徳不少。依之蒲団の施主希所也。

天保十四癸卯正月摩訶吉日

越中立山

善道坊（印）

三河国

檀家中様

【史料27】「證印　下行村新井権右衛門殿　立山宝伝坊」（摺り物・封筒あり・天明七年（一七八七））（個人所蔵）

（折封ウワ書）
「證印　下行村新井権右衛門殿　立山宝伝坊」

證印曰

夫当山ト者諸仏瑞集之梵屈衆生済度之霊地麓ニハ御嫗尊道場ハ諸尊之浄土極楽荘厳之大功徳也然所ニ御脇立建立之施主現世ニ寿命長遠子孫繁昌守護給来世ニハ五逆重罪ヲ滅則心成仏無疑者也依テ如件

立山願主

宝伝坊

天明七未歳十月日

御脇立観世音菩薩

寂照潭月信女

恵山了智居士

明心自白大姉
実源妙照信女
延室貞寿信女
実山良法信士
恭應勤春禅定尼
　　新井権右衛門殿

【史料28】「金仏建立證印　立山教蔵坊　観音地蔵二尊建立證印」（摺り物・封筒あり・寛政元年〈一七八九〉）（個人所蔵）

（折封ウワ書）
「金仏建立證印　　立山教蔵坊」

観音地蔵二尊建立證印
夫当山御孏尊ト者諸仏瑞集之梵崛一切衆生死之母タリ然ルニ始従レ天降リ給時右ノ御手ニハ五穀ヲ納左ノ御手ニハ麻ノ種ヲ執持シ一切衆生ニ与之給依生長ス爰ニ御脇立建立地蔵大菩薩観世音菩薩天福皆来地福円満本有ノ薩埵也今世ニハ寿命長遠子孫繁昌守護給来世ニハ五逆重罪ヲ滅シ則心成仏無疑者也衣テ於御宝前ニ日日献六種之妙供ヲ施建之戒名俗名ヲ記置永代廻向令祈勤者也仍テ寄進状如件
　　寛政元己酉歳
　　　　　　　　　　立山願主
　　　　　　　　　　　　教蔵坊
享保十八丑天

銀叟普鉄居士
二月廿五日
享保七寅天
宝室貞三大姉
正月十一日
先祖代々菩提　平林勘之丞殿

【史料29】「宮鋳地蔵尊支證　立山教蔵坊　金像地蔵尊施財稟」（摺り物・封筒あり・文政八年〔一八二五〕）（個人所蔵）

（折封ウワ書）
「宮鋳地蔵尊
支證　立山
教蔵坊」

金像地蔵尊施財稟
夫当山諸仏瑞集之梵崛衆生済度之霊地也爰奉新宮鋳地蔵菩薩施財所志聖霊安置此密場永劫毎日備六種之妙供修三密之観行亦盂蘭盆会都婆造立之追福廻向等至于龍華之暁突退転然以大悲地蔵菩薩願力与秘密神変修力故所志亡霊速極楽往生当来慈尊出世説時必可為菩薩聖衆無疑矣
郭室智聖大姉
郭然無聖居士
荷林玉葉童女

如参智劫童女

文政八乙酉年

立山

教蔵坊（角印）

信州細田村

平林徳左衛門殿

註

（1）具体的な研究成果は①拙著『立山信仰と立山曼荼羅―芦峅寺衆徒の勧進活動―』（岩田書院、一九九八年）、②拙著『近世立山信仰の展開―加賀藩芦峅寺衆徒の檀那場形成と配札―』（岩田書院、二〇〇二年）、③拙著『立山曼荼羅―絵解きと信仰の世界―』（法蔵館、二〇〇五年）、④拙著『立山信仰と布橋大灌頂法会―加賀藩芦峅寺衆徒の宗教儀礼と立山曼荼羅―』（桂書房、二〇〇六年）、⑤拙著『江戸城大奥と立山信仰』（法蔵館、二〇一一年）などを参照のこと。

（2）『一山旧記控』（廣瀬誠編『越中立山古記録　第一巻』二六頁～二八頁、立山開発鉄道、一九八九年）。

（3）『一山旧記控』（『越中立山古記録　第一巻』一七頁・一八頁）。

（4）「一、延宝年中加越能社寺来歴」（『加越能寺社由来　上巻』一三二頁・一三三頁、石川県立図書館協会、一九七四年）。

（5）「三、寺社由来」（『加越能寺社由来　上巻』一九九頁～二〇一頁）。

（6）三巻のうち「立山峯宮和光大権現縁起」は、『立山町史　上巻』（八九九頁・九〇〇頁、立山町、一九七七年）に翻刻文が掲載されている。

（7）廣瀬誠編『越中立山古記録　第三巻』（一頁〜一一二頁、立山開発鉄道、一九九一年）。
（8）『富山県史　史料編Ⅰ　古代』（付録Ⅱ立山縁起その他、三三頁〜四六頁、富山県、一九七〇年）。
（9）山吉頌平「現存最古の芦峅寺系『立山大縁起』―『漸得雑記』所収『越中立山縁起』について―」（『富山史壇』一八四号、四四頁〜五二頁、越中史壇会、二〇一七年）。
（10）註（1）②拙著（一八九頁・一九〇頁）。『古代度々争論記』（高瀬保編『越中立山古記録　第四巻』七四頁・七五頁・七八頁、立山開発鉄道、一九九二年）。
（11）『富山県史　史料編Ⅰ　古代』（付録Ⅱ立山縁起その他、二九頁〜三三頁）。
（12）拙稿「立山略縁起と立山曼荼羅―芦峅寺宝泉坊旧蔵本『立山縁起』の紹介と考察―」（『解釈と鑑賞』六三巻一二号「特集物語る寺社縁起」一四四頁〜一五一頁、至文堂、一九九八年）。
（13）『富山県史　史料編Ⅰ　古代』（付録Ⅱ立山縁起その他、二五頁〜二七頁）。『越中立山古記録　第三巻』（一〇頁）。
（14）註（1）④拙著（九二頁〜九五頁）。
（15）杉本理恵「『立山御媼尊略由来』にみる媼尊の性格」（『立山の地母神　おんばさま』三三頁〜三六頁、富山県［立山博物館］、二〇〇九年）。
（16）（17）註（1）④拙著（一八〇頁・一八一頁）。
（18）拙稿「新発見史料の紹介「立山御媼尊布橋寄進帳」（岐阜県歴史資料館所蔵）」（『人と自然の情報交流誌たてはく』六七号四頁、富山県［立山博物館］、二〇〇九年）。この略縁起は、註（16）（17）（23）の略縁起と共通の文言及び成立年を持つ。
（19）註（1）④拙著（一八一頁・一八二頁）。

(20)(21)　翻刻文は紹介されていないので、ここに記す。

越中国立山御媼尊別当来ル亥ノ年ニ相当り、一ヶ年之内、時々祭礼法事御供灯明料不叶自力、各縁助力ヲ請、大願成就仕度上無他事、十方諸仏江多宝之施積奉希上候者也。

文化十四年　立山

宝泉坊照円

諸旦那衆中

(22)　註(1)④拙著(一八三頁・一八四頁)。

(23)　拙稿「芦峅寺大仙坊の立山御媼尊別当奉加帳について」(『人と自然の交流誌　たてはく』三三号、四頁・五頁、二〇〇〇年)。

(24)　註(1)④拙著(一八四頁・一八五頁)。

(25)　註(1)④拙著(一八六頁・一八八頁)。

(26)　註(23)と同文である。

(27)　註(1)⑤拙著三三七頁。

(28)　【史料7】と同文。残存範囲は「皆悉く消滅し」~「信施の他力こひねかいて」まで。

(29)　註(1)⑤拙著(四四八頁~四五一頁)。

(30)　註(1)⑤拙著(四五一頁~四五五頁)。

(31)　註(1)⑤拙著(四五五頁~四五七頁)。

(32)　註(1)⑤拙著(四五七頁~四六〇頁)。

(33) 註(22)(23)と同一体裁・同文。巻末の角印部分の文言は「魔王□□(二字難読)」とある。
(34)(35) 註(1)⑤拙著(四六四頁~四八八頁)。
(36) 杉本理恵「芦峅寺の媼尊と浄頗梨鏡—立山町五百石天満宮の浄頗梨鏡について—」(『富山史壇』一六五号、五三頁~五八頁、越中史壇会、二〇一一年)。
(37) 『越中立山古記録　第一巻』(二六四頁)。
(38) 拙稿「立山信仰資料の翻刻紹介『立山地獄谷伽羅陀山地蔵大菩薩』(大仙坊所蔵)」(『人と自然の情報交流誌たてはく』第四四号、四頁・五頁、二〇〇三年)。
(39) 拙稿「立山信仰資料の翻刻紹介　寶篋印塔造立勧進記について」(『人と自然の情報交流誌たてはく』四三号、四頁・五頁、二〇〇三年)。
(40) 拙稿「芦峅寺宿坊家の尾張国檀那場と三禅定関係資料」(『富山県［立山博物館］研究紀要』一七号、五三頁・五四頁、二〇一〇年)。
(41) 版木の本文は【史料27】と同文。ただし願主の部分は史料27が「立山願主」と記されているのに対し、この版木では「立嶺之」となっている。
(42) 版木の本文は【史料28】と同文。
(43) 本紙の本文は【史料29】と同文。ただし年次の記載は見られない。
(44) 二点のいずれも本紙の本文は【史料29】と同文。
(45) 史料番号四〇〇「安永二年三月　百姓疫病につき祈禱札など申渡書」(『富山県史　史料編Ⅲ近世上』二二九頁、富山県、一九八〇年)。『加賀藩史料　第八編』(八九二頁、清文堂出版、一九三五年)には、「四月(安永二年)。石川・河北両郡に

疫病流行す」、「四月(安永二年)、疫病の流行せる能登諸村に貸米を給す」、「二月(安永三年)、河北郡に疫病流行す」などの記載が見られ、この頃に、加賀藩領内の各地で疫病が流行していたことがわかる。

(46)　註(1)⑤拙著(一三頁～三五頁)、特に「表一　芦峅寺構成者の時期的状況」より(二〇頁・二一頁)。明和五年(一七六八)が四一三人。安永九年(一七八〇)が二〇一人、文化元年(一八〇四)が二二七人、文化一〇年(一八一三)が三八〇人、天保一〇年(一八三九)が四一九人。

(47)　註(1)⑤拙著(一三頁～三五頁)、特に表二(二九頁～四一頁)。

(48)　高瀬重雄『立山信仰の歴史と文化』(二〇四頁、名著出版、一九八一年)。

(49)　註(1)①拙著(五八頁・五九頁)。

(50)　「芦峅寺文書一〇八」(木倉豊信編『越中立山古文書』五〇頁、立山開発鉄道、一九六二年)。

(51)　文化一一年(一八一四)「旧記　媼堂遷仏造用目録帳　立山芦峅寺」(芦峅寺雄山神社所蔵)。「一、天明五年巳二月媼堂焼失仕候ニ付、同七年ニ御再建被為成下候ニ付」。

(52)　文化一一年(一八一四)「旧記　媼堂遷仏造用目録帳」(芦峅寺雄山神社所蔵)。

(53)　「芦峅寺文書一五三」『越中立山古文書』(七五頁・七六頁)。

(54)　野口安嗣「立山ゆかりの寺院の出開帳」(『富山県［立山博物館］研究紀要』一二号、三三頁～四二頁、二〇〇五年)。蒲池勢至「真宗門徒と立山信仰　二つの阿弥陀信仰」(『立山と真宗　御絵伝がつなぐ二つの世界』六頁～一〇頁、富山県［立山博物館］、二〇〇六年)。

(55)　文化一一年(一八一四)『当山旧記留覚帳』(『越中立山古記録　第一巻』六頁～一〇頁)。

(56)　「芦峅寺文書一一九」(『越中立山古文書』五五頁～五七頁)。

(57) 註(6)。日光坊本「芦峅嬶堂大縁起」奥書。「立山中宮寺日光坊大円敬白。右之縁起、依于日光坊懇願、雖為愚筆令拝写訖、冀因此功力、与法界之群生、将遊寂光浄刹焉者也。旹安永八宿舎己亥仲夏上弦、尾張州大野邑天満山松栄寺現住三部伝燈大阿闍梨大僧都竪者法印菊堂仙算慎拝写。旹安永八己亥歳仲秋日。日光坊現住大円」。日光坊本「神変」奥書。「此一軸、立山日光坊応需、卒援愚筆令拝写畢、願因此功力、現当成就悉地一切衆生与共遊安養浄刹也、于時安永第八己亥歳中秋、尾張州知多郡大野庄天満山松栄寺見住沙門伝燈大阿闍梨法印仙算謹書(印)。日光坊見住大円。七千坊四十九ヶ院七ヶ所ニ建立、芦峅寺神社□(一字欠損)中宮等為体両社宮造諸堂伽藍建立、以上八十末社、四方四面以籬垣神社、(印)」。日光坊本「芦峅嬶堂大縁起」「神変」の奥書に、これらの縁起文の制作者(既存の縁起文を参考にして制作したと考えられる)として登場する尾張国知多郡大野村(愛知県常滑市大野)天満山松栄寺(天台宗山門派)の僧侶仙算については、大高康正「富士参詣曼荼羅にみる富士登拝と参詣路―新出の常滑市松栄を対象に―」(『国史学』第二二一号、国史学会、二〇一七年)に概括的な記述が見られる。それによると仙算は松栄寺の第八世住職であり、天明二年(一七八二)に没している。松栄寺と芦峅寺衆徒との関係については、拙稿「富士山・立山・白山の三山禅定と芦峅寺宿坊家の檀那場形成過程」(『富山県[立山博物館]研究紀要』一〇号、二〇〇三年)を参照のこと。

(58) 註(7)。権教坊本「立山峰宮和光大権現縁起」の前書。「文化十四丑四月箱入ニ而三巻開山直筆之縁起之写と申而寺社所江上ル、則公事場江御指紙ニ相成、同十五寅九月僉儀落着ニ而御指下相願候処、則九月御指下シニ御座候。寺社御奉行所ハ青山将監殿、此三巻縁起権教坊ニ御座候」。

(59) 註(8)。泉蔵坊本「立峯宮和光大権現縁起」の奥書。「于時文政第十二年、丑仲冬吉日、高野山華蔵院北陸道遊行一化之砌、当山仮住七年之暁、偶答熱望之輩、拝覧旧本、間々右写誤難句義弁、故一一改正書之。竜淵法印在判。旹天保二卯年八月大吉旦。泉蔵救舎宝庫不出。弟子鑁竜書之」。

(60) 貞享二年(一六八五)の由緒書には、「一、有頼自作之縁起御座候処、消失仕、其以後者写迄所持仕来候」「三、寺社由来〔金沢市立図書館蔵〕」(『加越能寺社由来　上巻』二〇一頁)と記載が見られる。
(61) 天保三年(一八三二)『当山若僧定書帳　芦峅寺若僧中』(『越中立山古記録　第二巻』三九頁)には「一、十五歳前ニ開山御真作之三通縁起」と記載が見られる。
(62) 天保一五年(一八四四)加賀藩士・金子盤蝸『立山遊記』には「老婦堂へ拝ス。堂内幕ヲ張り、昼も闇夜ノ如ク、燭ヲ点シ、開帳ス。僧縁起ヲ講ス。甚だ長ク、聞くに堪えず」(正橋剛二『立山遊記・立嶽登臨図記』二一頁、桂書房、一九九五年)と記載が見られる。
(63) 註(58)。『越中立山古記録　第三巻』(一頁〜二七頁)。
(64) 『越中立山古記録　第四巻』(一頁〜六四頁)。
(65) 註(1)⑤拙著(四一三頁〜四九八頁)。
(66) 註(1)④拙著(一一三頁〜一九五頁)。
(67) 「岩峅寺文書二九」(『越中立山古文書』一七〇頁)。高達奈緒美「血盆経信仰霊場としての立山」(『山岳修験』二〇号、七五頁〜八五頁)。
(68) 註(1)⑤拙著(四一八頁〜四二五頁)。
(69) 享保七年(一七二二)の木版立山登山案内図「越中国立山禅定幷略御縁起名所附図」(富山県立図書館所蔵)。『立山登山案内図と立山カルデラ』(一六頁・一七頁、立山カルデラ砂防博物館、二〇〇〇年)。
(70) 註(11)。『富山県史　史料編Ⅰ　古代』(付録Ⅱ立山縁起その他、三三頁)。
(71) 拙稿「加賀藩芦峅寺衆徒の檀那場形成と廻檀配札活動」(『近世の宗教と社会1　地域のひろがりと宗教』五一頁〜九

一頁、吉川弘文館、二〇〇八年）。

（72）　註（71）。

第三章　立山略縁起と立山曼荼羅
―芦峅寺宝泉坊旧蔵本『立山縁起』の紹介と考察―

1　立山の縁起

立山開山の由来を記した縁起史料には、『類聚既験抄』（鎌倉時代編纂）や『伊呂波字類抄』十巻本の「立山大菩薩顕給本縁起」（鎌倉時代増補）、『神道集』巻四の「越中立山権現事」（南北朝時代編纂）、『和漢三才図会』（江戸時代正徳期頃の編纂）などが見られ、この他、立山信仰の拠点集落であった立山山麓の芦峅寺と岩峅寺にも、宿坊衆徒や社人により、その起源は明らかではないが、江戸時代中期を経て末期までの間に制作された「立山大縁起」や「立山小縁起」「立山略縁起」などが数点見られる。

これらの縁起史料は、そのほとんどが『富山県史』資料編Ⅰ古代や『立山町史』上巻・別冊、『越中立山古記録』第三巻のなかで判読・活字化されており、また先学諸氏(1)によって、その一部は概説もされている。

そこで、本章では、これらの縁起史料とは別に、近年筆者が発見した芦峅寺宝泉坊旧蔵本『立山縁起』を翻刻して紹介するとともに、芦峅寺に伝わる「立山略縁起」の位置づけについて若干の検討を試みたい。

2　芦峅寺宝泉坊旧蔵本『立山縁起』の書誌

外題は表紙左端中程に「立山縁起」とある。内題は「立山大権現略縁起」とある。裏表紙に四角の朱印が押されているが内容は判読できない。制作者や成立年代を示すような記載は見られない。形態は袋綴。法量は縦三六・五×横二五・〇センチメートル。紙数は七丁。一面の行数は概ね九行。一行の文字数は概ね一五字から一九字程度。平仮名を主とした漢字交じりの文であるが、部分的に片仮名の箇所も見られる。振り仮名は片仮名で記され、本文と同筆と思われる。

さて、芦峅寺宝泉坊旧蔵本『立山縁起』は巻子本の『血盆経の由来』とともに、やはり同坊所蔵の立山曼荼羅『宝泉坊本』(2)の木箱に収納されている。この立山曼荼羅『宝泉坊本』は、安政五年(一八五八)に三河西尾城主の松平乗全が芦峅寺に伝わる既存の立山曼荼羅をみずから模写して制作したもので、のちに乗全と師檀関係を結ぶ芦峅寺宝泉坊に寄進された。乗全には絵心があり多くの絵画作品を残しているが、『宝泉坊本』もその延長線上で美術作品として描かれたものである。乗全は宝泉坊への奉納を制作時から意識していたかもしれないが、奉納先の衆徒がそれを立山信仰の布教の際に絵解きの教具として使用することなど、ほとんど意識していなかったと考えられる。そうした意味では、衆徒による絵解きを意識して制作された他の多くの立山曼荼羅とは、いささか異なった制作履歴を持つものといえよう。

ところで、宝泉坊旧蔵本『立山縁起』が立山曼荼羅『宝泉坊本』の成立時から、またはそれが宝泉坊に寄進された当初から『宝泉坊本』とともに一揃えとして同じ木箱に収納されていたか否かは疑問である。『宝泉坊本』には、曼荼羅本体を覆う家紋入りの大幕や、松平乗全が宝泉坊へ宛てた同曼荼羅の寄付状が付属するが、それには『立山縁起』や『血盆経の由来』関する記載が見られない。おそらく『立山縁起』や『血盆経の由来』は、『宝泉坊本』と一揃えで松平乗全側から寄進されたものではなく、『宝泉坊本』が松平乗全から宝泉坊に寄進されたのち、元来宝泉坊に伝わっていた既存の略縁起を添えたものか、あるいは宝泉坊衆徒が新規に略縁起を制作して『宝泉坊本』と同じ木箱に収納したものであろう。

収納箱を同じくすることが、当時の衆徒の意図によるものなのか、あるいは近・現代に入り、いずれかの当主が特別な意味もなく散逸を防ぐために一揃えとしたのかは今のところ判断できないが、現在『宝泉坊本』は曼荼羅本体と寄付状、大幕、縁起などが一揃えで残っている貴重な例といえよう。

3　芦峅寺宝泉坊について

『立山縁起』を所蔵する芦峅寺宝泉坊について少し触れておきたい。宝泉坊は史料のうえでは、正徳二年（一七一二）二月に芦峅寺宿坊家が連名で加賀藩寺社奉行所へ宛てた書き上げにその坊名が見えるのが初出である。

宝泉坊は、起源は不明だが、江戸時代後期に江戸で信徒数が三〇〇人から五〇〇人程度の規模の檀那場を形成していた。そして、毎年農閑期に江戸の檀那場に赴き、約三～四箇月間滞在し、御府内各地の信徒宅を護符・血脈・経帷子の頒布、各種祈禱や仏前廻向、立山曼荼羅の絵解き講などを行いながら布教して廻った。

檀那場の信徒たちの身分は大都市江戸という独特な地域を反映して、商人や職人、諸大名やその家臣、幕臣、御本丸大奥関係者、新吉原関係者などさまざまであった。特筆すべきは、宝泉坊と師檀関係を結んでいた前掲の松平乗全である。乗全は三河国西尾城主（六万石）で、大坂城代の役職を勤めた後、弘化二年（一八四五）から安政二年（一八五五）までと、安政五年から万延元年（一八六〇）までの二度にわたって老中職を勤めた幕閣における実力者で、二度目の老中職在任中には大老井伊直弼とともに安政の大獄を遂行したことで有名である。

さて、江戸での廻檀配札活動により、宝泉坊は毎年、何十両また時には何百両もの巨額な利益を獲得し、芦峅寺三八宿坊家のなかでもとりわけ経済力を保持していた。それを背景として、芦峅寺一山組織においては目代を勤めるなど、有力宿坊家のひとつとして栄えた。

なお、芦峅寺宝泉坊旧蔵本『立山縁起』の翻刻は章末に掲げた。

4 宝泉坊旧蔵本『立山縁起』の要旨

宝泉坊旧蔵本『立山縁起』の要旨は次のとおりである。①佐伯有若が越中国に赴任し布施院に居城を構える。②立山両大権現の熊と鷹への変身（大宝元年〔七〇一〕二月一六日）。③佐伯有若の寵愛を得る鷹。④佐伯有若の嫡男有頼が布施院に下る。鷹狩りに出かけ鷹を放逸してしまう（大宝二年九月一三日）。⑤鷹を放逸し父有若の叱責をかう有頼。⑥鷹を求め深山幽谷に分け入り高山に登る有頼。⑦鷹を見つけ鈴を鳴らし餌で呼び戻そうとするが、荒熊の出現で再び鷹を逃がす有頼。⑧鷹を逃し怒った有頼が熊に矢を射た。熊の月の輪の部分に命中したが熊は手負いとなり、さらに山中深く逃げ込む。⑨高山の峯近くに熊を追いつめると熊と鷹は一つの窟にかけ入る。⑩有頼が窟を窺うと、不思議なことに熊は生身の阿弥陀如来として、また鷹は大聖不動明王として顕現した。⑪剃髪して懺悔する有頼と白髪の老翁（清涼山の文殊菩薩の後身の弟子慈朝）の出現。⑫老翁は末世の群類救済のために鷹に身を化し、有頼を導き、有頼に衆生を救わせるために授戒・慈興上人と改名させ、文殊付属の秘密を伝授して隠れた。⑬慈興上人は定に入り、付属の法を修練して神明仏陀の来迎を数多く感見した。その後、山岳を訪れると、嶮峯が聳えるなかに九品の浄土が顕れ来迎があった。谷には一三六地獄の業相が示された。⑭立山開山慈興上人の入定。享年八三歳（天平三年〔七三一〕六月一三日の申の刻）。⑮御嬶尊降誕の由来及び布橋灌頂会の執行について。

5 他の「立山略縁起」との比較

芦峅寺に関する「立山略縁起」としては、宝泉坊旧蔵本以外に、芦峅寺相真坊旧蔵本や芦峅寺一山会本（芦峅寺権教坊旧蔵本）が見られる。

一方、岩峅寺に関する「立山略縁起」としては立山曼荼羅『志鷹家本』（天保七年〔一八三六〕に成立）や『市神神社本』（文化三年〔一八〇六〕に成立）の画中に記載されたもの、木版の立山登拝案内図に刻字されたものなどがある。

紙面の関係でここでは芦峅寺の立山略縁起でのみ比較しておきたい。芦峅寺の立山略縁起のなかで最も古いものは芦峅寺相真坊旧蔵本で、享保元年（一七一六）改記と自序を有する。また、芦峅寺一山会本（芦峅寺権教坊旧蔵本）は、文化一三年（一八一六）七月に芦峅寺一山が権教坊に伝わるものを加賀藩寺社奉行所に提出したものの写しである。

さて、これらの立山略縁起のうち相真坊旧蔵本には詳細な記載が見られ、それに比べ宝泉坊旧蔵本と芦峅寺一山会本（芦峅寺権教坊旧蔵本）はやや簡略的である。参考として、以下、玉殿窟で阿弥陀如来が顕現する立山開山伝説のクライマックスの場面を比較しておきたい。

【相真坊旧蔵本】（部分）

立山の高峯に登る、爰に一個の窟あり、兼て尋る熊鷹一度此窟の中に入にける、有頼公喜ひ、今迄多くの辛苦を績し労を費したる名鳥手ニ握る事、更に疑なく、該窟へ近く進し玉ふ、嗚呼不思議なるかな、窟の内外光明輝々として六合に通れり、有頼公驚き窟の内を窺へ玉へハ、麓に於て熊に射玉ひし箭ハ金色生身の弥陀仏の胸ニ逆立、血汐染々と流ルあり、鷹ハ則ち大聖世尊不動明王と現れ玉ふ、天より諸仏菩薩囲繞し、摩伽曼陀羅の花ハ降り散セハ、極楽浄土ニ異ならす、

【宝泉坊旧蔵本】（部分）

（後掲翻刻文の傍線部分を参照）

【芦峅寺一山会本】（部分）

高山に登り、岩峅に向ひ玉ふに、熊鷹一度に彼玉殿の窟に入、熊ハ生身乃阿弥陀如来と現し、鷹ハ大聖不動明王と現れ玉へハ、忽に幅乃内外、如来の大光明ニ照され、則極楽浄土を、有頼ハ親に拝し奉り、

それぞれの略縁起の特徴については、芦峅寺一山会本（芦峅寺権教坊旧蔵本）だけが、巻頭で孀尊に関して記し、そしてそれを数行で簡潔に述べ終わると、内容は一転して佐伯有若・有頼、熊、阿弥陀如来が登場する立山開山伝説に転換する。宝泉坊旧蔵本の全体的な内容構成は相真坊旧蔵本の系譜をひいているが、略縁起のなかでも詳細な記載が見られる相真坊旧蔵本を整理・簡略化したものといえる。さらに、相真坊旧蔵本には見られない芦峅寺布橋灌頂会や経帷子に関する内容が付け足されている。

6　宝泉坊旧蔵本『立山縁起』と布橋灌頂会

現存する芦峅寺関連の立山略縁起のうち、宝泉坊旧蔵本にだけ布橋灌頂会に関する記載が見られるのは、同本の成立時期に起因するものである。すなわち、それは布橋灌頂会(3)の儀式内容の展開過程と一致している。布橋灌頂会の儀式内容は、例えば①芦峅寺一山の組織構成の変化（衆徒と社人の数のバランス）に影響されたもの、②一九世紀以降の参詣者の増加に対応しようとしたことによるもの、③芦峅寺の宗教施設の状態によるもの、④芦峅寺の布教勧進活動の動向と連動するもの、⑤芦峅寺に定住したもと高野山の学侶龍淵の影響によるもの、などの要因から文政期に変化した。特に文政三年（一八二〇）の布橋の架け替えを契機に大きく変化し、もと高野山の学侶龍淵などの影響もあって、真言宗の結縁灌頂の思想や作法が従来の儀式内容を整理するかたちで取り込まれ、布橋の橋渡りを

あくまでも中核としながら閻魔堂と媼堂での法要をより重視した完成度の高い法会、いわゆる「布橋灌頂」として再構成され、文政末期に完全に確立した。このように文政期から芦峅寺衆徒の布橋灌頂会に関する意識はそれまで以上に高まった。宝泉坊旧蔵本はこうした背景のもと、相真坊旧蔵本などの旧来の内容に布橋灌頂会の内容が付加されるかたちで、おそらく江戸時代後期から幕末期の間に制作されたと考えられる。

7　立山略縁起と立山曼荼羅

芦峅寺に現存する相真坊旧蔵本や芦峅寺一山会本、宝泉坊旧蔵本などの立山略縁起のうち宝泉坊旧蔵本だけに見られる特徴として、同本は平仮名を主とした漢字交じりの文で構成され、さらに片仮名の振り仮名も見られ、全文も適当な長さであることから、浄土真宗の「御文」や「御消息」のように拝読用として活用されていた可能性がある。

一方、宝泉坊旧蔵本は立山曼荼羅『宝泉坊本』とセットで現存しており、同本が岩峅寺延命院の『立山手引草』(4)のように、立山曼荼羅の絵解きの台本とまではいかないまでも、立山信仰に関する各種物語の要点を簡潔に押さえた、立山曼荼羅の絵解き布教の最も基本的なシナリオとして制作・活用されていた可能性がある。

宝泉坊旧蔵本などの立山略縁起に対し、立山大縁起などの本格的な長文の縁起は、芦峅寺一山の宗教的伝統を恒久的に伝えるための意味と、外部に対する権威づけの意味を持っていただろうが、それらの縁起は信徒に対する立山曼荼羅の絵解き布教の際にはほとんど役に立たなかったと考えられる。

すなわち、現実的な立山曼荼羅の絵解き布教の際には、受け手側の信徒たちと当意即妙にやりとりをせねばならず、台本が過度に詳細であるとかえって融通がきかず、台本どおりにならないと考えられるからである。

また、芦峅寺衆徒が行う立山曼荼羅の絵解きの性格が、各地域の檀那場でのさまざまな需要に合わせた即興的で話芸を重視した一回性の強いものであったと考えられるから、仮に岩峅寺の『立山手引草』のような過度に完成された絵解き台本を制作したとしても、おそらく絵解き布教の現場では立山大縁起と同様、ほとんど役に立たないであろう。こうした点を整理して推測すると、芦峅寺には岩峅寺延命院の『立山手引草』のような立山曼荼羅の絵解き台本はもともと存在せず、せいぜい立山略縁起をシナリオ程度の意味で立山曼荼羅の絵解き布教の参考資料として活用していたのではなかろうか。

以上の指摘については、現段階ではいずれも史料不足で推測の域を出ないが、今後さらに史料の調査・発掘に努め、検討を続けていきたい。

付　芦峅寺旧宝泉坊本『立山縁起』翻刻

凡例

一　正字・宛て字・仮名遣いは原本のままとした。
一　改丁は』印で示し、その下に(1丁表)のごとく丁数を記した。改行は／印で示した。
一　虫損等による本体の欠損で判読できない個所は、推定字数分を□で示した。
一　筆者の読解力不足で判読できない文字は推定字数分を■で示した。
一　読者の便宜を考えて私に句読点を挿入した。
一　傍線部分は他の「立山略縁起」との比較部分である。

(表紙)「立山縁起」

立山大権現略縁起

抑立山開闢《カイビヤク》の由来《ユライ》を尋《タツヌル》に、人皇四十二／代文武天王の御宇《キヨウ》ニ佐伯《サイギ》有若公《アリワカコウ》／北陸道政治《ホクロクタウセイヂ》の命《メイ》を蒙《カウムリ》、越中国布施院《フセイン》に／居城《キヨジヤウ》越構《カマ》へ玉ふ。維時《トキニ》大宝元辛丑年／二月十六日、爰《コヽ》ニ立山両大権現者六趣《ロクシユ》／輪廻《リンエ》の衆生の為に、法身の体《タイ》を隠《カク》□／熊と変し鷹と化し玉ふ。神変を以／鷹は有若公の寵愛《テウアイ》に入リ玉ふ。同二年』(1丁表)九月十三日、嫡《チヤク》男有頼公居城布施院に／下リ玉ふニ、宿縁《シヨクエン》の所感《シヨカン》にや権現化身の／白斑《シラフ》の鷹《タカ》を甚タ遣し、数日遊玉ふニ、或日《アルヒ》／彼鷹俄然《ガゼン》として南《ミナミ》をして遥《ハルカ》の山に／翃《カケリ》て受ニ還《カヘ》り来らず。爰ニ於《ヲヘテ》事の由《ヨシ》を館《ヤカタ》ニ／告《ツゲ》玉ふニ、父の瞋甚しく、白斑《シラフ》の名鳥持《メイテイモチ》来ら／ずんバ、汝再度向顔《ナンヂフタタビカフガン》叶ふべからず／との仰成《ヲホセ》バ、有頼公深く愁《ウレイ》に沈《シヅミ》玉ひ、万計《バンケイ》ノ／術《ジユツ》を砕《クダ》き早求《ハヤクモトメ》□孝養の慈《ジ》前《セン》ニ備《ソナヘ》奉らんと志《ココロサシ》を』(1丁裏)励《ハゲマ》し、鷹の行衛《ユクエ》を尋て、猶深谷ニ分入《ワケ》リ／露を払ひ雲を凌て高山ニ登リ玉ふニ、早／日没《イリアヒ》ニ近く成候得とも、一夜を明すべきよすがも／なく、人倫絶《タヘ》たる山中なれハ、只寂々《ジヤクヽ》とし／て苔《コケ》むしたる枯樹《カレキ》の物凄《スゴ》きい出方なし、／纔《ワヅカ》の岩間を求て衣越敷て臥《フシ》玉へ明《アケル》を／待に、程遠く漸々東雲《シノヽメ》に成諸方を詠／給へバ鷹は眼前の古樹を出て翅《ツバサ》をふるふ。』(2丁表)爰ニ有頼公喜悦の心頻《シキリ》にして、鈴《スヾ》を／鳴し餌《エバ》を以鷹を待玉ふニ、既ニ御手／近くなり候う時ニ、深渓《シンケイ》の中より荒《アラ》熊出／て一声吠《ヒトコエホユル》と[redacted]として鷹ハ空ニ飛翥《トビカケリ》、／此時はしと仁心深有頼公瞋《イカ》リにたへず、／身の怨《アダ》なる熊哉と弓矢を以射玉へハ、直《タヾチ》に／熊の月の輪《ワ》ニ弓勢《ユンゼイ》深く立チ候得ハ、苦ミ責て／血を流す。されども件《クダン》の熊は、矢を立テなから／地を飛、鷹は天に翥《カケ》リ幽谷《ユウコク》を渡リ嶮《ケン》山に』(2丁裏)登《ノボ》リ若君影《キミカゲ》□□へ跡を慕《シタ》ふて嶮樹林／の中を不厭《イトハズ》、岩石聳《カンゼキソビ》へ立たる数丈の壁を／伝へ、千辛万苦に心を砕《クダ》き、終《ツイ》に高山の峯／近く追詰《ヲイツメ》給へバ、鷹熊一度《ド》ニ一ツの窟《イワヤ》ニかけ入リ、／有頼勇《イサン》て窟《イワヤ》を窺《ウカヽヒ》玉ふに、不思議成哉《ナルカナ》、熊ハ／生身の阿弥陀如来登現し、鷹ハ大聖不／動明王と顕れ玉へハ、忽窟《タチマチイハヤ》の内外大光明／に輝照し、則《スナハチ》極楽浄殺《セツ》を親《マノアタリ》に拝して、』（3丁表）肝《キモ》に銘《メイ》じ弓矢を抛《ナケウチ》、紅涙《カウルイ》を流し頭を低《タレ》／て合掌し、鬚髪《ショホツ》を剃《ソリ》て懺悔《サンゲ》し玉ふ／事無限《カキリナシ》。時に大地振動《シンドウ》して白髪の老翁《ラウオウ》／顕れ告《ツゲ》て曰ク、我《ワレ》ハ是《コレ》清涼山ノ文殊菩薩の／後身《ゴシン》の弟子《デシ》慈《ジ》朝と名く。遠く此山に来て／汝を待て年久《トシヒサシ》。善哉男子親《マノアタリ》拝する／仏身を汚《ケガ》す矢《ヤ》と皆是《コレ》大悲の慶勅也。／末世の群類《グンルイ》を採度《サイド》の為に身を化し、／汝を此峯に導《ミチヒキ》てかならず、衆生を救《スクウ》べし』（3丁裏）と種々《ショヽ》に教化□□■を与へ、受戒して則／慈興上人と改名し、文殊付属《フソク》の秘密《ヒミツ》／を伝授し玉へて忽《タチマチ》老翁《ヲウ》の姿《スカタ》蔵《カク》れ玉ふ。／上人即《ソク》座に定に入リ、付属の法を修練《シュレン》し、／神明仏陀《ブダ》の来迎数多《アマタ》感見し累《ルイ》徳／増進の後、密《ヒソカ》に山岳《サンガク》を伺《ウカヾヒ》玉ふニ、嶮峯《ケンホウ》／峨《ガ》々として聳《ソビ》ゆれとも峯にハ九品の／浄土を顕し来迎あり。谷ニハ一百三十六／地獄の業相を示し、猛火紅《クレナヒ》に似《ニ》て叫《ケイ》』（4丁表）喚《クハン》の響《ヒヽキ》ハ雷鼓の如く耳に聞《キコ》へて喧《カマビス》し。／善悪同果不二の儀を顕し、十界十／如の隔《ヘタテ》なく、邪正一如の瑞《ズイ》相也。爰ニ□／領し玉ふ神体は悪摩降《ガウ》伏国安利／民の神誓深く無病長命の守護神也。／刀尾天神本体不動尊火定三昧《クハテウザンマイ》ニ徳／して天変地殃《ワウ》を滅尽し、五穀成就／を守玉ふ。身を虚空ニ偏満してハ／普《アマネク》衆生を憐愍し、願に応じて利』（4丁裏）益を与へ玉ふ。□□司小山大明神を始／頗《スコブル》眷属《ケンゾク》山谷に充満し玉ふ。所謂《イハユル》十所／王子一万の眷属十万の金剛童子十二／光仏八大童子也。一度大権現を拝／すなはば、現世安穏当来成仏の結縁《ケチエン》／深く、況信仰《イハンヤシンカウ》の衆生には昼《チウ》夜童子を／下して擁護《オウゴ》なし玉ふを影の形に従《シタカフコトク》／如、其身を離れず諸の危《キ》難を除災厄《ノソキサイヤク》／を転して幸福を与へ開運《カイウン》出世疑なし。』（5丁表）子孫栄花の位階に登、如意願満の／神徳広大無辺也。纔《ワツカ》に爰ニ九牛の／一毛を記す。夫より上人定《テウ》を起《タチ》て慶雲／元年麓《フモト》に帰着《キチヤク》し玉ふて、都《ミヤコ》ニ奏聞《ソウモン》し／文武天王御感御在《キヨカンヲハシマシマ》して有リ㆓勅／許㆒媼堂講堂大権現大宮四十八／末社若宮二十一末社閻魔堂帝釈堂／大門仁王門鐘楼堂等七堂伽藍を／御建立有て、立山中宮寺と賜《タマフ》㆓勅号ヲ㆒。』（5丁裏）七ケ所七拾坊四十九院の坊舎を造立し、／莫太の領田を下し玉ふ。宝祚《ホウソ》長久／国家安穏四海静謐万民豊饒蒙リ㆓／勅願ヲ㆒、美代不易の霊場也。又麓《フモト》ニ有ル／閻魔法皇の広敷より媼堂え三通リ／長道一千三百六拾端の白布《シラヌノ》弥陀来／迎の橋の上に掛渡《カケワタ》し善人の通《トヲル》時ハ金銀／瑠璃の弥陀来迎の橋と成《ナリ》、極悪重罪人ハ／此橋笹蟹《サヽガニ》の糸《イト》のごとくニ見へ因果の軽重《カルキオモキ》ハ』（6丁表）浄破理《シヤウハリ》の鏡のごとし。一度参詣の／輩は悪趣をノガレ仏果を得べし。況法脈／を請《ウク》らはば二世の大願を成就し、甚深／功徳の法延に荘厳せし白布ハ、来迎／の光明輝《カヽヤキ》玉ふ法水を以、悉《コトヽク》神呪《シンシュ》仏／経染成《ソメナシ》たる経帷子《キヤウカタビラ》是を受持する人ハ、／諸の悪病を不伝染《ウツラズ》、悪鬼の崇《タタリ》なし。／依之貴賤こすつて経帷子を競《キソヒ》需者／揚《アゲ》て計《カズ》へ難し。于時開山慈興上人』（6丁裏）此山三観直□の月朗《ホガラカ》に即身成《ジヤウ》仏の／観《クハンジ》㆓自像《ジゾウ》ヲ㆒伽藍の央《ナカバ》ニ遷《ウツ》し、天平宝字／三年六月十三日申ノ刻ニ、寿齢八十三ニ／して入定し玉ふ。留《トメ》㆓肉親《ニクシン》ヲ㆒五十六億七千／万歳の後仏《ゴブチ》出世の暁《アカツキ》に至《イタルマ》で法会《エ》の／無《ナク》㆑怠《ヲコタリ》法脈の遺跡《ユイセキ》二ケ寺徒弟《デシ》相続して／今日連綿たり。一千余百歳餘《ヨ》光志／事は世の人しる所なりと云ゝ。』（7丁表）和銅七年寅秋再遂㆓参内㆒。御孀尊降誕／之由来曁文殊付属の布橋大灌頂の密／法等奉リ㆓奏聞シ㆒、四十三代に相成てハ／元明天王叡慮不㆑浅賜ハリ㆓綸司ヲ㆒同秋の内／彼岸の正当布橋大灌頂執行。相採／布施院トハ城ノ名也。大宝之時ハ孔子ヲ祭。清涼山トハ天竺也。／後仏出世トハ弥勒ノコト也。

註

（1）　佐伯幸長『立山信仰の源流と変遷』（一二七頁〜一三二頁、立山神道本院、一九七三年）。高瀬重雄『立山信仰の歴史と文化』（三二頁〜三五頁、名著出版、一九八一年）。廣瀬誠『立山黒部奥山の歴史と伝承』（六頁〜三四頁、桂書房、一九八四年）。高瀬重雄『古代山岳信仰の史的考察』（三〇六頁〜三一六頁、名著出版、一九八九年）。

（2）　芦峅寺宝泉坊及び立山曼荼羅『宝泉坊本』については拙著『立山信仰と立山曼荼羅』（一三七頁〜一七六頁・二一三頁

〜二七七頁、岩田書院、一九九八年)を参照のこと。

(3) 布橋灌頂会及びその展開については拙著『立山信仰と立山曼荼羅』(五三頁〜八七頁)を参照のこと。

(4) 『立山手引草』については林雅彦『増補日本の絵解き—資料と研究—』(四九頁〜九〇頁・一三七頁〜一五九頁、三弥井書店、一九八四年)を参照のこと。

第四章　立山曼荼羅の成立過程に関する一考察

―木版立山登山案内図から立山曼荼羅への展開―

はじめに

江戸時代から昭和時代初期まで、立山衆徒（芦峅寺衆徒と岩峅寺衆徒）が布教先の人々を立山登山に誘うために、あるいは立山を訪れた参詣者や登山者に対し、お土産用として頒布した、「山絵図」と称する絵地図がある(1)。それは単色摺りの木版画で、大きさは概ね縦六〇×横四〇センチメートルであり、二枚の和紙を繋ぎ合わせて一枚に仕立てている(2)。

最近、この山絵図（以下、「木版立山登山案内図」と称す）を拡大模写して制作したと推測される立山曼荼羅が複数見つかったので、本章ではそれらを紹介し、さらに、立山曼荼羅の成立過程についても若干の考察を試みたい。

一　木版立山登山案内図「越中国立山禅定名所附図別当岩峅寺」

多くの種類がある木版立山登山案内図のうち、富山県立図書館には「越中国立山禅定名所附図別当岩峅寺(3)」と題し、全く同一の構図・画像を持つ作品が、二点所蔵されている。筆者は、後節で言及する立山曼荼羅『市神神社本』『広川家本』『飯野家本』『志鷹家本』が、これらと同種の版画を直接的に拡大模写して制作されたものと推測している。そこで、この木版立山登山案内図と前掲の立山曼荼羅各作品との影響関係をより詳しく検討するために、まず、この版画の構図や画像を確認しておく。

両作品の法量は、片方(写真1)が縦六一・六×横四〇・五センチメートル、もう片方が縦五七・〇×横四一・〇センチメートルである。両作品はもとより、木版立山登山案内図の基本的な構図は、一般的に見られる四幅一対の立山曼荼羅の構図と共通する点が多い。それには次のような傾向が見られる。まず、立山連峰の雄山・大汝山・浄土山・別山・剱岳といった諸峰の山並みがあり、山並みを境界として、その上方には空の空間、山並みの下方には山中の空間がある。そして、山中の空間のさらに下方には山麓集落の空間がある。

これを活かして画面を分割すると、①岩峅寺集落、②横江集落、③千垣集落、④芦峅寺集落、⑤志鷹村集落、⑥立山山中(地域一)(藤橋~千寿ヶ原~美女平~一ノ谷・獅子ヶ鼻~弥陀ヶ原~室堂~立山三山などの諸峰)、⑦立山山中(地域二)(地獄谷)、⑧立山山中(地域三)(カルデラ界隈)、⑨立山上空などの地域に分割することができる。そして、それぞれの地域に、諸堂舎や名所・名物、尊体などの各種画像や、それにともなう文字注記が描き込まれている。この他、画面の各地域にまたがって川筋や禅定道の画像が描き込まれ、さらに外郭的な画像として作品題名や施主名、版元名、立山略縁起などが描き込まれている。

富山県立図書館所蔵の両作品に描かれた画像と文字注記は、表1とトレース図1に示すとおりである。

表1は、木版立山登山案内図や一般的な立山曼荼羅に描かれた画像や文字注記のなかから百七項目を選定し、画像については立山曼荼羅各作品における有無、文字注記については有無と記載文言を分析したものである。各項目を表の横列で見ていくと、作品相互の記載状況も比較することができる。表の縦列の比較一から六の項目は、木版立山登

山案内図における画像・文字注記の有無、文字注記の記載文言を基準として、各作品の記載状況を数値で表したものである。その際、画像・文字注記がともに合致している場合は一ポイントとし、画像はあっても文字注記がない場合、あるいはその逆の場合はともに〇・五ポイントとした。画像の有無が全く一致しない場合（表中「×」マーク）や、画像の識別ができない場合（表中「▲」マーク）は〇ポイントとした。

両作品には岩峅寺系の立山略縁起の文言が記されているが、以下はその内容を翻刻したものである。

〔部分1〕

▲立山大権現ハ伊弉諾・伊弉冉の霊躰、／一切男女の元にて、此峯を城都として、上下人の／父母なる故、邪正倶に利益す、謂る越の大宮也。四十二代の／聖皇文武、神託によつて佐伯有頼公を越の領主に下し／給ふ。幸、二神、熊と鷹に化現して、嫡子有頼を峯中に引入す。／則玉殿岩屋の内にして、先代祖々の法を受持し、頓悟す。依て／慈興と称し、中興の開山也。大宝元年に別当岩峅寺を立、又／四月八日に権現告て曰、霊天にハ峯に住し、龍花会を持、上天／にハ此所に住し、とそつ寂光を守る。是垂跡の地なり。諸／堂精舎を造立し、毎年此日祭礼修行なすべしと／云々。今に七社の神輿をすへ、楽者を揃へ、児の舞、法花／問答あり。此山の地主ハ手力雄の尊也。天平七年行基／ぼさつ此峯によぢ登り、諸嶽を拝し、岩峅寺／五智の尊像を造立し、講殿に安置し給ふ。／依之一国の経蔵也、日本廻国の行者／此所に経を納むるなり。

〔部分2〕

別当岩くらの坊数二十四かくばんになつハみねに／住し、諸参詣の人をみちびき、冬春ハ岩くら寺／前立にて荘厳法会をつとむる也。／あしくら姥堂ハ有若左衛門の／母の像、大宝三年八月十二日／忌日なるゆへ、まいねん／あきのひがんの／中日に供／養をす。

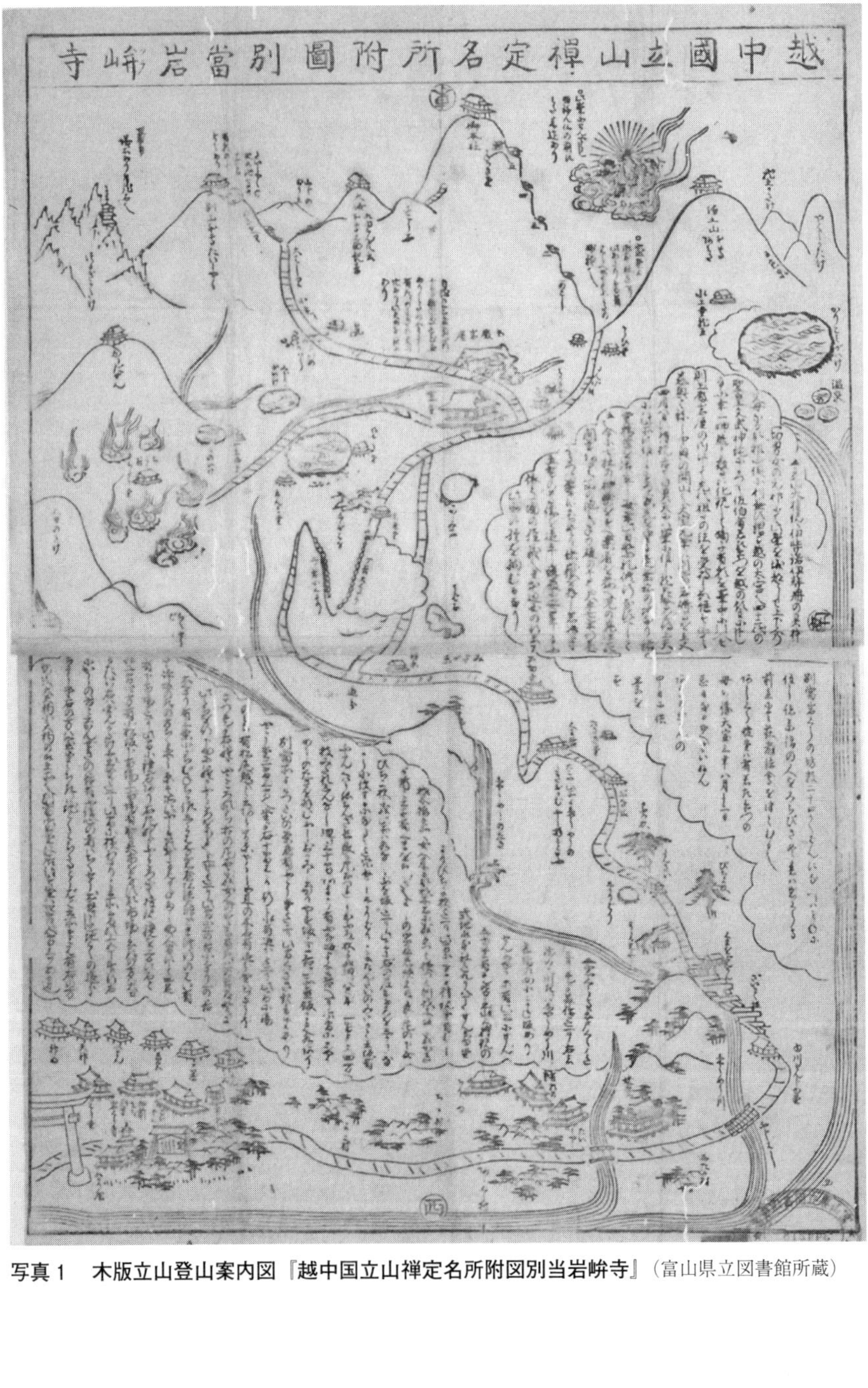

写真１　木版立山登山案内図『越中国立山禅定名所附図別当岩峅寺』（富山県立図書館所蔵）

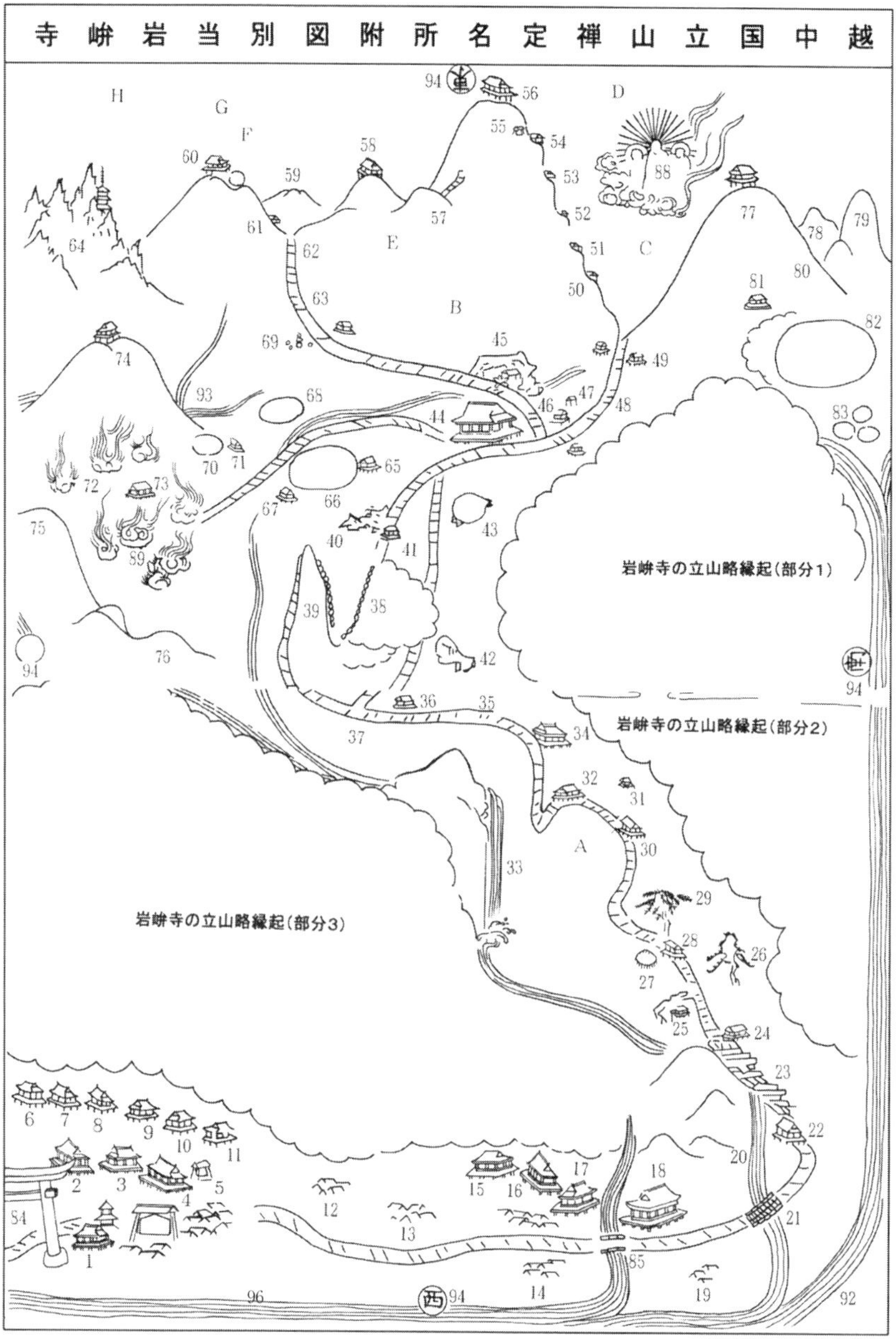

図1　木版立山登山案内図『越中国立山禅定名所附図別当岩峅寺』のトレース図

飯野家本	比較3	志鷹家本	比較4	立山博物館Ｂ本	比較5	桃原寺本	比較6
御かり屋	1	御かり屋	1	画像あり／文字注記なし	0.5	画像あり／文字注記なし	0.5
こう堂	1	こう堂	1	画像あり／文字注記なし	0.5	画像あり／文字注記なし	0.5
神前立山別当岩くら寺	1	神前立山別当岩くら寺	1	画像あり／文字注記なし	0.5	画像あり／文字注記なし	0.5
はいでん	1	はいでん	1	画像あり／文字注記なし	0.5	画像あり／文字注記なし	0.5
しゆらう堂	1	しゆらう	1	画像あり／文字注記なし	0.5	画像あり／文字注記なし	0.5
神明	1	神明	1	画像あり／文字注記なし	0.5	画像あり／文字注記なし	0.5
天神	1	天神	1	画像あり／文字注記なし	0.5	画像あり／文字注記なし	0.5
八幡	1	八まん	1	画像あり／文字注記なし	0.5	画像あり／文字注記なし	0.5
若宮	1	若宮	1	画像あり／文字注記なし	0.5	画像あり／文字注記なし	0.5
岩崎	1	岩さき	1	画像あり／文字注記なし	0.5	画像あり／文字注記なし	0.5
しん宮	1	しん宮	1	画像あり／文字注記なし	0.5	画像あり／文字注記なし	0.5
よこへ村	1	よこへ村	1	画像あり／文字注記なし	0.5	画像あり／文字注記なし	0.5
ちがき村	1	ちがき村	1	画像あり／文字注記なし	0.5	画像あり／文字注記なし	0.5
芦くら村	1	あしくら村	1	画像あり／文字注記なし	0.5	画像あり／文字注記なし	0.5
ちんじゆ	1	ちんじゆ	1	識別できず	▲	画像あり／文字注記なし	0.5
有頼の堂	1	有頼堂	1	識別できず	▲	画像あり／文字注記なし	0.5
たいしやく	1	たいしやく	1	画像あり／文字注記なし	0.5	画像あり（閻魔堂）／文字注記なし	0.5
姥堂	1	姥堂	1	画像あり／文字注記なし	0.5	画像あり／文字注記なし	0.5
したか村	1	したかむら	1	画像・文字注記なし	×	画像あり／文字注記なし	0.5
しやうめう川	1	画像・文字注記なし	×	画像あり／文字注記なし	0.5	画像あり／文字注記なし	0.5
藤橋	1	ふじ橋	1	画像あり／文字注記なし	0.5	画像あり／文字注記なし	0.5
ゆ川せんじゆ堂	1	ゆ川せんじゆ堂	1	画像あり／文字注記なし	0.5	画像あり／文字注記なし	0.5
材木坂	1	材木坂	1	画像あり／文字注記なし	0.5	画像あり／文字注記なし	0.5
くまをごんげん	1	くまを権現	1	画像あり／文字注記なし	0.5	画像あり／文字注記なし	0.5

表1　木版立山登山案内図と立山曼荼羅各作品との画像・文字注記比較表

項目番号	比較項目	木版立山登山案内図	市神神社本	比較1	広川家本	比較2
1	御かり屋（建造物）	御かり屋	ミカリヤ	1	御かり屋	1
2	講堂（建造物）	こう堂	講堂	1	こう堂	1
3	神前立山別当岩峅寺（建造物）	神前立山別当岩くら寺	神前立山別当岩峅寺	1	神前立山別当岩くら寺	1
4	拝殿（建造物）	はいでん	拝殿	1	はいでん	1
5	鐘桜堂（建造物）	しゆらう堂	シユ楼堂	1	しゆらう	1
6	神明（建造物）	神明	神明	1	神明	1
7	天神（建造物）	天神	天神	1	天神	1
8	八幡（建造物）	八まん	八幡	1	八まん	1
9	若宮（建造物）	若宮	若宮	1	若宮	1
10	岩崎（建造物）	岩崎	岩崎	1	岩崎	1
11	新宮（建造物）	しん宮	シン宮	1	しん宮	1
12	横江村（村名・集落）	よこへ村	ヨコヘ村	1	よこへ村	1
13	千垣村（村名・集落）	ちがき村	チカキ村	1	ちがき村	1
14	芦峅村（村名・集落）	あしくら村	芦倉村	1	芦くら村	1
15	鎮守（建造物）	ちんじゆ	鎮守	1	ちんしゆ堂	1
16	有頼堂（建造物）	有頼の堂	有頼堂	1	有頼の堂	1
17	帝釈（建造物）	たいしやく	帝尺	1	たいしやく	1
18	姥堂（建造物）	姥堂	姥堂	1	姥堂	1
19	志鷹村（村名・集落）	したか村	タカ村	1	したか村	1
20	称名川（川名）	しやうめう川	シヤウメウ川	1	しやうめう川	1
21	藤橋（建造物・地名）	藤橋	フヂ橋	1	ふじばし	1
22	湯川千手堂（建造物）	ゆ川せんじゆ堂	ユ川千手堂	1	ゆ川せんじゆ堂	1
23	材木坂（名所・名物）	ざいもく坂	ザイモク坂	1	材木坂	1
24	熊王権現（建造物）	くまをごんげん	クマヲ権現	1	くまをごんげん	1

飯野家本	比較3	志鷹家本	比較4	立山博物館Ｂ本	比較5	桃原寺本	比較6
わしが岩屋	1	わしが岩屋	1	画像・文字注記なし	×	画像・文字注記なし	×
びぢよ杉	1	びちよ杉	1	画像あり／文字注記なし	0.5	画像あり／文字注記なし	0.5
しかりばり	1	しかりばり	1	画像あり／文字注記なし	0.5	画像あり／文字注記なし	0.5
たんさい	1	たんさい	1	画像あり／文字注記なし	0.5	画像あり／文字注記なし	0.5
かぶろ杉	1	かぶろ杉	1	画像あり／文字注記なし	0.5	画像あり／文字注記なし	0.5
ぶな坂	1	ぶな坂	1	文字注記なし	×	文字注記なし	×
くハさき堂	1	くハさき堂	1	画像・文字注記なし	×	画像あり／文字注記なし	0.5
くわ谷	1	くハ谷	1	画像あり／文字注記なし	0.5	画像あり／文字注記なし	0.5
しやうめう瀧	1	画像あり／文字注記なし	0.5	画像あり／文字注記なし	0.5	画像あり／文字注記なし	0.5
不動堂	1	不動堂	1	画像あり／文字注記なし	0.5	画像あり／文字注記なし。	0.5
みだが原	1	ミだが原	1	文字注記なし	×	文字注記なし	×
文字注記なし	1	中津原	1	画像あり／文字注記なし	0.5	文字注記なし	×
追分	1	追分	1	文字注記なし	×	文字注記なし	×
一ノ大くさり	1	一の谷大くさり	1	欠損か？	▲	画像あり／文字注記なし	0.5
二ノ小くさり	1	二ノ谷小くさり	1	画像あり／文字注記なし	0.5	画像あり／文字注記なし	0.5
ししがはな	1	ししがはな	1	画像あり／文字注記なし	0.5	画像あり／文字注記なし	0.5
画像・文字注記なし	×	岩屋堂	1	画像あり／文字注記なし	0.5	画像あり／文字注記なし	0.5
うば石	1	うば石	1	画像あり／文字注記なし	0.5	画像・文字注記なし	×
かがみ石	1	鏡石	1	画像・文字注記なし	×	画像・文字注記なし	×
室堂	1	室堂	1	画像あり／文字注記なし	0.5	画像あり／文字注記なし	0.5
玉殿岩屋	1	玉殿岩屋	1	画像あり／文字注記なし	0.5	画像あり／文字注記なし	0.5
六道	1	六道	1	画像あり／文字注記なし	0.5	画像あり／文字注記なし	0.5
鐘つき堂	1	かねつき	1	画像・文字注記なし	0.5	画像・文字注記なし	0.5
ざんげ坂	1	文字注記なし	×	文字注記なし	×	文字注記なし	×
画像・文字注記なし	×	はらひ堂	1	画像あり／文字注記なし	0.5	画像あり／文字注記なし	0.5
一のこし	1	一之こし	1	画像あり／文字注記なし	0.5	画像あり／文字注記なし	0.5
二	1	二	1	画像あり／文字注記なし	0.5	画像あり／文字注記なし	0.5

項目番号	比較項目	木版立山登山案内図	市神神社本	比較1	広川家本	比較2
25	鷲ヶ岩屋(建造物)	わしが岩や	鷲ガ岩屋	1	わしが岩屋	1
26	美女杉(名所･名物)	びじよ杉	ビ女杉	1	びちよ杉	1
27	叱尿(名所・名物)	しかりばり	シカリバリ	1	しかりばり	1
28	断截坂(建造物・地名)	たんさいさか	タンサイ	1	たんさい	1
29	禿杉(名所･名物)	かぶろ杉	カブロ杉	1	かふろ杉	1
30	ぶな坂（地名）	ぶな坂	フナ坂	1	ぶな坂	1
31	鍬崎堂（建造物）	くハさき堂	クワサキ堂	1	くハさき堂	1
32	桑谷（建造物）	くわ谷	クツ谷	1	くわ谷	1
33	称名滝(名所･名物)	しやうめうのたき	シヤウメイノ瀧	1	しやうめうのたき	1
34	不動堂（建造物）	不動堂	不動堂	1	不動堂	1
35	弥陀ヶ原（地名）	みだが原	ミダガ原	1	みたが原	1
36	中津原（建造物）	中津原	中津原	1	中津原	1
37	追分（地名）	追分	追分	1	追分	1
38	一の谷大鎖(名所・名物)	一ノ谷大くさり	一ノ谷大クサリ	1	一ノ谷大ぐさり	1
39	二の谷小鎖(名所・名物)	二ノ谷小くさり	二ノ谷大クサリ	1	二ノ谷小くさり	1
40	獅子ヶ鼻(名所・名物)	ししがはな	獅子ガ鼻	1	ししがはな	1
41	岩屋堂（建造物）	岩屋堂	岩屋堂	1	岩屋堂	1
42	姥石(名所・名物)	うば石	姥石	1	うば石	1
43	鏡石(名所・名物)	かがみ石	カガミ石	1	かがみ石	1
44	室堂（建造物）	室堂	室堂	1	室堂	1
45	玉殿岩屋(名所・名物)	玉殿岩屋	玉殿岩屋	1	玉殿岩屋	1
46	六道（建造物）	六道	六道	1	六道	1
47	鐘突堂（建造物）	かねつき堂	カネツキ堂	1	かねつき堂	1
48	懺悔坂	ざんげ坂	サンゲ坂	1	さんげ坂	1
49	祓堂（建造物）	はらひ堂	ハラヒ堂	1	はらひ堂	1
50	一の越	一のこし	一ノコシ	1	一のこし	1
51	二の越	二	二ノコシ	1	二	1

飯野家本	比較3	志鷹家本	比較4	立山博物館Ｂ本	比較5	桃原寺本	比較6
三	1	三	1	画像あり／文字注記なし	0.5	画像あり／文字注記なし	0.5
四	1	四	1	画像あり／文字注記なし	0.5	画像あり／文字注記なし	0.5
五	1	五	1	画像あり／文字注記なし	0.5	画像あり／文字注記なし	0.5
鐘つきどう	1	かねつき堂	1	画像あり／文字注記なし	0.5	画像・文字注記なし	×
御本社	1	御本社	1	画像あり／文字注記なし	0.5	画像あり／文字注記なし	0.5
ごこう石	1	ごこう石	1	画像あり／文字注記なし	0.5	識別できず	▲
大汝	1	大汝	1	画像あり／文字注記なし	0.5	画像あり／文字注記なし	0.5
ふじのおり立	1	ふじのおり立	1	画像あり／文字注記なし	0.5	画像あり／文字注記なし	0.5
別山本尊たいしやく	1	別山本尊たいしやく	1	画像あり／文字注記なし	0.5	画像あり／文字注記なし	0.5
文字注記なし	1	行者かへり	1	文字注記なし	×	文字注記なし	×
大ばしり	1	大はしり	1	文字注記なし	×	文字注記なし	×
小走り	1	小走り	1	文字注記なし	×	文字注記なし	×
剱が岳	1	つるぎがだけ	1	画像あり／文字注記なし	0.5	画像あり／文字注記なし	0.5
画像あり／文字注記なし	0.5	ねをう堂	1	画像・文字注記なし	×	画像・文字注記なし	×
みくりいけ	1	みくりが池	1	画像あり／文字注記なし	0.5	画像あり／文字注記なし	0.5
えんま堂	1	えんま堂	1	画像あり／文字注記なし	0.5	画像あり／文字注記なし	0.5
みどりが池	1	みどりが池	1	画像あり／文字注記なし	0.5	画像あり／文字注記なし	0.5
さいの川原	1	さいのかわら	1	画像あり／ただし堂舎の画像はなし／文字注記なし	0.5	画像あり／文字注記なし	0.5
ちの池	1	血の池	1	画像あり／文字注記なし	0.5	画像あり／文字注記なし	0.5
如意りん寺	1	如意輪堂	1	画像あり／文字注記なし	0.5	画像あり／文字注記なし	0.5
地ごく谷	1	ちごく谷	1	文字注記なし	×	文字注記なし	×
地蔵堂	1	地蔵堂	1	画像あり／文字注記なし	0.5	画像・文字注記なし	×
からだせん	1	からだせん	1	画像あり／文字注記なし	0.5	画像あり／文字注記なし	0.5
大日のたけ	1	画像・文字注記なし	×	画像あり／文字注記なし	0.5	画像・文字注記なし	×
文字注記なし	×	画像・文字注記なし	×	文字注記なし	×	文字注記なし	×

項目番号	比較項目	木版立山登山案内図	市神神社本	比較1	広川家本	比較2
52	三の越	三	三ノコシ	1	三	1
53	四の越	四	四	1	四	1
54	五の越	五	五	1	五	1
55	鐘突堂（建造物）	かねつき堂	画像あり／文字注記なし	0.5	かねつき堂	1
56	御本社（建造物）	御本社	御本社	1	御本社	1
57	ごこう石（地名）	ごこう石	ゴコウ石	1	ごこう石	1
58	大汝（山名・建造物）	大汝	大汝	1	大汝	1
59	富士の折立（山名）	ふじのおり立	不二オリ立	1	ふじのおり立	1
60	別山本尊帝釈（山名・建造物・本尊名）	別山本尊たいしやく	別山本尊帝尺	1	別山本尊たいしやく	1
61	行者かへり（地名）	行者かへり	行者カヘリ	1	行者かへり	1
62	大走り（地名）	大はしり	大ハシリ	1	大はしり	1
63	小走り（地名）	小はしり	小ハシリ	1	小ばしり	1
64	剱岳（山名）	つるぎがたけ	剱ガタケ	1	つるぎがたけ	1
65	ねおの堂（建造物）	ねおの堂	十王堂	×	ねをのだう	1
66	ミクリガ池（池名）	みくりが池	ミドリガ池	1	みくりがえき	1
67	閻魔堂（建造物）	えんま堂	エンマ堂	1	えんまだう	1
68	ミドリガ池（池名）	ミドリガ池	ミドリガ池	1	みどりが池	1
69	賽の河原（名所・建造物）	さいのかわら	サイノカハラ	1	さいのかわら	1
70	血の池（池名）	ちのいけ	チノイケ	1	ちのいけ	1
71	如意輪堂（建造物）	如意輪堂	如意輪堂	1	如意輪堂	1
72	地獄谷（地名）	ぢごく谷	チゴク谷	1	ぢごく谷	1
73	地蔵堂（建造物）	ぢぞう堂	地蔵堂	1	ぢそう堂	1
74	伽羅陀山（山名・建造物）	からだせん	カウダ山	1	からだせん	1
75	大日岳（山名）	大日のたけ	大日ノタケ	1	大日だけ	1
76	畜生原（地名）	ちくせいばら	畜生原	1	ちくせう原	1

飯野家本	比較3	志鷹家本	比較4	立山博物館Ｂ本	比較5	桃原寺本	比較6
浄土山本尊阿ミだ	1	浄土山本尊阿弥陀如来	1	画像あり／文字注記なし	0.5	画像あり／文字注記なし	0.5
龍王だけ	1	龍王だけ	1	識別できず	▲	画像・文字注記なし	×
やくしがたけ	1	やくしがたけ	1	識別できず	▲	画像・文字注記なし	×
五色泉	1	五色泉	1	文字注記なし	×	文字注記なし	×
水上堂龍王	1	水上堂龍王	1	画像あり／文字注記なし	0.5	画像・文字注記なし	×
かりこみがいけ	1	かりこミが池	1	画像あり／文字注記なし	0.5	画像あり／文字注記なし	0.5
温泉	1	温泉	1	画像・文字注記なし	×	画像あり／文字注記なし	0.5
画像あり／文字注記なし	1	画像あり／文字注記なし	1	画像・文字注記なし	×	画像・文字注記なし	×
画像あり／文字注記なし	1	画像あり／文字注記なし	1	画像あり／文字注記なし	1	画像あり／文字注記なし	1
画像・文字注記なし	1	画像あり／文字注記なし	×	画像あり／文字注記なし	×	画像あり／文字注記なし	×
画像・文字注記なし	1	画像あり／文字注記なし	×	画像あり／文字注記なし	×	画像あり／文字注記なし	×
画像あり／文字注記なし	1	画像あり／文字注記なし	1	画像あり／文字注記なし	1	画像あり／文字注記なし	1
画像あり／文字注記なし	1	画像あり／文字注記なし	1	画像あり／文字注記なし	1	画像あり／文字注記なし	1
画像・文字注記なし	1	画像あり／文字注記なし	×	画像あり／文字注記なし	×	画像あり／文字注記なし	×
画像・文字注記なし	1	画像あり／文字注記なし	×	画像あり／文字注記なし	×	画像あり／文字注記なし	×
画像あり／文字注記なし	0.5	画像・文字注記あり	1	画像あり／文字注記なし	0.5	画像・文字注記なし	×
画像あり／文字注記なし	1	画像あり／文字注記なし	1	画像あり／文字注記なし	1	画像・文字注記なし	×
西	0.5	文字注記なし	×	文字注記なし	×	文字注記なし	×
画像・文字注記なし	1	画像・文字注記なし	1	画像・文字注記なし	1	画像・文字注記なし	1
画像あり／文字注記なし	1	画像あり／文字注記なし	1	画像あり／文字注記なし	1	画像・文字注記なし	×
画像なし	1	画像なし	1	画像なし	1	画像あり	×
画像なし	1	画像なし	1	画像なし	1	画像あり	×
画像なし	1	画像なし	1	画像なし	1	画像あり	×
此所よりしやうめう瀧拝む。	1	文字注記なし	×	文字注記なし	×	文字注記なし	×

項目番号	比較項目	木版立山登山案内図	市神神社本	比較1	広川家本	比較2
77	浄土山本尊阿弥陀（山名・本尊名）	浄土山本尊阿ミだ	浄土山本尊アミダ	1	浄土山本尊阿ミた	1
78	龍王岳（山名）	龍王だけ	龍王ガ嶽	1	龍王がたけ	1
79	薬師岳（山名）	やくしがたけ	薬師ガ嶽	1	やくしがたけ	1
80	五色泉（地名）	五色泉	五色泉	1	注記の囲みはあるが、文字はなし	0.5
81	水上堂龍王（建造物）	水上堂龍王	水上堂龍王	1	水上堂龍王	1
82	刈込池（池名）	かりこミがいけ	カリコミガ池	1	かりこミがいけ	1
83	立山温泉（名所）	温泉	温泉	1	温泉	1
84	岩峅寺の鳥居	画像あり／文字注記なし	画像あり／文字注記なし	1	画像あり／文字注記なし	1
85	芦峅寺の布橋	画像あり／文字注記なし	画像あり／文字注記なし	1	画像あり／文字注記なし	1
86	佐伯有頼	画像・文字注記なし	画像・文字注記なし	1	画像・文字注記なし	1
87	矢疵を追って逃げる熊	画像・文字注記なし	画像・文字注記なし	1	画像・文字注記なし	1
88	阿弥陀如来と観音菩薩・勢至菩薩の三尊来迎	画像あり／文字注記なし	画像あり／文字注記なし	1	画像あり／文字注記なし	1
89	地獄谷の火焔	画像あり／文字注記なし	画像あり／文字注記なし	1	画像あり／文字注記なし	1
90	地獄の責め苦（火車）	画像・文字注記なし	画像・文字注記なし	1	画像・文字注記なし	1
91	地獄の責め苦（その他）	画像・文字注記なし	画像・文字注記なし	1	画像・文字注記なし	1
92	湯川	画像・文字注記あり	画像・文字注記あり	1	画像・文字注記あり	1
93	浄土川	画像あり／文字注記なし	画像あり／文字注記なし	1	画像あり／文字注記なし	1
94	方位文字注記	東・西・南・北	文字注記なし	×	文字注記なし	×
95	じやなぎ	画像・文字注記なし	画像・文字注記なし	1	じやなぎ	×
96	常願寺川	画像あり／文字注記なし	画像あり／文字注記なし	1	画像あり／文字注記なし	1
97	日輪・月輪	画像なし	画像なし	1	画像なし	1
98	玉殿窟の矢疵阿弥陀如来	画像なし	画像なし	1	画像なし	1
99	二十五菩薩来迎	画像なし	画像なし	1	画像なし	1
A	太こや此所より称名滝拝む。伏し拝みという。	太こや此所ゟしやうめうのたきおがむ。ふし拝みといふ。	大コヤ此所ヨリシヤウメイノタキオガム。フシ拝ミト云。	1	大こや此所ゟしやうめうのたきおがむ。ふし拝ミといふ。	1

飯野家本	比較3	志鷹家本	比較4	立山博物館B本	比較5	桃原寺本	比較6
自然の岩屋奥行十間程。内、蓮花石有。ミだの金ざふ有。左りわきに矢の穴あり。此矢御本社にあり。	1	自然の岩屋。奥行十間程。内ニ蓮華石有。ミだの金さう有。左之わきに矢の穴有。此矢則御本社ニ有。	1	文字注記なし	×	文字注記なし	×
室堂ゟ御本社迄一り。此あたり雪有。はらへ堂ゟ上、ミだの妙体なり。	1	室堂ゟ御本社まで一り。此あたり雪有。はらひ堂より上、ミだの妙体なり。	1	文字注記なし	×	文字注記なし	×
此峯、百ねん仏の前に弥陀来迎あり。	1	此峯ニぜんてうし、百ねん仏の前ニミだ来迎あり。	1	文字注記なし	×	文字注記なし	×
御内ぢん共云。本尊十一面観音。	1	御内ぢんとも云。本尊十一面観音。	1	文字注記なし	×	文字注記なし	×
たいしやくの硯水池、七間十六間。	1	たいしやくの硯水池、七間ニ拾六間。	1	文字注記なし	×	文字注記なし	×
有頼之具足あり。	1	有頼の具足有。	1	文字注記なし	×	文字注記なし	×
塔石なり。自然石也。	1	塔石有。自然石也。	1	文字注記なし	×	文字注記なし	×
	102.5		96.5		40.5		34.5

項目番号	比較項目	木版立山登山案内図	市神神社本	比較1	広川家本	比較2
B	自然の岩屋奥行十間程、内に蓮花石あり。弥陀の金像あるなり。左の脇に矢の穴あり。此矢御本社にあり。	自然の岩屋奥行十間程。内に蓮花石あり。ミだの金さう有なり。左のわきに矢の穴あり。此矢御本社にあり。	自然ノ岩屋。奥行十間ホド、内ニ蓮花石アリ。左リノワキニ矢ノ穴アリ。コノ矢、御本社ニアリ。	1	自然の岩屋。奥行十間程。内蓮台石あり。ミたの金ざう有り。左りのわきに矢の穴あり。此矢御本社にあり。	1
C	室堂ゟ御本社迄一里。此あたり雪有。祓堂ゟ上、弥陀の妙体也。	室堂ゟ御本社迄一り。此あたり雪有。はらへ堂ゟ上、ミだの妙体也。	室堂ヨリ御本社迄一里。コノアタリ雪アリ。祓堂ヨリ上、弥陀ノ妙体ナリ。	1	文字注記なし	×
D	此峯に禅頂し、百念仏の前に、弥陀来迎あり。	此峯にせんでうし、百ねん仏の前に、ミだ来迎あり。	此峯ニ禅頂シ、百念仏ノ前ニ弥陀来迎アリ。	1	此峯にぜんでうし、百ねん仏の前にミた来迎あり。	1
E	御内ぢん共云。本尊十一面観音。	御内ちん共云。本尊十一面観音。	御内陳ト云。本尊十一面観音。	1	御内ちん共云。本尊十一面観音。	1
F	帝釈の硯水池、七間十六間。	たいしやくの硯水池、七間十六間。	帝釈硯水池。七間ニ十六間。	1	たいしやくの硯水池、七間ニ十六間。	1
G	有頼の具足あり。	有頼のぐそくあり。	有頼ノ具足アリ。	1	有頼のぐそくあり。	1
H	塔石あり。自然石なり。	塔石あり。自然石也。	塔石アリ。自然石也。	1	塔石あり。自然石也。	1
				104.5		103.5

〔部分3〕

▲岩くら寺ゟ芦くら迄／三り。是ゟ藤橋迄一り。右は／湯の又川、左りハしやうめう川。／藤橋の向にこがね坂あり、／せんじゆが原有。此所にせん／じゆ堂有。是皆立山大権現の／式地、御本社迄九り八丁也。せんじゆ堂／よりびぢよ杉迄一り。此間にくまを権現堂有。むかし／材木拵る所へ女人来る故、材木石に成。立づミ横づミ、則、材木坂と成。がき／が首と云所有。くまをちんざ也。わしの岩屋。若狭国長良が尼の下女／びぢよ杉と成。此所ハ水なし。ぶな坂迄一り。此間に右の尼かふろをしかりな／がら小便するに、ならく迄穴通し、しかりばりと云。だんざいのみさかと云坂有。／ふだんくハう仏ちんざ。長良が尼召つれしかふろ杉と成、廻り八尺斗、三間ゟ上へ四方へ／枝みだれ、しんなし、廻り三十間あまり有。ぶな坂ゟくわ谷へ一り。此間にしや／めうのたきを拝む。ふしおがみと云。かりやす坂。くわ谷。此所昼飯する也。水あり。／別当所ゟせつたいの茶屋有。ふどう堂迄一り。此間くハさき観音堂あり。／ふどう堂二間三間也。堂ゟ右十間ばかり行て水有。追分迄一り。此間に湯／の道有。松尾越へと云。あミだが原、やくし如来の木石有。追分堂ハぢさうぼ／さつ。是ゟ右ハ姥がふところのミち。右の尼石と成、女人のかたち有。左りハ一の谷道、登りに／此道を行。下向にハ姥のふところを下る也。上野迄一り。此間に二の谷小くさり、一の谷／大くさり有。三条小かぢむねちか作。ししがはな岩屋、弘法大師ごま修行のはい有。／ささ峠坂の左の方ちくしやう原。其所にふしぎの牛馬見る事多し。面ハ人間にして四足／有。下市場迄一り。此間に鏡石あり。右尼姥がふところにて権現へ鏡を上るに石と／成。二間四方有。小松坂、下市場、上市場有。聖霊市をなす故、市場と云。左りの方ハ大日／がたけ。右ハ国見がだけ。室堂迄一り。此間に横わたりと云所、雪の上五丁斗り行。右／に出しの谷と云、かんぜきの谷有。不信心の者ハちくせう出、通りがたし。地ごくの追分。／ぢそう堂。右の方ハ室堂ミち。左りハ地ごくミち。高とうばと云所、そとば有。

右の方／の山ハ大天狗、小天狗の御在所也。別当、室堂に居住す。堂ハ四間五間三ツある也。

さて、画中に上記の岩峅寺系の立山略縁起が挿入されていたり、表題に「別当岩峅寺」の文言が見られることから、この作品が岩峅寺の宿坊衆徒に関わるものであることは明らかである。さらに、これ以外にも岩峅寺の諸堂配置が正確に記されているのに対し、芦峅寺の諸堂配置や名称表現が曖昧であったり、部分的に誤っていること（例えば芦峅寺帝釈堂の立地）などが、それを示している。

二　立山曼荼羅『市神神社本』

『市神神社本』（写真2）は滋賀県八日市市の市神神社所蔵で、形態は紙本著色一幅、法量は内寸が縦一〇二・〇×横五五・五センチメートル、外寸が縦一六九・〇×横七〇・〇センチメートルである。

画中に「越中国立山岩峅寺図絵」の表題と、「文化三寅年十月四日　北条左近平氏富書写（落款…楽□〔一字難読〕）（落款…北条氏富）」と銘文が見られ、文化三年（一八〇六）に北条左近平氏富と称する人物が、おそらくは木版立山登山案内図「越中国立山禅定名所附図別当岩峅寺」を直接的に拡大模写して制作したものと思われる。

この作品に描かれた画像と文字注記は、表1に示すとおりである。『市神神社本』の場合、同表でポイント数の集計を見ると、一〇七ポイント中、一〇四・五ポイントとなり、かなりの高率で木版立山登山案内図と『市神神社本』の間に模写関係があることがわかる。

この他、画中に挿入された縁起文の内容も、前節で翻刻した木版立山登山案内図「越中国立山禅定名所附図別当岩峅寺」に挿入された岩峅寺系の立山略縁起の文言と概ね共通している。

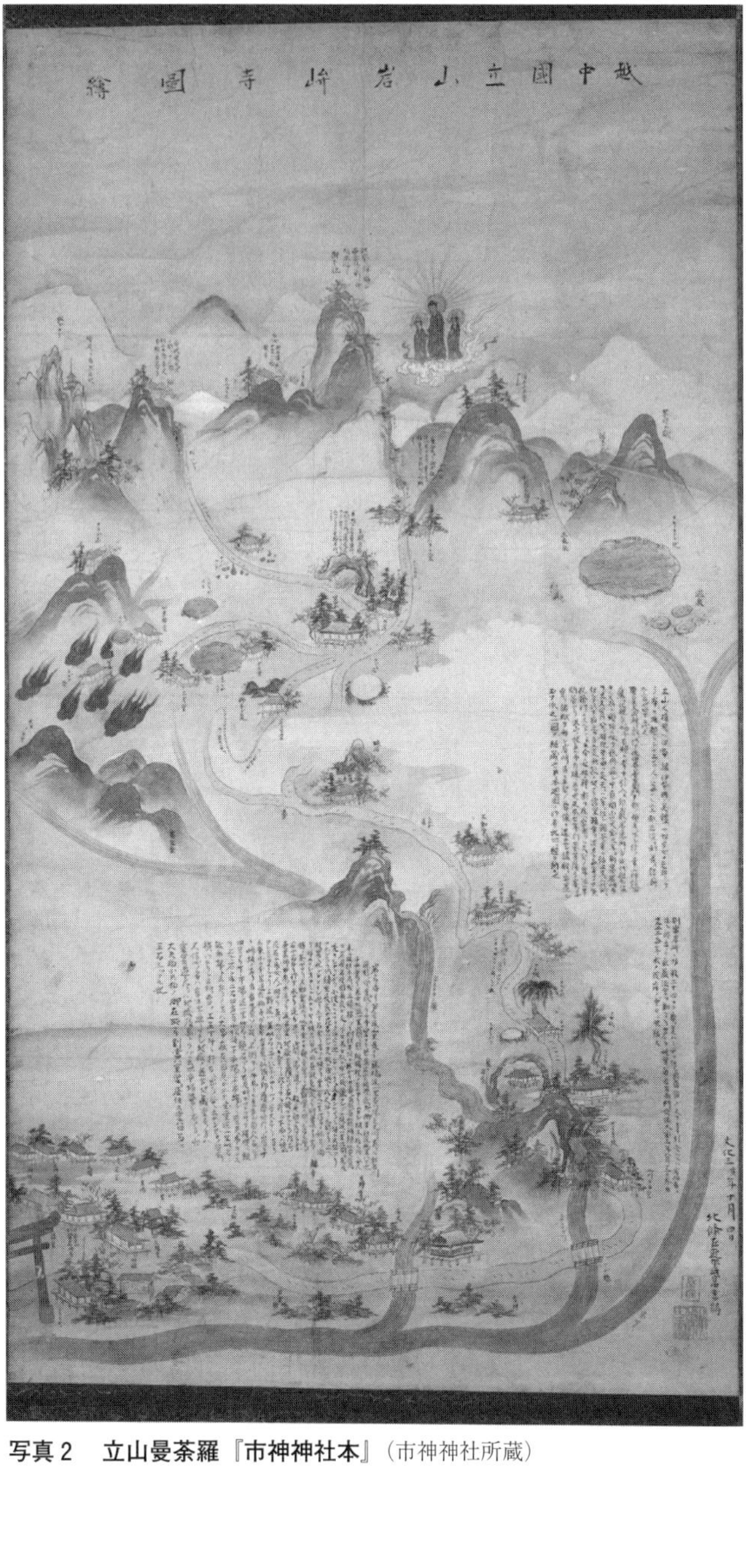

写真 2　立山曼荼羅『市神神社本』（市神神社所蔵）

三　立山曼荼羅『広川家本』

『広川家本』(写真3)は新潟県糸魚川市の個人所蔵で、形態は紙本著色一幅、法量は内寸が縦一三五・〇×横六〇・〇センチメートル、外寸が縦一八七・〇×横七四・〇センチメートルである。

軸裏に「立山略図」と画題が見られる。この作品に描かれた画像と文字注記は、表1とトレース図2に示すとおりである。前節で『市神神社本』に対して行った要領で表1のポイント数を集計すると、一〇七ポイント中、一〇三・五ポイントとなり、かなりの高率で木版立山登山案内図と『広川家本』の間に模写関係があることがわかる。

四　立山曼荼羅『飯野家本』

『飯野家本』(写真4)は富山県高岡市の個人所蔵で、形態は紙本著色一幅、法量は内寸が縦一二二・三×横四三・二センチメートル、外寸が縦一八六・〇×横五九・六センチメートルである。

画中に「七十二翁　泰利光　乙未春　応需謹写」(落款)(落款)と銘文が見られる。乙未は安永四年(一七七五)や天保六年(一八三五)、明治二八年(一八九五)などの可能性があるが、おそらくこの作品では天保六年であろう。当時七二歳だった泰利光と称する人物が、誰かからの依頼を受けて、木版立山登山案内図「越中国立山禅定名所附図別当岩峅寺」を直接的に拡大模写して制作したものと思われる。軸裏に貼り紙をして「越中立山略縁起之図　名刹　芦峅寺旧蔵」の墨書銘が記されている。

写真３　立山曼荼羅『広川家本』（個人所蔵）

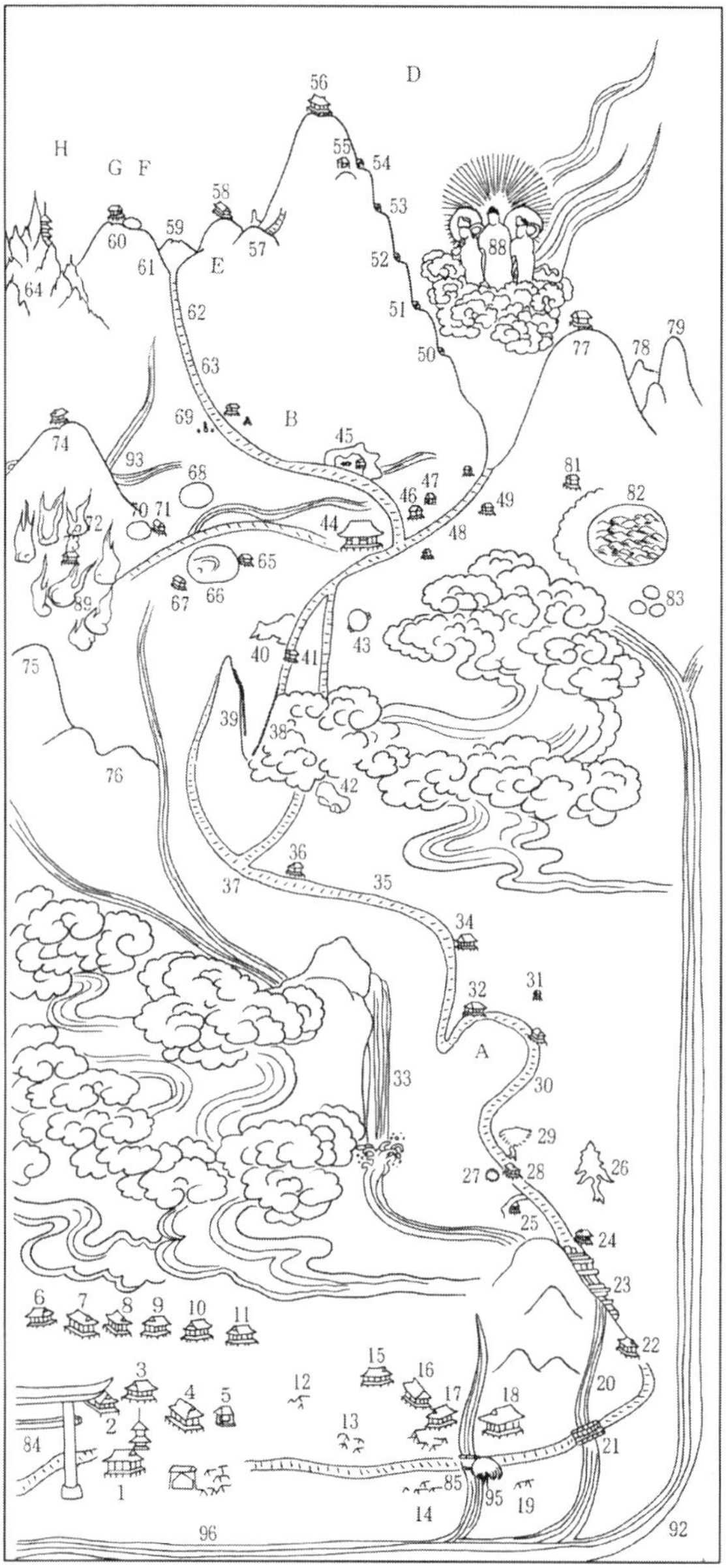

図２　立山曼荼羅『広川家本』のトレース図

写真 4　立山曼荼羅『飯野家本』（個人所蔵）

図３　立山曼荼羅『飯野家本』のトレース図

この作品に描かれた画像と文字注記は、表1とトレース図3に示すとおりである。表1のポイント数を集計すると、一〇七ポイント中、一〇二・五ポイントとなり、かなりの高率で木版立山登山案内図と『飯野家本』の間に模写関係があることがわかる。

この作品の画中には立山略縁起の文言が記されているが、その内容は木版立山登山案内図「越中国立山禅定名所附図別当岩峅寺」に挿入された岩峅寺系の立山略縁起の文言ではなく、芦峅寺系の立山略縁起の文言である。以下はその内容を翻刻したものである。(4)

立山略縁起／

抑、天照大神宮、此世界を開闢し給ふ時、立山御媼三尊ハ、／右の御手に五穀を納、左の御手にハ麻の種を執持し、則、越中立山／芦峅に天降りたまへ、五穀・麻の種を法界に弘め、一切衆生の衣食をあたへ、／生長し、仏法の本源をたもち、終にハ寂滅の本土に帰る。則、衆生生死の惣／政所故に、仏法第一之霊場也。後、人王四十二代文武天皇の御宇に志賀の京ゟ／佐伯有若ハ越中の郡主を給わり、布施院に居城す。爰に大宝元辛丑年、／立山大権現熊と化し、刀尾天神ハ鷹と化し、則、布施の城に入給ふ時、城主の嫡／男佐伯有頼公、此鷹を心さし、則出給ふ時、其跡をしたひ、高山に登り、岩／崛に向ひ給ふに、熊鷹一度に彼玉殿の窟に入、熊ハ生身の阿弥陀／如来と現し、鷹ハ大聖不動明王と現れ給へハ、忽に窟の内外、如来の大光／明に照され、則、極楽浄土を有頼ハ親に拝し奉る。肝に銘じ、鬢髪を切捨／紅涙し給ふ時、立山両大権現、生身の御声より、我此所に五百歳経といへとも、衆／生未知ずの所、今此山を開基し、末世濁悪の衆生を済度させんが為、／此峯へ導引也。必衆生を摂化し給ふへしと、難有御示現蒙給ふ。爰に文殊菩／薩来臨して、佐伯有頼公を教化し、持戒して、慈興大上人と受名し、則、立山開山／慈興大上人是也。卯月八日、麓に帰着し給ふて、媼堂・講堂・御前立の権現両宮・／

閻魔堂・帝釈堂・大門・仁王門・鐘桜堂等、其外、大権現大宮四十八末社・刀尾／天神若宮二十一末社建立し、立山の中宮と定め、則、寺号中宮寺と唱へ、且、佐伯／之宮に自像を遷し、和銅七年寅六月十三日申の刻に入定し給ふ。開山の霊廟／より御峯迄九里八丁也。則、御峯へ玉殿より権現遷り給ふ。峯に九品之／浄土現し、谷にハ一百三十六地獄の想を示し、一切衆生善悪軽いましめ／霊山也。一度此山へ参詣の輩、現世に福寿を増長し、来世ハ西方浄土に／往生無疑。然る所、慈興大上人、権現の前立七堂伽藍、七ヶ所に建立し／七千坊四十九院建、文武天皇の勅願を蒙り、天下第一之霊地也。／社僧芦峅寺・岩峅寺末代法式あらたに納奉る。現当二世大願／成就の御山也。短冊而已。

立山芦峅寺

五　立山曼荼羅『志鷹家本』

『志鷹家本』（写真5）は富山県立山町の個人所蔵で、形態は紙本著色一幅、法量は内寸が縦一三七・〇×横八六・〇センチメートル、外寸が縦一九三・八×横一〇五・〇センチメートルである。

画中には「越中国立山図」の表題が見られ、さらに軸裏には次のような銘文が見られる。

〔表装部分に直接記された墨書〕

越中立山図

天保二年　小松谷御坊正林寺什物トナル

〔墨書の貼り紙部分1〕

写真 5　立山曼荼羅『志鷹家本』（個人所蔵）

維時天保七申年十月日
小松谷御坊正林寺御什物
当山十七世玉誉上人御代
〔同部分2〕
御曼陀羅奉納施主
上田幸右衛門
森本泰甫
村田庄八
〔同部分3〕
了翁浄心信士
釈妙信
了薫童子
池蓮童女
釈浄宗
国舞天信士
〔同部分4〕
信心輩
先祖代々講元　藤屋清兵衛

〃　粽屋伊兵衛
〃　女医師みやこ
〃　伊勢屋吉兵衛
〃　亀屋喜兵衛
〃　帯屋治兵衛
〃　藤屋平兵衛
〃　大坂屋伊兵衛
〃　小豆屋ゑい
〃　大黒屋長兵衛
〃　神岡喜兵衛
〃　丸屋弥助
〃　出雲屋九兵衛
〃　金白吉兵衛

上記の銘文より、この作品は遅くとも天保七年（一八三六）までには成立しており、小松谷御坊正林寺の旧蔵本だったことがわかる。同寺は、現、京都市東山区上馬町、浄土宗清涼山光明真言院小松谷正林寺と通称する。本尊に円光大師像を置き、脇に藤原兼実・僧聖光弁阿の像を配する。開山堂に中興恵空の像を祀る。(5)

銘文をさらに詳しく検討すると、この作品は、天保七年（一八三六）頃、同寺の一七世玉誉上人の代に地元の人々が施主となって寄進したものである。「信心輩・先祖代々講元」の文言から、京都東山辺りでの立山講の存在がうかがわれ、藤屋清兵衛をはじめ、合わせて一四人の信者名が記載されている。また、銘文に「御曼陀羅」の呼称が用いられており、この銘文を記した人物は、この作品を「曼陀羅」として認識していたようである。

この作品に描かれた画像と文字注記は、表1に示すとおりである。第一表のポイント数を集計すると、一〇七ポイント中、九六・五ポイントとなり、かなりの高率で木版立山登山案内図と『志鷹家本』の間に模写関係があることがわかる。

この作品の画中には立山略縁起の文言が記されているが、その内容は木版立山登山案内図「越中国立山禅定名所附図別当岩峅寺」に挿入された岩峅寺系の立山略縁起の文言と概ね共通している。

六　立山曼荼羅『富山県［立山博物館］Ｂ本』

『富山県［立山博物館］Ｂ本』(写真6)は、富山県［立山博物館］の所蔵で、形態は紙本著色二幅、法量は右幅の内寸が縦一三〇・〇×横五六・〇センチメートル、外寸が縦二〇三・〇×横六六・〇センチメートル、左幅の内寸が縦一三三・〇×横五六・〇センチメートル、外寸が縦二〇三・〇×横六六・〇センチメートルである。

この作品に描かれた画像は、表1とトレース図4に示すとおりである。表1のポイント数を集計すると、一〇七ポイント中、四〇・五ポイントとなり、その数値だけを見ると、木版立山登山案内図と『富山県［立山博物館］Ｂ本』との模写関係は、前述の『市神神社本』『広川家本』『飯野家本』『志鷹家本』の場合よりも弱いように感じられる。ただし、実は画像があっても文字注記がない場合は〇・五ポイントで査定しているので、もし文字注記を度外視して画像の有無だけで査定すると一〇七ポイント中、七二ポイントとなる。したがって、『市神神社本』や『広川家本』

写真6　立山曼荼羅『富山県［立山博物館］B本』（富山県［立山博物館］所蔵）

図４　立山曼荼羅『富山県［立山博物館］B本』のトレース図

写真７　**立山曼荼羅『桃原寺本』**（桃原寺所蔵）

『飯野家本』『志鷹家本』の各作品に推測されるような、直接的な模写関係とまではいかないまでも、やはり木版立山登山案内図と『富山県［立山博物館］B本』の間に相当強い影響関係があることがわかる。

七　立山曼荼羅『桃原寺本』

『桃原寺本』(写真7)は、富山県魚津市の浄土真宗本願寺派寺院桃原寺所蔵で、形態は紙本著色四幅、法量は四幅掛け合わせた際の内寸が縦一五六・〇×横一八八・〇センチメートル、外寸が縦一八三・五×一九二・〇センチメートルである。この作品と構図や画像が似通った立山曼荼羅に、岩峅寺玉林坊が所蔵する『玉林坊本』や岩峅寺中道坊が所蔵する『中道坊本』、富山県小矢部市の個人が所蔵する『伊藤家本』がある。

この作品に描かれた画像は、表1に示すとおりである。表1のポイント数を集計すると、一〇七ポイント中、三四・五ポイントとなり、その数値だけを見ると、木版立山登山案内図と『桃原寺本』との模写関係は弱いように感じられる。ただし、『富山県［立山博物館］B本』の場合と同様、もし文字注記を度外視して画像の有無だけで査定すると一〇七ポイント中、六五ポイントとなる。したがって、『市神神社本』や『広川家本』『飯野家本』『志鷹家本』の各作品に推測されるような直接的な模写関係とまではいかないまでも、やはり木版立山登山案内図と『桃原寺本』の間に相当強い影響関係があることがわかる。

八　木版立山登山案内図から立山曼荼羅への展開過程

本節では、第一節で概略した木版立山登山案内図と、二節から七節で概略した立山曼荼羅各作品とを相互に比較することで、木版立山登山案内図から立山曼荼羅への展開過程について考えてみたい。

1　成立時期

各作品の成立時期は、銘文から『市神神社本』が文化三年（一八〇六）、『飯野家本』が天保六年（一八三五）、『志鷹家本』が天保七年以前であることが確認できる。『広川家本』には銘文などがなく、成立時期は不明だが、一枚物の大きな紙ではなく、紙をこまめに貼り継いで画面を作っているので、案外古い作品と思われる。『市神神社本』や『飯野家本』と同様、江戸時代後期の成立とみてよいだろう。

『富山県［立山博物館］B本』と『桃原寺本』には、画中、岩峅寺の境内地に湯立て釜が一基描かれている。これは、弘化二年（一八四五）に加賀藩第一三代藩主前田斉泰が岩峅寺に寄進したものであり、当時は夫婦釜として二基が据えられていた。しかし、安政五年（一八五八）、越中を襲った大地震がきっかけで、境内地の横を流れる常願寺川が大洪水を引き起こしたとき、二基のうちの一基が流されてしまった。したがって、画中に一基の湯立て釜が描かれた『富山県［立山博物館］B本』と『桃原寺本』は安政五年以降の成立と推測される。

こうした木版立山登山案内図を題材とした立山曼荼羅は、文化期頃から天保期を経て安政期へと向かうなかで制作されていったようである。

作品の銘文より、『市神神社本』は北条氏富、『飯野家本』は他者の求めに応じて泰利光が描いたことがわかる。

2 制作者

『志鷹家本』は、その制作者は不明だが、京都の立山講の一四人の信者によって寄進されている。

第三節で、『広川家本』の画像と文字注記は木版立山登山案内図のそれと、かなりの高率で合致していることを指摘した。しかし、木版立山登山案内図や『市神神社本』『飯野家本』『志鷹家本』には描かれず、『広川家本』だけに描かれている「じやなぎ」の文字注記をともなう木の画像が興味深い。それは布橋の付近に柳の木のかたちで描かれている。この画像がどのような言い伝えや説話を持つのかは明らかでないが、一般的な立山曼荼羅には描かれない画像が見られることから、『広川家本』は、芦峅寺衆徒や岩峅寺衆徒ではなく、その外部者によって制作されたものであろう。

『富山県［立山博物館］B本』についても、構図や画像をこまめに分析していくと、芦峅寺衆徒や岩峅寺衆徒ではなく、その外部者によって制作されたことが推測される。その根拠となる画像をいくつか見ておく。

立山開山縁起の一場面である佐伯有頼が熊に矢を射て追いかける画像は、一般的な立山曼荼羅では横江村～千垣村の辺りに描かれるが、この作品では、立山山中の美女平辺りに描かれている。これはたいへん珍しい事例である。

一般的な立山曼荼羅では、立山山中材木坂の画像は、坂そのものが材木を敷き並べたかたちで表現されるが、この作品では、坂は通常の登山道と何ら変わりなく描かれ、坂の脇に材木が散乱した様子を付加することで、その場所が材木坂であることを表現している。

賽の河原の画像が、一般的な立山曼荼羅では、立山山中の雷鳥沢と浄土沢の出合いに実在する「賽の河原」を意識して、画中においても概ねその場所に配置されるが、この作品では、みくりが池の湖岸に嬰児を描き込んで、それを

「賽の河原」として表現している。

一般的な立山曼荼羅では、立山山中の地獄谷を立山地獄に見立てて、そのスペースに烈しい火焔の様子や、獄卒が亡者に責め苦を与える様子を描くが、この作品ではそれに加え、立山カルデラの辺りにも立山地獄の場面のように、獄卒と火焔を描いている。

立山山中の弥陀ヶ原辺りに、編み笠を被って錫杖を持つ僧侶らしき人物と白装束の亡者らしき女性の人物が描かれているが、おそらくこの画像は、『今昔物語集』所収の立山地獄説話「越中立山の地獄に堕つる女、地蔵の助けを蒙る語」（巻一七第二七）を題材にしたものであろう。立山地獄に見立てられた地獄谷の領域にではなく、弥陀ヶ原の領域に亡者を配置するのは珍しい事例である。ちなみに、立山地獄の場面でこうした画像が描かれ、もし亡者が男性であるならば、それは「善知鳥」の立山地獄説話を題材にしたものである。

さて、以上の状況から推測すると、木版立山登山案内図を直接的に拡大模写して制作された立山曼荼羅、あるいはその影響を強く受けた立山曼荼羅は、立山信仰の伝播者である芦峅寺衆徒や岩峅寺衆徒の間で制作されたわけではなく、むしろ立山信仰の受容者である檀那場の信者たちの間で、あるいは立山禅定登山に訪れた、いわば外部の人々の間で制作されたもののようである。

3　形態

『市神神社本』『広川家本』『飯野家本』『志鷹家本』は、いずれも紙本一幅の掛軸式絵画である。『富山県［立山博物館］B本』は紙本二幅の掛軸式絵画である。『桃原寺本』は紙本四幅の掛軸式絵画である。これらの作品はいずれも紙本であり、絹本は見られない。表装もそれほど凝ったものは見られない。したがって、例えば、幕末期に幕閣大名や皇女和宮らが寄進した絹本の立山曼荼羅『宝泉坊本』や『吉祥坊本』(6)のように、高級な美術作品というわけではない。これらのなかで特に一幅物の『市神神社本』『広川家本』『飯野家本』『志鷹家本』は、立山禅定登山を実際に行った人物が、それを記念する意味で、自分の身近にいる絵師に依頼し、手頃な費用で描かせて所持したものであろう。

4 色彩

芦峅寺衆徒や岩峅寺衆徒が頒布した木版立山登山案内図は単色摺りであり、制作にそれほど費用や手間がかからない簡便なお土産絵地図であった。それにある程度の色彩が施され、次第に観賞用絵画の様相を呈していったのが、『市神神社本』『広川家本』『飯野家本』『志鷹家本』である。ただし、これらの作品はいずれも立山地獄の火焔や阿弥陀三尊の来迎、各集落、名所、名物など、部分的には鮮やかな色彩が用いられているとはいえ、画面全体的には淡彩を用いて描かれており、あっさりとした画風である。それが『富山県［立山博物館］B本』や『桃原寺本』では、画面全体に着彩され、他の一般的な立山曼荼羅と同様に絵画そのものといった作品になっている。以上の内容を概略すると、木版立山登山案内図から立山曼荼羅に展開していくにしたがって、多様な色彩が用いられるようになっていくのである。

5 版画から肉筆画へ

単色摺り版画の木版立山登山案内図は線画であり、至ってシャープな画風である。これに対し『市神神社本』『広川家本』『飯野家本』『志鷹家本』『富山県［立山博物館］B本』は山岳の描写に彩色が施されたり、また時にはぼかしの技法なども用いられ、木版登山案内図と比べると、構図や画像の輪郭線には共通した部分もあるとはいえ、若干ゆったりとした画風である。版画「立山登山案内図」から肉筆画「立山曼荼羅」へ転じることで、絵地図的性格が弱まり、絵画的性格が強まった。

6 表題

木版立山登山案内図に記された「越中国立山禅定名所附図別当岩峅寺」の表題から、その名が示すように、岩峅寺衆徒が発行する立山禅定登山の際の名所案内図的な性格がうかがわれる。

『市神神社本』に記された「越中国立山岩峅寺図絵」の表題は、この絵図が岩峅寺衆徒、及び彼らが広める立山信仰に関わるものであることを示している。

『広川家本』の「立山略図」の表題からは、立山禅定登山の際の山名案内図や名所案内図としての性格がうかがわれる。

『飯野家本』における「越中立山略縁起之図」の表題は、軸裏の「越中立山略縁起之図　名刹芦峅寺旧蔵」の銘文から推測すると、おそらくこの作品が成立した当初から記されていたものではなく、のちの時代に所蔵者が代わってから付加されたものであろう。この作品においては、その構図・画像が基本的には岩峅寺系の木版立山登山案内図を踏襲しているにもかかわらず、むしろ画面上部に挿入された芦峅寺系の立山略縁起に制作者の意識が強く置かれ、「越中立山略縁起之図」と題付けされたものであろう。

『志鷹家本』の「越中国立山図」の表題については、『市神神社本』の表題のように「岩峅寺」の文言がなく、制作者がこの絵図と岩峅寺衆徒との関わりをどれだけ意識していたかはわからないが、少なくとも霊山立山を描いた絵図との認識で題付けされたようである。

『富山県［立山博物館］B本』は、まだ木版登山案内図の要素を多分に残すとはいえ表題が見られない。立山曼荼羅にはそもそも表題がないのが普通であるが、この作品については、木版登山案内図を原図とした作品が、ある意味、一般的な立山曼荼羅の内容にかなり近づいてきたことを示している。

以上の各作品における表題のあり方から、名所案内図（木版立山登山案内図の「越中国立山禅定名所附図別当岩峅寺」、『広川家本』の「立山略図」）から鑑賞のための絵画（『市神神社本』の「越中国立山岩峅寺図絵」、『志鷹家本』の「越中国立山図」）、さらに立山曼荼羅（『富山県［立山博物館］B本』）への展開過程がうかがわれる。

7 道筋・川筋・方位

木版登山案内図はもとより、それを直接的に拡大模写して制作した『市神神社本』『広川家本』『飯野家本』『志鷹家本』、同版画の影響を強く受けた『富山県［立山博物館］B本』では、いずれも立山禅定登山の道筋や、常願寺川・称名川・湯川・浄土川などの川筋を必携の画像として描いており、作品には絵地図的性格が強く表れている。これが『桃原寺本』のように一般的な立山曼荼羅になると、それらの画像は描かれなくなる。

また、木版登山案内図には「東・西・南・北」の方位を示す文字注記があり、『飯野家本』にもそのうち「西」だけの文字注記がある。その他の作品には方位の文字注記は見られない。方位の文字注記がある作品は、より絵地図的な性格が強いといいえる。

以上の内容を概略すると、木版立山登山案内図から立山曼荼羅に展開していくにしたがって、道筋・川筋・方位などの絵地図的な画像・文字注記が消えていくのである。

8　縁起文

木版立山登山案内図は小型のお土産用絵地図であるから、その画中に描かれた画像や記載された文字注記、縁起文などは人々に鑑賞させると言うよりは、読ませるためのものである。

それが拡大模写され掛軸形式となった『市神神社本』では、木版立山登山案内図と同様、絵柄のなかに縁起文が挿入されているものの、この場合、その煩雑な書き具合から実質的にはその文言が読ませるためのものとして機能しているとは言えず、むしろ絵画における画像の一部として挿入されているようなものである。そうすると『市神神社本』は観賞用絵画と言えよう。

『飯野家本』では、絵柄と縁起文が切り離されており、画中、絵柄の上に別立てで記載されている。

『広川家本』では上記の二作品からさらに進展し、縁起文が削除され、代わりにその部分には飛雲の画像が描き込まれ、『市神神社本』以上に観賞用絵画としての性格が強まっている。

『富山県［立山博物館］Ｂ本』や『桃原寺本』になると縁起文はなくなり、もはや一般的な立山曼荼羅である。画像を解説するための文字注記や縁起文はなくなり、むしろそうした機能は衆徒が絵の内容を絵解きをすることでまかなわれる。

以上の内容を概略すると、木版立山登山案内図から立山曼荼羅に展開していくにしたがって、縁起文が絵柄の外に別立てで記載されるか、あるいはなくなっていくのである。

9　文字注記

表1が示すように、木版立山登山案内図に記載された文字注記は、『市神神社本』『広川家本』『飯野家本』『志鷹家

本』にも全く同じように記載されている。これは、上記の作品が木版立山登山案内図を直接的に模写して制作されたことを裏づける。したがってまだ構図・画像に絵地図的性格が強く表れているが、それに対し文字注記がなくなった『富山県［立山博物館］B本』になると、絵地図的性格と絵画的性格を等分に併せもつ作品となり、さらに展開して『桃原寺本』になると、絵地図的性格は弱まり、絵画的性格が強まっている。

10 日輪・月輪

木版立山登山案内図は絵地図であるから、マンダラのシンボル的な画像ともいえる日輪・月輪は描かれない。『市神神社本』『広川家本』『飯野家本』『志鷹家本』『富山県［立山博物館］B本』にも、日輪・月輪の画像は見られないが、そのことは、上記の作品が木版立山登山案内図の影響のもとで制作されたことを裏づける。

11 立山開山縁起や立山地獄の画像

木版立山登山案内図をはじめ、『市神神社本』『広川家本』『飯野家本』には一般的な立山曼荼羅に見られるような、立山開山縁起の登場人物である佐伯有頼や熊、鷹、玉殿窟の矢疵阿弥陀如来などの画像は描かれない。また、立山地獄の場面についても、地獄谷中心部の地蔵堂や血の池の如意輪観音堂、賽の河原の地蔵堂など、いくつかの諸堂が描かれるものの、あとは火焔の画像で表現するだけで、獄卒が亡者に責め苦を与える画像は一切見られない。いわば、立山地獄の場面には登場人物が不在なのである。したがって、これらの作品は絵地図的性格が強く、説話画的性格は弱いといえる。

一方、『志鷹家本』では、画中に立山開山縁起の一場面である佐伯有頼が熊に矢を射て追いかける画像（一般的な立山曼荼羅では横江村辺りに描かれるが、『志鷹家本』では芦峅寺村辺りに描かれている）や、その熊が矢疵を負って材木坂を駆け登っていく画像（一般的な立山曼荼羅には見られない画像である）が描き込まれ、この他、一ノ谷の大鎖場を参詣者が獅子ヶ鼻に向かってよじ登っていく画像なども見られる。

さらに立山地獄の場面についても、火車の様子など獄卒が亡者に責め苦を与える画像が描き込まれている。なお、これらの立山地獄の画像は、江戸時代後期の絵入り往生要集の挿絵や当時の浮世絵などの影響を受けた、いわゆる残虐絵のような表現で描かれている。

『富山県［立山博物館］B本』でも、立山山中の美女平の辺りに、佐伯有頼が熊に矢を射て追いかける画像が描かれている。さらに立山地獄の場面については、火車や目連救母説話に関する画像（いずれも阿鼻地獄に属する）の部分、剱岳を刀葉樹に見立てた画像（衆合地獄に属する）、亡者が二本の杭に挟まれて苦しむ画像、血の池地獄とそこに堕ちて苦しむ女性、畜生道の人面馬、賽の河原の嬰児などが描かれている。

こうした人物や獄卒、亡者などの動きのある画像が描き込まれることによって、『志鷹家本』や『富山県［立山博物館］B本』では、絵地図的性格が弱まり、それに代わって説話画的性格が強まるのである。

12　阿弥陀如来と観音菩薩・勢至菩薩の三尊来迎

木版立山登山案内図を拡大模写して制作された作品は絵地図的性格がきわめて強いものの、立山の本地仏である阿弥陀如来と観音菩薩・勢至菩薩の三尊来迎の画像があることで、本地仏曼荼羅としての礼拝画の意味も持っている。

『市神神社本』では、赤色の線画で飛雲が描かれ、それに乗る茶色の阿弥陀三尊が描かれている。『広川家本』では、全身が金色で塗られて光り輝く阿弥陀三尊が描かれている。『飯野家本』では、身体は茶色に塗られ、光背は金色に塗られた阿弥陀三尊が描かれている。『志鷹家本』では、線画に白色を塗った飛雲に乗って、全身を金色に塗られた阿弥陀三尊が描かれている。『富山県［立山博物館］B本』の阿弥陀三尊は、顔・胸・腕などが金色で塗られ、納衣は茶色で塗られている。

これらのうち、特に『広川家本』が特徴的で、画面全体のなかで阿弥陀如来と観音菩薩・勢至菩薩の三尊来迎の場面が著しく強調的に描かれている。具体的に説明すると、立山連峰を、その聖域性を強調するが如く純白色で描き、そこへ薄赤色で描かれた飛雲に乗って、金色に塗り描かれた阿弥陀三尊が来迎するといった表現をとっている。三尊が大きめに描かれ、この場面が圧倒的に強調されることで、作品は本地仏曼荼羅の様相を呈し、木版立山登山案内図の絵地図的性格から立山曼茶羅の説話画的性格への転化を遂げうるのである。

13 参詣者

木版立山登山案内図には参詣者の画像は見られない。それは同様に『市神神社本』『広川家本』『飯野家本』でも全く見られないが、『志鷹家本』になると、一部分のみではあるが、一ノ谷の崖の鎖場を獅子ヶ鼻に向かってよじ登ろうとする二人の参詣者が描かれており、それが『富山県［立山博物館］B本』や『桃原寺本』になると、ある程度の人数の参詣者が山麓・山中に描き込まれるようになる。参詣者を描き込むことで、画面に動きが生じることとなる。静止画的な絵地図から動画的な説話画へと転化を遂げうるのである。

14 『飯野家本』が示唆する今後の研究課題

岩峅寺一山と芦峅寺一山の両方の要素が混在している『飯野家本』は、従来指摘されてきた立山曼荼羅諸本に対する分類方法の見直しの必要性を示唆する。

すなわち、『飯野家本』については、構図や画像は岩峅寺系の木版立山登山案内図を原図として成立しているが、縁起の部分は芦峅寺系の立山略縁起を用いている。これを制作したのは、芦峅寺衆徒でも岩峅寺衆徒でもない、全く外野の泰利光と称する老人であるが、それも、他者の依頼によって描いている。

泰利光及び依頼者にとっては、この作品が芦峅寺系・岩峅寺系のどちらでもよかったわけであり、その折衷型の作品が成立したわけである。

こうして考えると、芦峅寺衆徒や岩峅寺衆徒の影響力が弱い地域、あるいは全くない地域でも、例えばそこの誰かが立山禅定登山を実際に行ったことの記念として、お土産に買ってきた木版立山登山案内図を絵画化することは十分ありうるわけで、そうした際にできる立山曼荼羅は、従来言われてきた芦峅寺系立山曼荼羅・岩峅寺系立山曼荼羅といった分類の範疇を超えていることになる。

立山曼荼羅の草創期、芦峅寺衆徒や岩峅寺衆徒によって自ら手掛けられた立山曼荼羅や、あるいはその強い影響下で描かれた立山曼荼羅については、芦峅寺系・岩峅寺系の系統分類は意味を持つが、立山信仰の広がりとともに、それが立山衆徒の管轄外でも作られるようなことが生じてくると、前述の分類方法は、必ずしもあてはまらなくなる。

立山曼荼羅の誕生時期からある程度の発展期までは、芦峅寺系・岩峅寺系の分類方法は有効だが、さらにそれが展開していくと、必ずしもその分類方法は有効でなくなる。そのことを如実に示しているのが、芦峅寺系でもあり岩峅寺系でもある、または芦峅寺系でもなく岩峅寺系でもない、この『飯野家本』である。

おわりに

以上の分析から、立山曼荼羅の『市神神社本』『広川家本』『飯野家本』『志鷹家本』は、いずれも木版立山登山案内図を直接的に拡大模写、及び加筆して制作されたことがわかる。また、『富山県［立山博物館］B本』や『桃原寺本』についても、これら一連の作品のように直接的な模写関係はないにしろ、構図や、画像モチーフの類似性から同系種の作品として位置づけられる。この結果、立山曼荼羅の成立パターンのひとつに、木版立山登山案内図から立山曼荼羅が成立していくパターンがあったことが指摘できる。そしてその成立過程は、木版立山登山案内図（情報を読むための絵地図）↓『市神神社本』『広川家本』『飯野家本』『志鷹家本』（鑑賞・礼拝のための絵画）↓『富山県［立山博物館］B本』『桃原寺本』（鑑賞・礼拝に加え教化の目的を持った絵画）といった流れをたどっている。

今後の研究課題として、『飯野家本』の事例で指摘したように、芦峅寺衆徒や岩峅寺衆徒との関係が弱いところで、あるいは全くないところで制作される立山曼荼羅の存在を、立山曼荼羅の研究史上、どのように位置づけるかといった問題が新たに浮上してきた。芦峅寺系・岩峅寺系といった従来型の分類方法の範疇を超えた立山曼荼羅に対する考察は次回の取り組みとしたい。

註

（1） 山絵図に関する史料には以下のものがある。

・「立山絵図再板往覆　天保十三壬寅年十一月綴之」（廣瀬誠編『越中立山古記録　第三巻』一〇九頁～一一〇頁、立山開発鉄道、一九九一年）。
・廣瀬誠編『越中立山古記録　第一巻』（六二頁、立山開発鉄道、一九八九年）、「縮方ニ旦那場を段々相求、立山牛玉札幷ニ山絵図等相くばり少々宛之初尾もらい、渡世仕リ来申候」。
・『越中立山古記録　第一巻』（六三頁）、「已ニ彼方宮地村等ゟ諸参詣人、荷物持仕候者共之内ニ、右参詣人私共方ニ而国本へみやげ等ト申、牛玉札・山絵図等相求候を見請候得ば、其儘荒出」。
・『越中立山古記録　第一巻』（一〇四頁〜一〇六頁）、「山絵図之事ハ本社附之衆徒にても無之候得者、芦峅寺と書記候絵図を弘候義は難成候。芦峅寺と不記して有来之絵図を売る候共、売物同様故、不及貧着候条、此旨可有御申渡候。以上」。
・橋本龍也編『越中紀行文集（越中資料集成　一〇）』（五八二頁、桂書房、一九九四年）。
・文政六年（一八二三）尾張藩士某『三図山巡』「岩峅寺ハ寺弐拾四坊有て、其日の当番にて取扱なり。是非此当番へ懸て山銭も此所にて出せバ請取をさし越を、登山の上、室にて指出す也。山銭壱人百三拾文づつ也。此寺にて支度も泊りも出来る也。持参の弁当遣へバ少しの茶代置てよし。此寺に泊りても百五拾文の由。経文の書たるもの出し、地獄にて血の池へ入よと云。一枚三文づつ。其外山の図をも出す」。
池大雅『三岳記行』（京都国立博物館所蔵）によると、宝暦一〇年（一七六〇）、池大雅は高芙蓉、韓大年らと立山を訪れ禅定登山を行ったが、その際、七月一〇日に富山を発った一行は、岩峅寺延命院で昼食をとり、「絵図・血盆経」を四八文で購入している。
（2）　木版立山登山案内図の諸作品は、嶋本隆一・福江充・坂森幹浩『立山登山案内図と立山カルデラ』（立山カルデラ砂防博物館、二〇〇〇年）に数多く掲載されている。

（3）『立山登山案内図と立山カルデラ』に収録の資料写真一九番・二〇番。
（4）廣瀬誠編『越中立山古記録　第三巻』（一〇頁）。
（5）『日本歴史地名大系　二七巻　京都市の地名（オンデマンド版）』（平凡社、二〇〇一年）。
（6）拙著『立山曼荼羅―絵解きと信仰の世界―』（一九七頁～二〇二頁、法蔵館、二〇〇五年）。拙稿「江戸城をめぐる立山信仰と立山曼荼羅―「宝泉坊本」と「吉祥坊本」の成立背景―」（真鍋俊照編『仏教美術と歴史文化』五一一頁～五三〇頁、法蔵館、二〇〇五年）。

第五章　木版立山登山案内図と立山曼荼羅

はじめに

立山登山に誘うために作られた「越中国立山禅定並略御縁起名所附図」や「越中国立山諸神社並名所図絵」「越中国立山禅定名所附図別当岩峅寺」「越中国立山之図」などの表題を持つ一連の摺り物群は木版立山登山案内図と呼称されている。

特に立山衆徒に関わる木版立山登山案内図には、芦峅寺の諸堂社を詳しく描いた芦峅寺系の作品と、岩峅寺の諸堂社を詳しく描いた岩峅寺系の作品がある。

さて、「木版立山登山案内図」の用語は造語であり、平成一二年(二〇〇〇)、立山カルデラ砂防博物館第五回企画展『立山登山案内図と立山カルデラ』を開催するにあたり、企画展担当者だった嶋本隆一氏・坂森幹浩氏、そして筆者の三人で考案した研究のための用語である。それと言うのも、当時は、立山登山に誘うために作られた前述の摺り物群を、適切に示しうる用語がなかったからである。なお、その際に刊行した同企画展解説図録には九五点の作品が掲載・紹介され、木版立山登山案内図を研究する際の定本となっている(1)。

一方これとは別に、筆者は、後の平成一九年(二〇〇七)に、この木版立山登山案内図が模写されて立山曼荼羅が成

立していく過程を論じている。(2)

ところで、今回再び木版立山登山案内図と立山曼荼羅の影響関係に着目するが、その理由は、前掲図録に収録されていない種類の木版立山登山案内図が二種類見つかり、一種類は、現存作品のなかで最古のものと考えられること、もう一種類は立山曼荼羅の影響を受けて成立したものと考えられることなど、いずれも、筆者のかつての論文を補足・進展させうると考えたからである。したがって、本章ではこの二種類の資料の紹介・内容分析をとおして、木版立山登山案内図と立山曼荼羅の影響関係を再検討していきたい。

一　木版立山登山案内図「越中国立山図」について

前掲『立山登山案内図と立山カルデラ』に掲載された九五点の作品とは別に、山下和正著『地図で読む江戸時代』(3)には、現存する木版立山登山案内図のなかで、制作年代などの記載はないものの、その構図や図柄、表題、文字注記などから、最古のものと思われる作品が掲載されている(写真1)。

その作品は前掲著者の山下氏の所蔵で、木版墨刷り、「越中国立山図」の内題を持ち、寸法は、縦四一・五×横三〇・七センチメートル(枠寸、縦四一・一×横二九・三センチメートル)である。

さて、この作品と概ね共通した構図・図柄を持つ江戸時代中期の芦峅寺系木版立山登山案内図が二点、そして手書きの絵図が一点見られる。前者の二点は、江戸堺町中屋半七郎が施主の享保七年(一七二二)「越中国立山禅定並略御縁起名所附図」(富山県立図書館所蔵)(写真2)と、尾張国の野田惣左衛門・天野又八郎・樋江井弾七郎・伊藤伊八郎・渡辺孫次郎らが願主で角屋源助板本の宝暦一三年(一七六三)「越中国立山禅定並略御縁起名所附図」(個人所蔵)(写真

3）である。後者の一点は、宝暦五年に森幸安が木版立山登山案内図を参考に描いた「日本輿地図 越中国立山図」（国立公文書館所蔵）である。

まず、「越中国立山図」の画面に見られる文字注記を確認しておきたい。

（1）いわくら（岩峅）、（2）よこゑ村（横江村）、（3）さんづ川（三途川）、（4）あしくら（芦峅）、（5）仁王門、（6）堂とう（堂塔）、（7）あうみや（大宮）、（8）わか宮（若宮）、（9）かいさんどう（開山堂）、（10）ぢぞう堂（地蔵堂）、（11）ゑんま

写真１　「越中国立山図」
（山下和正氏所蔵、同『地図で読む江戸時代』）

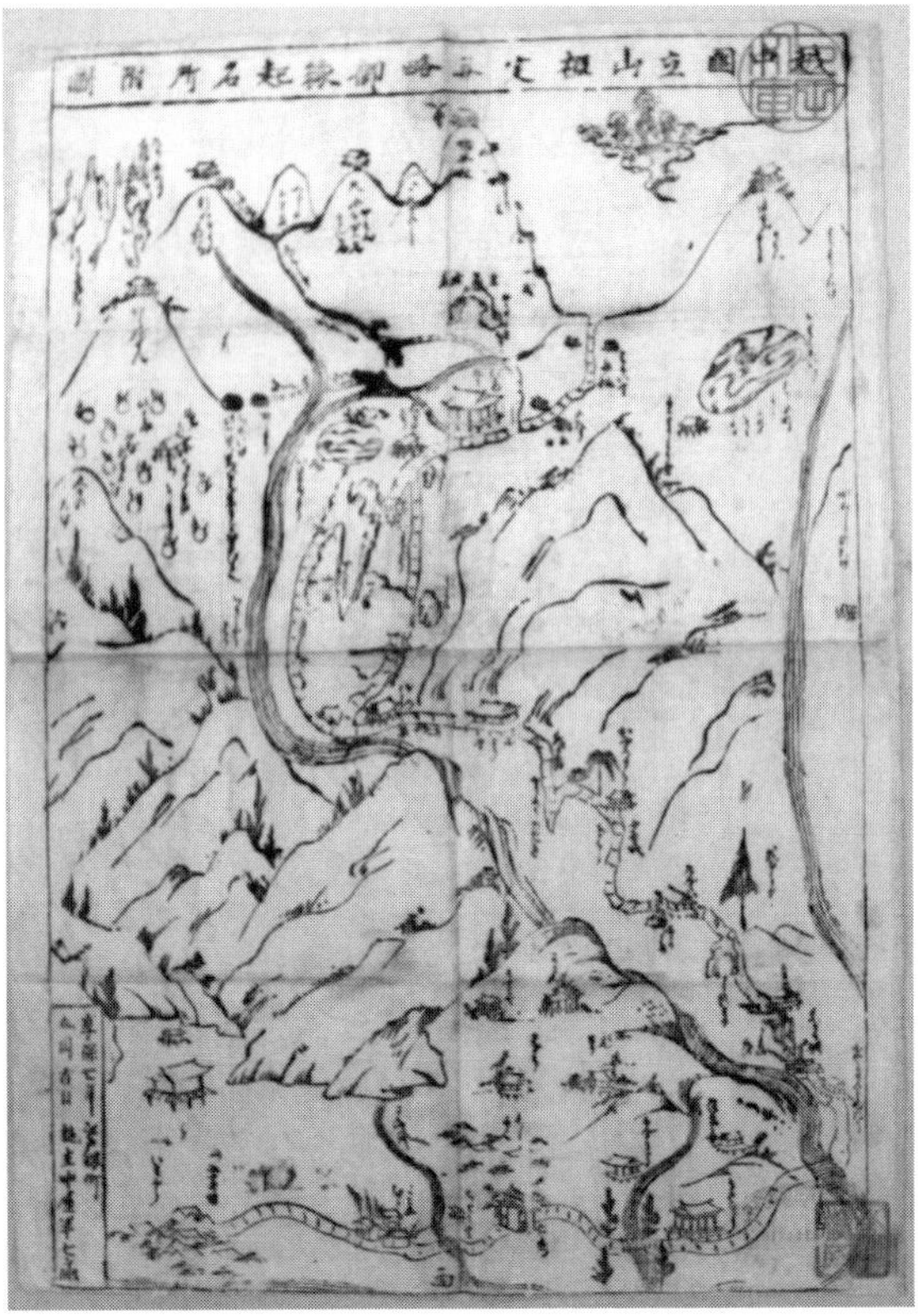

写真２　享保７年「越中国立山禅定並略御縁起名所附図」
（富山県立図書館所蔵）

どう（閻魔堂）、（12）うばどう（媼堂）、（13）たいしゃくどう（帝釈堂）、（14）ふじ橋（藤橋）、（15）だう（堂）、（16）ゆ川（湯川）、（17）くまノこんげん（熊野権現）、（18）がきがくび（餓鬼が首）、（19）わしのいはや（鷲の窟）、（20）しかりばり（叱り尿り）、（21）びぢょ杉（美女杉）、（22）だんざい（断截）、（23）ぶなざか（ブナ坂）、（24）かふろ杉（禿杉）、（25）くわ谷（桑谷）、（26）ちはら、（27）せうめうのたき（称名滝）、（28）ふどう（不動）、（29）なかつはら（中津原）、（30）二ノ谷、（31）小くさり（小鎖）、（32）一ノ谷、（33）大くさり（大鎖）、（34）ししがはな（獅子ヶ鼻）、（35）うば石（姥石）、（36）かがみ石（鏡石）、

（37）むろだう（室堂）、（38）おく行十間ほど（奥行十軒程）、（39）六どう両社（六道両社）、（40）はらい堂両社（祓堂両社）、（41）一〜二〜三〜四〜五、（42）水上りうわうどう（水上龍王堂）、（43）かりごめいけ（刈込池）、（44）立五町横二丁（縦五丁横二丁）、（45）りうわうだけ（龍王岳）、（46）浄土山　本ぞん　あみだ（浄土山　本尊　阿弥陀）、（47）ごくらく石（極楽石）、（48）大汝　本ぞん　白山十一めんくわんおん（大汝　本尊　白山十一面観音）、（49）ふじのおりたて（富士ノ折立）、（50）別山　本ぞん　大にち（別山　本尊　大日）、（51）大はしり、（52）小はしり、（53）さいのかわら（賽の河原）、（54）つ

写真3　宝暦13年「越中国立山禅定並略御縁起名所附図」
（個人所蔵）

るぎだけ（劔岳）、(55)とう　じねん石（塔　自然石）、(56)ぢごくめぐりのみち（地獄めぐりの道）、(57)ぢぞう（地蔵）、(58)ちのいけ　此いけけつぼんきゃうおをさむる也（血の池　この池、血盆経を納むる也）、(59)ぢごく谷（地獄谷）、(60)ぢぞうどう（地蔵堂）、(61)ちくしやうはら（畜生原）、(62)からだせん（伽羅陀山）、(63)大日のたけ（大日岳）。

さて、この「越中国立山図」が、現存の木版立山登山案内図の諸作品のなかでなぜ最古のものなのかを、内容分析をとおして考察していきたい。

①山下和正氏所蔵「越中国立山図」、享保七年（一七二二）と宝暦一三年（一七六三）の「越中国立山禅定並略御縁起名所附図」、宝暦五年の森幸安「日本輿地図 越中国立山図」の画像を見ていくと、いずれも刈込池が画面上斜めに傾いた形で描かれている。これについて、近年の嶋本隆一氏の研究では、この形に描かれた木版立山登山案内図は、作品群において古い作品と位置づけられている(4)。

ところで、「越中国立山禅定並略御縁起名所附図」の内題を持つ作品のなかで、廣瀬誠氏が元禄二年（一六八九）の制作と推測された作品が、富山県立図書館に所蔵されている。もっとも作品そのものの画枠内に年号など、制作年代が確定できるような銘文は全く見られず、どのような根拠で廣瀬氏がこの作品の制作年代を元禄二年と確定されたのかは不明である。作品の枠外に鉛筆書きで「元禄二年五月新調　芦峅大仙坊」と記されているが、その根拠は不明である。全体的に彫り・摺りともに粗く、未熟な作風ということで、この作品を享保七年（一七二二）版の作品以前のものとみる見解もあるが、前述の刈込池の描き方などからすると、山下和正氏所蔵「越中国立山図」や享保七年と宝暦一三年（一七六三）の「越中国立山禅定並略御縁起名所附図」よりもあとの制作であると考えられる。

②「越中国立山図」には「なかつはら（中津原）」の文字注記が見られ、宝暦五年（一七五五）の森幸安「日本輿地図 越中国立山図」にも「中津原」、及び同図の室堂の下に「是ヨリ立山絶頂本社マデ一里八町、中津通へ二里」の文字

注記が見られる。しかしこの二作品には「弥陀ヶ原」の文字注記は見られない。一方、享保七年(一七二二)版、宝暦一三年版には「なかつはら」の文字注記が見られ、さらに「弥陀ヶ原」の文字注記も見られる。古い木版立山登山案内図においては、立山禅定道の通過点として、中津原が弥陀ヶ原より重視されていたと考えられる。

③「越中国立山図」には「やくしだけ(薬師岳)」の文字注記は見られないが、享保七年(一七二二)版と宝暦一三年(一七六三)版の「越中国立山禅定並略御縁起名所附図」や、森幸安「日本輿地図 越中国立山図」には記載が見られる。もともと書かれていなかった注記が改版の際、付加されたのであろう。

④「越中国立山図」には、方角を示す文字注記が見られない。宝暦一三年(一七六三)版にも見られず、宝暦五年・森幸安「越中国立山図」には「南」の文字注記だけが見られる。享保七年(一七二二)版には方角を示す「東西南北」の文字注記が見られる。

⑤享保七年(一七二二)「越中国立山禅定並略御縁起名所附図」には、玉殿窟の文字注記に「玉殿石屋」、雄山山頂峰本社の文字注記に「御本社」が見られる。これらは、「越中国立山図」と宝暦一三年(一七六三)「越中国立山禅定並略御縁起名所附図」には見られない。もともと書かれていなかった注記が、「越中国立山図」などの改版の際、付加されたのであろう。

⑥木版墨刷りの立山登山案内図の作品群において、内題が「越中国立山図」と称する作品のほうが「越中国立山禅定並略御縁起名所附図」と称する作品よりも古いと考えられる。この理由は後述する。

以上の四作品の比較・分析から、享保七年(一七二二)版と宝暦一三年(一七六三)版のいずれの「越中国立山禅定並略御縁起名所附図」も、木版の「越中国立山図」の構図や画像・文字注記などが模写されて制作された作品であると考えられる。なおその際、より忠実に模写して類似度が高いのは宝暦一三年版である。享保七年版は江戸の版元で若干の変更が加えられている。宝暦一三年版が制作される八年前の宝暦五年に、森幸安が、おそらくは木版の「越中国立山図」を参考に「日本輿地図 越中国立山図」（国立公文書館所蔵）を制作したものと考えられる。

二　内題概念の違い

この節では、木版の「越中国立山図」と「越中国立山禅定並略御縁起名所附図」のそれぞれの内題の概念の違いと、それが生み出された背景について考えていきたい。

1　立山の山絵図と木版の「越中国立山図」

木版立山登山案内図は、立山禅定道や地獄谷、諸堂舎などを強く意識した山絵図であり、それが第一の特徴であるが、享保期以前の他の絵図に立山禅定道や地獄谷、諸堂社が多少なりとも意識されている山絵図、あるいはその要素を含んだ絵図を探すと、延宝六年（一六七八）以降に原図が成立した「越中国四郡絵図」（通称「延宝の国絵図」、金沢市立玉川図書館所蔵）や元禄一三年（一七〇〇）「立山禅頂並後立山黒部谷絵図」（富山県立図書館所蔵）、原図が元禄期（元禄八年から一四年の間）に成立の「立山ザラ越之図」（個人所蔵、富山県［立山博物館］寄託資料）などが見られるぐらいである。木版立山登山案内図とこれらの山絵図との直接的な影響関係は今のところ定かではないが、共通項として立山禅定道や山中の諸堂舎、地獄谷が意識された絵図は、どうも延宝期から元禄期にかけて出始めているようである。

現存の木版立山登山案内図の作品群において、こうした山絵図との接点をわずかにうかがわせる唯一の作品が、本章で着目している山下和正氏所蔵「越中国立山図」である。そして、作品中、どこに接点が認められるかと言えば、

「越中国立山図」のまさにその内題にである。この作品の本質は「越中国立山図」＝「越中立山の山絵図」＝「山絵図」なのである。

そもそも、芦峅寺と岩峅寺の争論において、文化九年（一八一二）九月、芦峅寺が寺社奉行宛に提出した嘆願書に、「縮方二旦那場を段々相求、立山午玉札幷山絵図相くばり少々宛初尾もらい、渡世仕リ来申候」[5]と見られるように、芦峅寺衆徒にとって、「木版立山登山案内図」は時期は変わっても、根本的な認識では一貫して「山絵図」であり続けたのである。

2 「越中国立山図」から「越中国立山禅定並略御縁起名所附図」への内題の変化と立山略縁起・立山曼荼羅

芦峅寺系木版立山登山案内図の銘文のうち、内題が「越中国立山図」から「越中国立山禅定並略御縁起名所附図」に変化したことの意義を考えたい。

まず、「越中国立山図」の内題の意味するところは、「越中国立山の絵図」＝「（立山の）山絵図」ということである。次に、「越中国立山禅定並略御縁起名所附図」の呼称の意味するところは、「越中国立山の禅定道」に「立山略縁起の名所」を組み合わせてできた絵図ということである。すなわち、立山の禅定道が重視された山絵図に、あとから立山略縁起の名所情報が加わったのである。

ここで興味深いのは、芦峅寺系木版立山登山案内図において、略縁起の名所情報は文字注記で表されることはあっても、略縁起の文章そのものが実際に画面に入れられることはなく、さらに、むしろ画面に方位の注記が入れられていくことで、より一層、禅定登山道の案内用、あるいはお土産用の「絵地図」になっていった点である。

この背景をもう少し具体的に押さえておきたい。享保七年（一七二二）の木版立山登山案内図に見られる「越中国立山禅定並略御縁起名所附図」の内題は、その後も幕末までの全ての芦峅寺系木版立山登山案内図に付けられていく。しかし、作品の画面にはどこにも縁起の文言そのものは記されておらず、したがってこの内題の意味するところは、「立山禅定道」上の名所と「立山略縁起」の舞台となる名所を併せ描いた図ということなのであろう。

さてそれならば、裏を返せば享保七年（一七二二）の頃にはすでに、芦峅寺系木版立山登山案内図と密接な関係を持つものとして、この内題の文言の「略御縁起」にあたる何らかの文言が存在していなければならないことになる。ではそれがどのような内容のものだったのかというと、おそらく芦峅寺相真坊や芦峅寺大仙坊の立山略縁起などであったと考えられる。それは、のちの芦峅寺日光坊や芦峅寺権教坊、芦峅寺泉蔵坊らの「立山大縁起」ほどではないが、ある程度の長文であり、佐伯有若や嫡男有頼、文武天皇、白鷹、熊、慈朝、薬勢らを主な登場人物として、立山開山の物語だけを詳しく記したものである。ちなみに、相真坊の立山略縁起の表紙には「享保元年の改め記す、相真坊」とあり、(6)享保期以前にすでにこの縁起の原本が存在していたことになるので、先述の享保七年（一七二二）の芦峅寺系木版立山登山案内図の表題に見る「略御縁起」と時期的にうまく符合する。

一方、岩峅寺系木版立山登山案内図では、芦峅寺系のものとは逆に、表題の「越中国立山禅定名所附図別当岩峅寺」の文言のなかには「縁起」の文言は見られず、むしろ画中に岩峅寺系の立山略縁起の文言そのものが記載されている。

それには、立山山中の名所案内が丁寧に記されている。それゆえ、立山山中の名所案内図である岩峅寺系木版立山登山案内図の内容と呼称のあり方（内題の文言）は、完全に符合している。また、岩峅寺は立山信仰に関する諸権利のうち、加賀藩から立山山中諸堂舎の管理権や山役銭の徴収権を授かっていたので、岩峅寺系木版立山登山案内図に、立山山中の名所案内などの山そのものに関わる情報が記された「立山略縁起」が挿入されたことはいたって妥当と言える。なお、岩峅寺がこうした木版立山登山案内図を制作し始めた時期は、おそらく芦峅寺ほど古くはなく、江戸時代中期から後期の間であったのではないかと考えられる。

こうした岩峅寺系木版立山登山案内図のあり方に対し、芦峅寺の宿坊家では、おそらく木版立山登山案内図の画面に挿入するために短い文言でまとめられた岩峅寺の立山略縁起に影響を受け、のちに芦峅寺権教坊や宝泉坊らの立山略縁起が制作されたと考えられる。しかし、芦峅寺の場合は、岩峅寺のように加賀藩から立山山中諸堂舎の管理権や山役銭の徴収権などを認められていなかったし、芦峅寺の立山略縁起そのものは、媼尊や山麓の芦峅寺の宗教施設などの紹介が中心的な内容であり、立山山中の禅定道や河川、名所を描く木版立山登山案内図とは、内容的に隔たりがあった。そうかといって、加賀藩から正式に山中支配を認められている岩峅寺の手前、その権利を持たない芦峅寺が、岩峅寺のように立山山中の名所案内図としての木版立山登山案内図を積極的に制作することはできなかったのであろう。

もっとも、芦峅寺にとってこのことはそれほど大きな問題ではなかった。なぜなら、芦峅寺では初期の立山略縁起の内容を、木版立山登山案内図を拡大した大画面のなかに、具体的な登場人物をともなって描き込んだ、すなわち「立山曼荼羅」という優れた教具が、おそらく江戸時代中期頃には生み出されていたと考えられるからである

三　立山衆徒に関する木版立山登山案内図の成立時期

現存の木版立山登山案内図のうち成立年代が判明している最も古い作品は、芦峅寺宿坊家の宝泉坊に関わるものと推測され、江戸堺町中屋半七郎を施主として制作された享保七年（一七二二）の作品である（富山県立図書館所蔵）。その

構図や図柄は、後世のものと比較するとほとんど大差がなく、したがって木版立山登山案内図の成立は、享保期以前のかなり早い時期であったと思われる。

その痕跡は貞享三年（一六八六）「奉納越之中州立山絶頂宝蔵一軸」（巻子本）（岩峅寺文書）に見られる。同書には、金沢の町人木村與兵衛から「立山絵図」が寄進された記録があり(7)、この絵図はおそらく木版立山登山案内図を指すものと考えられる。

さて、木版立山登山案内図の成立時期を考えるうえで、富士山や白山など、他の霊山の登山案内図を参考にしたいところだが、意外にも、成立時期が元禄期（一六八八～一七〇四）頃まで遡るものは見られない。そうしたなかで日光山の木版登山案内図が大いに示唆に富む。植山弥平次正利が元禄期に開版した日光で最初の「日光山之御絵図」（栃木県立博物館所蔵）と、木版立山登山案内図を比較した場合、両者はきわめて共通した表現方法をとっていることがわかる。さらに、注目すべきは植山弥平次及び植山家の経歴である(8)。

植山家は、武州紺屋町が生国の弥平次正利が、加賀の金沢城下で経師屋を営んだ後、日光山に呼ばれ、日光山常行堂の大過去帳の修理などにたずさわった本来は経師であった。そして元禄期に「日光山之御絵図」を作成して、以後独占して代々日光山の絵図を開版・販売してきた。経師屋の植山弥平次が加賀・金沢在住期に、「日光山之御絵図」のような木版立山登山案内図を手がけたか否かは不明だが、元禄期に「日光山之御絵図」を開版した実績からすると、元禄期、あるいは前述の貞享期の金沢城下でも、木版立山登山案内図が制作されるだけの技術はあったことがわかる。

その裏付けとして、正徳五年（一七一五）刊「三ヶ屋五郎兵衛板行目録」（『六用集』所収）には「立山禅定之図」と記載が見られ(9)、同年には金沢の民間書肆の手による木版立山登山案内図の出版が確認できる。

そして、これが、山下和正氏所蔵「越中国立山図」や、享保七年（一七二二）と宝暦一二年（一七六二）の「越中国立山禅定並略御縁起名所附図」、宝暦五年の森幸安「日本輿地図 越中国立山図」などに繋がっていくのである。

ところで、天正一八年(一五九〇)、立山山麓の芦峅寺では、加賀藩初代藩主前田利家の命で、媼堂をはじめとする宗教施設の大がかりな修理が行われた。また、慶長一九年(一六一四)、前田利家夫人芳春院と加賀藩二代藩主前田利長夫人玉泉院が芦峅寺に参詣に訪れ、媼堂に仏具を寄進する他、媼堂の前の橋に布橋を掛け何らかの宗教儀式を行っている。そして、その後も加賀藩は寛文元年(一六六一)頃までたびたび芦峅寺一山の宗教施設を整備している(10)。

それとともに、加賀藩は立山峰本社や室堂及び諸末社など、立山山上・山中の宗教施設も整備している(11)。また一方では、加賀藩の造営・整備とは別の動きとして、前掲の貞享三年(一六八六)「奉納越之中州立山絶頂宝蔵一軸」に見られるように、延宝期から元禄期にかけては、民間の寄進によって大がかりな立山登拝道の整備や室堂の整備も行われている(12)。

こうした立山山麓・山中・山上の諸堂舎や登拝道の整備状況は、白山・立山・富士山を巡る三禅定(13)の習俗とも連動するものであった。三禅定は延宝期にはすでに豪農の間で確立しており、それ以降も道程などを拡大させながら庶民の間で日常的かつ継続的に行われている。本州の中央部に三禅定の道程が確立し、主に東海地方から立山参詣者が安全に訪れることができるようになり、一方、三禅定の道者も含む各地からの立山参詣者に対応できるように、立山が次第に整備されていくといった相互の展開があった。

そして前述のとおり、木版立山登山案内図や延宝六年(一六七八)以降に原図が成立した『越中国四郡絵図』、元禄一三年(一七〇〇)『立山禅頂並後立山黒部谷絵図』、原図が元禄期(元禄八年から一四年の間)に成立の『立山ザラ越之図』など、立山禅定道や山中の諸堂舎、地獄谷が意識された絵図は、延宝期から元禄期にかけて出始めているのも、こうした、立山山麓・山中・山上の諸堂舎や登拝道の整備状況と連動したものであろう(14)。

三禅定の道程が概ね確立していた延宝期は、芦峅寺や岩峅寺の衆徒・社人たちにとって、加賀藩政下での一山組織としての存在の位置づけが第一段階の所領安堵以降、第二段階として藩の寺社改めなどにより明確になった時期でもあった。(15)

さて、木版立山登山案内図はこうした一連の社会状況に応じて延宝期から元禄期の間に成立したものと推測される。そして木版立山登山案内図の誕生は、立山の名所化の表れとしてとらえることができるのである。

その後、享保期や宝暦期には、立山信仰の受容者側の人々を施主として成立した木版立山登山案内図が見られるようになる。前述の江戸堺町中屋半七郎が施主の享保七年(一七二二)「越中国立山禅定並略御縁起名所附図」や尾張国の野田惣左衛門・天野又八郎・樋江井弾七郎・伊藤伊八郎・渡辺孫次郎らが願主で角屋源助板本の宝暦一三年(一七六三)「越中国立山禅定並略御縁起名所附図」などがそれである。

このように、江戸時代中期には立山信仰の受容者側の人々が木版立山登山案内図の施主になっていることから、当時、立山はすでに名所として充実してきており、それを案内した同図は、おそらく立山信仰の檀那場の人々の間でかなり普及していたと推測される。なお、前述の宝暦五年(一七五五)の森幸安「日本輿地図 越中国立山図」などが出てくるのも、まさにその表れであろう。

四　木版立山登山案内図と立山曼荼羅

一般的な立山曼荼羅は、いわゆる「説話画」の性格が強い。しかし、立山曼荼羅諸本のなかには「絵地図」や「山絵図」の性格が強い作品も見られる。

具体例をあげると、立山曼荼羅諸本のうち、『市神神社本』(文化三年〔一八〇六〕、北條左近平氏富〔作〕、滋賀県東近江市・市神神社所蔵)、『広川家本』(新潟県糸魚川市・個人所蔵)、『飯野家本』(天保六年〔一八三五〕か?、泰利光〔作〕、富山県高岡市・個人所蔵)、『富山県［立山博物館］C本』、『志鷹家本』(天保七年以前、京都・小松谷正林寺旧蔵本、富山県立山町・個人所蔵)、『富山県［立山博物館］E本』(元治二年〔一八六五〕、摂津国嶋下郡坪井村・村田広秀〔作〕)は、いずれも岩峅寺系の木版立山登山案内図を直接的に拡大模写、及び加筆して制作された作品である。

さらに、『富山県［立山博物館］B本』や『桃原寺本』(富山県魚津市・桃原寺所蔵)、『称名庵本』(天保一四年〔一八四三〕、富山県［立山博物館］所蔵)についても、これら一連の作品のように直接的な模写関係はないにしろ、構図や、画像モチーフの類似性から同系種の作品として位置づけられる。

このように立山曼荼羅の成立過程において、成立型式のひとつに木版立山登山案内図の構図や図柄を基に立山曼荼羅が制作されていく型式があったことが指摘できる。そしてその成立過程は、現存作品だけで考えるならば、木版立山登山案内図(情報を読むための絵地図)→『市神神社本』『広川家本』『飯野家本』『富山県［立山博物館］C本』『富山県［立山博物館］E本』『志鷹家本』(鑑賞・礼拝のための絵画)→『富山県［立山博物館］B本』『桃原寺本』(鑑賞・礼拝に加え教化の目的を持った絵画)といった流れを辿ったものと思われる。なお、木版立山登山案内図から立山曼荼羅が制作されていく事例が見られるようになる時期は、成立時期が判明している立山曼荼羅の現存状況からすると、文化期(『市神神社本』〔文化三年〔一八〇六〕〕)以降である。

ところで、立山曼荼羅の『称念寺B本』(文化一〇年〔一八一三〕、画工信州桂斎〔作〕、富山県高岡市・称念寺所蔵)と『富山県［立山博物館］A本』(文政二年〔一八一九〕、越後国高田・田中氏〔作〕)はその制作過程において木版立山登山案内図との直接的な関係があったか否かは不明だが、立山衆徒以外の人々が、はじめて立山曼荼羅を制作した際、説話画の要素の希薄な山絵図風の立山曼荼羅を制作した事例である。これらの成立年代も『称念寺B本』と『富山県［立山博物館］A本』ともに文化・文政期である。やはり、江戸時代後期の文化期から幕末期にかけて、立山衆徒以外の人々が立山曼荼羅を制作すると、幅数も一幅か二幅までで、説話画の要素の希薄な山絵図風の立山曼荼羅ができてしまうことが多かったようである。

五　木版立山登山案内図の「立山曼荼羅」化

1 「越中国立山絵図之写」の内容

刈谷市中央図書館所蔵「越中国立山絵図之写」[16]と筆者所蔵「越中国立山絵図之写」（本体の枠内に「観行寺」の銘文がある）は、木版墨刷で、構図・画像ともに細部にわたって共通しており、同一の版木から刷られたもとと考えられる。その際、筆者所蔵「越中国立山絵図之写」が先に刷られている。その後、この版木の「観行寺」の銘文を削りとって、そこに当て木を施して、岩峅寺の大鳥居の半分などを、違和感なく描き、彫り込んでできた版木から刷られたのが、刈谷市中央図書館所蔵「越中国立山絵図之写」である。

刈谷市中央図書館所蔵「越中国立山絵図之写」の法量は、縦四〇・〇×横二七・七センチメートル（実寸か枠寸かは不明）である。一方、筆写所蔵「越中国立山絵図之写」の法量は、縦四〇・三×横三一・六センチメートル（枠寸…縦三八・〇×横二七・三センチメートル）である。

さて、両作品の画面に見られる文字注記は共通しており、次のとおりである。

（1）天神野城、（2）慈興禅師旧所〔立山開山者の慈興（佐伯有頼）が「慈興禅師」と表記されている〕、（3）岩倉、

（4）芦研、（5）有嗣公〔立山開山者の佐伯有頼が「有嗣公」と表記されている〕、（6）タカ、（7）クマ、（8）エンマ堂、（9）浄土橋、（10）御姥堂、（11）藤橋、（12）材木坂、（13）美女杉、（14）禿杉、（15）称名滝、（16）一ノ谷、（17）獅々ヶ鼻、（18）弥陀原野、（19）乳母ヶ石、（20）鏡石、（21）室堂、（22）岩屋、（23）地獄谷、（24）浄土山、（25）御山〔立山山頂の表記は「御本社」「雄山神社」「立山」等の文言で表されるが、「御山」の表記は、この作品だけである〕、（26）別山、（27）劔山。

さらに両作品の特徴として、現存の他の木版立山登山案内図には見られない、立山開山縁起に登場する人物や仏・動物などの画像、その他の説話の元となる画像などが多数描かれている。具体的には次の画像が見られる。

（1）有嗣（芦峅寺や岩峅寺の諸縁起では佐伯有頼）・熊・鷹（白鷹）、（2）芦峅寺の媼堂脇に、三途ノ川の奪衣婆と死装束を剝がれようとしている亡者、（3）藤橋のたもとに道元と思われる人物、（4）獅子ヶ鼻に空海と思われる人物、（5）弥陀ヶ原を歩く僧侶、（6）玉殿の窟の場面で、阿弥陀如来と不動明王（もしくは地蔵菩薩か）、有嗣（佐伯有頼）と思われる仏や人物。なお、玉殿窟の場面の表現は、仏が一尊（阿弥陀如来と不動明王か）描かれ、芦峅寺の立山開山縁起の表現をとっている、（7）天狗山の天狗、（8）地獄谷では地蔵菩薩と思われる仏が三体。

2「越中国立山絵図之写」と立山曼荼羅の影響関係

刈谷市中央図書館所蔵「越中国立山絵図之写」（写真4）と筆者所蔵「越中国立山絵図之写」（写真5）の二作品における有嗣が弓で熊を射た場面の画像は、立山曼荼羅『善道坊本』と『坂木家本』における、佐伯有頼が弓で熊を射た場面の画像と類似している。すなわち、有嗣が鳥帽子をつけた姿で描かれ、熊は有嗣と対峙し、正面から矢を受けたかたちで描かれている。この構図は、立山曼荼羅の諸作品のなかで、『善道坊本』と『坂木家本』のみに見られる。

写真４　「越中国立山絵図之写」（刈谷市中央図書館所蔵）

なお、『善道坊本』の立山開山縁起に関わる各画像と『坂木家本』のそれとは、模写関係にある。『善道坊本』は芦峅寺善道坊の所蔵で、幕末期に制作されたと考えられ、その後、明治期を経て太平洋戦争後まもなくまで、善道坊の三河国の檀那場での布教・勧進活動で使用されたものである。『善道坊本』の軸裏銘文に明治四〇年（一九〇七）の年号が、また箱書きに大正三年（一九一四）の年号が見られる。

善道坊も福泉坊も江戸時代から三河国や尾張国、さらに後の愛知県を檀那場としていた宿坊家である。また、刈谷

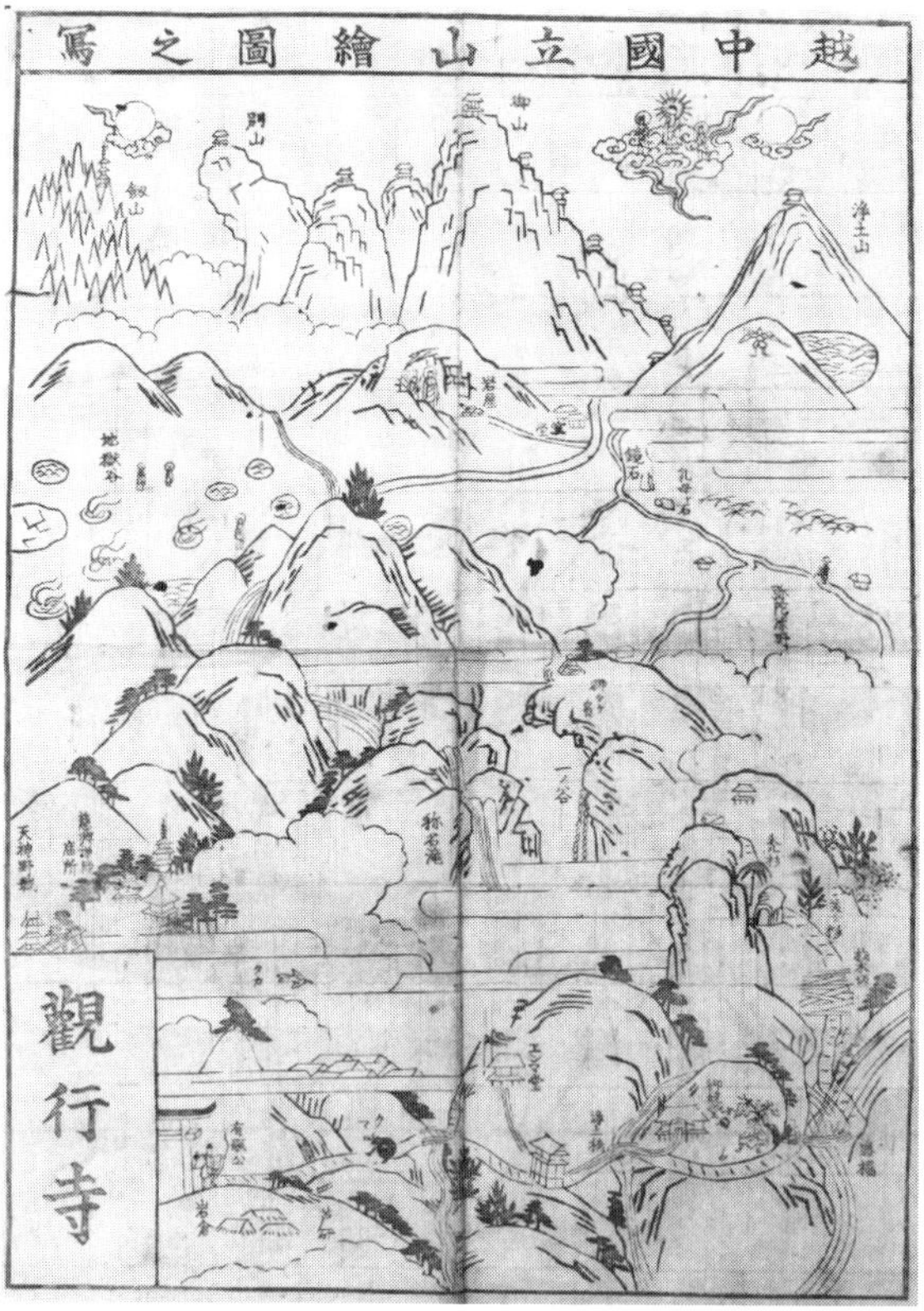

写真５　「越中国立山絵図之写」（筆者所蔵）

市中央図書館所蔵「越中国立山絵図之写」についても、その伝来は定かではないが、やはり、愛知県刈谷市の中央図書館に収まっているので、その意味では愛知県と何らかの関係がありそうな作品である。一方、『坂木家本』はもと芦峅寺福泉坊所蔵の立山曼荼羅で、明治初年の神仏分離令発布以後に制作され、明治期の福泉坊の愛知県各地の檀那場での布教・勧進活動で使用されたものである。

あくまでも推測の域を出ないが、筆者所蔵「越中国立山絵図之写」は、『善道坊本』や『坂木家本』との影響関係からすると、幕末期から明治初期の成立と推測され、後に、その画中の「観行寺」の銘文を削って、刈谷市中央図書館所蔵「越中国立山絵図之写」が制作され、さらに愛知県を檀那場とする善道坊や福泉坊などの芦峅寺宿坊家が、檀那場で頒布していた可能性があろう。いずれにしろ、刈谷市中央図書館所蔵「越中国立山絵図之写」と筆者所蔵「越中国立山絵図之写」は立山曼荼羅が木版立山登山案内図に影響を及ぼして成立した作品である。

3「越中国立山絵図之写」と観行寺

筆者所蔵「越中国立山絵図之写」には本体の枠内に「観行寺」の銘文が見られる。この観行寺の詳細については、所在や宗派など、全く不明である。

「越中国立山絵図之写」の画像が部分的に、芦峅寺善道坊所蔵の『善道坊本』と、芦峅寺福泉坊旧所蔵の『坂木家本』の画像と類似しており、さらにこの両宿坊家が明治時代に入ってからも愛知県を檀那場として布教・勧進活動を行っているので、観行寺はこれらの宿坊家と何らかの関係がある地域・場所に立地していた可能性があろう。そうすれば両宿坊家にとって本拠地の加賀藩領内か、あるいは愛知県界隈とも考えられる。現在のところ、明治初期に加賀藩金沢で再興された真言宗観行寺などが想定される[17]。

おわりに

以上本章では、まず、山下和正氏所蔵「越中国立山図」の構図や画像、文字注記、内題などを分析し、その結果から、同作品が現存最古の木版立山登山案内図であることを指摘した。次に同作品を起点として、享保七年(一七二二)

と宝暦一三年(一七六三)の「越中国立山禅定並略御縁起名所附図」への、作品の内題が持つ概念の変化や画像の変化を指摘した。さらに、こうした芦峅寺系木版立山登山案内図の本質が一貫して山絵図であり続けたため、一方では説話画としての足りない機能を補完するべく、芦峅寺系立山曼荼羅が江戸時代中期頃まではすでに成立していたと結論づけた。

この他、従来の研究では、木版立山登山案内図と立山曼荼羅の影響関係について、一方方向的とも言うべき、木版立山登山案内図から立山曼荼羅への展開過程のみを指摘していたが、今回、その逆に、幕末期以降のことと思われるが、立山曼荼羅が木版立山登山案内図の画像に影響を与える場合もあったことを指摘した。

註

(1)　立山カルデラ砂防博物館編『立山登山案内図と立山カルデラ』(立山カルデラ砂防博物館、二〇〇〇年)。

(2)　拙稿「立山曼荼羅の成立過程に関する一考察—木版立山登山案内図から立山曼荼羅への展開—」(『富山県［立山博物館］研究紀要』一四号、七頁〜三〇頁、富山県［立山博物館］、二〇〇七年)。

(3)　山下和正『地図で読む江戸時代』(二五八頁、柏書房、一九九八年)。

(4)　嶋本隆一「『山絵図』の製作年代について—『刈込池』『薬師岳』『略縁起』の分析から—」(立山カルデラ砂防博物館編『立山登山案内図と立山カルデラ』九二頁〜九三頁、立山カルデラ砂防博物館、二〇〇〇年)。

(5)　『納経一件留帳　芦峅寺　壱冊上印』(廣瀬誠編『越中立山古記録　第一巻』六二頁、立山開発鉄道、一九八九年)。

(6)　『富山県史　史料編Ⅰ古代』(付録Ⅱ立山縁起その他、二三頁、富山県、一九七〇年)。

(7)　『奉納越之中州立山絶頂宝蔵一軸』(木倉豊信編『越中立山古文書』二一三頁、立山開発鉄道、一九六二年)。

（8）千田孝明「作品解説（一七六一～一八〇一）」（『聖地日光の至宝』二二三頁、NHK・NHKプロモーション、二〇〇〇年）。

（9）金沢市立玉川図書館近世史料館編『江戸・明治期　金沢の書肆と出版物　展』（一二頁、金沢市立玉川図書館近世史料館、二〇〇六年）。深井甚三「近世金沢の書肆の絵図出版」（『富山大学人間発達科学部紀要』八巻二号、一一五頁～一三〇頁、二〇一四年）。

（10）『一山旧記控』『越中立山古記録　第一巻』（二六頁・二七頁）。

（11）高野靖彦「近世立山名所の形成時期」（『立山禅定名所案内―観光地・立山のルーツをさぐる―』二九頁～四一頁、富山県［立山博物館］、二〇一四年）。

（12）加藤基樹「近世中期における立山来迎信仰に関する覚書―新出史料『立山来迎仏』（金沢妙慶寺蔵）をめぐって―」（『富山県［立山博物館］研究紀要』一六号、二一頁～三三頁、富山県［立山博物館］、二〇〇九年）。加藤基樹「近世初期における立山の民衆登拝のための整備事業」（『立山禅定名所案内―観光地・立山のルーツをさぐる―』四二頁・四三頁、富山県［立山博物館］、二〇一四年）。

（13）拙著『立山信仰と三禅定―立山衆徒の檀那場と富士山・立山・白山―』（岩田書院、二〇一七年）。

（14）平成一五年度富山県［立山博物館］文化講演会（深井甚三「近世の絵図に見る立山―禅定名所図成立の検討も加えて―」平成一五年六月二一日、富山県民小劇場オルビス）から多くの知見を得た。拙稿「三禅定（富士山・立山・富士山）と木版立山登山案内図および立山曼荼羅の成立」（真鍋俊照編『密教美術と歴史文化』三四七頁・三四八頁、法藏館、二〇一一年）。

（15）『一山旧記控』（『越中立山古記録　第一巻』一七頁～一九頁）。

（16）刈谷市中央図書館所蔵「越中国立山絵図之写」は佐藤コレクションのうちの一点。資料番号はZ３Ｂ６。

（17）日置謙編『加能郷土辞彙』（二三〇頁、北國新聞社、一九七三年）。「観行寺（中略）金沢彦三一番丁に在って真言宗に属する。元当山派の修験で、寛永十五年開祖明宝観行院を越中砺波郡今石動に創立したといふ。後慶応の頃金沢に出で、並木町稲荷天道寺に寄留し、明治二年浅野川上川除町に不動堂を建立し、三年観行寺と改称し、四年再び彦三町伴氏の旧邸地に移り、五年修験道の廃止せらるるに及んで真言宗に帰入した」。

第六章　立山曼荼羅の絵解き再考

―芦峅寺宝泉坊衆徒泰音の「知」と御絵伝（立山曼荼羅）招請に着眼して―

はじめに

説話画の絵解きに関する従来の研究、それは立山曼荼羅の絵解きに関する研究も含むが、いずれも絵解き台本に基づいた内容のみが過度に重視され、いかなる「場」においても、台本に基づく同一の内容が実演されていたかのように思われがちだったのではなかろうか。しかし実際には絵解き環境によって多様性が生じていた可能性もあろう。

近年筆者は、芦峅寺宝泉坊の古文書史料を分析し、江戸時代後期、同坊衆徒の布教活動によって、立山信仰は商人や職人、下級武士らの庶民層にだけでなく、江戸城の関係者など近世身分制社会の最上層の人々にも受け入れられていたことを指摘している(1)。

宝泉坊と関わりが見られるのは、江戸幕府第一一代将軍徳川家斉の夫人の広大院に仕えた御年寄の大奥女中らをはじめ、江戸幕府第一二代将軍徳川家慶に仕えた上﨟御年寄の山野井、さらに幕末期には、江戸幕府第一三代将軍徳川家定の夫人の天璋院篤姫や側室の豊倹院、江戸幕府第一四代将軍徳川家茂の夫人の皇女和宮、彼女たちに仕えた大奥女中らである。この他、幕政を担う松平乗全のような老中や、徳川御三家、安芸広島藩浅野家、加賀金沢藩前田家らの諸大名家、さらには徳川家菩提寺の伝通院との関わりも見られる。

このように、立山信仰は一般庶民のみならず上級の人々にも布教され、受容されていたが、やはり環境や布教対象が異なれば、絵解き内容も異なるのではないか。また幅広い階級の人々に受け入れられるには、衆徒側にもそれなりの知識が必要であろう。こうした課題に対し、本章では立山曼荼羅の絵解きの「環境」について、芦峅寺宝泉坊の衆徒・泰音の廻檀日記帳を複数冊分析し、絵解き会場の実態や絵解き内容などを中心に検討するものである。また、幅広い階級の人々に対応することができた宝泉坊衆徒の「知」についても、宝泉坊の蔵書などから考察するものである。

一　立山曼荼羅の絵解きに関するイメージの形成過程

立山曼荼羅の研究史を検討すると[2]、それに描かれた図像・構図・題材となる物語などについては、先学諸氏による多くの研究成果が見られる。だが、それらのなかで示された立山曼荼羅の絵解き布教のイメージや絵解き内容は著しく固定的と言えよう。

すなわちそれを具体的に説明すると、立山曼荼羅には「立山開山縁起」「立山地獄」「立山浄土」「立山禅定登山案内」「芦峅寺布橋灌頂会」に関する図像が描き込まれており（作品によっては「芦峅寺布橋灌頂会」の図像がない場合もある）、立山衆徒が立山曼荼羅を絵解きするときに、これらを話題として語ったとする、きわめて固定的かつ平板的なイメージである。

その源泉を辿ると、立山曼荼羅に関する論文としては戦後初となる沼賢亮氏の「立山信仰と立山曼荼羅」[3]（一九六八年）のなかで、すでに立山曼荼羅がその内容に「立山の開山縁起」「布橋大灌頂法要」「立山地獄」「（立山）浄土」の図を持つことが指摘されている。

さらに、芦峅寺大仙坊の佐伯幸長氏の立山曼荼羅の絵解き布教に関する言説が、のちの研究者に活用され、一九七〇年代前半から先述のイメージが次第に普及していったと思われる。

佐伯氏の著書『立山信仰の源流と変遷』(4)（一九七三年）は、芦峅寺雄山神社の宮司としての立場で記されており、芦峅寺の伝承記録書といった性格が強い。佐伯氏は宿坊家の出身であったが、檀那場での廻檀配札活動の経験はなかった。だがこの著書には、佐伯氏本人が、愛知県の檀那場で衆徒として活動した父や祖父、あるいは村内の他の宿坊家の人々から伝え聞かされたと思われる廻檀配札活動の内容や、自坊での配札に対する諸準備についての聞き覚え、経験談などが記されている。そして、立山曼荼羅の絵解きについては次のように記している。

布教地の町や村に着くと先祖以来の一定の信者宿があり、そこで「立山様」がこられたと布達されて当夜集まってきた人々に四幅対の立山曼荼羅絵を床に掲げて、立山開山縁起と地獄極楽勧善懲悪の法話、それに中宮寺姥堂の女人救済彼岸往生の一条を物語り、立山之尊さと怖しさを語って夏季の立山登山を勧説する。ことに『生きて地獄極楽を此の眼で見、弥陀如来、勢至菩薩、観音菩薩三尊の御来迎を拝み得るは天が下には、わが越中立山あるのみ』と強調する。そして山麓芦峅寺の秋の彼岸中日の布橋灌頂会の縁起を詳述して「女人の罪障消滅し即身即仏、極楽往生の唯一不二の大事なり」と説く。立山の神札、火の札、牛馬の守札、養蚕の守札、牛王札、雷鳥札その他を全戸に配札する。そして死者に着せる経衣を宿に予托して、翌日次の町村へ出立するのである。

芦峅寺旧宿坊家の神主が語る上記の内容が、のちの研究者の間で、立山曼荼羅の絵解きを語るときの基本的な内容として、大きな影響を与えていたと思われる。

その後、一九七〇年代後半には、国文学者の林雅彦氏が立山曼荼羅を体系的に調査し、その過程で岩峅寺宿坊家の延命院から『立山手引草』（写本、嘉永七年〔一八五四〕三月、岩峅寺延命院玄清書写、岩峅寺延命院文書）と題する立山曼荼羅の絵解き台本と思しき写本二冊を発見した。これが立山信仰史研究の分野においてエポックメーキングとなったことは間違いない。

当時、立山曼荼羅を絵解き研究の観点で考察しようとする動向はすでに見られたが、その際、現存する絵解きを口承文芸として調査・研究することに力が注がれ、立山曼荼羅と関わるような古文書史料を調査・検討しようとする試みはほとんどなかった。そこに、絵解き研究史において画期的なこの発見がなされ、立山曼荼羅を絵解き台本を通して分析することが可能となり、国文学からの研究手法が確立された。また、当時はまだ芦峅寺雄山神社宮司の佐伯幸長氏や富山市円隆寺住職（芦峅寺泉蔵坊）の佐伯秀胤氏、(5) 魚津市大徳寺住職の佐伯スズエ氏らが立山曼荼羅の絵解きを継承・実演しており、こうした状況も国文学の研究手法で立山曼荼羅の研究を進めていこうとする研究者たちへの、後押しとなっていたようである。

一九八〇年代に入ると林氏は、それまでの立山曼荼羅諸本及びその絵解き台本『立山手引草』についての一連の論文を集約した『増補日本の絵解き―資料と研究―』（一九八四年）を刊行したが、(6) それには詳細な立山信仰関係文献目録が収録されるなど、この時期までの研究史の整理と、伝来する立山曼荼羅のデータ整理が綿密に行われており、これによって立山曼荼羅研究の基盤が確立したと言える。

林氏は同書のなかで、先学研究者の説も踏まえたうえで、四幅一対の立山曼荼羅の絵解き内容は概ね、(A)「立山開山縁起」、(B)「立山地獄」、(C)「立山浄土」、(D)「芦峅寺布橋大灌頂」、(E)「立山禅定案内」の五つから成り立つと指摘され、また、『立山手引草』の内容も、上記の(A)(B)(C)(E)で成立していることを指摘されている。

こうした状況のもと、一九八〇年代には林氏の研究に触発されたかのように、廣瀬誠「立山曼荼羅の概説」（一九八二年）、同「絵解きへのアプローチ　立山曼荼羅」（一九八二年）、佐伯立光「立山曼荼羅図に見られる立山信仰の世界」(一九八四年)、佐伯幸長『立山信仰講話』(一九八四年)など、立山曼荼羅の絵解きに関する論著が刊行されている[7]。

一九九〇年代には、林雅彦氏が『立山手引草』を活用して立山曼荼羅の絵解きシナリオを作成し、富山県［立山博物館］主催のイベントで、立山曼荼羅の絵解きを実演した[8]。

二〇〇〇年以降は林雅彦氏によって、立山曼荼羅の絵解き口演の台本が刊行され[9]、また富山県［立山博物館］館長の米原寛氏もDVD版・VHS版「米原寛の絵解き　立山曼荼羅(口演：米原寛、監修：林雅彦)」(二〇〇八年)を刊行した[10]。

二〇〇五年には筆者も、立山曼荼羅の内容を先述のAからEの区分を活用して解説した、『立山曼荼羅─絵解きと信仰の世界─』(二〇〇五年)を刊行している。

二　『立山手引草』の制作環境と立山曼荼羅

林雅彦氏は、岩峅寺延命院所蔵の『立山手引草』(写本二冊)が立山曼荼羅の絵解き台本と思しき史料であることを指摘された。この第二冊の奥書に、「于時嘉永七寅年三月下旬写之、主延命院玄清書之、常什物」と記されているので、延命院玄清が幕末に既存の文章(形態は不明)を書写して制作したことがわかる。

制作者の玄清は、いったい何の目的でこれを書写したのだろうか。誰かが立山曼荼羅を絵解きする際、この冊本がテキストとして用いられることもあったのだろうか。あるいは、実際に誰かが行った立山曼荼羅の絵解きを記録したものなのだろうか。そのオリジナルは誰が制作し、所持及び活用していたものであろうか。このように『立山手引草』に関するいくつもの疑問がわいてくる。

芦峅寺の宿坊家には伝来例がない立山曼荼羅の絵解き台本が、岩峅寺の宿坊家で発見されているにもかかわらず、岩峅寺一山及び宿坊家の衆徒と立山曼荼羅の関係についてはほとんどわかっていない。そもそも岩峅寺宿坊家に現存する江戸時代の立山曼荼羅は玉林坊の作品一点だけであり、『立山手引草』を所蔵する延命院にも伝来していない。

文政期頃から一部の岩峅寺宿坊家の衆徒たちが、加賀藩領国外の芦峅寺宿坊家の既存の檀那場を侵犯し、そこで出開帳やそれから派生した廻檀配札活動を行うようになった(11)。具体的には、文政二年(一八一九)に中道坊・玉蔵坊・六角坊が越後国で、文政五年に明星坊・円林坊が美濃国で、文政六年に玉蔵坊が美濃国で、同年に明星坊・円林坊が尾張国で、文政七年に多賀坊・六角坊が越前国で、天保二年(一八三一)から惣持坊・般若院が信濃国で、勧進活動を行っている。なおこの頃、意外なことに延命院にはこうした活動は認められず、同坊が立山曼荼羅や『立山手引草』を保持する必然性は、岩峅寺の先述の宿坊家ほど、なかったように思われる。

先述の岩峅寺衆徒たちはこうした加賀藩領国外での勧進活動を行うにあたって、芦峅寺衆徒のように立山曼荼羅を持つようになり、それを絵解きしていたことがわかっている。これらの宿坊家は、檀那場では旧来よりなじみの深い芦峅寺的な勧進活動に対する需要があり、それに対応するため意識的に芦峅寺の立山曼荼羅に類似した作品も制作し絵解きしていたようである。特に中道坊については越前国で配札を行い、立山曼荼羅を用いて布教活動を行っていたことが確認できる。その際、立山曼荼羅を早急に調達する必要があり、岩峅寺衆徒が、芦峅寺宿坊家が保持する立山曼荼羅の絵柄を模倣したり、ときには盗んでいったこともあったという。

こうした芦峅寺一山と岩峅寺一山の間で生じた立山信仰の宗教権利、そのなかでも特に廻檀配札活動に関わる争論に対して、天保四年(一八三三)、加賀藩公事場奉行で両峅寺衆徒が呼び出されて直接対決をするところとなり、最終的には芦峅寺側が勝訴した。

ところで、加賀藩公事場奉行での詮議の際、藩当局は芦峅寺・岩峅寺双方の関係者を呼び出し、岩峅寺側に対して藩領国外での勧進活動の件について尋問したが、岩峅寺側は当初その事実を認めなかった。しかし、芦峅寺側が事前に収集した証拠を藩当局から示され、岩峅寺側は窮地に陥り、藩の叱責をうけながら、他国での出開帳の開催や立山曼荼羅の使用の事実などをしぶしぶ認めている。このように詮議の際、岩峅寺側が藩に対して自寺の勧進活動の正当性を一言も弁明せずに、むしろ隠し通そうとしたのも、それに対する違法性を本人たちが最もよく認識していたからに他ならない。

さて、玄清が『立山手引草』を制作した嘉永七年（一八五四）の頃は、岩峅寺一山が、芦峅寺一山との立山信仰の宗教権利に関わる天保四年（一八三三）の裁判に敗れて、支配藩の加賀藩から、藩領国外の国々での出開帳及び立山曼荼羅の絵解き布教は厳禁され、また藩領国内での出開帳についても、これまでとは異なり、立山山中あるいは岩峅寺境内地の諸堂舎などのよほど大がかりな修復事業でもない限り、容易には許可されなくなっていた時期である。

なお、天保四年（一八三三）に下された判決では岩峅寺一山の藩領国内での廻檀配札活動については全く言及されていない。それゆえか、岩峅寺宿坊家の一部は天保四年以降も、藩領国内で廻檀配札活動を行っていた。具体例として、中道坊には、弘化二年（一八四五）の廻檀配札活動を基本に嘉永四年（一八五一）の分までを書き加えた『加州石川郡廻檀牒』が残っており、その内容から同坊が天保四年の判決以降も、藩領国内石川郡で廻檀配札活動を行っていたことがわかる。

ただし、この檀那帳には「弘化四上ル」とか「嘉永二上ル」といった記載が多く見られ、どうやら中道坊の廻檀配札活動は、芦峅寺衆徒が毎年定期に行った伝統的な廻檀配札活動とは異なり、一過的な性格が強いものであったようである。やはり、天保四年(一八三三)の判決以降、岩峅寺の各宿坊家は根本的には廻檀配札活動には消極的にならざるをえなかったと考えられる。

このように出開帳や配札が著しく規制された岩峅寺宿坊家にとって、嘉永七年(一八五四)の頃ともなれば、立山曼荼羅は、勧進活動で国外に進出していた文政期の時ほど、必要なものではなくなったと考えられる。それどころか保持しているだけであらぬ疑いを受けるおそれもあり、芦峅寺一山が加賀藩から岩峅寺側の勧進活動において違法行為を見つけ次第、注進するように申し渡されていたので、立山曼荼羅は保持することさえ憚られるような代物となっていたのであろう。現在、岩峅寺宿坊家の立山曼荼羅で江戸時代の成立と思われる作品が、『玉林坊本』の一点しか確認されていない理由もその辺りにあると考えられる。

玄清は、文政期頃に岩峅寺衆徒の誰かによって実演された立山曼荼羅の絵解きに関する台本か下書きのようなもの、あるいは外部から入手した芦峅寺衆徒の絵解きに関する何かなど、そうしたもののいずれかを単に書写するだけでなく、内容もある程度整理しながら『立山手引草』を制作したものと思われる。しかし当時の岩峅寺を取り巻く状況からすると、玄清は『立山手引草』を即、実用と考えていたとは思えず、むしろ絵解きの一事例を後世に伝えるための記録として制作したのではなかろうか。

玄清には『立山手引草』の他に、同本と同じく嘉永六年(一八五三)の『立山縁起　沙門玄清台院　第三　五冊之内』や安政二年(一八五五)『立山小縁起　一巻　沙門玄清台房　第三　五冊之内』、安政二年頃の『御絵讃談、立山手引草(仮題)　玄清書之』、『立山開帳霊仏略縁起附タリ便演』などの著作が見られ、他の衆徒と比べ旺盛な執筆意欲が認められる。『立山手引草』はそうした玄清の性格から生み出されたものであろう。

さて、以上、『立山手引草』の内容そのものではなく、むしろ制作背景などを考察してみた。先述のとおり、林雅彦氏はこの『立山手引草』の内容を基に立山曼荼羅の絵解きを復元され、さらに近年は米原寛氏が立山曼荼羅の絵解きを実演し、それを収録したＤＶＤソフトも販売されている。筆者も各所で立山曼荼羅に関する講演を行っているが、その際、主催者側の要望から演題に「立山曼荼羅の絵解き」を称えることも多々ある。ただ筆者の場合、実際にはパワーポイントを使った、いわゆる立山曼荼羅の図像解説や物語解説を淡々と行っているに過ぎない。

ここで問題なのは、現在、立山曼荼羅の絵解きに関わる人々は、研究者かあるいはその周囲の人々であることが多いため、いずれも立山曼荼羅に描かれた物語の内容を、そこに描かれた図像の説明を通して、ひとつたりとも余すところなく解説しようとしている点である。それは、筆者自身にも当てはまっている。しかし、江戸時代の立山曼荼羅の絵解きは、本当にそのような絵画の総合解説的・画一的なものだけだったのだろうか。もう少し絵解き内容に幅があったのではなかろうか。こうした疑問を持ちつつ、さらに論を進めていきたい。

三　宝泉坊の檀家に見られる身分の多様性と老中松平乗全の立山曼荼羅

幕末期、宝泉坊衆徒の泰音（智憲・佐伯小弐・佐伯大弐・佐伯左内、六二世・一八二七〜一八九七年・享年七〇歳）（写真1）と興祠（佐伯永丸、六三世・一八四九〜一九二〇年・享年七一歳）の親子は、毎年農閑期に江戸の檀那場に赴き、三〜四箇月の滞在期間中に府内の檀家を巡廻し、立山信仰を布教した(12)。

江戸は日本の政治や経済の中心地で、世界有数の巨大都市であった。それを反映して、当時宝泉坊が抱えていた檀家たちの地位や身分は実に多様であり、幕閣大名を含む諸大名や江戸詰めの藩士、幕臣、坊主衆、商人、職人、さらには多宗派の宗教者や遊廓新吉原の関係者、老女を含む江戸城大奥の関係者なども見られる。

写真1　立山東神職佐伯左内（芦峅寺宝泉坊衆徒泰音）の写真。明治4年5月撮影。（個人所蔵、富山県［立山博物館］寄託資料）

このような状況のもと、宝泉坊は三河国西尾藩松平（大給）家を檀家としていた。同家は、江戸時代後期に乗完（第二代藩主）・乗寛（第三代藩主）・乗全（第四代藩主）と三人の老中を輩出した幕閣の名門である。このうち乗寛・乗全親子、さらには乗全の弟で第五代藩主の松平乗秩らが立山権現を厚く信仰していたのだが、特に乗全（官職名は和泉守、一七九四～一八七〇）は際立っており、自筆の作品を含む何点もの絵画や石燈籠・鉦などを宝泉坊に寄進している。

乗全は第四代西尾藩主で、天保一一年（一八四〇）に家督を相続したのち、幕府の役職である奏者番や寺社奉行、大坂城代などを歴任した。さらに弘化二年（一八四五）から安政二年（一八五五）までと、安政五年から万延元年（一八六〇）までの二度にわたって老中職を勤め、幕政の実力者として活躍した。特に二度目の老中職在任中には、大老井伊直弼とともに安政の大獄を遂行したことで有名である。一方、乗全は文武に優れ、書画・詩歌・茶道・蘭語・弓馬・剣術などを得意とした。また、学問所や医学研究所の済生館を設立したり、洋式砲術などを早くから導入・実用化するなど、開明的な性格であった。

ところで、宝泉坊衆徒の泰音が、江戸での宗教活動について記した幕末期の廻檀日記帳を読むと、その実態がかなり具体的に見えてくる。それによると、西尾藩の藩邸は茅場町に上屋敷（現、東京証券取引所の場所）、木挽町に中屋敷

（現、歌舞伎座の場所）、深川に下屋敷があった。そして泰音がこれらの藩邸を布教に訪れた際には、乗全や乗秩本人らが必ず面談してくれている。彼らの関係は身分を超えて不思議なほどに親密だった。また、藩主の乗全や乗秩が宝泉坊の檀家なので、屋敷に住む家族や愛妾、家臣、女中に至る全ての者が宝泉坊の檀家となっている。だから泰音は、藩邸ではいつも厚遇を受けている。

こうした宝泉坊との師檀関係から、乗全は安政五年（一八五八）、おそらく当時宝泉坊が所持していた既存の立山曼荼羅を参考に、みずからがプロ顔負けの技法でそれを模写し、新たな立山曼荼羅すなわち本作品の『宝泉坊本』（写真2）を制作した。その際、表装については、江戸幕府第一三代将軍徳川家定に事前に申し伝えたうえで、かつて乗全が将軍世子の徳川慶福（のちの江戸幕府第一四代将軍徳川家茂）から拝領して保持していた衣服を解体し、その布を表具に使用したという。完成した立山曼荼羅は安政五年一二月一五日に宝泉坊に寄付された。

その後の文久元年（一八六一）には、この曼荼羅が江戸城本丸や二の丸、徳川御三家のうちの尾張藩邸・紀州藩邸、その他、加賀藩邸などに順々に貸し出され（江戸城本丸と二の丸は四月二一日～五月六日、尾張藩邸と紀州藩邸は五月九日～五月二〇日、加賀藩邸は五月二五日・五月二六日）、江戸幕府第一四代将軍徳川家茂や天璋院篤姫をはじめ、諸大名たちの間で礼拝・鑑賞されている。また、そうした華麗な経歴を持つ曼荼羅なので、芦峅寺一山は、慶応三年（一八六七）、加賀藩寺社奉行に対して、当時の加賀第一四代藩主前田慶寧にも礼拝・鑑賞していただきたいと願い出ている。

写真２　立山曼荼羅『宝泉坊本』（個人所蔵、富山県［立山博物館］寄託資料）

四　宝泉坊衆徒泰音の御絵伝(立山曼荼羅)招請

1　宝泉坊衆徒泰音の廻檀日記帳

立山曼荼羅を用いての勧進活動について検討する際、唯一現存する立山曼荼羅の絵解き台本と思しき『立山手引草』は、最も有効な古文書史料であることに間違いない。しかし、それだけで全てを語ることは困難である。

例えば先述したが、立山曼荼羅には「立山開山縁起」「立山地獄」「立山浄土」「立山禅定登山案内」「芦峅寺布橋灌頂会」に関する図像が描き込まれており、立山衆徒が立山曼荼羅を絵解きするときに、これらを話題として語ったとする、きわめて固定的かつ平板的なイメージは、実際にどこまで本当だったのか、あるいはどういったところが違っているのだろうか。

こうした疑問に対し、筆者は、衆徒の廻檀日記帳が何らかの有益な情報をもたらしてくれるのではないかと考えた。なぜなら、そのなかに立山曼荼羅の活用現場に関する記載が多数見られるからである。『立山手引草』が、衆徒の勧進活動で実際に活用されていたものなのか否か、あるいは文学作品としてや、過去のある衆徒の実演記録として残されたものの、ほとんど活用されることはなかったものなのか否か、その判断はきわめて難しいが、だからこそ、『立山手引草』の史料的限界を補うために廻檀日記帳の分析は必要不可欠である。

芦峅寺旧宝泉坊には、同坊の衆徒泰音が江戸(一冊だけ明治期の能登)の檀那場での勧進布教活動について記録した「廻檀日記帳」が多数残っている。そこでそれらを題材として、まず、そのなかから泰音が立山曼荼羅を使用して行った勧進活動に関わる部分を全て抽出し、データベース表を作成した(表1)。以下、それらの内容を多面的に分析していきたい。

その際、分析対象とした「廻檀日記帳」は次のとおりである。安政二年（一八五五）『奉納帳　越中国立山宝泉精舎』（個人所蔵）、安政五年『受納記　越中立山宝泉精舎』（個人所蔵）、安政六年『配札日記帳　越中州立山宝泉精舎控』（個人所蔵）、文久元年（一八六一）『檀那廻日記　越中国立山宝泉精舎控』（個人所蔵）、文久三年『檀那廻日記　越中国立山宝泉精舎控』（個人所蔵）、元治二年（一八六五）『檀那廻勤帳　越中立山宝泉精舎控』（芦峅寺雄山神社所蔵）、慶応三年（一八六七）『檀波羅密　越中立山宝泉坊控』（芦峅寺雄山神社所蔵）、明治元年（一八六八）『檀那廻日記（A）』（芦峅寺雄山神社所蔵）、明治元年『檀那廻日記（B）』（芦峅寺雄山神社所蔵）、明治二六年『立山講社巡廻簿　能登国』（芦峅寺雄山神社所蔵）。

2　立山曼荼羅を使用した勧進活動の実施回数

廻檀日記帳ごとに、廻檀期間と期間中に実施した立山曼荼羅を活用した勧進活動の回数を調べたが、その実態は次のとおりである。

安政二年（一八五五）の廻檀日記帳

安政二年一二月二日出立、安政三年五月八日帰着。一七回（安政三年二月一二日〜同年四月二日）。

安政五年（一八五八）の廻檀日記帳

安政五年一一月二五日出立、安政六年六月一三日帰着。四一回。ただしそのうち一一回は当初予定されていたものの実際には行われておらず、したがって三〇回（安政五年一二月七日〜同六年五月一六日）。

安政六年（一八五九）の廻檀日記帳

招請の内容	散銭	血印
御曼荼羅預置候所。		
困勤堂ニ而立山御絵図、村中不残参詣仕。		
記載なし		
記載なし		
記載なし		
大沢相模守様江御絵伝請待ニ付参り。幷神前仏前江□□（２字欠損）致候。夫より昼食戴き、夫より演説。		
御絵伝弘通致候。		
三田三藤より桜田松平市正殿へ御絵伝請待ニ付参詣仕弘通致。夫より殿様幷ニ奥様・御姫様江御加持仕□（1字記号）印御符差上申候。神前仏前拝礼。昼食戴き。一、八百疋、御初穂被下。一、百十二文、散銭。一、九百六十文、血盆経七人分女性方。	112文	960文（経7人）
記載なし		
哥川喜代松殿江より、尾張屋吉兵衛請待ニ而参り御絵伝弘通候。一、弐百五十文、散銭。一、八百六文、血印也。一、弐百文、血印分。一、金壱朱、同家布施。（中略）一、五拾疋、茶牌料。外弐百文、位牌料。	250文	1006文
深川本町牧野屋伊兵衛殿へ御絵伝掛ニ参り。一、弐百十文、散銭。一、九百文、血印。	210文	900文
内神田花田町代地家主伊助・柏屋伊助方へ御絵図招請尓付参り。昼食致勤仕候事。一、弐百銅、柏屋御布施。一、九拾弐文、散銭阿り。	92文	
麹町永井奥之助様御内寿信院へ参り。御絵図相掛ケ幷説法ノ後ニ放生会ニうなぎはなし、右作法ハ三礼、次ニ阿弥陀経、次ニ瓶ノ水中、さ水を加持メ入べし。一、弐百七拾弐文、血印弐人分。一、弐百文、放生会料。一、金壱朱、寿信尼分。一、金壱朱、永井奥之助様分。		272文(2人)
寅御門三浦志摩守様御内石井氏参り御絵図相掛ル事。一、弐百文、散銭。一、八百弐十文、血印六人分。	200文	820文(6人)
平柴屋幸七殿へ参。其晩御絵図掛ル事。一、百疋、御布施。一、百文、散銭也。一、金壱朱、西ノ川原宝塔代、柴口三丁目飴屋甚七殿。	100文	
吉原岡本屋長兵衛殿寮へ参り御絵伝相掛仕候事。此内当年分御札差上候事。一、金壱朱、十月二日亡死人廻向初。一、金壱朱、外ニ廻向料。一、金弐朱、御布施料。一、金弐拾四文、血印家主清右衛門。一、百六拾四文、散銭（清右衛門）、一、弐百文、同家より。	164文	24文
同晩石倉様江被招夕飯被下御絵伝掛候事。		
一、同百十二文、同家御絵伝弘通、血印弐人分。	112文	
其日佐藤氏御絵伝弘通いたし。一、百六拾八文、散銭。一、四百七拾弐文、血盆経十一本代。但シ一年切納切也。	168文	472文（経11本）
同家隠宅ニ而御絵伝弘通仕。一、百三十六文、中瀬屋河田北右衛門やそ血印。一、百文、同家母御布施。		136文
同晩小林喜三郎殿御絵伝掛ル事。一、三拾弐文、御散銭。一、五百五十文、血印四人分。尤下品也。其年□□（２字難読）。	32文	550文（4人）
先年和泉守様へ御願置当山開山直伝御絵図皆出来ニ付、（中略）右御絵図等差出候処、漸々正月廿九日江戸霊岸島へ到来仕候事。先同家ニ而為内拝二階座敷ニ而皆々拝礼候事。		

表１　御絵伝招請（立山曼荼羅を活用した勧進活動）の実態

№.	実施年月日	西暦	対象者（檀家）	対象者住所	呼称
1-1	安政３年２月12日	1856	松平和泉守	松平和泉守屋敷	御曼荼羅
1-2	安政３年２月22日	1856	困勤堂	岩井村	立山御絵図
1-3	安政３年３月２日	1856	即源寺（仏母庵）	北本所馬場町	記載なし
1-4	安政３年３月４日	1856	三瀧屋儀兵衛	記載なし	記載なし
1-5	安政３年３月７日	1856	片桐□（１字欠損）作	記載なし	記載なし
1-6	安政３年３月８日	1856	大沢相模守	愛宕下神保小路	御絵伝請待
1-7	安政３年３月９日	1856	記載なし（片桐か？）	記載なし	御絵伝弘通
1-8	安政３年３月10日	1856	松平市正	豊後杵築藩松平家（外桜田）	御絵伝請待・弘通
1-9	安政３年３月12日	1856	松平市正	豊後杵築藩松平家（外桜田）	記載なし
1-10	安政３年３月15日	1856	尾張屋吉兵衛	記載なし	御絵伝弘通
1-11	安政３年３月15日	1856	かるやきや□□（２字欠損）	記載なし	記載なし
1-12	安政３年３月18日	1856	牧野屋伊兵衛	深川本町	御絵伝掛ニ参り
1-13	安政３年３月22日	1856	柏屋伊助	内神田	御絵図招請
1-14	安政３年３月23日	1856	寿信尼	麹町	御絵図相掛ケ幷説法ノ後ニ放生会
1-15	安政３年３月24日	1856	三浦志摩守（美作勝山藩士）家臣・石井徳左右衛門	虎御門（谷中之先三浦志摩守様御屋敷）	御絵図相掛ル事
1-16	安政３年３月26日晩	1856	平柴屋幸七	柴口１丁目（炭店）	御絵図掛ル事
1-17	安政３年４月２日	1856	吉原岡本屋長兵衛	新吉原	御絵伝相掛仕候事
2-1	安政５年12月７日	1858	石倉平右衛門	信濃国小県郡長窪宿	御絵伝掛候事
2-2	安政５年12月８日	1858	羽毛田久右衛門	信濃国小県郡大門村	御絵伝弘通
2-3	安政５年12月10日	1858	佐藤重右衛門	信濃国小県郡和田宿（名主・永井氏宅）	御絵伝弘通
2-4	安政６年１月３日	1859	芹沢伊兵衛	武蔵国深谷宿	御絵伝弘通仕
2-5	安政６年１月５日	1859	小林喜三郎	武蔵国幡羅郡上根村	御絵伝掛ル事
2-6	安政６年２月１日	1859	中沢屋藤兵衛	江戸霊岸島壱ノ橋角	当山開山直伝御絵図

招請の内容	散銭	血印
三月七日、和泉大守様御奥ニ而御絵図初披露仕候事。咄ハ篤薬□(1字難読)如来。		
霊岸島より黒田様西嶋へ御絵図ニ参り。一、金壱朱、西嶋道悦御布施。一、金弐朱三百文、血印。一、百文、西印。一、六十文、散銭。咄シ国寺咄、幷二十七番咄シ。	60文	2朱300文
同十三晩、福田屋ニ御絵伝掛候。一、百弐十四文、散銭あり。	124文	
石井徳左衛門殿御絵伝ニ参り。中食頂弘通之事。夫より仏前勤候。又夫より御絵前において諸家（1字欠損）茶廻向仕候事。是より夕飯戴。一、弐百文、御布施。一、弐百三十二文、散銭。一、壱〆三百六十八文、血印。	232文	1貫368文
御絵伝御悦座敷被懸(以下欠損)		
同十九日、中沢屋ニ而、昼後、御絵図弘通仕候事。一、弐百文、散銭あり。	200文	
中飯戴、夫より奥へ通り、殿様、奥様、お姫様へ御逢仕候事。絵伝弘通。		
是より深川哥川講中へ参り、中井善蔵御絵伝招請あり。一、金壱朱、中井善蔵殿布施。一、六百五十二文、散銭。一、壱〆四百三十文、血印。	652文	1貫430文
本所即源寺へ御絵伝請待ニ参り。中飯戴、寺仏前念仏（以下欠損)、夫より絵伝三拝、次ニ経、次念仏唱(以下欠損)、懺悔戒授、次十念授、夫より自由也。一、弐百文、仏母庵御布施。一、弐百文、流水(1字欠損)新井氏。一、金弐朱壱〆六百文、血印。一、四百六十四文、賽銭。	464文	金2朱 1貫600文
是より深川西町丸屋茂左衛門殿招請尓参り。一、金壱朱、丸屋茂左衛門布施。一、三百六十五文、散銭。一、金壱朱三百十二文、血印。	365文	金1朱312文
愛宕下大沢肥前守様御絵伝請待ニ付上り。仏前拝礼読経仕、夫より御絵伝弘通候。一、百三十六文、血印貞昌院。一、弐十四文、御符料。一、金壱朱、御廻向料。一、金弐朱(以下欠損)		136文
夫より小林金平様へ参り、其日御絵伝掛候事。一、金□(1字欠損)朱、同家御布施。一、四百十二文、血印三人分。		412文(3人)

No.	実施年月日	西暦	対象者（檀家）	対象者住所	呼称
2-7	安政６年３月７日	1859	松平和泉守御奥	松平和泉守御奥	御絵伝初披露仕候事
2-8	安政６年３月９日予定	1859	沢田屋仁兵衛	深川	
2-9	安政６年３月12日	1859	西嶋道悦	松平美濃守様内（赤坂溜池黒田様御屋敷）	御絵図
2-10	安政６年３月13日	1859	福田屋新兵衛	四谷伝馬町	御絵伝掛候
2-11	安政６年３月13日予定	1859	沢田屋仁兵衛	深川	
2-12	安政６年３月14日	1859	長谷川治兵衛	松平阿波守様内（南八丁堀５丁目）	
2-13	安政６年３月14日予定	1859	西嶋	松平美濃守様内（赤坂溜池黒田様御屋敷）	
2-14	安政６年３月16日	1859	石井徳左衛門	虎ノ御門内（三浦志摩守屋敷）	御絵伝ニ参り・弘通
2-15	安政６年３月17日	1859	野原徳造	松平和泉守深川屋敷	御絵伝御悦座敷被懸（以下欠損）
2-16	安政６年３月19日	1859	中沢屋藤兵衛	江戸霊岸島壱ノ橋角	御絵図弘通仕候事
2-17	安政６年３月20日	1859	松平市正（殿様・奥様・姫様）	外桜田（松平河内守屋敷）	絵伝弘通
2-18	安政６年３月21日	1859	哥川喜代松	深川	
2-19	安政６年３月21日	1859	中井善蔵	深川	御絵伝招請
2-20	安政６年３月21日予定	1859	沢田屋仁兵衛	深川	
2-21	安政６年３月24日	1859	即源寺	本所	御絵伝請待
2-22	安政６年３月24日予定	1859	沢田屋仁兵衛	深川	
2-23	安政６年3月25日	1859	丸屋茂左衛門	深川扇橋西町	招請
2-24	安政６年３月25日予定	1859	沢田屋仁兵衛	深川	
2-25	安政６年３月28日予定	1859	沢田屋仁兵衛	深川	
2-26	安政６年３月29日予定	1859	沢田屋仁兵衛	深川	
2-27	安政６年４月２日	1859	大沢肥前守	愛宕下神保小路	御絵伝請待・御絵伝弘通
2-28	安政６年４月５日	1859	小林金平	下谷中御徒町中程	御絵伝掛ル事

招請の内容	散銭	血印
小石川寺嶋円蔵殿御絵伝請待御世話人ニ而、同町相模屋佐平治方御請（1字欠損）ニ付、参り、泊り。一、三百文、相模屋御布施。一、弐百文、西印も。一、三〆三十六文、血印。一、三百五十六文、散銭。	356文	3貫36文
昼後より寺嶋円蔵殿招請ニ付参り。御絵伝前附いたし。夫より廻向仕候事。（中略）一、金壱朱、寺嶋円蔵布施。一、弐百文、廻向料。一、弐百七十二文、散銭。	272文	
浄土宗西岸寺江招請ニ付参り。（中略）夫より本堂、寺嶋氏等世話ニ而絵伝掛候事。夫より少々勤、念仏唱、演説は東上玉沙汰王咄、彫刻釈迦如来之咄、其外色々御咄仕候。（中略）一、金弐朱、西岸寺御布施。一、八百八文、血印。一、五百八文、散銭。	508文	808文
拙坊新見内膳様へ参り、御絵伝招請ニ付其晩泊り。一、弐百文、西の川原。一、弐百七十二文、血印弐人分。一、三百三十四文、散銭。	334文	272文（2人）
是より新橋平柴屋へ帰り、其晩御絵図弘通いたし。一、七十弐文、散銭。	72文	
田町八丁目遠州屋喜助殿泊り。御絵図弘通候事。一、金弐朱、遠州屋当家布施。一、弐百十六文、同家散銭。	216文	
深川中御屋敷内沢田徳兵衛様へ御曼荼羅招請ニ付参り。仏前廻向仕。夫より弘通常之通り。一、三百八十四文、沢田氏散銭。一、四百十二文、血印。中食夕飯戴。	384文	412文
平野町湊屋金八殿御絵伝招請参り。一、金壱朱、湊屋金八布施。一、（以下欠損）、血印。一、弐百文、宝塔。一、五百六十文、賽銭。一、百二十四文、午王札料。	560文	
長沢屋由松御絵伝招請ニ付、昼後より参詣仕り。一、金壱朱、同家御布施。一、弐百三十四文、散銭也。一、金弐分弐朱三十四文、血印三十一人分。	234文	金2分2朱34文（31人）
是より柴口柴平屋（平柴屋）世話ニ而、御絵伝招請ニ付参り。三河屋久次郎、茶屋也。一、金壱朱、三河屋久次郎布施。一、四百五十文、散銭。一、金五朱百三十六文、血印。	450文	金5朱136文
同所より長屋へ庄屋方弐十人斗り参り候ニ付、同々ニ而御絵伝等拝礼旨申伝へ候様被申聞候事。		
深川御屋敷江御物見へ御絵伝招請尓参り。尤も野原徳造之世話二而参り候事。		
深川若殿様御奥様へ御目見。夫より御物見三州御領分庄屋方参り候ニ付、御絵伝弘通いたし、家中共参詣いたし。一、金百疋、三州西尾在村々役人中より。一、六百四文、同参詣人より散銭。	604文	
沢田屋仁兵衛方へ行、夫より御絵図招請ニ付昼後より掛候事。一、沢田屋仁兵衛布施、。一、四百文、散銭。一、弐〆五百八十文、血印。一、弐百文、西の川原宝塔分。一、四百文。（以下略）	400文	2貫580文
同日御絵伝懸事座ニ御咄し有之。		

№.	実施年月日	西暦	対象者（檀家）	対象者住所	呼称
2-29	安政６年４月７日	1859	相模屋佐平治	小石川伝通院前	御絵伝請待
2-30	安政６年４月８日	1859	寺嶋円蔵	小石川西富坂上御掃除組屋敷	招請・御絵伝
2-31	安政６年４月９日	1859	浄土宗西岸寺		招請・絵伝
2-32	安政６年４月12日	1859	新見内膳	小石川富坂新町金剛寺坂	御絵伝招請
2-33	安政６年４月14日	1859	平柴屋幸七	新橋（柴口１丁目）	御絵図弘通いたし
2-34	安政６年４月15日	1859	遠州屋喜助	柴田町８丁目	御絵図弘通候事
2-35	安政６年３月15日　予定	1859	伊勢屋半兵衛	石原町	
2-36	安政６年４月17日	1859	沢田徳兵衛	松平和泉守深川屋敷	御曼荼羅招請・弘通
2-37	安政６年３月17日　予定	1859	伊勢屋半兵衛	石原町	
2-38	安政６年４月21日	1859	湊屋金八	平野町（堀川亥の堀通とうふや裏）	御絵伝招請
2-39	安政６年５月1日	1859	長沢屋由松	本船町	御絵伝招請
2-40	安政６年５月16日	1859	三河屋久次郎	山王町	御絵伝招請
2-41	安政６年５月　予定	1859	冨田屋（番町２丁目の冨田屋幸次郎か、もしくは伊勢町富田屋彦四郎か）		
3-1	万延１年閏３月27日	1860	松平和泉守深川屋敷	松平和泉守深川屋敷	御絵伝拝礼
3-2	万延１年４月９日	1860	柘植勘四郎	松平和泉守深川屋敷	御絵伝拝礼
3-3	万延１年４月11日　予定	1860	大竹□氏		
3-4	万延１年４月14日	1860	松平和泉守深川屋敷	松平和泉守深川屋敷	御絵伝招請
3-5	万延１年４月14日	1860	松平和泉守深川屋敷	松平和泉守深川屋敷	御絵伝弘通いたし
3-6	万延１年４月15日	1860	沢田屋仁兵衛	深川北六間堀下ノ橋	御絵図招請
3-7	万延１年４月21日	1860	来迎寺	牛込高田馬場下	御絵伝

招請の内容	散銭	血印
渡辺円斉様霊照院不昧妙鏡大姉法事逮夜ニ付、御絵図幷涅槃像懸ヶ御親類方へ参詣ニ付、演説いたし。		
水野出羽守様御屋敷尾高新兵衛へ招請ニ付参り。一、弐百文、御布施。一、百八十七文、散銭。一、百三十六文、血印尾高氏。	187文	136文
例歳御曼荼羅掛ル。一、三百六十四文、散銭。一、金壱分三朱壱〆七百三十六文、血印。一、弐百文、庵主布施。〆仏母庵霊明師より取次。	364文	金1分3朱 1貫736文
渡辺氏泊り、御絵図招請。		
渡辺氏より土手四番町小宮山様御絵伝招請ニ付参り。一、弐百文、小宮山氏より布施。一、弐百文、同。一、弐百七拾弐文、血印弐人分。一、百文、賽銭。是より福田屋行き泊り。一、三十六文、福田屋御絵懸候。	100文	272文(2人)
渡辺氏より土手四番町小宮山様御絵伝招請ニ付参り。一、弐百文、小宮山氏より布施。一、弐百文、同。一、弐百七拾弐文、血印弐人分。一、百文、賽銭。是より福田屋行き泊り。一、三十六文、福田屋御絵懸候。	36文	
戸田様御屋敷大竹友彦殿参り、御曼荼羅招請ニ付。一、壱〆九百六十文、血印。一、散銭。一、百文、大竹兎毛彦布施。		1貫960文
三浦志摩守御内石井徳左殿招請ニ付参り。戒名一々読上候。一、百五拾壱銅、散銭也。一、弐百十弐銅、石井氏布施。一、百銅、殿様布施分。一、壱朱壱〆五百八文、血印十四人分。	151銅	金1朱1貫508文(14人)
沐浴、白衣ニ而、約諾之通り大隅守様へ上ル。御絵図招請ニ付、尤涅槃像仕り上り、御加持申上候事。一、金百疋、御奥様より布施。一、弐百三十弐文、散銭也。一、金壱朱壱〆百三拾弐文、血印。	232文	金1朱 1貫132文
深川世話人哥川喜代松殿へ参り。是より中井善蔵殿へ招請ニ付、帷子講中方□(1字欠損)り。一、金壱両壱朱弐〆五拾六文、血印。一、百三十六文、御札料。一、九百四文、散銭也。石丸源五郎様泊り。其晩御絵図掛ケ。一、百弐拾文、散銭。一、弐百文、廻向料。一、三百文、宝塔料。一、五百五十文、血印。	904文	金1両1朱 2貫56文
深川世話人哥川喜代松殿へ参り。是より中井善蔵殿へ招請ニ付、帷子講中方□(1字欠損)り。一、金壱両壱朱弐〆五拾六文、血印。一、百三十六文、御札料。一、九百四文、散銭也。石丸源五郎様泊り。其晩御絵図掛ケ。一、百弐拾文、散銭。一、弐百文、廻向料。一、三百文、宝塔料。一、五百五十文、血印。	120文	550文
石丸氏より小石川寺嶋氏へ招請ニ付参り。泊り。一、三百三十一文、賽銭。一、金弐朱三百十文、血盆経分。一、弐百文、寺嶋廻向料。一、金壱朱、同家御布施。	331文	金2朱310文(経)
寺嶋円蔵より御世話、小日向龍慶橋朝岡様へ御曼荼羅招請ニ付、寺嶋内宝同道ニ而参り。一、百八十文、散銭。一、金壱分弐〆文、血印。一、弐百文、朝岡様より廻向料。一、金壱朱、同奥様より布施。一、金壱朱、御家様より布施。一、白露弐包、邑林院様より。	180文	金1分2貫文
是より小石川相模屋佐平治招請ニ付参り。其晩泊り。一、百六十文、散銭。一、金壱朱、相模屋布施。一、弐百文、廻向料。	160文	

No.	実施年月日	西暦	対象者（檀家）	対象者住所	呼称
3-8	万延1年4月19日	1860	渡辺円斉	両国村松町元矢ノ倉	御絵図
3-9	万延1年4月20日予定	1860	大竹氏		
3-10	万延1年4月23日	1860	尾高新兵衛	水野出羽守屋敷	招請
3-11	万延1年4月24日	1860	仏母庵	北本所馬場町	御曼荼羅掛ル
3-12	万延1年4月24日	1860	渡辺円斉	両国村松町元矢ノ倉	御絵図招請
3-13	万延1年4月25日	1860	小宮山鐐助	牛込御門之内土手四番町	御絵伝招請
3-14	万延1年4月25日	1860	福田屋新兵衛	四谷	御絵懸候
3-15	万延1年4月26日	1860	大竹友彦（大竹兎毛彦）	四谷新屋敷（戸田安之助下屋敷）	御曼荼羅招請ニ付
3-16	万延1年4月26日予定	1860	松平大隅守		
3-17	万延1年4月27日予定	1860	平野屋万右衛門（真言宗）		
3-18	万延1年4月28日	1860	石井徳左衛門	虎ノ御門内（三浦志摩守屋敷）	招請
3-19	万延1年4月28日予定	1860	大竹氏（大竹兎毛彦）		
3-20	万延1年4月29日	1860	松平大隅守	不明	御絵図招請
3-21	万延1年5月5日	1860	中井善蔵	深川	招請
3-22	万延1年5月5日	1860	石丸源五郎	深川	御絵図掛ケ
3-23	万延1年5月6日	1860	寺嶋円蔵	小石川西富坂上御掃除組屋敷	招請
3-24	万延1年5月7日	1860	朝岡頼母	小日向竜慶橋	御曼荼羅招請
3-25	万延1年5月7日	1860	相模屋佐平治	小石川伝通院前	招請

招請の内容	散銭	血印
伊勢町富田屋彦四郎殿招請ニ付参り。泊り。其夜、念仏。一、金弐朱、御布施。一、壱百弐文、血印。一、壱〆三百十二文、西の川原へ。一、百五文、散銭。	105文	1貫312文
沐浴いたし、白衣改、松平和泉守様へ参殿仕、御絵図招請ニ付参り。一、金百疋、御布施。		
一、弐百十弐文、弘通散銭。	212文	
御絵図掛ル。一、七十弐文、散銭。	72文	
欠損・不明		
欠損・不明		
小宮山利助様へ参り、□□(2字欠損)茶羅掛ル。一、七十二文、小宮山様散銭。一、六十文、茶代。一、壱〆弐百十六文、血印。	72文	1貫216文
仏母庵招請尓付参り。霊明師廻向仕、夫より曼荼羅前ニ□(1字欠損)仏回向、懺悔戒、夫より十念授与、夫より演説いたし。(以下所々欠損)		
松平大隅守様へ登り御絵図如例歳掛ル。一、金百疋、御布施。一、壱〆九百十三文、血印。一、三百七十六文、散銭。大貪王長寿王咄しいたし。	376文	1貫913文
四ッ谷六丁目三河屋長三郎初而参り泊り御絵図懸ル。(以下所々欠損)		
赤坂柴屋喜兵衛方へ御絵図掛ル参り。一、金壱朱、御布施。一、九百六十文、血印七人分。一、八十四文、散銭。外ニ帷子三枚預置。	84文	960文(7人)
是より小河町小石河内高松様御屋敷三笠半兵衛殿参り昼食いたし。上様へ御絵図御拝被成度尓付、長玄殿世話尓而御絵図三笠氏預置。		
高砂屋平吉方へ招請尓付参り御絵図掛ル。廻向仕候。一、三百五十文、賽銭。一、壱〆五百六文、血印十一人分。一、金弐朱、高砂屋布施。一、三百文、隣り半井氏より被下。	350文	1貫506文(11人)
記載なし		
沢田屋世話尓付小石河伝通院参り御霊屋相拝見、御絵図お掛し、～。		
小石川世話人寺嶋円蔵殿招請尓付参り泊り。一ノ谷七番咄し。一、金壱朱、御布施。一、弐百文、廻向料。一、弐百十四文、血印。一、三百八十一文、散銭。	381文	214文
伝通院江参り女中方へ参詣尓付弘通仕。一、金壱朱、御布施。一、弐百文、廻向料。一、七十弐文、散銭、一、四百十二文、血印三人分。	72文	412文(3人)
是より同門前前升屋与七殿参り泊り。升屋ニも弘通。		
愛宕下大沢肥前守様招請尓付参り。神前霊前廻向、次ニ弘通いたし。一、金弐朱五十文、血印。		金2朱50文
寺嶋世話人二而小石河おたんす町尾張屋半七殿招請尓付参り泊り。一、金壱朱、尾張屋半七布施。一、弐百文、御札料。金壱朱百文、散銭。	金1朱 100文	
小石川浄土小田徳太郎殿招請尓付参り。寺嶋氏之倅也。一、金壱朱、御布施。一、百文、散銭。	100文	
同晩小石河鈴木岩五郎招請尓付参り泊り。一、金壱朱、布施。一、弐百文、廻向料。一、弐百文、散銭。一、百三十六文、血印。	200文	136文
朝岡様招請尓付。一、百弐十四文、散銭。同金五十疋、邑林院様より。一、金壱朱、貞心院様より。一、金三朱壱〆壱百七十文、血印	124文	金3朱 1貫170文
高松様御屋敷三笠半兵衛殿招請尓付参り。一、金五十疋、御布施。一、散銭。一、壱朱、中村六之助母。一、壱〆六百五十文、血印。		1貫650文

No.	実施年月日	西暦	対象者（檀家）	対象者住所	呼称
3-26	万延１年５月９日	1860	富田屋彦四郎	伊勢町	招請
3-27	万延１年５月11日	1860	伊勢安兵衛	吉原	
3-28	万延１年５月16日	1860	松平和泉守	松平和泉守屋敷	御絵図招請
3-29	万延１年５月20日	1860	大沢肥前守	愛宕下神保小路	
3-30	万延１年５月22日	1860	喜多村清兵衛	本所壱ツ目角	
4-1	万延２年１月26日	1861	藤村利兵衛	藤木村	弘通散銭
4-2	万延２年２月15日	1861	不明	不明	御絵図掛ル
4-3	文久１年３月９日	1861	中井善蔵	深川神保様同所	欠損・不明
4-4	文久１年３月18日	1861	小林金平	下谷中御徒町中程	欠損・不明
4-5	文久１年３月21日	1861	小宮山利助	牛込御門之内土手四番町	□□（欠損）茶羅掛ル
4-6	文久１年３月24日	1861	仏母庵	北本所馬場町	招請
4-7	文久１年３月29日	1861	松平大隅守		御絵図如例歳掛ル
4-8	文久１年３月29日	1861	三河屋長三郎	四谷６丁目	御絵図懸ル
4-9	文久１年３月30日	1861	柴屋喜兵衛	赤坂	御絵図掛ル
4-10	文久１年４月２日	1861	三笠半兵衛	小石川御門内松平讃岐守様御中屋敷	御絵図御拝被成度
4-11	文久１年４月４日	1861	高砂屋平吉	田所町	招請・御絵図掛ル
4-12	文久１年４月６日	1861	石井	記載なし	記載なし
4-13	文久１年４月８日	1861	伝通院	小石川	御絵図お掛し
4-14	文久１年４月９日	1861	寺嶋円蔵	小石川西富坂上御掃除組屋敷内	招請・一ノ谷七番咄し
4-15	文久１年４月10日	1861	伝通院の女中方	小石川	弘通
4-16	文久１年４月10日	1861	升屋与七	小石川伝通院前表町	弘通
4-17	文久１年４月11日	1861	大沢肥前守	愛宕下神保小路	招請・弘通
4-18	文久１年４月12日晩	1861	尾張屋半七	小石川御簞笥町	招請
4-19	文久１年４月13日	1861	小田徳太郎	小石川浄土	招請
4-20	文久１年４月13日晩	1861	鈴木岩五郎	小石川鷹匠町	招請
4-21	文久１年４月14日晩	1861	朝岡頼母	小日向竜慶橋	招請
4-22	文久１年４月14日昼	1861	三笠半兵衛	小石川御門内松平讃岐守様御中屋敷	招請

招請の内容	散銭	血印
同晩伝通院前相模屋佐平次殿へ御招尓付参り泊り。一、壱朱、御布施。一、弐百文、廻向料。一、弐百文、散銭。一、金弐朱□□（２字欠損）七十一文。	200文	金2朱□□ 71文
伝通院大宣僧正より世話二而霞ヶ関芸州様御住居へ御曼荼羅招請被為在候事。		
伝通院僧正幷御内役大存・興堂、寮司大泉お世話ニ而、白菊坂永井禄之助様御絵図招請尓付参り。		
伝通院より永井様へ参り弘通仕候事。		
記載なし		
欠損		
記載なし		
記載なし		
記載なし		
記載なし		
本所仏母庵江招請尓付参り。		
本所石原和泉屋半兵衛殿御絵図招請尓付参り泊り。		
深川富川町鋳物師寅吉殿江招請尓付参り。		
植木屋梅吉方へ招請尓付参り。		
西町牧野屋善兵衛殿招請尓付参り泊り。風呂敷御納被下御願申上候事。		
本所中ノ郷元町加茂屋戸七殿招請尓付参り泊り。		
本所壱ツ目喜多村清兵衛招請尓付参り。玉光院全□（１字欠損）妙顔信女子正月十三日御絵図弘通候。		
深川田安飯嶋重治郎殿招請尓付参り。		
渡辺宥斎様霊照院二十七廻忌尓付法事ニ参り泊り。		
阿州武谷新之進様招請尓付参り。		
仏母庵へ行、説法阿弥陀経幷周菊童子事。		
同廿六日御絵図土屋様へ指上候処、廿七日渡辺氏江指下り。		
尤水戸智福院様より有馬様へ御絵図御上被成候。		
三河屋文七殿へ招請尓付参り泊り。一日法談御座候事。		
三河屋より芝山内山下谷大明寮江参り、三田有馬様御招請尓付、御絵図・縁起添ニ而興堂様相願置候事。		
記載なし		
芝山内山下谷大明寮へ参り、興堂様ニ御目ニ懸り三田有馬様より御絵図御下りニ相成候ニ付、		
牛込来迎寺招請尓付参り、弘通仕、一念発起菩提心咄しいたし。		
小石川相模屋佐平治殿招請尓付参り泊り。		
小石川御掃除町世話人寺嶋円蔵殿招請尓付午藤様泊り。		

No.	実施年月日	西暦	対象者（檀家）	対象者住所	呼称
4-23	文久１年４月14日晩	1861	相模屋佐平治	小石川伝通院前	御招
4-24	文久１年４月15日～４月16日	1861	安芸広島藩の桜田上屋敷	霞ヶ関	御曼荼羅様招請
4-25	文久１年４月19日	1861	永井禄之助	白菊坂	御絵図招請
4-26	文久１年４月20日	1861	永井太之丞	本郷御弓町	弘通
4-27	文久１年４月21日～５月６日	1861	江戸城本丸・二の丸		
4-28	文久１年４月22日	1861	越後谷堪蔵	記載なし	記載なし
4-29	文久１年４月26日	1861	稲葉様杉本氏	欠損	欠損
4-30	文久１年４月30日	1861	長沢屋由松	本船町	記載なし
4-31	文久１年５月３日	1861	中田弥兵衛	小石川諏訪町組屋敷	記載なし
4-32	文久１年５月９日～５月20日	1861	尾張名古屋藩の市ヶ谷御門外守屋敷と紀伊和歌山藩の赤坂喰違外中屋敷	市ヶ谷御門外、南八丁堀	
4-33	文久１年５月25日～５月26日	1861	加賀金沢藩の本郷守屋敷	本郷	
5-1	文久３年３月５日	1863	堺屋重兵衛	下谷車坂町	記載なし
5-2	文久３年３月８日	1863	小宮山利助	牛込御門之内土手四番町	記載なし
5-3	文久３年３月24日	1863	仏母庵	北本所馬場町	招請
5-4	文久３年４月１日	1863	和泉屋半兵衛	南本所石原町	御絵図招請
5-5	文久３年４月２日	1863	鋳物師寅吉	深川富川町	招請
5-6	文久３年４月５日	1863	植木屋梅吉	深川富川町	招請
5-7	文久３年４月６日	1863	牧田（野）屋善兵衛	深川西町	招請
5-8	文久３年４月７日	1863	加茂屋戸七	本所中ノ郷元町	招請
5-9	文久３年４月13日	1863	喜多村清兵衛	本所壱ツ目角	招請・御絵図弘通
5-10	文久３年４月15日	1863	飯嶋重治郎	深川田安様御蔵屋敷	招請
5-11	文久３年４月19日	1863	渡辺宥斎	両国村松町元矢ノ倉	記載なし
5-12	文久３年４月23日	1863	武谷新之進	南八丁堀５丁目松平阿波守様御屋敷内	招請
5-13	文久３年４月24日	1863	仏母庵（即源寺）	北本所馬場町	記載なし
5-14	文久３年４月28日	1863	土屋	記載なし	御絵図
5-15	文久３年５月10日	1863	筑後久留米藩有馬家	三田	御絵図
5-16	文久３年５月10日	1863	三河屋文七	桜田備前町	招請
5-17	文久３年５月11日	1863	興堂	芝山内山下谷大明寮	御絵図
5-18	文久３年５月16日	1863	伊勢谷喜兵衛の母	麹町13丁目	記載なし
5-19	文久３年５月18日	1863	興堂	芝山内山下谷大明寮	御絵図
5-20	文久３年５月19日	1863	来迎寺	牛込高田馬場下	招請・弘通
5-21	文久３年５月20日	1863	相模屋佐平治	小石川伝通院前	招請
5-22	文久３年５月21日	1863	寺嶋円蔵	小石川西富坂上御掃除組屋敷内	招請

招請の内容	散銭	血印
高松様御内三笠平兵衛ニ行泊り。御絵図(以下欠損)		
記載なし		
飯沢庭作殿招請尓付参り泊り。		
小石川仲町丸屋豊蔵殿招請尓付参り泊り。		
記載なし		
朝岡様へ参り邑林院様招請尓付上ル。		
加賀屋喜助殿招請尓付参り泊り。		
根津惣門内右之隠宅江参り御絵図掛ケ。		
蛇目寿しや招請尓付参り。		
上州屋源助方招請尓付参り。		
深川沢田屋招請尓付上ル。称妙川咄し。韻ヲ以思報すれば徳ニ沈之咄し。		
近江屋源治郎殿招請尓付。		
御曼荼羅弘通之趣、川住市右衛門様へ御咄し申上置候所。		
薬師堂ニ而御絵伝弘通いたし。(中略) 小町咄し、修羅道咄し等いたし候事。		
□□(２字難読)鎮城寺御絵伝弘通仕群参いたし。称妙川等咄しいたし。		
布袋屋仁左衛門方御世話二而下今川村薬師堂招請尓付参り。		
是より戸倉在上徳ま村太右衛門方へ尋ね泊り。林助之母ニ曼茶羅懸ル。一、百四拾弐文、同所散銭也。	142文	
一、九百五十文。土塩村風下作治郎泊り。御曼荼羅掛ル。弥太郎殿御絵上ル。	950文	
一、弐百文。関沢村周治郎ニ泊り。御絵図掛ケ村中小牛玉札壱枚ヅツ配札候事取究申候。		
一、弐百文。関沢村周治郎ニ泊り。御絵図掛ケ村中小牛玉札壱枚ヅツ配札候事取究申候。真田屋も三枚上ル。一、弐百文、村中御初穂。一、金三朱、御散銭。	金3朱	
一、弐百三十弐文、御曼荼羅掛散銭。	232文	
一、四百十二文、血印三人分。一、弐百五十文、御絵図掛ケる散銭。	250文	412文(3人)
一、五百二十文、御曼荼羅散銭。一、八百二十文、血印六人分。	520文	820文(6人)
廿六日朝、御絵図懸ケル。		
一、七百文、同村利兵衛血印。一、五百文、御絵図散銭。	500文	700文
記載なし		
本所仏母庵江御絵図弘通ニ参リ。		
記載なし		
石井氏江招請尓付参リ。		
稲葉様御内中川與四蔵殿招請尓付参リ。		
牛込来迎寺江参覚、御絵伝弘通布橋供養咄しいたし。		
寺嶋円蔵蔵江参、招請尓付参リ泊リ弘通いたし。		
記載なし		
高松様三笠様へ参リ曾我咄しいたし。		
中村六之助様招請尓付参リ。		

No.	実施年月日	西暦	対象者（檀家）	対象者住所	呼称
5-23	文久３年５月22日	1863	三笠平兵衛	小石川御門内松平讃岐守様御中屋敷	御絵図
5-24	文久３年５月23日	1863	宮沢鉀之助	小石川同心町	記載なし
5-25	文久３年５月24日	1863	飯沢庭作	小石川鷹匠町	招請
5-26	文久３年５月25日	1863	丸屋豊蔵	小石川仲町（豆腐屋）	招請
5-27	文久３年５月26日	1863	升屋与七	小石川伝通院前表町	記載なし
5-28	文久３年５月27日	1863	朝岡頼母・邑林院	小日向竜慶橋	招請
5-29	文久３年５月27日晩	1863	加賀屋喜助	牛込赤城下五軒町	招請
5-30	文久３年６月４日	1863	右之隠宅	根津惣門内	御絵図掛ケ
5-31	文久３年６月８日	1863	蛇目寿し	麹町13丁目	招請
5-32	文久３年６月９日	1863	上州屋源助	四谷伝馬町１丁目	招請
5-33	文久３年６月13日	1863	沢田屋仁兵衛	深川北六軒堀下ノ橋	招請
5-34	文久３年７月４日	1863	近江屋源治郎	四谷伝馬町１丁目	招請
5-35	文久３年７月22日	1863	川住市右衛門		御曼荼羅弘通
5-36	文久３年７月23日	1863	布袋屋仁左衛門		御絵伝弘通
5-37	文久３年７月24日	1863			御絵伝弘通
5-38	文久３年７月27日	1863	布袋屋仁左衛門		招請
6-1	元治２年２月１日	1865	丈右衛門	戸倉在上徳ま村	曼荼羅
6-2	元治２年２月８日	1865	風下作治郎	土塩村	御曼荼羅
6-3	元治２年２月11日	1865		関沢村	御絵図
6-4	元治２年２月12日	1865	周治郎	関沢村	御絵図
6-5	元治２年２月25日	1865	記載なし	記載なし	御曼荼羅
6-6	元治２年２月26日	1865	新田六右衛門	久下村	御絵図
6-7	元治２年３月13日	1865	赤沼伊兵衛	高田村	御曼荼羅
6-8	元治２年３月26日朝	1865	久右衛門	新宿	御絵図
6-9	元治２年３月26日	1865	利兵衛	瀬田村	御絵図
6-10	慶応１年４月16日	1865	福田屋	四谷伝馬町１丁目（足袋紺屋）	
6-11	慶応１年４月24日	1865	仏母庵	北本所馬場町	御絵図弘通
6-12	慶応１年４月24日晩	1865	小宮山利助	牛込御門之内土手四番町	
6-13	慶応１年５月８日	1865	石井徳左衛門	虎ノ御門内（三浦志摩守内）	招請
6-14	慶応１年５月10日	1865	中川与四蔵	淀　稲葉様御屋敷内	招請
6-15	慶応１年５月19日	1865	来迎寺	牛込高田馬場下	御絵伝弘通
6-16	慶応１年５月20日	1865	寺嶋円蔵	小石川西富坂上御掃除組屋敷内	招請・弘通
6-17	慶応１年５月21日	1865	桝屋与七	小石川伝通院前表町	記載なし
6-18	慶応１年５月22日	1865	三笠平兵衛	小石川御門内松平讃岐守様御中屋敷	
6-19	慶応１年５月23日昼	1865	中村六之助	小石川御門内松平讃岐守様御中屋敷	招請

招請の内容	散銭	血印
小石川玉屋行、御絵伝懸ル。		
宮沢様招請尓付参リ。		
記載なし		
飯山藩本多相模守様小石川新坂也。招請尓付参リ。		
相模屋佐平治殿、招請尓付御絵図懸ケ泊リ。		
記載なし		
招請尓付参リ。		
記載なし		
記載なし		
牛込配札。改代町丹波屋源兵衛、招請尓付、泊リ。		
大村源太郎様へ招請尓付参リ泊リ。		
記載なし		
朝岡頼母様邑林院様江招請尓付参リ。		
江坂卜庵様招請尓付参リ。		
富川町梅吉殿招請尓付参リ来ル。三界霊覚女咄しいたし。		
左官喜之助殿招請尓付参リ泊リ。三界霊之御咄しいたし候事。		
是より深川松井町太田屋喜太郎殿招請尓付参り泊り。		
是より平野町小口屋幸吉殿招請尓付参り泊り。		
記載なし		
本所松井町弐丁目太田屋喜三郎殿招請尓付参リ泊リ。		
太田屋徳三郎殿参リ泊リ。母山姥之咄しいたし候事。		
深川扇橋中村屋龍五郎殿招請尓付参リ泊リ。		
記載なし		
芝森下村太田屋與兵衛殿招請尓付参リ泊リ。		
大沢主馬様招請尓付参リ。大どん(貪)王咄し。		
大坂屋忠兵衛招請ニ預リ。		
記載なし		
永井太之丞様御隠宅江招請尓付参リ泊リ。称妙川咄しいたし。		
河内屋御暇修行中御札幷ニ立山様御懸じいたし指上ル事。		
本所仏母庵招請、菩提六根咄し。		
記載なし		
来迎寺江招請ニ付、十雪幷慈童咄しいたし候事。		
相模屋佐平治殿招請也。		
寺嶋円蔵様招請。		
宮沢氏招請ニ付参リ泊リ。		
小田徳太郎殿寺嶋氏御子息ニ而新宅尓付招請被成候事。		
記載なし		
加賀屋喜助殿招請尓付参リ泊リ。		

No.	実施年月日	西暦	対象者（檀家）	対象者住所	呼称
6-20	慶応１年５月24日前	1865	玉屋豊蔵	小石川仲町	御絵伝
6-21	慶応１年５月24日後	1865	宮沢鉀之助	小石川同心町	招請
6-22	慶応１年５月25日	1865	飯沢庭作	小石川鷹匠町	記載なし
6-23	慶応１年５月26日	1865	飯山本多様市村氏	小石川新坂飯山藩本多様中屋敷内	招請
6-24	慶応１年５月27日	1865	相模屋佐平治	小石川伝通院前	招請・御絵図
6-25	慶応１年５月28日	1865	つたや		記載なし
6-26	慶応１年５月28日	1865	駿河屋善兵衛		招請
6-27	慶応１年閏５月３日	1865	加賀屋喜助	牛込赤城下五軒町	記載なし
6-28	慶応１年閏５月４日晩	1865	伊勢谷喜兵衛	麹町１３丁目	記載なし
6-29	慶応１年閏５月５日晩	1865	丹波屋源兵衛	牛込改代町	招請
6-30	慶応１年閏５月６日晩	1865	大村源太（次）郎	市ヶ谷三番町	招請
6-31	慶応１年閏５月７日晩	1865	左官豊蔵	記載なし	記載なし
6-32	慶応１年閏５月８日晩	1865	朝岡頼母・邑林院	小日向竜慶橋	招請
6-33	慶応１年閏５月13日晩	1865	江坂卜庵	浅草雷御門前日音院寺内内いろは長屋敷５番	招請
6-34	慶応１年閏５月16日	1865	植木屋梅吉	深川富川町	招請
6-35	慶応１年閏５月17日	1865	左官喜之助	南本郷石原町梅堀	招請
6-36	慶応１年閏５月19日	1865	太田屋喜太郎	本所松井町２丁目（薪問屋）	招請
6-37	慶応１年閏５月20日	1865	小口屋幸吉	深川西平野町（大工）	招請
6-38	慶応１年閏５月21日	1865	伏見屋儀右衛門	深川上木場三好町	記載なし
6-39	慶応１年閏５月30日	1865	太田屋喜三郎	本所松井町２丁目	招請
6-40	慶応１年６月１日	1865	太田屋徳三郎	本所松井町２丁目	記載なし
6-41	慶応１年６月10日	1865	中村屋辰五郎	深川扇橋	招請
6-42	慶応１年６月15日	1865	三河屋文七	桜田備前町	記載なし
6-43	慶応１年６月16日	1865	太田屋與兵衛	飯倉森元町２丁目	招請
6-44	慶応１年６月17日	1865	大沢主馬	愛宕下神保小路	招請
6-45	慶応１年６月18日	1865	大坂屋忠兵衛	新吉原	招請
6-46	慶応１年６月22日	1865	松平市正	豊後杵築藩松平家（外桜田）	記載なし
6-47	慶応１年６月28日	1865	永井太之丞	本郷御弓町	招請
6-48	慶応１年７月28日	1865	河内屋与兵衛		立山様・御懸じ
7-1	慶応３年４月24日	1867	仏母庵	北本所馬場町	招請
7-2	慶応３年５月７日	1867	松平和泉守深川屋敷	深川	記載なし
7-3	慶応３年５月15日朝	1867	来迎寺	牛込高田馬場下	招請
7-4	慶応３年５月16日	1867	相模屋佐平治	小石川伝通院前	招請
7-5	慶応３年５月17日	1867	寺嶋円蔵	小石川西富坂上御掃除組屋敷内	招請
7-6	慶応３年５月18日	1867	宮沢鉀之助	小石川同心町	招請
7-7	慶応３年５月19日	1867	小田徳太郎	小石川大塚町	招請
7-8	慶応３年５月20日	1867	播磨屋長治郎	小石川大塚町	記載なし
7-9	慶応３年５月21日	1867	加賀屋喜助	牛込赤城下五軒町	招請

招請の内容	散銭	血印
河合氏迄参招請尓付。		
市ヶ谷大村氏江招請尓付泊リ。		
仏母庵江慈童之咄致、三度栗咄しいたし。		
長沢屋招請尓付。		
左官喜之助殿招請尓付。		
深川富川町中井梅吉殿江招請尓付参リ。御絵伝箱寄附候也。		
記載なし		
記載なし		
記載なし		
西町伊勢屋儀兵衛殿招請尓付参リ泊リ。		
近孝招請尓付参リ。地蔵尊之御咄し有之候事。		
山口屋仁兵衛殿招請尓付参り。種々御咄シ有之候事。		
記載なし		
記載なし		
沢田屋仁兵衛殿招請尓付参り。		
深川より砂村四十丁橋本彦右衛門殿招請尓付参り。		
記載なし		
記載なし		
記載なし		
中村六之丞様招請尓付参り。		
記載なし		
近藤善治郎様招請尓付参り。		
溜池横田様より招請尓付参り。		
白川阿部様招請尓付参り。		
記載なし		
升見屋仁三郎殿御絵伝弘通。		
吉原江戸町弐丁目峯瀬屋庄三郎殿招請尓付参り。		
記載なし		
記載なし		
魚津小川文平様参り泊り。尤御絵伝懸ル。		
仏母庵招請尓付参り。七番咄いたし。		
地蔵尊咄し。		
是より山田屋源七殿参り。御絵図懸ル。		
なまりや御絵伝招請。		
左官喜之助殿招請尓付参り。		

No.	実施年月日	西暦	対象者（檀家）	対象者住所	呼称
7-10	慶応３年５月22日	1867	河合駒太郎	麴町山王丹羽様御屋敷	招請
7-11	慶応３年５月23日	1867	大村弥太郎	市ヶ谷	招請
7-12	慶応３年５月24日	1867	仏母庵	北本所馬場町	記載なし
7-13	慶応３年５月27日	1867	長沢屋由松	本船町	招請
7-14	慶応３年５月29日	1867	左官喜之助	南本郷石原町梅堀	招請
7-15	慶応３年６月１日	1867	中井梅吉	深川神保様表門前	招請・御絵伝箱
7-16	慶応３年６月１日夕	1867	百足屋亀吉	深川仲町	記載なし
7-17	慶応３年６月２日夕	1867	万屋市三郎	深川永代寺門前（山本町家主）	記載なし
7-18	慶応３年６月３日昼	1867	松平和泉守深川屋敷	深川	記載なし
7-19	慶応３年６月４日	1867	堺屋隠宅		記載なし
7-20	慶応３年６月６日	1867	伊勢屋儀兵衛	深川扇橋西町	招請
7-21	慶応３年６月６日	1867	家主久兵衛	小石川大塚町	記載なし
7-22	慶応３年６月７日	1867	近江屋孝左衛門	深川東平野町（材木店）	招請
7-23	慶応３年６月13日	1867	山口屋仁兵衛	堀留	招請
7-24	慶応３年６月13日夕	1867	渡辺		記載なし
7-25	慶応３年６月14日夕	1867	河野		記載なし
7-26	慶応３年６月15日	1867	沢田屋仁兵衛	深川北六軒堀下ノ橋	招請
7-27	慶応３年６月16日	1867	橋本彦右衛門	砂村四十丁	招請
7-28	慶応３年６月16日	1867	相模屋佐平治	小石川伝通院前	記載なし
7-29	慶応３年６月22日	1867	朝岡頼母	小日向竜慶橋	記載なし
7-30	慶応３年６月23日	1867	三笠平兵衛	小石川御門内松平讃岐守様御中屋敷	記載なし
7-31	慶応３年６月23日	1867	中村六之丞	小石川御門内松平讃岐守様御中屋敷	招請
7-32	慶応３年６月26日	1867	寺嶋円蔵	小石川西富坂上御掃除組屋敷内	記載なし
7-33	慶応３年７月６日	1867	近藤善治郎	深川御竹蔵前	招請
7-34	慶応３年７月８日	1867	横田権之助	赤坂溜池	招請
7-35	慶応３年７月９日	1867	白川阿部		招請
7-36	慶応３年７月14日	1867	石丸源五郎	深川森下町伊豫橋	記載なし
7-37	慶応３年７月16日	1867	花井	松平和泉守（三河西尾藩主）奥女中	記載なし
7-38	慶応３年７月18日	1867	升見屋仁三郎	新吉原京町　江戸町２丁目過度	御絵伝弘通
7-39	慶応３年７月20日	1867	峯瀬屋庄兵衛・和泉屋清蔵	新吉原江戸町２丁目（酒店）	招請
7-40	慶応３年７月24日夕	1867	石丸源五郎	深川森下町伊豫橋	記載なし
7-41	慶応３年７月25日	1867	石丸源五郎	深川森下町伊豫橋	記載なし
8-1A	明治１年１月23日	1868	小川文平	魚津	御絵伝懸ル
8-2A	明治１年１月24日	1868	堺屋（西尾）三郎左衛門	越後国須坂村	御絵伝懸ル
8-3A	明治１年２月24日	1868	仏母庵	北本所馬場町	招請
8-4A	明治１年２月26日	1868	升屋七左衛門	本所馬場仏母庵隣	記載なし
8-5A	明治１年３月17日	1868	山田屋源七	霊岸嶋銀町	御絵図懸ル
8-6A	明治１年４月５日	1868	なまりや		御絵伝招請
8-7A	明治１年４月20日	1868	左官喜之助	南本郷石原町梅堀	招請

招請の内容	散銭	血印
渡辺様御暇者仕御満だら等預度候事、		
今井図書様御絵伝招請尓付参り。		
御住居様御暇者登り、神前仏前拝、御曼陀羅掛、夫々様拝被遊候事。仏法僧たとひ御噺申上候事。(中略) 六根返之御咄し申上候事。		
是より西原村尋参り。庄崎利助殿行。尤昨近以前卯年ニ御休内や御絵伝様御弘致し泊り。		
御絵図深川仏母庵迄預、		
是より本所馬場仏母庵ニ而御絵図請持被成候。		
是より霊岸嶋銀町山田屋源七殿泊り。尤御絵図様請扣。		
御図伝様賽銭請待・招請、一、壱〆九百文、樽屋伝四郎殿。	1貫900文	
是より三百坂寺嶋円蔵様参り。尤御絵伝請扣被成泊り。		
深川森下町山本元悦様昼食。尤御絵伝様請扣被遊、(以下略)。御図伝様賽銭請待・招請、一、九百拾四文、山本元悦様。	914文	
本所石原町左官喜之助ニ参り昼食いたし。尤御絵図様請扣被遊泊り。(以下略)。御図伝様賽銭請待・招請、一、壱〆八百六十弐文、左官喜之助殿。	1貫862文	
今井図書様ニ而御絵伝請扣被成、布袋や泊り。		
是より西東御住居ニ而立山御絵図御弘いたし。		
広井村太郎兵衛殿泊リ。絵伝、八番長谷川観音ばなし也。		

万延元年(一八六〇)三月二八日出立、六月一三日帰着。三〇回。ただしそのうち五回は当初予定されていたものの実際には行われておらず、したがって二五回(万延元年閏三月二七日~同七年五月二二日)。

文久元年(一八六一)の廻檀日記帳

万延二年(一八六〇)正月一三日出立、帰着日の記載は見られない。三三回。ただしそのうち四回は、宝泉坊衆徒泰音が檀家に依頼し、№4-24安芸広島藩外桜田御門上屋敷、№4-27江戸城本丸・二の丸、№4-32名古屋尾張藩市ヶ谷御門外上屋敷・紀伊和歌山藩赤坂喰違外中屋敷、№4-33加賀金沢藩本郷上屋敷に立山曼荼羅が持ち込まれたもので、泰音自身が行ったわけではない。したがって二九回(万延二年正月二六日~文久元年五月二六日)。

文久三年(一八六三)の廻檀日記帳

文久三年二月六日出立、八月一七日帰着。三八回

№.	実施年月日	西暦	対象者（檀家）	対象者住所	呼称
8-8A	明治1年5月4日	1868	渡辺		御満だら（御曼荼羅）
8-9A	明治1年5月22日	1868	今井図書	松平和泉守（三河西尾藩主）家臣	御絵伝招請
8-10A	明治1年5月24日	1868	御住居様		御曼陀羅掛（御曼荼羅）
9-1B	明治1年2月4日	1868	庄崎利助	西原村	御絵伝様御弘いたし
9-2B	明治1年2月22日	1868	仏母庵	北本所馬場町	御絵図
9-3B	明治1年2月24日	1868	仏母庵	北本所馬場町	御絵図請待
9-4B	明治1年3月17日	1868	山田屋源七	霊岸嶋銀町	御絵図様請扣
9-5B	明治1年4月9日	1868	樽屋伝四郎	神奈川	御絵伝請扣
9-6B	明治1年4月11日	1868	寺嶋円蔵	小石川西富坂上御掃除組屋敷内	御絵図請扣
9-7B	明治1年4月19日	1868	山本元悦	深川森下町	御絵伝様請扣
9-8B	明治1年4月20日	1868	左官喜之助	南本郷石原町梅堀	御絵図様請扣
9-9B	明治1年5月22日	1868	今井図書	松平和泉守（三河西尾藩主）家臣	御絵伝請扣
9-10B	明治1年5月23日	1868	西東御住居		立山御絵図御弘いたし
10-1	明治26年4月18日	1893	上野太郎兵衛	能登国鳳至郡西町村字広井	絵伝

（文久三年三月五日～同三年七月二七日）。

元治二年（一八六五）の廻檀日記帳

元治二年正月二三日出立、慶応元年七月二九日帰着。四八回（元治二年二月一日～慶応二年七月二八日）。

慶応三年（一八六七）の廻檀日記帳

慶応三年三月一二日出立、八月二〇日帰着。四一回（慶応三年四月二四日～同三年七月二五日）。

明治元年（一八六八）の廻檀日記帳A

明治二年（一八六九）正月二二日出立、六月五日帰着。一〇回（明治元年正月二三日～同年五月二四日）。

明治元年（一八六八）の廻檀日記帳B

明治二年（一八六九）正月二二日出立、六月五日帰着。一〇回（明治元年二月四日～同年五月二三日）。

ただし明治元年の廻檀日記帳Aの内容と四件の重複あり。

以上の内容を見ていくと、宝泉坊が三河国西尾藩主の松平乗全から立山曼荼羅を寄進された安政五年（一八五八）頃から回数が増加し、さらに江戸城や諸大名家で宝泉坊の立山曼荼羅が回覧された文久元年（一八六一）以降も著しく増加している。その後、明治に入ると回数は激減している。

この状況は、先述したように、宝泉坊が当時江戸幕府老中であった松平乗全から拝領し、さらに江戸城や諸大名家でも回覧された特殊な経歴の立山曼荼羅を、廻檀の際に格別な寺宝として積極的に喧伝・活用していたことの表れであろう。

3 立山曼荼羅を示す呼称

宝泉坊衆徒の泰音が立山曼荼羅に対して用いていた呼称を調べたが、その実態は次のとおりである。

№1-1他「御曼荼羅」、№4-24「御曼荼羅様」、№6-1「曼荼羅」、№1-6他「御絵伝」、№9-1他「御絵伝様」、№2-17他「絵伝」、№1-2他「立山御絵図」、№1-13他「御絵図」、№9-4他「御絵図様」、№6-48「立山様」などの呼称が見られる。

全二六九件中、「絵伝」が四八件で最も多く、次いでわずかの差で「絵図」が四六件、「曼荼羅」が一三件となっている。泰音にとって立山曼荼羅は立山開山佐伯有頼（慈興上人）の行状を描いた「絵伝」や「絵図」であったのだろう。その反面、地獄・極楽図としての意識はやや希薄なような気がする。

4 立山曼荼羅を使用した勧進活動を示す呼称

泰音が、檀家での立山曼荼羅を使用した勧進活動に対して用いていた呼称を調べたが、その実態は次のとおりである。

№1-6他「御絵伝請待」、№1-7他「御絵伝弘通」、№1-12「御絵伝掛ニ参り」、№1-13他「御絵伝招請」、№2-16他「御絵図弘通」、№2-17「絵伝弘通」、№2-36「御曼荼羅招請」、№3-1他「御絵伝拝礼」、№5-4他「御絵図招請」、№2-23他「招請」、№6-48「立山様御懸じ（懸事）」などの呼称が見られる[13]。「招請」が一〇五件、「請待[14]」が六件、「弘通」が二八件見られ、泰音については、檀家での立山曼荼羅を使用した勧進活動に対しては、「招請」や「弘通」と呼称することが多かった。

5　立山曼荼羅を使用した勧進活動の儀式内容

泰音が檀家で立山曼荼羅を使用してどのような儀式を行っていたのかを調べたが、その実態は次のとおりである。

№2-14「石井徳左衛門殿御絵伝ニ参り。中食頂弘通之事。夫より仏前勤候。又夫より御絵前において諸家（一字欠損）茶廻向仕候事。是より夕飯戴。」

№2-21「本所即源寺へ御絵伝請待ニ参り。中飯戴、寺仏前念仏（以下欠損）、夫より絵伝三拝、次ニ経、次念仏唱（以下欠損）、懺悔戒授、次十念授、夫より自由也。」

№2-30「昼後より寺嶋円蔵殿招請ニ付参り。御絵伝前附いたし。夫より廻向仕候事。」

№2-31「浄土宗西岸寺江招請ニ付参り。（中略）夫より本堂、寺嶋氏等世話ニ而絵伝掛候事。夫より少々勤、念仏唱、演説は東上玉沙汰王咄、彫刻釈迦如来之咄、其外色々御咄仕候。」

№2-36「深川中御屋敷内沢田徳兵衛様へ御曼荼羅招請ニ付参り。仏前廻向仕。夫より弘通常之通り。」

№3-5「深川若殿様御奥様へ御目見。夫より御物見三州御領分庄屋方参り候ニ付、御絵伝弘通いたし、家中共参詣いたし。」

No.3-8「渡辺円斉様霊照院不昧妙鏡大姉法事逮夜ニ付、御絵図幷涅槃像懸ヶ御親類方へ参詣ニ付、演説いたし。」
No.3-18「三浦志摩守御内石井徳左殿招請ニ付参り。戒名一々読上候。」
No.3-20「沐浴、白衣ニ而、約諾之通り大隅守様へ上ル。御絵図招請ニ付、尤涅槃像仕り上り、御加持申上候事。」
No.3-26「伊勢町富田屋彦四郎殿招請ニ付参り。泊り。其夜、念仏。」
No.3-28「沐浴いたし、白衣改、松平和泉守様へ参殿仕、御絵図招請ニ付参り。」
No.4-6「仏母庵招請尓付参り。霊明師廻向仕、夫より曼荼羅前ニ□(一字欠損)仏回向、懺悔戒、夫より十念授与、夫より演説いたし。」
No.4-11「高砂屋平吉方へ招請尓付参り御絵図掛ル。廻向仕候。」
No.4-17「愛宕下大沢肥前守様招請尓付参り。神前霊前廻向、次ニ弘通いたし。」
No.5-16「三河屋文七殿へ招請尓付参り泊り。一日法談御座候事。」
No.8-10「御住居様御暇者登り、神前仏前拝、御曼陀羅掛、夫々様拝被遊候事。仏法僧たとひ御噺申上候事。(中略)六根返之御咄し申上候事。」

以上の内容から、檀家での泰音の法要のあり方として、まず第一に、仏間かあるいは神棚がある部屋に立山曼荼羅を掛けて、仏前(霊前)あるいは神前で廻向[15]及び戒名の読み上げを行うことが一般的なかたちであった。茶牌廻向を行っている事例も見られる。その後、立山曼荼羅が弘通された。さらに、その場に応じて念仏や加持[16]、読経[17]、立山曼荼羅の礼拝、懺悔戒の授与、十念の授与[18]などが行われた。法要の最後に演説・説法が行われている。なお、松平和泉守ら大名屋敷などを訪れる際には事前に沐浴し[19]、白装束に着替えて出かけている。

ところで、問題はこの「弘通」の用語が指し示す具体的な内容であるが、それが狭義の意味で立山曼荼羅を使用した絵解きそのものを指し示しているのか、それとも広義の意味で、仏前廻向を済ませたのちの、念仏・読経・加持、さらには演説・説法なども全て含んだ法要を指し示しているのかは、なかなか判別がつき難いところである。筆者はおそらく「弘通」の用語は両方の意味を持っており、その場に応じて使い分けられていたと考えている。

例えば新規の檀家（No.4-8の三河屋長三郎）の求めに応じ、あるいは、どうしてもおきまりの立山開山縁起の話題を聞きたいといった信徒には、立山曼荼羅に描かれた図像の内容を直接的に語る場合もあっただろうし、毎年の廻檀でその内容はすでに知っている信徒に対しては、立山曼荼羅は礼拝画として機能しており、むしろ、「弘通」を法要全体を指すものとしてとらえ、そのうちの説法・演説がその主要部であったと考えることもできよう。

なお、立山曼荼羅が、儀式を行うための空間を現出させる機能や礼拝画としての機能を持っていたことは前掲のNo.2-21「絵伝三拝」やNo.8-10「御曼陀羅掛、夫々様拝被遊候事」などの記述からわかる。もっとも、宝泉坊の立山曼荼羅は先述のとおり、三河国西尾藩主で江戸幕府老中の松平乗全が描いた作品で、その表装には徳川将軍のお召し衣も使用されているので、他の作品以上に礼拝画としての価値を持っていたから、泰音にとって、この曼荼羅ならではの活用の仕方と、儀式の進め方があったかもしれないことは考慮しておく必要があろう。

泰音が勤めを行う前かあるいは終えてから、昼食として御斎が出されている事例が見られる。その状況は次のとおりである。No.1-6・8・13昼食、No.2-1夕食、No.2-14・36昼食・夕食、No.2-17・21昼食、No.4-10昼食、No.9-7・8昼食。

6　特別な法事の際にも行われた招請

檀家での特別な法事の際にも、立山曼荼羅を使用して儀式が行われている。以下、そうした事例を二件あげておく。

№1-14「麴町永井奥之助様御内寿信院へ参り。御絵図相掛ケ幷説法ノ後ニ放生会ニうなぎはなし、右作法ハ三礼[20]、次ニ阿弥陀経、次ニ瓶ノ水中、さ水を加持メ入べし。」

№3-8「渡辺円斉様霊照院不昧妙鏡大姉法事逮夜ニ付、御絵図幷涅槃像懸ヶ御親類方へ参詣ニ付、演説いたし。」

№1-14では、檀家の麹町・永井奥之助宅で立山曼荼羅を掛け、説法を行ったのちに放生会を勤めている。放生会は仏教の不殺生の思想に基づいて、捕らえられた生類を山野や池沼に放ちやる儀式である。通常、神社・寺院では陰暦八月一五日に行われることが多い。永井宅では、うなぎを放している。なお、宝泉坊の蔵書のなかに、放生会に関わるものとして、『放生手引草』(天明三年(一七八三))や『放生報応集』(表2№72、文化三年(一八〇六))が見られる。檀家での儀式の執行にあたっては、事前にこうした書籍の内容を参考にしていた可能性もある。

№3-8では、檀家の渡辺円斉宅で法事のお逮夜を勤めた際に立山曼荼羅と涅槃図を掛け、参集した親類方に演説を行っている。

7 話題

立山曼荼羅が掛けられた「場」では、№1-7「弘通」や№1-14「説法」、№3-31「演説」が行われたが、そのときには次のような内容が語られていた。

「咄ハ篤薬□(一字難読)如来」(№2-7)、「咄し国寺咄、幷二十七番咄シ」(№2-9)、「演説は東上玉沙汰王咄、彫刻釈迦如来之咄、其外色々御咄仕候」(№2-31)、「大貪王長寿王咄しいたし」(№4-7)、「一ノ谷七番咄し」(№4-14)(立山曼荼羅にこれに関する図柄がある)、「説法阿弥陀経幷周菊童子事」(№5-13)、「一念発起菩提心咄し」(№5-20)、「称妙川咄し。韻ヲ以思報すれば徳ニ沈之咄し等」(№5-33)、「小町咄し、修羅道咄し等」(№5

-36）（立山曼荼羅に修羅道の図柄がある）、「称妙川等咄」（№5-37）（立山曼荼羅にこれに関する図柄がある）、「布橋供養咄し」（№6-15）（立山曼荼羅にこれに関する図柄がある）、「曾我咄し」（№6-18）、「三界霊覚女咄し」（№6-34）、「三界霊之御咄し」（№6-35）、「母山姥之咄し」（№6-40）（立山曼荼羅にこれに関する図柄〔芦峅寺の媼尊〕がある）、「大どん（貪）王咄し」（№6-44）、「称妙川咄し」（№6-47）（立山曼荼羅にこれに関する図柄がある）、「菩提六根咄し」（№7-1）、「十雪幷慈童咄し」（№7-3）、「慈童之咄致、三度栗咄しいたし」（№7-12）、「地蔵尊之御咄し」（№7-22）（立山曼荼羅にこれに関する図柄がある）、「種々御咄し」（№7-23）、「七番咄」（№8-3）（七番は一ノ谷の話し。立山曼荼羅にこれに関する図柄がある）、「地蔵尊咄し」（№8-4）（立山曼荼羅にこれに関する図柄がある）、「仏法僧たとひ御噺」「六根返之御咄し」（№8-10）、「八番長谷川観音ばなし」（№10-1）

以上の事例から、立山曼荼羅が掛けられた「場」で、立山曼荼羅の画像の一部やそこに込められている思想の一部に関わるテーマで「弘通」「説法」「演説」が行われていたことがわかる。ただしその際、泰音が立山曼荼羅の画面から、関連の画像を実際に指し示したりしていたかどうかは判断できない。立山曼荼羅が掛けられることで、儀式のための空間が現出することが重要であり、その際の説法は、立山曼荼羅の画像内容と切り離されて行われていた可能性もある。

また、立山曼荼羅が絵解きされるとき、それに描かれた画像の内容だけがいつも同じように語られていたわけではなく、その時々に、立山曼荼羅には画像がなくても、ある特定のテーマを決めて語られることも多々あったことがわかる。

さて、話題のなかに「一ノ谷七番咄し」や「八番長谷川観音ばなし」「二十七番咄シ」など、番数が示されているものもある。少なくとも二七番までは話題があったということである。なお、「八番長谷川観音ばなし」については、宝泉坊の蔵書のなかに文政五年（一八二二）開版の「大和国長谷寺縁起（豊山長谷寺略縁起）」が見られるので、この縁起と関係した次のような内容を話していたとも考えられる。

「一ノ谷七番咄し」（No.4-14）、「小町咄し、修羅道咄し等」（No.5-36）、「布橋供養咄し」（No.6-15）、「母山姥之咄し」（No.6-40）、「称妙川咄し」（No.6-47）、「地蔵尊之御咄し」（No.7-22）

これらの話題は、立山曼荼羅の画面に関連の画像が含まれており、それを指し示しながら語っていたとも考えられる。

なお、「地蔵尊之御咄し」については、一般的には立山信仰に直接関わる地蔵尊の話題が語られていたと考えるのが妥当であろうが、一方では宝泉坊の蔵書のなかに『地蔵菩薩霊験記　巻第一・巻第二』や『地蔵菩薩応験新記』などの書籍が見られるので、これらの内容も参考にされ、ときには語りに盛り込まれることもあったのであろう。

8　布施・血印・散銭

泰音の廻檀日記帳から御絵伝招請に関する部分を抽出していくと、泰音の勤めに対して檀家が寄進したお布施が記されている場合が多い。その際、布施料や初穂料・廻向料・散銭・血印・血盆経等の項目で金額が示されている。特に御絵伝招請が行われたときには、血印が多く頒布されている。その具体的な状況は表1の「内容」の項目に示しているが、さらにそのなかから立山曼荼羅を掛けて行う儀式に対する散銭（賽銭）と血印に関する代金を抽出してみた。

以下、散銭の金額の状況を示しておきたい（単位：文）。

一〇〇文以下――三二・三六・六〇・七二・八四・九二・一〇〇

二〇〇文以下――一〇五・一一二・一二〇・一二四・一四二・一六〇・一六四・一六八・一八〇・一八七・二〇〇

三〇〇文以下――二一〇・二一二・二一六・二三二・二三四・二五〇・二七二
四〇〇文以下――三三一・三三四・三五〇・三五六・三六五・三七六・三八一・三八四・四〇〇
五〇〇文以下――四五〇・四六四
五〇〇文以上――五〇〇・五〇八・五二〇・五六〇・六〇四・六五二・九〇四・九一四・九五〇・一朱一〇〇文・三朱。

以上の内容から、散銭は五〇〇文以下（一〇〇文〜四〇〇文）が多い。
一方、血印料は一人概ね一三六文で、複数人の場合は一三六文から一三七文の倍数であることが多い。

9　世話人

宝泉坊の江戸の檀那場では、師檀関係の新たな勧誘など、世話人として同坊の廻檀配札活動を支援する檀家が存在している。小石川西富坂上御掃除組屋敷の寺嶋円蔵と芝口一丁目の平柴屋幸七（炭店）、深川の哥川喜代松、深川北六間堀下ノ橋の沢田屋仁兵衛らである。寺嶋氏が仲介した事例はNo.2-29・31、No.3-24、No.4-18、平柴屋が仲介した事例はNo.2-40、哥川氏が仲介した事例はNo.3-22、沢田屋が仲介した事例はNo.4-13である。

五　宝泉坊の蔵書目録に見る衆徒泰音の教養

1　泰音に対するパーシヴァル・ローウェルの印象

宝泉坊衆徒の泰音は義父から江戸の檀那場を引き継ぎ、その経営に活躍した。地方霊山の一階の御師が、江戸城大奥や諸大名家に立山信仰を広めることに成功したといった点では、強烈なサクセスストーリーの持ち主である。

泰音が書き残した江戸の檀那場での廻檀日記帳を読むと、檀那場経営の成功の秘訣は、やはり彼の人柄や才覚によるところが大きいと思われる。興味深いのは、彼が江戸のいずれの身分階級の檀家たちにも、驚くほど親しく受け入れられていた点である。とりわけ大名屋敷などでは、奥女中たちに懇意にされているのが面白い。

ところで、アメリカ合衆国ボストン出身の天文学者で、冥王星の存在予測やローウェル天文台の建設、火星研究やあるいは日本研究家としても著名なパーシヴァル・ローウェル（一八五五〜一九一六）は、明治二二年（一八八九）五月一三日に芦峅寺の宝泉坊に宿泊し、そのとき、当時隠居生活を送っていた泰音と直に面談している。

どうやらローウェルは泰音の人間味にいたく惹かれたようで、のちにそのときの泰音の印象を彼の著書『NOTO』[21]のなかで次のように詳しく述べている。

彼は社交性に富み、西洋人が到着したと聞くと、自分の離れからわざわざ足を運んで、私に会いにやってきた。さて、なかなかの美術骨董品の愛好家である隠居は、玄関にまで出て私を迎え入れ、二階の一室に案内すると、かずかずの自慢の宝物を見せてくれる。部屋は、つづれ織り模様の雅致のあるしつらえで、彼にとってそれがいかにも自慢そうで、家の建て方はシナ風で、主人公の古典趣味がよく生かされている。しかし、それにも増して感心したのは、彼がこの家の周囲の風景を、こよなく愛している点である。さらに、私の心を動かしたのは、彼が立派な茶人であり、茶道と自然との調和こそ、彼のもっとも意とするところであることだ。彼が愛してやまない景色に見とれていると、彼は茶棚から風変わりな形の壺をとり出し、その壺からハチミツをコップにそそぎ、私の前に差し出した。私は押しいただいて、この修道僧が飲む、香気あふれる飲物をいただく。これは自然の手になる薬液で、隠遁者たちの間では、貴重品として飲まれているものである。その中に、この世に生きながらえる月日は、そう長くはないが、まだまだ人間味にあふれている隠居さんとお別れする時がやってきた(22)。

この件からは、わずかな時間でローウェルを惹きつけた泰音の社交性や人間味、そしてその土台となっていた思われる彼の知性や教養の香りが漂っている。

2　宝泉坊の蔵書目録

宝泉坊衆徒の泰音は、江戸の檀那場で立山曼荼羅などを活用した勧進活動を行い、幅広い階層の人々に立山信仰を広めることができていた。檀家では、立山曼荼羅に描かれた図像の内容のみならず、幅広い話題で説法や演説を行っている。そうした活動を可能とさせていたのは、彼の日頃からの勉学であったと思われる。その泰音がみずから記した宝泉坊の蔵書目録が残っているので、その内容を基に泰音の「知」の一端について検討を試みたい。

蔵書目録（写真3）の形態は折紙で、縦一二・五×横一九・〇センチメートルである。表紙はない。全一八丁で、うち記載されているのは七丁表までである。この帳面に記された内容を整理してデータベース表（表2）を作成した。

まず、この蔵書目録には全八六点の書名が記載されている。具体的な書名などについては表2を参照していただきたい。目録上の掲載順を示す番号の横に付られた「●」印は、旧宝泉坊の所蔵史料として現存している書籍を示している。また「★」印は、宝泉坊の廻檀日記帳に関連の記載が見られる書籍を示している。

蔵書目録に掲載された書籍の種類を国書総目録の分類で見ていくと、読本・往来物・浮世草子・仮名草子・物語・咄本・寺院・仏教・真言・天台・浄土・真宗・臨済・日蓮・心学・声明・教訓・漢詩・俳諧・歌集・道歌・花道・書道・伝記・実録・戦記・軍記物語・和算・地誌・辞書・手鑑・暦・占卜・年表など実に幅広く、このことから泰音が宗教者として当該分野はもちろん、他の分野に対しても幅広く興味を抱き、自身の教養や学識を高めようとしていた

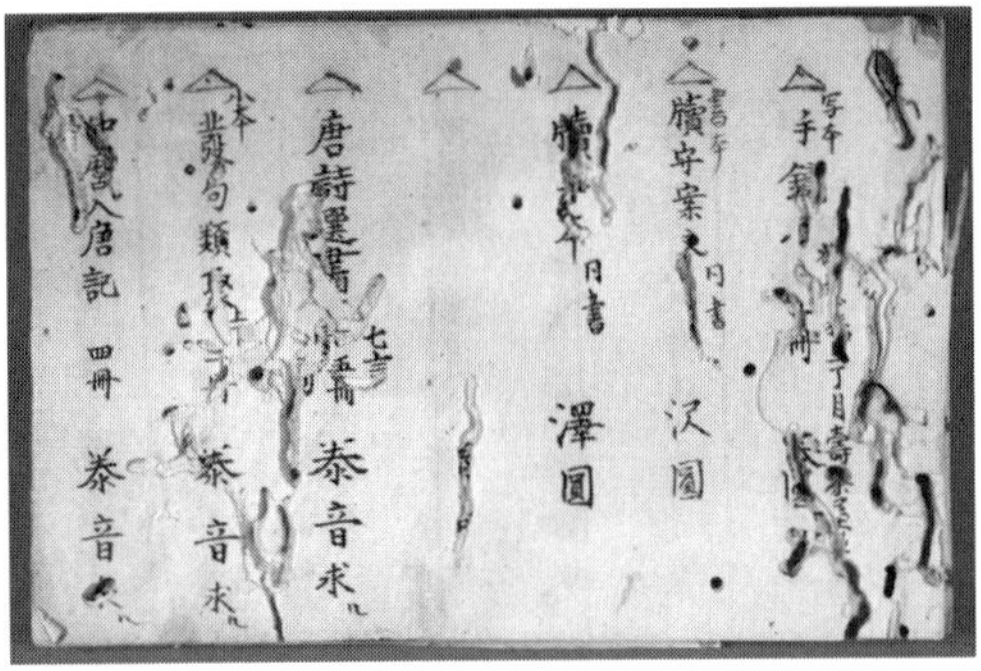

写真3
芦峅寺宝泉坊の蔵書目録
（個人所蔵、富山県［立山博物館］寄託資料）（表紙）

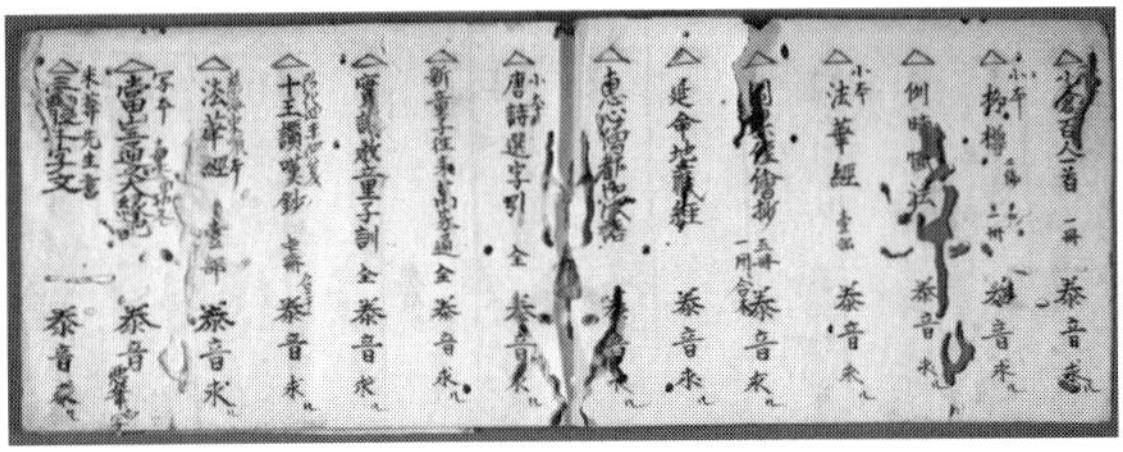

（部分1）

（部分2）

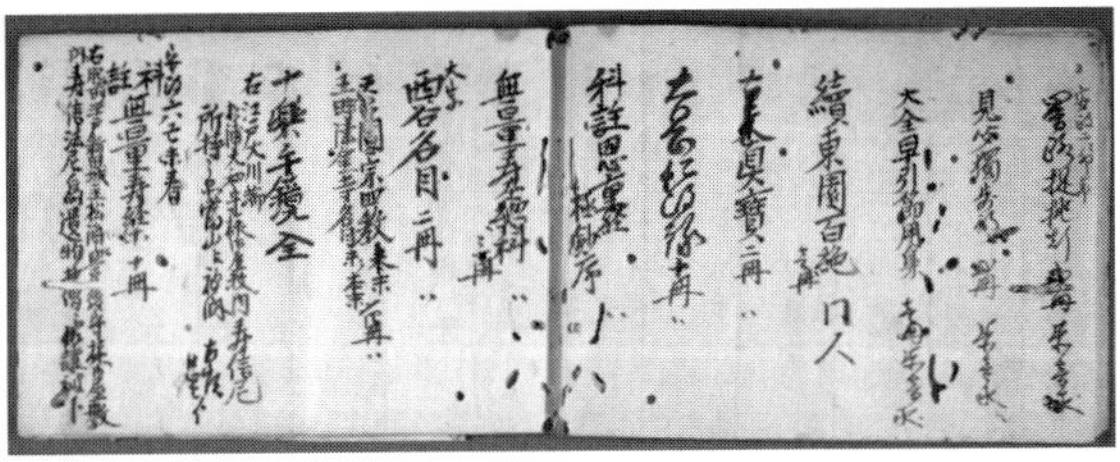

（部分3）

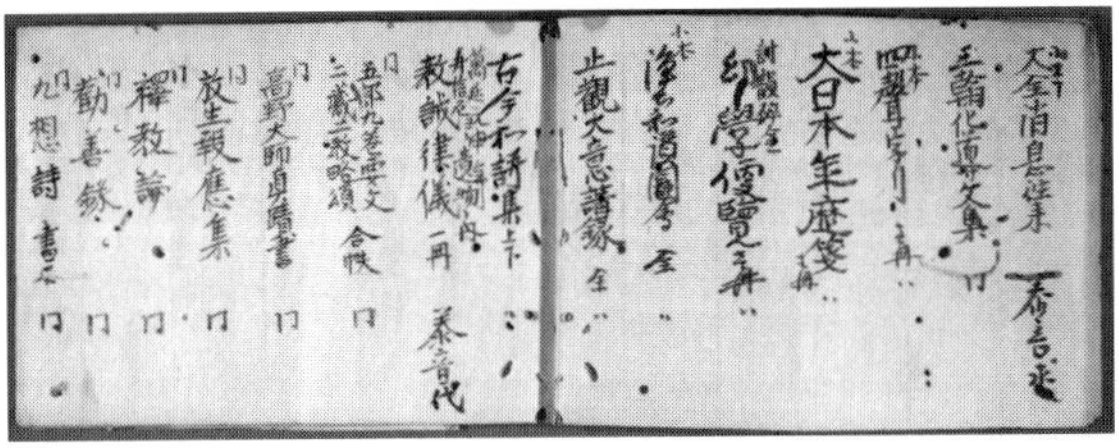

（部分4）

表2　芦峅寺宝泉坊の蔵書　目録の内容

No.	書名	冊数	写本	小本	類	入手者	国書総目録	備考
1●	手鏡	文字欠損	1		(手鑑)	文字欠損不明		
2●	札守案文　書本	1			(手本)	沢円		
3	札手本	1			(手本)	沢円		
4	唐詩選書記　七言絶句	5			(漢詩)	泰音		
5	発句類聚(俳諧発句類聚)　上・下	2		1	俳諧	泰音	6巻/550頁	
6●	仲麿入唐記(阿倍仲麻呂入唐記)	4			読本	泰音	1巻/82頁	現所蔵本の第1巻に「弘化四丁未歳三月、宝泉坊泰音儒之」とある。
7●	諸国書状指(諸国書状さし)　全	1		1	往来物	泰音	4巻/555頁	
8	小野篁歌字尽	1		1	往来物	泰音	1巻/668頁	
9●	新撰八卦　全	1			占卜	泰音	4巻/715頁	老僧ヨリ頂。
10●	善光寺如来縁起(善光寺縁起)	5			寺院	泰音	5巻/189頁	現所蔵本の第1巻に「弘化四丁未歳四月日、宝泉坊泰音儒之」とある。
11	梵字手本	1			悉曇	泰音	7巻/380頁	
12	泉州信田白狐伝(信田白狐伝)	5			読本	泰音	5巻/198頁 4巻/161頁	
13	四季名寄	1		1	俳諧	泰音	4巻/37頁	
14	道歌本	1	1		(道歌)	泰音		
15	諸家兼法活花道　全	1		1	花道	泰音	4巻/522頁	
16	ぢんかう記	1		1	和算	泰音	4巻/661頁	
17	諸国道中記	1		1小横本	地誌	泰音	4巻/556頁	
18	道成寺霊蹤記	6			寺院	泰音	6巻/64頁	
19	集要用手本	1			(手本)	泰音		庵室竜淵法印書。
20●	生花早満奈飛　三編全	3			花道	泰音	1巻/163頁	現所蔵本に「弘化四丁未年三月、立山芦峅寺宝泉坊泰音需之」とある。
21	小倉百人一首	1		1	書道or絵本or和歌	泰音	1巻/635頁	
22	柳樽　二編	1		1	俳諧	泰音	7巻/781頁	
23●	例時懺法	1			声明	泰音	8巻/128頁	
24	法華経　一部	1部		1	(仏教)	泰音		
25	因果経絵抄(善悪因果経絵抄)	5(1冊に合本)			仏教	泰音	5巻/176頁	
26	延命地蔵経	1			真言	泰音	1巻/534頁	
27●	恵心僧都御法語(恵心僧都法語)	1			天台	泰音	1巻/449頁	
28	唐詩選字引　全	1		1	辞書	泰音	6巻/50頁	
29●	新童子往来万家通　全	1			往来物	泰音	4巻/742頁	
30	実語経童子訓　全	1			教訓	泰音	4巻/124頁	

No.	書名	冊数	写本	小本	類	入手者	国書総目録	備考
31●	十王讃嘆鈔　上・下二冊合本	2(1冊に合本)			仏教or日蓮	泰音	4巻/238頁	現所蔵本に「弘化四丁未年仲夏、宝泉坊泰音需之」とある。
32	法華経(慈海宋順本)一部	1部			(仏教)	泰音		慈海宋順本(来迎寺か？)。
33	当山三通之大縁起(嘉永二酉初冬)	1	1		(仏教)(立山大縁起)	泰音		嘉永二酉初冬。悪筆ニ而写。
34	三体千字文(米庵先生書〔市河米庵〕)	1			(手鑑)	泰音		米庵先生書。
35●	書画本西遊全伝　一編　二編	不明			読本	泰音	備考：岳亭春信の天保6年完結の戯作。読本『画本西遊全伝』4編40冊。西遊記の邦訳。	嘉永三戌三月求ル。庚戌年。
36●	菅原(家)実録　六ヨリ廿迄	16	1		伝記	泰音	2巻/295頁	庚戌年。
37	前太平記　一ヨリ廿迄、内四・七ヌケ	18	1		戦記	泰音	5巻/212頁	庚戌年。
38●	願光一代記(頼光一代記か？)　一ヨリ十迄	10	1		実録	泰音	8巻/4頁	庚戌年。
39	忠義太平記(忠義太平記大全)	5			浮世草子	泰音	5巻/653頁	庚戌年。
40	梅摩	3			不明	泰音	不明	庚戌年。
41	すいの道行(粋のみつずれ)	2		1	咄本	泰音	5巻/17頁咄本	庚戌年。
42●	盛衰記(源平盛衰記)十九ヨリ四十八迄	15			軍記物語	泰音	3巻/160頁	庚戌年。
43●	太閤真顕記(真書太閤記)五扁十七より二十弐マデ	1	1		実録	泰音	5巻/385頁 4巻/704頁	庚戌年。
44	新増字林玉篇大全全	1			辞書	泰音	4巻/718頁・719頁	庚戌年。
45●	宝暦雑書万々載　全	1			暦	泰音	7巻/297頁	庚戌年
46	百座因縁	1合本(3冊)			仏教	泰音	6巻/806頁	辛亥年求ル。辛亥年。
47●	佐世の中山物語(佐世の中山夢物語)	1	1		物語	泰音	3巻/745頁	辛亥年。此本廻檀之□(1字欠損)信州松本仲町小路日野屋久治郎ニ而、悪筆以写之。
48	広三大家絶句　一冊	1			(啓蒙書)	泰音	大窪詩仏(漢詩人)。文化9年。啓蒙書	安政二卯年。

No.	書名	冊数	写本	小本	類	入手者	国書総目録	備考
49●	闇路提挑燈	2			心学	泰音	7巻/818頁	安政二乙卯年。現所蔵本には「嘉永六丑、宝泉現住泰音求ル。復飾佐伯左内智憲ト改」とある。
50●	見聞独歩行	2			仏教・教訓	泰音	3巻/171頁	安政二乙卯年。現所蔵本には「嘉永六丑年、宝泉坊泰音求ル」とある。
51	大全早引節用集	1			辞書	泰音	5巻/164頁節用集	安政二乙卯年。
52	続東園百絶（東園百絶）	1			漢詩	泰音	6巻/8頁	
53●	古文真宝	2			漢詩	泰音	3巻/547頁	
54●	大岡仁政録	10			実録	泰音	1巻/573頁	現所蔵本の第３巻に「宝泉坊泰音代求」とある。
55●	科註恩重経極鈔序（科註父母恩重経罔極鈔）	1			真言	泰音	2巻/166頁	現所蔵本に「嘉永五、宝泉坊泰音代求ル」とある。
56●	無量寿経総料	3			仏教	泰音	7巻/651頁	現所蔵本に「安政四巳、立山芦峅寺宝泉坊泰音代求ル」とある。
57★	大字西谷名目（西谷名目）	2			天台	泰音	6巻/330頁	
58	天台円宗四教本末・五時律金寺名目末ノ本末	4			天台	泰音		
59	十楽手鏡　全	1			真言	泰音	4巻/291頁	右江戸大川端、松浦大和守様御屋敷内、寿信尼所持之品、当山江被納。左官忠七より。
60●★	科註無量寿経等（科註仏説観無量寿経）	10			仏教	泰音	2巻/166頁	安政六己未春。右肥前平戸新田城主松浦豊後守様御屋敷内寿信法尼為遺物拙僧江御譲被下。現所蔵本の第1巻に「右十冊者安政六己未春、肥前平戸新田城主松浦豊後守様御内寿信院ヨリ為遺物拙僧江御送被下。泰音誌」とある。
61●	大全消息往来	1		1	往来物	泰音	5巻/432頁	
62●★	王翰化導文集	1			不明	泰音	不明	現所蔵本に「安政六未春、立山宝泉坊泰音代」とある。
63	四声字引	1		1	辞書	泰音	四声玉篇字引大全4巻/91頁・辞書	
64	大日本年歴箋	1		1	年表	泰音	5巻/465頁	
65●★	討韻碎金幼学便覧	1			漢詩	泰音	7巻/874頁	現所蔵本に「立山宝泉坊泰音代求ル」とある。
66	浄土和讃図絵　全	1		1	仏教	泰音	4巻/475頁	

No.	書名	冊数	写本	小本	類	入手者	国書総目録	備考
67●★	止観大意講録　全	1			天台	泰音	4巻/26頁	現所蔵本に「安政六己未三月、宝泉現住泰音求之」とある。
68●	古今和歌集　上・下	2			歌集	泰音	3巻/365頁	
69●	教誡律儀(教誡律儀簡釈)	1			仏教	泰音	2巻/486頁	万延元申年、寿信尼ヨリ遺物ノ内。現所蔵本に「万延元庚申肥前平戸新田城主松浦様内寿信法尼ヨリ拙僧江遺物之内。立山芦峅寺宝泉坊六十二世泰音」とある。
70●	五郎丸巻要文・二蔵二教略頌	1合帙			浄土	泰音		万延元申年、寿信尼ヨリ遺物ノ内。現所蔵本に「万延元庚申年、肥前平戸新田城主松浦豊後守殿内寿信尼ヨリ遺物ノ内。立山芦峅寺宝泉坊泰音代」とある。
71●	高野大師真蹟書	1			書道	泰音	3巻/313頁	万延元申年、寿信尼ヨリ遺物ノ内。
72●	放生報応集	1			浄土	泰音	7巻/273頁	万延元申年、寿信尼ヨリ遺物ノ内。現所蔵本に「万延元庚申本所松浦大和守様内寿信尼ヨリ拙僧江遺物之内。立山芦峅寺宝泉坊泰音代」とある。
73●	釈教論	1			浄土	泰音	4巻/219頁	万延元申年、寿信尼ヨリ遺物ノ内。現所蔵本に「万延元申星、立山芦峅寺宝泉坊泰音、寿信尼ヨリ遺物ノ内」とある。
74●	勧善録	1			浄土	泰音	2巻/338頁	万延元申年、寿信尼ヨリ遺物ノ内。現所蔵本に「万延元庚申星、立山宝泉坊泰音代、復飾佐伯左内改。本所松浦大和守様ノ内寿信尼ヨリ遺物之内」とある。
75	九想詩　書本	1			漢詩	泰音	2巻/661頁	万延元申年、寿信尼ヨリ遺物ノ内。
76	無能和尚勧心録	1			(仏教)	泰音	無能和尚勧心詠歌集・無能和尚行業遺事7巻/639頁	万延元申年、寿信尼ヨリ遺物ノ内。
77	念仏草紙　上	1			仮名草子	泰音	6巻/459頁	万延元申年、寿信尼ヨリ遺物ノ内。
78	水鏡注目無草　下	1			臨済	泰音	7巻/528頁	万延元申年、寿信尼ヨリ遺物ノ内。

No.	書名	冊数	写本	小本	類	入手者	国書総目録	備考
79	茶店問答　書本	1			真宗	泰音	5巻/647頁	万延元申年、寿信尼ヨリ遺物ノ内。
80●	唯信鈔	1			真宗	泰音	7巻/828頁	万延元申年、寿信尼ヨリ遺物ノ内。
81	妙祐往生伝	1			伝記	泰音	7巻/600頁	万延元申年、寿信尼ヨリ遺物ノ内。
82●	随聞往生記　上・中・下	3			伝記	泰音	5巻/21頁	万延元申年、寿信尼ヨリ遺物ノ内。現所蔵本の上巻に「万延元庚申星、立山芦峅寺宝泉坊泰音代、松浦大和守御内寿信尼ヨリ遺物也」とある。
83●	菩薩三聚戒(菩薩三聚戒辨要)	1			浄土	泰音	7巻/325頁	万延元申年、寿信尼ヨリ遺物ノ内。現所蔵本に「万延元庚申仲冬立山芦峅寺宝泉坊泰音代」とある。
84●	九品仏略縁起(九品山略縁起)	1			寺院	泰音	2巻/677頁	万延元申年、寿信尼ヨリ遺物ノ内。現所蔵本に「万延元庚申仲夏立山芦峅寺宝泉坊」とある。
85●	持律機鑑　全	1			仏教	泰音	4巻/620頁	万延元申年、寿信尼ヨリ遺物ノ内。現所蔵本に「万延元庚申年立山宝泉坊泰音代求」とある。
86	小夜中山霊鐘記	5			仏教	泰音	3巻/745頁	万延元申年、寿信尼ヨリ遺物ノ内。

ことがうかがわれる。

それでも強いて特徴をあげるならば、やはり衆徒の蔵書であるので宗教関係の書籍が多い。しかも、芦峅寺一山は天台系であるが、同宗派に関する書籍だけでなく、さまざまな宗派の仏教書を所持している。これも、宝泉坊が檀那場でさまざまな宗派の人々を檀家としていたからであろう。

旧宝泉坊には、蔵書目録に記された書籍意外にも多くの書籍や経典が残っている。なかには泰音が求めたことが注記されている『両界種字梵字集』(泰音が弘化四年〔一八四七〕に求めている)や『三千仏名経　他』(泰音が安政二年〔一八五五〕に求めている)、『阿弥陀経』(泰音が安政六年〔一八五九〕に求めている)なども含まれている。

さて、旧宝泉坊に残る江戸時代の蔵書については、表2のNo.6『阿倍仲麻呂入唐記』やNo.10『善光寺如来縁起』、No.20『生花早満奈飛』、No.

31『十王讃嘆鈔』、目録外の『両界種字梵字集』などに見られるように、泰音が弘化四年（一八四七）頃から書籍を入手し始めている。さらに、嘉永期にNo.35〜47・55、安政期にNo.48〜51・56・60・62・67、万延期にNo.69〜86といった具合に、次第に蓄積されていっている。これは宝泉坊の家の事情と連動している。

すなわち、宝泉坊では天保一三年（一八四二）二月二九日に当主の照円（泰音の義父）が死去したので、息子の泰音がその跡を継いで、江戸などの各地の檀那場で廻檀配札活動を行わなければならなくなった（泰音は一六歳から配札を行った）。檀那場でさまざまな身分の多くの人々と交流するため、宗教的なことはもとよりさまざまな教養や一般常識が必要となったのである。そこでさまざまな書籍を入手し学習し始めたのである。そうして宝泉坊の蔵書が次第に蓄積されていくこととなった。

3　寿信尼からの書籍の寄進

泰音の安政五年（一八五八）『受納記』には、安政六年の四月四日の条に、

一、金弐朱　左官忠七

右為寿信尼菩提被納。外ニ、科註無量寿経壱冊、集前□（一字欠損）本壱冊、徳本上人御説伝壱冊、祐天僧正利益記壱冊、風呂敷壱ツ、錦袋壱ツ。寿信院為菩提ニ被納、寿信与本ニ記事。施主左官忠七申。忠七江上候事。渡辺氏帰り泊り。

と記載が見られ、寿信尼と称する人物から左官忠七をとおして、宝泉坊に『科註無量寿経』『集前□（一字欠損）本』『徳本上人御説法』『祐天僧正利益記』などの書籍が寄進されている。このうち『徳本上人御説法』と『科註無量寿経』は現存している。前書には「安政六未春、大川端松浦大和守様御屋敷寿信法尼命終後ニ知音左官忠七ゟ拙坊江御

送り被下。越中州立山宝泉六十二世現住泰音（復飾佐伯左内）誌」と記載が見られ、後書にも「右十冊者安政六己未春、肥前平戸新田城主松浦豊後守様御内寿信院ヨリ為遺物拙僧江御送被下。泰音誌」と記載が見られる。

後書については、宝泉坊の蔵書目録にも書名が記載されており（No.60）、さらに「安政六己未春。右肥前平戸新田城主松浦豊後守様御屋敷内、寿信尼為遺物、拙僧被譲被下」と注記がなされている。

寿信尼は宝泉坊の檀家で、肥前国平戸藩松浦氏の本所の下屋敷で奉公していた[23]。彼女の実家は小舟町一丁目新道の左官忠七家で、宝泉坊の檀家であった[24]。なお、忠七はそののち人形町杉森庄助屋敷稲荷前に引っ越している。寿信尼は宝泉坊の檀家で、麹町三丁目谷の永井奥之助と同居しており[25]、そこから松浦氏の下屋敷に通っていたものと思われる[26]。

宝泉坊の安政二年（一八五五）『奉納帳』（芦峅寺宝泉坊所蔵）の安政三年二月二三日の条には、「麴町永井奥之助様御内寿信院へ参り。御絵図相掛ケ弁説法ノ後ニ放生会ニうなぎはなし」と記載が見られ、このときまでは寿信尼の生存が確認できる。したがって寿信尼はこれ以降、彼女所蔵の書籍が宝泉坊に寄進された安政六年までの間に死去したものと思われる。

安政六年（一八五九）の書籍の寄進以後、万延元年（一八六〇）にも、寿信尼の遺物として彼女の書籍が宝泉坊に寄進されている。宝泉坊の蔵書目録に記された書籍のうち、表2No.69～86の書籍である。また、宝泉坊の慶応二年（一八六六）の檀那帳（芦峅寺雄山神社所蔵）によると、松浦氏の家臣の玉置将曹の仲介で、寿信尼が生前使用していた諸道具類が宝泉坊に寄進されている[27]。

4　泰音の書籍購入

宝泉坊の『宿幷土産物覚』には、「一、田所町家主利兵衛、大和屋半兵英殿、貸本店」と記載が見られ、同坊の檀家に貸本店を営む者がいたことがわかる。泰音の文久元年（一八六一）「檀那廻日記」には「一、三十弐文　三国志借代」と記され、泰音が「三国志」を三二文で借りていることがわかるが、おそらくこうした貸本屋から書籍を借りることも多々あったのだろう。

また、泰音は廻檀配札活動で江戸の檀那場に滞在中、たびたび書籍を購入している。

泰音の安政二年（一八五五）『奉納帳』には、巻末の「小遣覚」の箇所に「（四月一五日）弐百八十文　絵本壱冊　七文ツ、」と記され、絵本一冊を二八〇文で購入していることがわかる。

嘉永六年（一八五三）『休泊等諸事覚帳　立山宝泉坊精舎』には巻末の「造用覚」の箇所に「（嘉永六年五月二一日）一、四百八拾四文　幼学討韻等」や「（嘉永六年五月二三日）　一、百八文　本壱冊」、「（嘉永六年五月二四日）　一、三百七拾五文　経写本壱冊」と記されている。このなかの「幼学討韻」は表2№65の『討韻碎金幼学便覧』で、泰音が嘉永六年五月二一日に四八四文で購入していることがわかる。

泰音の安政五年（一八五八）『受納記』には巻末の「江戸□□□□（四字欠損、「ニ而小遣」か）覚」の箇所に、「（二月二〇日）一、百十文　王翰化道芟集求ル」や「（四月一五日）一、六百七十二文　西谷名目　上下」、「（四月二一日）一、百文　止観大意」、「（五月一二日）一、□（一字欠損）百八文　錦絵」などと記されている。このなかの「王翰化道文集」は表2№62の『王翰化道文集』で安政五年二月二〇日に一一〇文で、「西谷名目　上下」は表2№57の「大字西谷名目　上下」で同年四月一五日に六七二文で購入している。また「止観大意」は表2№67『止観大意講録　全』で同年五月一二日に一〇〇文で購入していることがわかる。元治二年（一八六五）「檀那廻勤帳」には、巻末の「江戸ニ而小遺覚」の箇所に「一、金弐□（一字判読不能、朱か）百五十文　法花経　壱部」や「一、百文　新書画價録　壱冊」と記されている。

宝泉坊の蔵書のうち『地蔵菩薩霊験記　巻第一・巻第二』の表紙には二八〇文の貼り紙が見られ、おそらくその値段で同書を購入したのであろう。

5　宝泉坊の蔵書に見られる諸縁起

宝泉坊の蔵書のなかには、多くの諸縁起や物語などが見られる。今、それらをあげてみると、No.10『善光寺如来縁起』、No.84『九品仏略縁起』（文化九年〔一八一二〕）、『身代観世音略縁起（武州橘樹郡稲毛領細山村　南嶺山　香林禅寺）』（安永三年〔一七七四〕）、『十三仏功徳縁起（越中州立山芦峅寺泰音悪筆写之）』（弘化三年〔一八四六〕）、『上野国板倉大同山宝福寺縁起（上州館林伊豆山後又号大同山観音院宝福寺縁）』、『善導大師真影略縁起　武州荏原郡鵜木光明寺』、『聖徳皇太子略縁起　三帝勅願所　三州額田郡保母村六名山皇御坊勝鬘皇寺』、『弘法大師略縁起』、『菅神御直作　千手観音縁起　市ヶ谷光徳院（武州豊島郡市谷村七星山光徳院千手観音縁起）』、『厄難除　火防　鉦冠薬師瑠璃光如来略縁起』、『富士山出現輿愣地蔵尊略縁起（駿州駿東郡御厨古沢通り上小橋村去来原卓錐山地蔵禅院再販）』、『東山銀閣寺略縁起』、『天拝一光三尊仏（天拝一光三尊仏略縁起）』、『名号根本由来　宝泉坊在庫（第六番尾張国常滑絲引寺正住院）』、『地蔵菩薩霊験記　巻第一・巻第二』、『観音霊験記　巻三』、No.18『道成寺霊蹤記』、『富士人穴物語り』（文政五年〔一八二二〕）、No.47『佐世の中山物語』、No.86『小夜中山霊鐘記』、『永代燈明講勧進帳　浅草燈明寺』（弘化四年）などである。

これらは、衆徒が廻檀配札活動で多くの人々と交流するために必要とする教養を高めるためのものであったり、あるいは説法や演説を行う際の話題に活用されたり、衆徒自身が縁起や勧進記を作成する際の参考文献として活用されたものと考えられる。

6 芦峅寺実相坊の「話説」

宝泉坊の蔵書のなかに、『越中の国立山大権現の由来幷義賢行者の入定之訳』と題する直筆の冊子が見られる。法量は縦二四・〇×横一六・五センチメートルで全一〇丁である。表題の下に「話説　私之独言記候」と記され、さらに巻末に「立山実相坊」の署名が見られるので、この冊子が芦峅寺実相坊によって記されたことがわかる。おそらく実相坊の衆徒が実際に行った法話をまとめたものか、あるいはそれを行う前のシナリオのようなものと考えられる。なお、この冊子が立山曼荼羅の絵解きと直接関わるものであったかどうかは、これといった決め手がなく、判断がつかない。

実相坊は宝泉坊と同じく江戸を檀那場としており、毎年、廻檀配札活動を行っていた。

この冊子では江戸時代後期、民衆の間で熱烈な信仰と人気を集めていた木食聖(念仏行者)義賢のことにも触れられており、実際、義賢は天保一一年(一八四〇)八月に越中立山で修行しているのだが[28]、それに関わる記載も見られ、この冊子の成立はそれ以降と考えられる。

大まかに内容を見ていくと、①立山開山縁起、②芦峅寺の媼尊、③立山禅定登山案内、④立山と義賢との関わり、⑤立山地獄などの内容が記されている。

岩峅寺延命院所蔵の『立山手引草』と同様、この冊子の内容も立山信仰に直接関わるものばかりで、ほとんど脇道にそれることはない。立山衆徒の間で法話記録やあるいは立山曼荼羅の絵解き記録が残されるとしたら、こうした立山大縁起や立山略縁起、立山に関わる古典など、既存の立山がらみの内容をベースとして作られたお手本的ともいえるようなものが、案外意図的に残されてきたのではなかろうか。もしくはお手本的なものに意図的に整理されたのではなかろうか。

7　泰音の能楽鑑賞

宝泉坊泰音の安政五年（一八五八）の廻檀日記帳「受納記」に、「五月十五日、和泉（以下数文字欠損）能拝見被仰付候ニ付、昼後（以下数文字欠損）拝見仕候事。御能番附左ニ記置。」と記載が見られ、併せて「御能幷御囃子組」と題して、「嵐山」（脇能物・夢幻能）、「末廣かり」（狂言・脇狂言）、橋弁慶（能・四番目物）、羽衣（能・三番目物）、蟹山伏（狂言・鬼山伏狂言）、小鍛冶（夢幻能・五番目物）、雲雀山（能・四番目物）戸田左門様、当麼（当麻）の演目と配役などが記されている。さらにこの条の末尾には、「是ゟ千秋楽阿り。右之通り、暦々様方御故、拝見冥加至極尓御座候。」と泰音のわずかな感想が記されている。

この能は、三河国西尾藩第四代藩主の松平乗全[29]が主催したもので、役者たちに交じって乗全自身も「小鍛冶」を、また乗全の嫡男乗秩[30]が「羽衣」を、乗秩の義父の戸田左門[31]が「雲雀山」を、乗全の娘婿の松平市正[32]が同じく「雲雀山」を演じている。泰音は乗全の計らいでこの能を鑑賞させてもらったのである。

能以外に、泰音は芝居も鑑賞している。泰音の元治二年（一八六五）「檀那廻勤帳」の「江戸ニ而小遣覚」の箇所に「一、五十六文　芝居　根岸」と記載が見られる。

以上、こうした能楽や芝居の鑑賞なども、泰音の教養を高めるうえで大いに役に立っていたと思われる。

おわりに

以上本章では、芦峅寺宝泉坊の衆徒泰音が記した廻檀日記帳を題材として、そのなかから立山曼荼羅に関する記載を全て抽出・分析し、いわゆる立山曼荼羅の「招請」の実態ついて検討を試みてきた。そこでわかったことは、檀家で立山曼荼羅を使用して「招請」を行った場合、信徒に対しては、立山曼荼羅に描かれた内容だけでなく、さまざまな話題で説法や演説が行われていたことである。さらにこのことは、立山曼荼羅の語り手によって、その人の知識や教養などに基づき「招請」の内容(単に絵解き内容だけでなく、儀式の「場」の作り方や儀式内容そのものまで)に多様性が生じていた可能性を示唆するものである。したがって、芦峅寺の一山組織や各宿坊家には、簡略なシナリオともいえる立山略縁起があればそれで事足り、底本となるような立山曼荼羅の固定的な絵解き台本を制作・所持する必要性はそれほどなかったのであろう。これまで芦峅寺宿坊家には立山曼荼羅の絵解き台本は一点も見つかっていない。

さて、従来の『立山手引草』を題材とした研究では、立山曼荼羅が、(A)「立山開山縁起」、(B)「立山地獄」、(C)「立山浄土」、(D)「芦峅寺布橋灌頂会」、(E)「立山禅定案内」の五つの内容で成立していることや、その絵解き台本と思しき『立山手引草』の内容も、上記の(A)(B)(C)(E)で成立していることが指摘されてきた。

立山曼荼羅の研究史を見ていくと、作品自体はその折々で新たな発見が相次ぎ今や五二点に至るが、文献史料については研究に有効な史料が全く見つからず、先述の研究成果があたかも立山曼荼羅の絵解きの世界の全体像を語っているかの如くイメージされてきた感がある。

今回筆者が示した宝泉坊衆徒泰音の事例は、幕末の時期、そして特定の宿坊家、しかも大都市江戸という特殊な地域の事例といった問題点もあり、これが一般的な芦峅寺衆徒の立山曼荼羅を使用しての勧進活動の実態とは言い難い面があるが、それも十分考慮したうえで、従来の立山曼荼羅に関する画一的な研究方法、及び平板的な研究成果に対しかなりの膨らみを持たせるものと考えている。

江戸時代後期、泰音は江戸の檀那場で商人や職人、下級武士らの庶民層にだけでなく、江戸城の関係者など近世身分制社会の最上層の人々までにも布教・勧進活動を展開した。そうした人々の知識や教養、興味、あるいは寺請け制度上の帰属宗派はさまざまであり、彼らの受容にひとりひとり丁寧に応えるために、泰音は立山信仰の直接的な内容はもちろん、それだけではなく世の中の幅広い知識や教養が必要となったものと思われる。したがって、泰音の「招請」における話題も、単に立山曼荼羅の画像内容にとどまらず、その幅が多方面に広がっていったことは本章の本論で指摘したとおりであり、それと連動して泰音が知識・教養を身につけるために次第に多くの書籍を入手するようになり、自己の研鑽に励んだものと考えたい。

宝泉坊の蔵書は、泰音が義父の照円から天保一三年(一八四二)に家督を相続し、そののち毎年江戸の檀那場で廻檀配札活動を行うようになって軌道に乗った弘化四年(一八四七)頃から次第に蓄積されている。その背景には、泰音が生涯に多くの日記帳や諸記録を書き残した記録魔であったことから推されるように、自身の人並み外れた旺盛な知識欲や、檀那場が書籍の入手に有利な江戸であったこと、幕府老中の松平乗全をはじめとする諸大名など上級身分者と身近に接しなければならなかったことなど、特殊な条件があったことは忘れてならない。泰音の経歴を見るにつけて、もちろん本人の資質に依るところは大きいが、それにも増して環境が人を成長させていくことを実感するのである。立山曼荼羅の絵解きの話題もこうした語り手の教養・知識次第であったに違いない。

註

（1）福江充『江戸城大奥と立山信仰』（法蔵館、二〇一一年）。
（2）福江充編「立山曼荼羅研究関係文献目録」（『立山曼荼羅　物語の空間』五四頁・五五頁、富山県［立山博物館］、二〇〇五年）。立山曼荼羅に関する研究史を検討するには、上記の目録が参考になる。
（3）沼賢亮「立山信仰と立山曼荼羅」（『仏教芸術』六八号、仏教芸術学会、一九六八年）。
（4）佐伯幸長『立山信仰の源流と変遷』（立山神道本院、一九七三年）。
（5）最後の芦峅寺衆徒として太平洋戦争後まもなくの時期まで、愛知県などで廻檀配札活動を行っていた芦峅寺泉蔵坊（富山市梅沢町の天台宗円隆寺）の佐伯秀胤氏が、昭和六三年（一九八八）三月六日に富山県立山町の佐伯省次氏宅で、同家の法事の折に行った立山曼荼羅絵解きの記録テープが残っている。これによって立山曼荼羅の絵解きの雰囲気を知ることができる。佐伯泰正・福江充編「芦峅寺旧宿坊衆徒佐伯秀胤氏の立山曼荼羅絵解き（テープおこし：佐伯泰正、解説：福江充）」（『立山曼荼羅　物語の空間』四七頁～五二頁）。
（6）林雅彦『増補日本の絵解き―資料と研究―』（三弥井書店、一九八四年）。同書には以下の論考が収録されている。『立山曼荼羅』諸本攷の試み」（『国語国文論集』七号、一九七八年）、「説話文学と絵解き―立山地獄と女人をめぐる周辺―」（『伝承文学研究』二一号、一九七八年）、「〈翻訳〉『立山手引草』」（『学習院女子短期大学紀要』一六号、一九七八年）、「絵解き台本『立山手引草』小攷」（『論纂説話と説話文学』笠間書院、一九七九年）。
（7）廣瀬誠「立山曼荼羅の概説」（『郷土の文化　昭和五七年』富山県立図書館・富山県郷土史会、一九八二年）、同「絵解きへのアプローチ　立山曼荼羅」（『国文学　解釈と鑑賞』四七巻一一号、至文堂、一九八二年）、佐伯立光「立山曼荼羅図に見られる立山信仰の世界」（『立山町史』別冊、立山町、一九八四年）、佐伯幸長『立山信仰講話』（立山神道本院、一九八四年）。

（8）富山県［立山博物館］編『立山博物館イベント「立山曼荼羅を聴く」―絵解きの世界（林雅彦実演）―』（富山県［立山博物館］、一九九五年）。林雅彦「絵解き台本「立山曼荼羅」」（『絵解き研究』一二号、絵解き研究会、一九九六年）。

（9）林雅彦「絵解き口演　台本集『立山曼荼羅』絵解き」（『「日本の絵解き」サミット報告集　山岳霊場と絵解き』人間文化研究機構連携研究、二〇〇六年）。

（10）DVD版・VHS版「米原寛の絵解き　立山曼荼羅（口演：米原寛、監修：林雅彦）」（北國新聞社出版局、二〇〇八年）。

（11）第二節の一連の記述については、拙著『立山信仰と立山曼荼羅―芦峅寺衆徒の勧進活動―』（一一五～一三六頁、岩田書院、一九九八年）を参照のこと。

（12）第三節の一連の記述については、拙著『立山信仰と立山曼荼羅』（二一三頁～二七七頁）、拙著『近世立山信仰の展開―加賀藩芦峅寺衆徒の檀那場形成と配札―』（四三頁～四八頁・二七一頁～四五〇頁、岩田書院、二〇〇二年）、拙稿「芦峅寺宝泉坊の江戸での檀那場形成と「立山信仰」の展開（一）」（『富山県［立山博物館］研究紀要』一五号、三頁～六六頁、二〇〇八年）、拙稿「芦峅寺宝泉坊の江戸での檀那場形成と「立山信仰」の展開（二）―江戸時代後期の江戸城大奥及び諸大名家をめぐる立山信仰―」（『富山県［立山博物館］研究紀要』一六号、五九頁～七七頁、二〇〇九年）、拙稿「江戸城大奥および諸大名家と布橋灌頂会」（『富山史壇』一六〇号、一三頁～三五頁、越中史壇会、二〇一〇年）、拙稿「幕末期の江戸城大奥や諸大名家をめぐる立山信仰」（『山岳修験』四五号、一五頁～三〇頁、日本山岳修験学会、二〇一〇年）、『江戸城大奥と立山信仰』（法藏館、二〇一一年）などを参照のこと。

（13）「懸事」については、芦峅寺教算坊が大坂で行っていた廻檀配札活動において、その呼称が見られる。拙稿「芦峅寺教算坊が大坂で形成した檀那場と立山曼荼羅」(『富山県［立山博物館］研究紀要』一一号、三三頁〜五二頁〔特に三七頁・三八頁〕、二〇〇四年)。

(14) 宝泉坊の明治元年(一八六八)の廻檀日記帳Bの巻末には、立山曼荼羅を使用した勧進活動で得た賽銭を書き上げているが、その項目名に、「御絵伝様賽銭覚」と見え、さらにその下に「請待」と「招請」の用語が併記されている。そこでは、「請待」の用語が「招請」の用語よりやや大きく太く記されている。

(15) 仏事法要を営んで、その功徳が死者の死後の安穏をもたらすように期待すること。追善。回向が、葬儀や年忌法要など仏教儀式による死者供養や追善供養を意味する場合もごく一般的である。死者の冥福を祈る読経などの仏教儀式の執行によって、その功徳を亡者の成仏促進に巡る(作用する)ように、そしてさらにその功徳が再び還って儀式を行う施主に巡るように、という意味から、回向と呼ばれるようになったと考えられる。

(16) 災いを除き願いをかなえるため、仏の加護を祈ること。印を結び真言を唱える。

(17) 声を出して経文を読むこと。

(18) 南無阿弥陀仏の六字の名号を一〇回唱えること。一〇たび仏を念ずること。念仏・念法・念僧・念戒・念施・念天・念休息・念安般・念身・念死のこと。

(19) 水を浴びて身を清めること。

(20) 声明曲のこと。顕教立の法会の最初に、導師が柄香炉を持って、仏法僧の三宝に対して蹲踞礼(作法で、膝を立ててしゃがむこと)を三度しながら独唱する。

(21) パーシヴァル・ローエル『ＮＯＴＯ』(ホートン・ミフリン書店〔ニューヨーク〕、一八九一年)。

(22) パーシヴァル・ローエル(宮崎正明訳)『能登　人に知られぬ日本の辺境』(一一八頁・一一九頁、パブリケーション四

季、一九七九年）。原本は註（21）著書。

（23）宝泉坊の嘉永六年（一八五三）の檀那帳（芦峅寺一山会所蔵）に「本所大河端椎ノ木松浦様御屋敷内、糀町三丁目谷永井興之助子共同居　一、寿信尼（印）」と記されている。宝泉坊泰音の弘化二年（一八四五）の『御初穂集高控』に「一、青銅四拾疋　松浦持誓様（持誓を線で消して寿信の名前を入れている）」と記されている。宝泉坊の天保一〇年（一八三九）の檀那帳（芦峅寺宝泉坊所蔵）に「両国。樋木松浦様居屋敷之内、持誓尼御取持ニ而」と記されている。

（24）宝泉坊の慶応二年（一八六六）の檀那帳（芦峅寺雄山神社所蔵）に「人形町杉森庄助屋敷稲荷前　一、左官忠七殿（印）ハシ、勤　寿信院実家、昼食」と記載されている。宝泉坊の嘉永六年（一八五三）の檀那帳（芦峅寺一山会所蔵）に「小舟町壱丁目新道　一、左官忠七（印）」と記載されている。

（25）宝泉坊の安政二年（一八五五）の檀那帳（芦峅寺宝泉坊所蔵）に「麹町三丁目谷　一、永井興之助殿（印）」と記されている。

（26）宝泉坊の嘉永六年（一八五三）の檀那帳（芦峅寺一山会所蔵）に「本所大河端椎ノ木松浦様御屋敷内、糀町三丁目谷永井興之助子共同居　一、寿信尼（印）」と記されている。宝泉坊の安政二年（一八五五）の檀那帳（芦峅寺宝泉坊所蔵）に「麹□（一字欠損）三丁目谷永井奥之助様御内（この記載は貼り紙。その下には樋木松浦氏屋敷の住所あり）一、寿信尼」と記されている。

（27）宝泉坊の慶応二年（一八六六）の檀那帳（芦峅寺雄山神社所蔵）に「本所大川橋椎木松浦様御屋敷内　一、玉置将曹様寿信尼諸道具幷臺す等御納被成御懸候也」と記されている。

（28）拙稿「史料紹介『義賢行者当峯山籠中復覆』―木食聖義賢と芦峅寺一山―」（『富山史壇』一三八号、六〇頁～六八頁、越中史壇会、二〇〇二年）。

（29）　三河国西尾藩六万石松平（大給）家第四代当主の松平乗全。

（30）　三河国西尾藩六万石松平（大給）家第五代当主の松平乗秩。

（31）　美濃国大垣藩一〇万石戸田家第九代当主の戸田氏正。安政三年（一八五六）一〇月に隠居し、左門と改名し、息子の氏彬に家督を譲った。松平乗秩の正室は戸田氏正の娘（美濃国大垣藩一〇万石戸田家第一〇代当主戸田采女正氏彬の妹・玉泉院）である。

（32）　豊後国杵築藩三万二千石松平（能見）家第九代当主の松平親良（松平市正）。

第七章　芦峅寺教算坊が大坂で形成した檀那場と立山曼荼羅

はじめに

北アルプス立山山麓の芦峅寺村に所在する芦峅寺雄山神社や旧宿坊家の大仙坊・日光坊、富山県［立山博物館］などには、かつて芦峅寺一山宿坊家の衆徒たちが使用した檀那帳や廻檀日記帳が多数所蔵されている。

筆者はこれまで、これらの史料を順次解読・分析し、芦峅寺衆徒が加賀藩領内をはじめ、諸国で形成した檀那場の実態、及び当地で行った廻檀配札活動の実態について検討を試みてきた。

そしてのちに、これらの研究成果をまとめ、『近世立山信仰の展開―加賀藩芦峅寺衆徒の檀那場形成と配札―』(1)と題する拙著を刊行したが、それによって、この研究分野の基礎的な部分を概ね提示することができたのではないかと思っている。

しかし一方では、未解読・未分析の檀那帳や廻檀日記帳が数多く残っており、これらの史料からもさまざまな情報が引き出せるものと思われる。

そこで、従来どおり各史料を一冊ずつ着実に解読・分析していくことにして、本章では、芦峅寺雄山神社所蔵の史料群のなかの一冊である芦峅寺教算坊の大坂の檀那帳（寛政一二年〔一八〇〇〕）を解読・分析し、江戸時代後期に芦峅寺衆徒が大坂で形成した檀那場の実態や当地での廻檀配札活動の実態、その際に使用された立山曼荼羅などについて検討を試みたい。

一　檀那帳の書誌

写真1の檀那帳の法量は縦一二・五×横三三・七センチメートルである。表紙には「御祈禱之控　寛政十二歳　庚申二月吉祥日」と題名が記されている。また、裏表紙には「立山芦峅寺教算坊」と記されている。これらにより、この檀那帳は芦峅寺教算坊に所持されていたことや、寛政一二年(一八〇〇)二月に作成されたことがわかる。さらに、同帳のなかに記された配札地名から、同帳が対象とする檀那場は大坂三郷と近江国坂田郡の数村であることがわかる(これについては次節で具体的に提示する)。

二　芦峅寺教算坊

芦峅寺教算坊の宿坊号の文献上の初出は、芦峅寺一山会や芦峅寺雄山神社所蔵の古文書を管見する限り、芦峅寺一山衆徒と門前百姓に対する宝暦五年(一七五五)の宗門御改帳[2]においてである。

本章でとりあげる檀那帳は江戸時代後期の寛政一二年(一八〇〇)に成立したものだが、それ以降も安政期(一八五四～一八六〇)頃まで使用されている。その間に存命した教算坊衆徒は、『由緒書上帳　扣　立山元東神職　明治六癸酉年一月扣[3]』によると、三六代の清栄(文化二年(一八〇五)一一月三日寂)や三七代の祐山(天保五年(一八三四)七月二三日

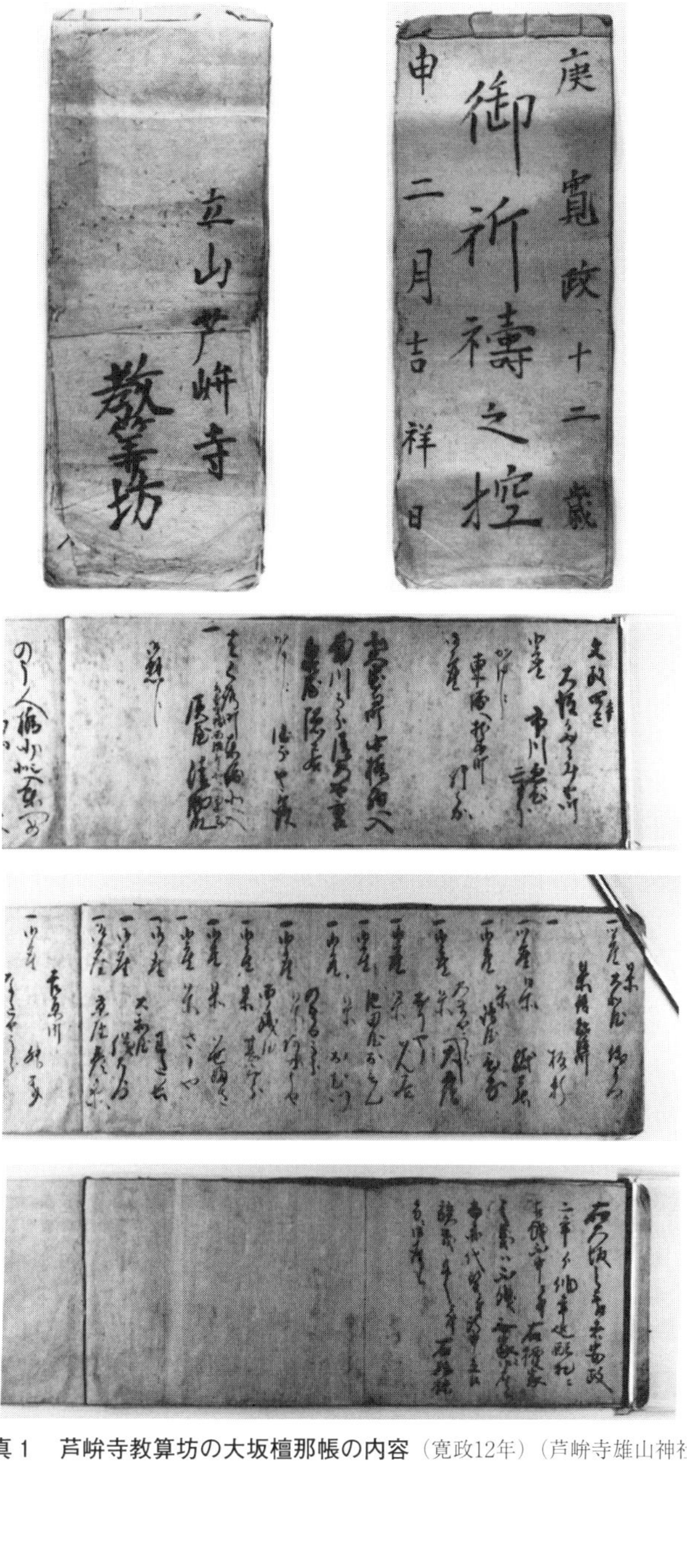

写真１　芦峅寺教算坊の大坂檀那帳の内容（寛政12年）（芦峅寺雄山神社所蔵）

寂）、三九代の快法（文久三年〔一八六三〕正月二五日寂）、四十代の佐伯右内らがおり、彼らが代々この檀那帳を使用したものと推測される。

ところで、芦峅寺大仙坊宮司の佐伯尚宣氏は、同坊の歴代の口伝を『立山神主口伝書　大仙坊七十七代尚宣（昭和十年）』（芦峅寺大仙坊所蔵）として文章化したが、それによると、教山坊（教算坊）の廻檀配札地は越前・難波とされている。これについて、教算坊が越前を配札地としていたことは、嘉永五年（一八五二）二月付けで立山芦峅寺から加賀藩寺社奉行に宛てて記された書付の添書(4)から確認できる。

三　檀那帳の内容

1　檀家数・宿家数

檀那帳の内容を分析するため、まず、檀那帳を解読し、その内容をもとにデータベース表を作成した。表1は檀那帳に記載された全信徒を対象として、巻頭から巻末まで掲載順に、信徒名やその居住地、江戸時代の該当組・郡や明治一二年（一八七九）の行政区、定宿であるか否か、各信徒に関する特記事項（備考欄）などの内容を示したものである。

さて、この檀那帳に記載された檀家軒数は延べ二二〇軒、信徒数は延べ二三〇人、宿軒数は延べ三軒である。ただし、表中の信徒名の項目で※印が付られた①から⑫の信徒については、それぞれ同一人物として記載が重複しており、また、●印が付られた①と②の信徒についても確定はできないものの、同一人物の可能性がきわめて高く、さらに、宿家についても№8「しまや忠兵衛」と№16「しまや忠兵衛内」は同一家なので、これらの条件を考慮した実質的な檀家数は二〇四軒、信徒数は二一五人、宿数は二軒となる。なお、この人数には信徒名の記載がなく、住所のみが記載される場合(※)が八軒含まれている。

ところで、檀家のうち№11「道具屋権兵衛」や№13「かざりや藤助」、№14「平野屋清七」の三軒については、壇家名の上に「無し」の注記が付られており、これらの檀家は、檀那場が存在していたいつの時期か、それまでの所在地に家がなくなったことを示すものであろう。

2　配札地

教算坊衆徒が廻檀配札に赴いた檀家所在地の詳細については表1を参照していただきたい。さて、「天下の台所」として全国経済の中心地で商工業が発展していた近世の大坂は、北組・南組・天満組の三郷に分かれていた。天満組は、ほぼ大川(江戸時代ではこれが淀川本流である)より北の地域である。それ以外の部分は、本町通り辺りをだいたいの境界として、北側が北組、南側が南組である。ただし例外の地域もあり、一箇所は、大坂で唯一の公認の遊廓であった新町である。新町は空間的には南組のなかにあるが、北組と南組の両方に属する町に分かれていた。もう一箇所は堀江の地域で、その町々は元禄一六年(一七〇三)一一月、北組・南組・天満組に分割された(5)。

教算坊の檀家の多くは、こうした大坂三郷の北組と南組の各町に分布しており、その二組における檀家数は一七四軒、信徒数は一八〇人である。また、大坂三郷天満組に所属する道嶋(堂島)や天馬町にも四軒の檀家が見られる。したがって、大坂三郷における檀家数は一七八軒、信徒数は一八四人となり、全体の約八五%を超えている。この他には、摂津国東成郡・西成郡に若干数の檀家が見られ、さらに、大坂から離れた近江国坂田郡にも五軒の檀家が見られる。

なお、明治一二年(一八七九)における大阪市の行政区別に檀家軒数、信徒数、宿数をあげておくと、次のようにな

該当組・郡	明治12年の行政区	町名	備考
			志。護符、為手足病気平ふく。
			三十八才男、病気護符出。
			三十五才男、病気護符出。
			燈明。
			燈明。
			□(1字解読できず)符。
			燈明。
大坂三郷南組	東区	博労町(平462)	
大坂三郷南組	東区	南久太郎町(平456)	家内安全、札。
大坂三郷南組	東区	南久太郎町(平456)	札。
			札。無し。
			札。
			家内安全、札。無し。
			志。無し。
大坂三郷南組	東区	唐物町(平454)	
大坂三郷南組	東区	博労町(平462)	大札ハ世話人。
摂津国東成郡	東区	餌差町〔東高津村〕(平687)	
大坂三郷南組	東区	上本町 (平428)	
大坂三郷南組	東区	上本町 (平428)	
大坂三郷南組	南区	順慶町1丁目 (平468)	農人橋西詰永屋鳥羽屋彦七ニて尋。
大坂三郷南組	南区	安堂寺町 (平469)	
大坂三郷南組	南区	順慶町 (平467)	
大坂三郷南組	東区	北久宝寺町1丁目 (平458)	
大坂三郷南組	南区	順慶町 (平467)	
大坂三郷南組	南区	順慶町 (平467)	
大坂三郷南組	南区	順慶町1丁目 (平468)	
大坂三郷南組	南区	順慶町1丁目 (平468)	
大坂三郷南組	南区	順慶町1丁目 (平468)	
大坂三郷南組	南区	長堀次郎兵衛町 (平473)	
大坂三郷南組	南区	安堂寺町3丁目 (平469)	
大坂三郷南組	東区	住吉屋町 (平428)	
大坂三郷南組	東区	伝馬町 (平459)	
大坂三郷南組	南区	安堂寺町2丁目 (平469)	

表1　芦峅寺教算坊の大坂檀那帳の内容（寛政12年）

掲載順	信徒名	配札地	軒数	人数	実質人数	宿数	実質宿数
1	いつ見や与兵衛〔内 いさ〕	住所の記載なし	1	2	2		
2	はや又四郎	住所の記載なし	1	1	1		
3	かめや長右衛門〔内 次兵衛〕	住所の記載なし	1	2	2		
4	六兵衛	住所の記載なし	1	1	1		
5	善七〔内方〕	住所の記載なし	1	2	2		
6	庄右衛門〔内方〕	住所の記載なし	1	2	2		
7	清兵衛〔内方〕	住所の記載なし	1	2	2		
8	しまや忠兵衛	大坂ばくろ町、堺筋、少東へ入、南かわ	1	1	1	1	1
9	八尾屋安兵衛	南久太良町、カヂヤ町	1	1	1		
10	長野屋九兵衛	南久太良町、カヂヤ町角	1	1	1		
11	道具屋権兵衛	住所の記載なし	1	1	1		
12	嶋屋虎之丞	住所の記載なし	1	1	1		
13	かざりや藤助	住所の記載なし	1	1	1		
14	平野屋清七	住所の記載なし	1	1	1		
15	柏屋利右衛門	から門町（唐物町）、宿前東へ入、南かわ	1	1	1	1	1
16	しまや忠兵衛内	住所の記載なし（9番と同じ住所。大坂博労町堺筋、少東へ入、南かわ）		1	1	1	
17	仏性庵	摂州小橋ゑさし町	1	1	1		
18	淡路屋弥兵衛（※①）	安堂寺町筋、上本町半丁西門、少西北がわ	1	1	1		
19	名嶋屋善兵衛	半丁東へ入	1	1	1		
20	大和屋安次郎	張り紙で抹消	1	1	1		
21	鳥羽屋五兵衛	順慶町１丁目 角 津屋	1	1	1		
22	山城屋茂兵衛	安堂寺町堺筋、北横帳東かわ	1	1	1		
23	大和屋半兵衛	順慶町堺筋、少西へ入、北かわ	1	1	1		
24	和佐屋吉兵衛	北久宝寺町１丁目、南横町西かわ水戸ゟ軒め釘屋	1	1	1		
25	お屋那	順慶町堺筋、西大和屋半兵殿浦	1	1	1		
26	はりま屋伊兵衛	順慶町堺筋、西大和屋半兵殿浦	1	1	1		
27	はりま屋作兵衛	順慶町１丁目、東へ入	1	1	1		
28	金屋又助	順慶町１丁目	1	1	1		
29	和泉屋藤介	順慶町１丁目	1	1	1		
30	平野や太兵衛	長堀治郎兵衛町	1	1	1		
31	茨木や勝兵衛	安堂寺町３丁目	1	1	1		
32	倉橋屋伊兵衛	住吉屋町	1	1	1		
33	大野屋金兵衛	心済橋筋、伝馬町北二軒目、東かわ	1	1	1		
34	ひしや善兵衛	安堂寺２丁目堺筋、東入北かわ	1	1	1		

該当組・郡	明治12年の行政区	町名	備考
大坂三郷南組	東区	本町三丁目（平453）	
大坂三郷南組	東区	本町四丁目（平453）	
大坂三郷南組	東区	北久宝寺町２丁目(平458)	
大坂三郷南組	東区	上本町２丁目（平429）	
大坂三郷南組	東区	上本町２丁目（平429）	
大坂三郷北組	東区	安土町（平451）	
大坂三郷北組	東区	備後町（平450）	
大坂三郷南組	東区	北久宝寺町２丁目（平458）	
大坂三郷南組	東区	米屋町〔南本町〕(平453)	
大坂三郷南組	東区	北久宝寺町２丁目（平458）	
大坂三郷南組	東区	北久宝寺町１丁目（平458）	
大坂三郷南組	東区	北久宝寺町１丁目（平458）	
大坂三郷南組	東区	北久宝寺町２丁目（平458）	
大坂三郷南組	東区	北久宝寺町２丁目（平458）	
大坂三郷南組	東区	南久太郎町２丁目（平456）	
大坂三郷南組	東区	南久太郎町２丁目（平456）	
大坂三郷南組	東区	南久太郎町２丁目（平456）	天保九戌四月改ル。
大坂三郷南組	東区	北久太郎町（平455）	
大坂三郷南組	東区	北久太郎町１丁目（平455）	
大坂三郷南組	東区	北久太郎町２丁目（平456）	
大坂三郷北組	東区	瓦町（平449）	
大坂三郷天満組	北区	堂島（平558）	
大坂三郷天満組	北区	堂島（平558）	
大坂三郷南組	東区	北久宝寺町１丁目（平458）	
大坂三郷北組	東区	平野町（平445）	五月廿五日。
大坂三郷南組	東区	住吉町（平428）	取次。五月十九日。
大坂三郷北組	東区	上人町（平442）	
大坂三郷南組	東区	北谷町（平424）	経かたびら上ル。諸牌入戒名五ツ。拾五印上。
大坂三郷南組	東区	本町（平452）	天下一。
大坂三郷南組	東区	北谷町（平424）	
大坂三郷北組	東区	常磐町（平420）	
大坂三郷北組	東区	内骨屋町（平415）	
大坂三郷南組	東区	北谷町（平424）	
大坂三郷南組	東区	南新町２丁目（平416）	大者ん二壱。山田周次に対する敬称だけが「殿」ではなく「様」。

掲載順	信徒名	配札地	軒数	人数	実質人数	宿数	実質宿数
35	ひしや五兵衛	本町三丁目	1	1	1		
36	中嶋屋宗助	本町四丁目、少シ北入、西かわ	1	1	1		
37	朝倉屋与兵衛	北久宝寺町２丁目	1	1	1		
38	いづみや忠七	上本町２丁目	1	1	1		
39	あわじや弥平（※①）	上本町２丁目		1			
40	いつミや佐兵衛	安土町東堀浜	1	1	1		
41	ならや八兵衛	びん後町、千だのき（梅檀木）、少シ西	1	1	1		
42	さしかねや久兵衛	北久宝寺町２丁目	1	1	1		
43	久宝寺屋茂兵衛	米屋町、かしや町東入	1	1	1		
44	若佐屋徳次郎	北久宝寺町２丁目　さしかね合尋る	1	1	1		
45	金物屋利兵衛	北久宝寺町１丁目	1	1	1		
46	いつミや甚助	北久宝寺町１丁目	1	1	1		
47	植松屋弥七	北久宝寺町２丁目	1	1	1		
48	木津や源七	北久宝寺町２丁目、植松屋うら	1	1	1		
49	長浜屋伊兵衛	南久太良町２丁目	1	1	1		
50	長浜屋おんめ	南久太良町２丁目	1	1	1		
51	いせ屋おやす（安治郎）	南久太良町２丁目	1	1	1		
52	ひしや伊兵衛	北久太良町、中橋西入南かわ	1	1	1		
53	とハや常七	北久太良町１丁目、のう人橋西詰	1	1	1		
54	関東屋（官頭や）〔文字抹消〕清兵衛	北久宝寺町２丁目	1	1	1		
55	山城屋久右衛門	かわら町、千多ノ木（梅檀木）南入東かわ	1	1	1		
56	伏見や半右衛門	道嶋町３丁目	1	1	1		
57	かわたや長兵衛	道嶋中町	1	1	1		
58	嶋や忠兵衛	北久宝寺町１丁目、ほうきや町東入北かわ	1	1	1		
59	手伝屋喜右衛門（※②）	平野町、高倉筋、南横町	1	1	1		
60	倉橋屋	住吉町	1	1	1		
61	山田屋五兵衛	大坂諸人橋（上人橋？）、条場地蔵２丁目	1	1	1		
62	山田屋五兵衛	北谷町	1	1	1		
63	長門屋徳兵衛	本町おハらい筋、西入北かわ、東歩	1	1	1		
64	しまや清兵衛（※③）	上町北谷町	1	1	1		
65	升屋宇右衛門（※④）	ときわ町おはらい筋、西入北かわ中程	1	1	1		
66	竹細工や	上町、骨屋町西入南かわ	1	1	1		
67	尾張屋源八	上町、北谷町条場地蔵坂	1	1	1		
68	山田周次〔おもよ〕	上町、南新町２丁目	1	2	2		

該当組・郡	明治12年の行政区	町名	備考
大坂三郷南組	東区	内本町太郎左衛門町（平419）	
大坂三郷南組	東区	内本町太郎左衛門町（平419）	
大坂三郷南組	東区	内本町太郎左衛門町（平419）	
大坂三郷南組	東区	北久宝寺町458・南久宝寺町461	
大坂三郷南組	東区	農人橋材木町（平425）	
大坂三郷北組	東区	内骨屋町（平415）	
大坂三郷南組	東区	内本町上三丁（平419）	
大坂三郷北組	東区	淡路町（平446）	
大坂三郷北組	東区	淡路町（平446）	
大坂三郷南組	東区	北谷町（平424）	
大坂三郷北組	東区	上人町（平442）	
大坂三郷北組	東区	淡路町（平446）	
大坂三郷南組	東区	南谷町（平426）	
大坂三郷南組	東区	北谷町（平424）	
大坂三郷北組	東区	平野町（平445）	
大坂三郷北組	東区	南革屋町（平415）	
大坂三郷南組	東区	追手町（平425）	
大坂三郷南組	東区	追手町（平425）	
摂津国東成郡	南区	上塩町〔北平野町〕（平502）	
大坂三郷南組	南区	桜町（平494）	
大坂三郷南組	東区	北谷町（平424）	廻向料十五文上ル。
大坂三郷南組	東区	北谷町（平424）	諸牌入。六良兵衛親柄、内方。
大坂三郷北組	東区	谷町２丁目（平406）	是ハ経帷子。
大坂三郷北組	東区	谷町２丁目（平406）	御座。
大坂三郷北組	東区	豊後町（平414）	
大坂三郷南組	東区	南農人橋町２丁目（平423）	
大坂三郷南組	東区	南農人橋町１丁目（平423）	是ハ大ばんノ近付。
大坂三郷北組	東区	釣鐘上之町（平408）	
大坂三郷南組	南区	松屋町表町（平496）	
大坂三郷南組	東区	農人橋詰町（平423）	
大坂三郷南組	東区	北久宝寺町（平458）	
大阪三郷北組	東区	淡路町（平446）	
大坂三郷南組	西区	南堀江１丁目（平531）	五月十四日。
大坂三郷南組	西区		
大坂三郷南組	西区	南堀江１丁目（平531）	
大坂三郷南組	南区	四つ橋（平475）	

掲載順	信徒名	配札地	軒数	人数	実質人数	宿数	実質宿数
69	天下一鏡屋利助	本町、太良左衛門町	1	1	1		
70	重屋お那か	本町、太良左衛門町	1	1	1		
71	永井おみの	本町、太良左衛門町	1	1	1		
72	竹屋嘉右衛門	東堀久宝寺橋	1	1	1		
73	高津や善兵衛	東堀材木町、久宝寺橋東詰北へ入	1	1	1		
74	わくや弥兵衛	同本町、骨屋町	1	1	1		
75	白銀や金四郎	同本町、上三町、谷町東入	1	1	1		
76	尾張屋おゐ志（※⑤）	同阿わじ町３町目	1	1	1		
77	土佐屋新七（※⑥）	同阿わじ町３町目	1	1	1		
78	はりまや源八	北谷町	1	1	1		
79	明石や万三郎〔おきく〕	南諸人町２丁目（南上人町２丁目）	1	2	2		
80	尾張屋おいし（※⑤）	同あわじ町、おはらい筋、東入北かわ、うら		1			
81	かんじ	上町、南谷町、あたご入口	1	1	1		
82	水戸幸右衛門	同北谷町	1	1	1		
83	手伝や喜右衛門（※②）	平野町、高蔵筋南へ入西かわ		1			
84	薬しや	かわや町、せんなん筋北入西かわ	1	1	1		
85	ひちや	上久宝寺町、富木東おツて町、善なん筋東入北かわ	1	1	1		
86	堺屋	上久宝寺町、富木東おツて町、善なん筋東入北かわ	1	1	1		
87	長兵衛	上塩町	1	1	1		
88	阿わじや弥兵衛	上町、桜町	1	1	1		
89	帯屋伝右衛門	北谷町	1	1	1		
90	はりまや新助〔内 おもん〕	北谷町、糸や町	1	2	2		
91	八幡屋六兵衛	谷町２丁目	1	1	1		
92	糀屋源兵衛	谷町２丁目	1	1	1		
93	近江屋藤兵衛〔藤七〕	中豊後町、松屋町筋西江入北かわ	1	2	2		
94	丸伊屋久右衛門	南農人橋町２丁目	1	1	1		
95	大和屋八兵衛	南農人橋１丁目	1	1	1		
96	八幡屋宇兵衛	釣鐘上之町	1	1	1		
97	きづや源七	南農人橋、松屋町２丁目南入	1	1	1		
98	和泉屋藤右衛門	農人橋東詰、松屋町かし西入南川	1	1	1		
99	大和屋角兵衛	久宝寺橋西詰かし南かわ	1	1	1		
100	土佐屋新七（※⑥）	住所の記載なし（77番と同じ住所、阿わじ町３丁目）		1			
101	大坂屋宇兵衛（※⑦）	南堀１丁目	1	1	1		
102	吉野屋いよ	南堀頓田屋橋	1	1	1		
103	大坂屋宇兵衛（※⑦）	南堀へ１丁目		1			
104	嘉助	西横堀、四ツ橋、南へ２丁目、松やノ筋北へ２間目	1	1	1		

該当組・郡	明治12年の行政区	町名	備考
大坂三郷南組	南区	道頓堀芝居側（平492）	
大坂三郷南組	西区	幸町（平697）	
大坂三郷南組	西区	幸町（平697）	
大坂三郷北組	西区	北堀江２丁目（平530）	
大坂三郷南or北組	西区	北堀江２丁目（平530）	
大坂三郷南組	西区	藤右衛門町（平524）	
大坂三郷南or北組	西区	新町遊廓（平525）	
大坂三郷南or北組	西区	新町遊廓（平525）	
大坂三郷南組	南区	道頓堀宗右衛門町（平490）	
大坂三郷南組	南区	道頓堀宗右衛門町（平490）	
大坂三郷南組	南区	高津五右衛門町（平488）	
大坂三郷南組	南区	南瓦屋町（平496）	
大坂三郷南組	南区	西高津町（平498）	
摂津国西成郡	南区	生国魂神社（平684）	
大坂三郷南組	南区	道頓堀宗右衛門町（平490）	
大坂三郷南組	東区	内本町上三丁（平419）	
大坂三郷南組	東区	北谷町（平424）	
大坂三郷北組	東区	常磐町（平420）	
大坂三郷南組	南区	南畳屋町（平483）	文政四辛迄。御座。
大坂三郷南組	東区	農人橋材木町（平425）	御座。加けじ（懸事）。
大坂三郷南組	東区	北久宝寺町（平458）	加けじ（懸事）。徳らや取次。
大坂三郷南組	東区	博労町（平462）	御懸じ。
大坂三郷南組	東区	農人橋詰町（平423）	懸ヶ事。
大坂三郷南組	南区	南畳屋町（平483）	懸ヶ事。
大坂三郷南組	南区	道頓堀宗右衛門町（平490）	一、戒名ニ血盆経二人分、外ニ経帷子受る。代済。
大坂三郷北組	東区	淡路町（平446）	一、御懸事御願被成候。九月四日。
大坂三郷南組	南区	南瓦屋町（平496）	八月廿八日、御懸事御座仕候。
大坂三郷北組	西区	南浜町（平517）	
大坂三郷北組	西区	北堀江２丁目（平530）	御座。
大坂三郷北組	西区	橘通（平532）	御座。
大坂三郷南or北組	西区	新町遊廓（平525）	御座。
大坂三郷南or北組	西区	新町遊廓（平525）	御座。
大坂三郷南or北組	西区	新町遊廓（平525）	御座。
大坂三郷南or北組	西区	新町遊廓（平525）	御座。

掲載順	信徒名	配札地	軒数	人数	実質人数	宿数	実質宿数
105	ミきや儀兵衛	堀へ市ノ川一筋西、しハいうら	1	1	1		
106	木挽屋伝右衛門	幸町、西日面川ナキ	1	1	1		
107	阿たや長兵衛	幸丁２町目、幸橋南	1	1	1		
108	平野屋吉兵衛（※⑧）	北堀へ２丁目	1	1	1		
109	広嶋屋清兵衛	北堀へ２丁目	1	1	1		
110	天王寺屋利助	新町橋、藤右衛門町	1	1	1		
111	いつミや久兵衛	新町橋西かど	1	1	1		
112	倉橋屋熊治郎（※⑨）	新町	1	1	1		
113	安藤寿し	堂頓堀	1	1	1		
114	松長忠蔵	堂頓堀	1	1	1		
115	三田屋政右衛門	五右衛門町	1	1	1		
116	六兵衛	南瓦屋町、二ツゑど	1	1	1		
117	明石屋徳兵衛	西高津町	1	1	1		
118	伊勢や九右衛門	谷町筋生玉	1	1	1		
119	堺屋宗右衛門	心済橋筋、宗右衛門町少し東	1	1	1		
120	長川屋徳兵衛	本町、おハらい筋西入北かわ	1	1	1		
121	しまや清兵衛（※③）	上町、北谷町		1			
122	升屋宇右衛門（※④）	上町、ときわ町、おはらい筋西入北かわ、中ほど		1			
123	市川ゑび重郎	大坂たたみや町	1	1	1		
124	御ちか	東堀へ材木町	1	1	1		
125	泉屋隠居	北久宝町、中橋西へ入、南川うら清水や裏	1	1	1		
126	灰屋清助	ばくろ町、東堀北へ入、久宝寺橋西詰かし北へ入西がわ	1	1	1		
127	木や庄兵衛	のう人橋北、少し入、東つめ	1	1	1		
128	方見仁左衛門	たたみや町、堂頓堀出る、北西角	1	1	1		
129	ひめじや弥兵衛	大坂嶋之内宗右衛門町	1	1	1		
130	小にし	阿わじ町堺筋	1	1	1		
131	朝倉屋武兵衛	東堀り瓦屋橋町南之筋、地蔵坂筋、松屋町ゟ三ツめ東西南角米屋	1	1	1		
132	堺屋宗左衛門	心さい橋すじ、南浜かシ、東入	1	1	1		
133	平野屋吉兵衛（※⑧）	嶋之内宗右衛門町、北堀江２丁目		1			
134	粉屋	新町橋東、少シ北入東かわ	1	1	1		
135	泉久	新町東口西かわ	1	1	1		
136	昆屋	同町西かわ	1	1	1		
137	平蔵	新町通り筋	1	1	1		
138	大がきや太郎兵衛（※⑩）	同町	1	1	1		

該当組・郡	明治12年の行政区	町名	備考
大坂三郷南or北組	西区	新町遊廓（平525）	御座。
大坂三郷南or北組	西区	新町遊廓（平525）	御座。
大坂三郷南or北組	西区	新町遊廓（平525）	御座。
大坂三郷南or北組	西区	新町遊廓（平525）	御座。
大坂三郷南組	西区	橘町（平527）	御座。
大坂三郷南組	西区	橘町（平527）	御座。
大坂三郷南組	西区	橘町（平527）	近付、よハ連申候。
大坂三郷南組傾城町	西区	新町遊廓・瓢箪町（平526）	御座。
大坂三郷南or北組	西区	新町遊廓（平525）	一、経かたびら申受被成候。夫よりちか付也。
大坂三郷南or北組	西区	新町遊廓（平525）	是も御座候。嶋嘉ニ而尋る。
大坂三郷南or北組	西区	新町遊廓・九軒町（平526）	
大坂三郷南組	東区	北久太郎町（平455）	巳年ゟ近付ニ相成り候。
大坂三郷南or北組	西区	新町遊廓（平525）	御座。
大坂三郷南or北組	西区	新町遊廓（平525）	御座。
大坂三郷南or北組	西区	新町遊廓（平525）	御座。
大坂三郷南or北組	西区	新町遊廓（平525）	御座。
大坂三郷南or北組	西区	新町遊廓（平525）	御座。
大坂三郷南or北組	西区	新町遊廓（平525）	御座。
大坂三郷南or北組	西区	新町遊廓（平525）	御座。
大坂三郷南or北組	西区	新町遊廓（平525）	御座。
大坂三郷南or北組	西区	新町遊廓（平525）	御座。
大坂三郷南or北組	西区	新町遊廓（平525）	御座。
大坂三郷南or北組	西区	新町遊廓（平525）	御座。
大坂三郷南or北組	西区	新町遊廓（平525）	御座。
大坂三郷南or北組	西区	新町遊廓（平525）	御座。
大坂三郷南or北組	西区	新町遊廓（平525）	御座。
大坂三郷南or北組	西区	新町遊廓（平525）	御座。
大坂三郷南or北組	西区	新町遊廓（平525）	御座。
大坂三郷南組傾城町	西区	新町遊廓・越後町〔佐渡島町〕（平526）	
大坂三郷南組傾城町	西区	新町遊廓・越後町〔佐渡島町〕（平526）	御座。
大坂三郷南組傾城町	西区	新町遊廓・越後町〔佐渡島町〕（平526）	御座。
大坂三郷南組傾城町	西区	新町遊廓・越後町〔佐渡島町〕（平526）	御座。
大坂三郷南組傾城町	西区	新町遊廓・越後町〔佐渡島町〕（平526）	御座。
大坂三郷南組傾城町	西区	新町遊廓・越後町〔佐渡島町〕（平526）	御座。
大坂三郷南組傾城町	西区	新町遊廓・越後町〔佐渡島町〕（平526）	御座。
大坂三郷南組傾城町	西区	新町遊廓・越後町〔佐渡島町〕（平526）	御座。
大坂三郷南組傾城町	西区	新町遊廓・越後町〔佐渡島町〕（平526）	御座。

掲載順	信徒名	配札地	軒数	人数	実質人数	宿数	実質宿数
139	茨木や八良兵衛（※⑪）	同町	1	1	1		
140	倉橋や	同町	1	1	1		
141	紀ノ新（●①）	同町	1	1	1		
142	中嶋や（●②）	同町	1	1	1		
143	おりね	新町、西ノ扇子や、橘町	1	1	1		
144	はり物や次助	同町	1	1	1		
145	けたや	同橘町、西北かど	1	1	1		
146	嶋屋嘉七（※⑫）	新町通り筋	1	1	1		
147	からかさや	嶋や嘉七（新町通り筋）西となり	1	1	1		
148	のみや	嶋や嘉七（新町通り筋）之向	1	1	1		
149	さかへや	新町九間	1	1	1		
150	銭屋太助	北久太良町、千駄ノ木筋、東かわ	1	1	1		
151	木の新（●①）	大坂新町		1			
152	倉橋屋重兵衛	大坂新町	1	1	1		
153	ちくさや松之助	大坂新町	1	1	1		
154	吉のや善兵衛	大坂新町通り筋	1	1	1		
155	平兵衛	大坂新町通り筋	1	1	1		
156	大垣や太郎兵衛（※⑩）	大坂新町通り筋		1			
157	吉右衛門	大坂新町通り筋	1	1	1		
158	ひのや安兵衛	大坂新町通り筋	1	1	1		
159	大垣や・亀屋利兵衛	大坂新町通り筋	1	2	2		
160	茨木や八良兵衛（※⑪）	大坂新町通り筋		1			
161	紙や弥平	大坂新町通り筋	1	1	1		
162	紀ノ国や新平（●①）	大坂新町通り筋		1			
163	倉橋屋熊治郎（※⑨）	大坂新町通り筋		1			
164	中嶋やおいし（●②）	大坂新町通り筋		1			
165	嶋屋おとミ	大坂新町通り筋	1	1	1		
166	儀右衛門	大坂新町通り筋	1	1	1		
167	板新	新町、越後町	1	1	1		
168	紙右衛門	新町、越後町	1	1	1		
169	嶋屋ひな	新町、越後町	1	1	1		
170	大鶴	新町、越後町	1	1	1		
171	おりやノ隠居	新町、越後町	1	1	1		
172	池田屋おひん	新町、越後町	1	1	1		
173	おむツ	新町、越後町	1	1	1		
174	あかしや	新町、越後町	1	1	1		
175	西ノ紙屋甚三郎	新町、越後町	1	1	1		

該当組・郡	明治12年の行政区	町名	備考
大坂三郷南組傾城町	西区	新町遊廓・越後町〔佐渡島町〕（平526）	御座。
大坂三郷南組傾城町	西区	新町遊廓・越後町〔佐渡島町〕（平526）	御座。
大坂三郷南組傾城町	西区	新町遊廓・越後町〔佐渡島町〕（平526）	御座。
大坂三郷南組傾城町	西区	新町遊廓・越後町〔佐渡島町〕（平526）	御座。
大坂三郷南組傾城町	西区	新町遊廓・越後町〔佐渡島町〕（平526）	御座。
大坂三郷北組傾城町	西区	新町遊廓・吉原町（平527）	御座。
大坂三郷北組傾城町	西区	新町遊廓・吉原町（平527）	御座。
大坂三郷北組傾城町	西区	新町遊廓・吉原町（平527）	御座。
大坂三郷南組傾城町	西区	新町遊廓・瓢箪町（平526）	御座。
大坂三郷南組傾城町	西区	新町遊廓・瓢箪町（平526）	御座。
大坂三郷南組傾城町	西区	新町遊廓・瓢箪町（平526）	御座。
大坂三郷南組傾城町	西区	新町遊廓・瓢箪町（平526）	御座。
大坂三郷南組傾城町	西区	新町遊廓・瓢箪町（平526）	御座。
大坂三郷南組傾城町	西区	新町遊廓・瓢箪町（平526）	御座。
大坂三郷南組	西区	新町遊廓・九軒町（平526）	御座。
大坂三郷南組	西区	新町遊廓・九軒町（平526）	御座。
大坂三郷南組	西区	新町遊廓・九軒町（平526）	
大坂三郷南組	西区	新町遊廓・九軒町（平526）	御座。
大坂三郷南組	西区	新町遊廓・九軒町（平526）	御座。
大坂三郷南組	西区	小浜町（平527）	御座。
大坂三郷南組	西区	砂場〔佐渡屋町〕（平526）	御座。
大坂三郷南組	西区	小浜町（平527）	祈禱いたし。
大坂三郷南組	西区	立売掘中橋町（平522）	御座。
大坂三郷南or北組	西区	北堀江２丁目（平530）	御座。
大坂三郷南組	西区	山本町（平524）	御座。
大坂三郷南組	西区	山本町（平524）	御座。
不明	不明		御座。
大坂三郷北組	西区	岡崎町（平519）	御座。
大坂三郷北or南組	西区	新町遊廓（平525）	取次。
大坂三郷北組	西区	土佐掘１丁目（平511）	御座。
摂津国西成郡	難波村	前垂島〔西側町〕（平700）	御座。
不明	不明		御座。
摂津国東成郡	南区	下寺町〔天王寺村〕（平668）	御座。
大坂三郷南or北組	西区	高台橋〔南堀江３丁目〕（平532）	御座。
大坂三郷北組	西区	橘通４丁目（平532）	御座。
大坂三郷北組	西区	白子裏町（平511）	加じまや出入。
大坂三郷天満組	北区	天満７丁目（平547）	
大坂三郷天満組	北区	天満７丁目（平547）	

掲載順	信徒名	配札地	軒数	人数	実質人数	宿数	実質宿数
176	いせふさ	新町、越後町	1	1	1		
177	さノや	新町、越後町	1	1	1		
178	わた長	新町、越後町	1	1	1		
179	大和屋儀右衛門	新町、越後町	1	1	1		
180	京屋彦兵衛	新町、越後町	1	1	1		
181	升義	新町、吉原町	1	1	1		
182	あま	新町、吉原町	1	1	1		
183	平のや平八	新町、吉原町	1	1	1		
184	吉野やおかね	新町、西扇屋横町	1	1	1		
185	金加や源兵衛	新町、西扇屋横町	1	1	1		
186	大和やおちか	新町、西扇屋横町	1	1	1		
187	とら八	新町、西扇屋横町	1	1	1		
188	嶋や嘉七（※⑫）	新町、西扇屋横町		1			
189	上や　さかへや	新町、西扇屋横町	1	1	1		
190	京屋（大工）彦兵衛	新町、九間	1	1	1		
191	金かやおぎん	新町、九間角	1	1	1		
192	明石や佐右衛門	新町、九間	1	1	1		
193	とふや	新町、九間	1	1	1		
194	あわさう越万	新町、九間	1	1	1		
195	記載なし	小浜町、問や橋筋、天馬屋うら	1	1※	1		
196	やりまん伊兵衛	すなば大こんや座敷	1	1	1		
197	おせん	小浜町、問や橋筋	1	1	1		
198	新彦	立売堀、中橋	1	1	1		
199	記載なし	北堀へ２丁目、南堀へ３家	1	1※	1		
200	記載なし	山本町、江とノ筋	1	1※	1		
201	記載なし	山本町、高橋筋	1	1※	1		
202	記載なし	松へ橋	1	1※	1		
203	記載なし	ふしん堀、おかさき橋、北東詰	1	1※	1		
204	ひらや安（取次）	新町	1	1	1		
205	記載なし	越中どノ橋	1	1※	1		
206	大津屋おくら	まへたれ嶋	1	1	1		
207	じくや弥平	長堀東堀	1	1	1		
208	称明寺	下寺町	1	1	1		
209	記載なし	高木や橋すじ、南へ２丁目、少南、西かわ	1	1※	1		
210	とさや伊三郎	橋通り４丁目	1	1	1		
211	つつや弥助	大坂尼が崎橋、白子うら町	1	1	1		
212	八たや弥平	天馬７丁目	1	1	1		
213	伏見屋庄右衛門	天馬７丁目	1	1	1		
214	すや庄兵衛	住所の記載なし	1	1	1		

該当組・郡	明治12年の行政区	町名	備考
			文政五壬午八月四日、常現真性居士。常光真月信女かな、文政元寅九月朔日。
近江国坂田郡	滋賀県坂田郡山東町		
近江国坂田郡	滋賀県坂田郡山東町		寅七月十九日当山。
近江国坂田郡	滋賀県坂田郡米原町		
近江国坂田郡	滋賀県坂田郡米原町		
近江国坂田郡	滋賀県坂田郡米原町		寅七月廿日同行三人。

28』の中での該当町名の記載頁を示す。
3．「信徒名」の項目における※印と番号が付られた信徒は、同番号の人物どうしが同一人物であることを示す。また、●印と番号が付られた信徒は、同番号の人物どうしが同一人物である可能性を示す。

る。東区七四軒、七九人、宿二軒。西区七六軒、七七人。南区二八軒、二八人。北区四軒、四人。難波村一軒、一人。滋賀県坂田郡五軒、五人。該当区不明一六軒、二一人。

東区における檀家分布町については、安土町（一軒）・淡路町（三軒）・上本町（三軒）・内骨屋町（二軒）・内本町上三丁（二軒）・内本町太郎左衛門町（三軒）・追手町（二軒）・唐物町（一軒）・瓦町（一軒）・北久太郎町（四軒）・北久宝寺町（一二軒）・北谷町（七軒）・米屋町（一軒）・上人町（二軒）・住吉屋町（二軒）・谷町（二軒）・釣鐘上之町（一軒）・伝馬町（一軒）・常磐町（一軒）・農人橋詰町（二軒）・農人橋材木町（二軒）・博労町（二軒）・平野町（一軒）・備後町（一軒）・豊後町（一軒）・本町（三軒）・南革屋町（一軒）・南久太郎町（五軒）・南新町（一軒）・南谷町（一軒）・南農人橋町（二軒）・餌差町（一軒）などが見られる。

西区における檀家分布町については、越後町（一四軒）・岡崎町（一軒）・北堀江（三軒）・九軒町（六軒）・小浜町（二軒）・白子裏町（一軒）・砂場（一軒）・高台橋（一軒）・

掲載順	信徒名	配札地	軒数	人数	実質人数	宿数	実質宿数
215	木村屋	住所の記載なし	1	1	1		
216	太助	村居田村	1	1	1		
217	伊兵衛	村居田村	1	1	1		
218	源助	下多郎村	1	1	1		
219	嘉平治	下多郎村	1	1	1		
220	利平	中多郎村	1	1	1		
合　計			軒 204	人 230	人 215	軒 3	軒 2

凡例
1．本表は芦峅寺雄山神社が所蔵する芦峅寺教算坊の大坂の檀那帳（寛政12年）に記された内容を解読・整理し、その情報を表に示したものである。
2．「町名」の項目における（平○○○）は、平凡社刊『大阪府の地名Ⅰ　日本歴史地名大系

立売堀中橋町（一軒）・橘通（二軒）・橘町（三軒）・藤右衛門町（一軒）・土佐堀（一軒）・瓢簞町（六軒）・南浜町（一軒）・南堀江（二軒）・山本町（二軒）・吉原町（三軒）・幸町（二軒）などが見られ、その他、新町の記載で二三軒が見られる。

南区における檀家分布町については、安堂寺町（三軒）・上塩町（一軒）・高津五右衛門町（一軒）・桜町（一軒）・順慶町（七軒）・道頓堀芝居側（一軒）・道頓堀宗右衛門町（四軒）・長堀次郎兵衛町（一軒）・西高津町（一軒）・松屋町（一軒）・南瓦屋町（二軒）・南畳屋町（二軒）・四つ橋（一軒）・谷町筋生玉（一軒）・下寺町（一軒）などが見られる。

北区における檀家分布町については、堂島町（二軒）・天馬町（二軒）が見られる。

ところで、江戸時代、西区には幕府から公許された大坂唯一の新町遊廓が所在していたが、廓を構成する町のうち、新京橋町・新堀町・瓢簞町・佐渡島町（越前町）・吉原町は中心街で曲輪と称された。他に九軒町・佐渡屋

町があった(6)。前掲のとおり、このなかの瓢箪町・佐渡島町（越前町）・吉原町・九軒町に教算坊の檀家が存在していたのである。

なお、新町遊廓の越後町の場合を除いて、どの町でも、その檀家数は一町につき一桁の軒数しか存在していないといった状況である、これは他の芦峅寺宿坊家が他国の農村部などで形成した檀那場の実態などとは異なり、例えば芦峅寺宝泉坊が大都市江戸で形成していた檀那場の実態と類似している。

3　檀家

檀家の実態を見ていくと、屋号を持つ檀家が一五一軒、信徒数一五八人が記載されている。これは全体の約七四％で、信徒の特性としては江戸とは異なり、武家よりも屋号を持つ町人などが多いといった、経済都市大坂らしい特徴が表れている。

一方、武士の身分について見ていくと、南新町二丁目の№68「山田周次」があげられる。彼は大番を勤めていたようである。さて、大坂に置かれた幕府の諸役職のうち、一番上位に位置したのが大坂城代であり、城代は、定番・大番・加番などを統率して城中を警衛するとともに、西国大名を統帥する立場にあった。そして、このなかの定番・大番・加番は大坂城の警備にあたる役職である。なお、南農人橋一丁目の№95「大和屋八兵衛」は、檀那帳の注記に、教算坊が大番から紹介されて師檀関係を結んだ檀家であったとしているが、この大番は№68「山田周次」の可能性がある。

信徒の性別を見ていくと女性が二六人記載されている。そのなかで、№1「いつ見や与兵衛」の内方として「いさ」の名前が記載されているように、いわゆる町人の妻としての記載も見られるが、その他、遊廓関係者らしき女性の名前も見られる。特に新町遊廓の地域に所在する女性は、No.169越後町「嶋谷ひな」、No.170越後町「大鶴」、No.172越後町「池田屋おひん」、No.173越後町「おむツ」など一二人である。

この他、宗教者らしき檀家が二軒見られる。餌差町のNo.17「仏性庵」と下寺町のNo.208「称明寺」である。また、畳屋町のNo.123「市川ゑび重郎」は歌舞伎役者であろう。道頓堀のNo.113「安藤寿し」は寿司屋であろう。住吉町のNo.60「倉橋屋」は檀那場において新しい信徒を勧誘する際に取り次ぎ人の役割を果たした人物である。

4　頒布品

芦峅寺の各宿坊家が往古より作成してきた護符の種類とその文言を宿坊家ごとに調べあげて記載した、天保四年（一八三三）の芦峅寺古記録[7]に、教算坊が版行していた護符として、①「立山大宮供諸願成就祈所」（内符として「牛王宝印」の大判や小判が収められている）、②「御祈禱配帙　立山芦峅寺　教算坊」、③「立山護摩供御札　芦峅」（内符として「火防」（立山火の用心）」が収められている）、④「立山大宮供諸願成就祈所」（内符として「御孀尊」や「牛王宝印」、「守」、「（種子）立山御守」などが収められている）があげられている。なお、このなかで④は小札と呼ばれるものである。

ところで、この檀那帳から護符に関する記載を見ていくと、No.2「はや又四郎」（三八歳の男性）とNo.3「かめや長右衛門」（三五歳の男性）には、「病気護符」と称する護符を頒布している。また、No.9「八尾屋安兵衛」とNo.13「かざりや藤助」には「家内安全」の護符を頒布している。さらに、No.9「八尾屋安兵衛」～No.13「かざりや藤助」などの信徒については「札」の注記が見られ、種類は不明だが何らかの護符が頒布されている。この他、No.16博労町の「しまや忠兵衛内」は教算坊の大坂の檀那場で世話人及び宿家を務め、現地で立山講を支える檀家の代表者格であるが、その彼には特別に「大札」が頒布されている。

No.62「山田屋五兵衛」、No.91「八幡屋六兵衛」、No.129「ひめじや弥兵衛」、No.147「からかさや」らの信徒については、経帷子が頒布されている。特に「からかさや」の場合は、新町通り筋の檀家「嶋や嘉七」の西隣に住んでいるが、あるときに、教算坊衆徒が嶋やから経帷子の注文を受けたことが機縁で、以後同坊の檀家になったという。No.129「ひめじや弥兵衛」には血盆経と戒名が二人分頒布されている。

頒布品ではないが、No.4「六兵衛」やNo.5「善七」、No.7「清兵衛」については、「燈明」の注記が見られ、衆徒がこれらの檀家から燈明料を寄進されたのであろう。

5 祈禱

この檀那帳から祈禱に関する記載を見ていくと、No.89「帯屋伝右衛門」宅では仏前廻向が勤められており、廻向料は一五文であった。また、No.197「おせん」宅では、その内容は不明だが何らかの祈禱が行われている。

ところで、檀那帳には一部の檀家に「御座」の注記が付られている。この「御座」というのは、真宗の篤信地帯に見られる門徒の年中行事の一形態である「御座」(8)のことを思わせる。教算坊衆徒は大坂の檀那場でこうした真宗の「御座」の布教形態を自分たちの活動にも取り込んでいたのであろうか。あるいは、檀那場の大坂三郷では、石山本願寺ゆかりの地だけに真宗寺院がきわめて多いことから、教算坊衆徒が自ら行う布教活動の呼称だけを真宗的に真似て、現地の信徒に受け入れられ易く対応していたのであろうか。

檀那帳の記載だけではどちらとも判断しかねるが、いずれにしろ、教算坊衆徒による立山信仰の布教活動は少なからず真宗の影響を受けていたようである。なお、この記載については、特に新町遊廓の檀家に多く見られ、御座が勤められた六六軒の檀家のうち、四五軒の檀家が同地に所在している。

一方、御座以外には、「懸事（懸ヶ事）」といった注記が七軒の檀家に見られる。特に、№130の檀家「小にし」については、年次は不明だが九月四日のこととして「御懸事御願被成候」と記され、また№131の檀家「朝倉屋武兵衛」についても年次は不明だが八月二八日のこととして「御懸事御座仕候」と記されている。こうした「懸事」の意味については、本檀那帳やその他の関係資料を調べても、その具体的な供養法や祈禱法を示すような記載は全く見られず不明である。ただし、「懸事」は、衆徒がときおり檀家から願い請われて行うような何らかの所作であることは間違いなく、用字から強いてイメージするならば、檀家宅で立山曼荼羅を「懸」けて行う絵解き布教のことを示しているとも考えられる。

なお、本檀那帳には五月一四日や同月一九日・二五日、あるいは懸事について前述した八月二八日や九月四日の月日が記されており、従来の研究で指摘されてきた農閑期とは異なる時期に布教に出かけていることがわかる。

四　檀那帳が使用された時期

この檀那帳は前述のとおり、その表題から寛政一二年（一八〇〇）に作成されたことがわかる。ただし、同帳の巻末には、「右大坂之義者、安政二年ゟ作（昨）年迄配札ニ相越不申ニ付、右檀家之義ハ不残無家ニ御座候。尚亦代替ニ付、断申立候族茂有之ニ付、右始抹方ニ御座候」といった文言で、同帳が対象とする檀那場の状況を述べた断り書きが見られ、さらに、帳面の所々に「文政四辛迄」[9]や「常現真性居士。文政五壬午八月四日」、「常光真月信女かな。文政元寅九月朔日」[10]、「天保九戊四月改ル」[11]などの年次記載が見られることなどから、教算坊衆徒が、この檀那帳をそれが作成された寛政一二年（一八〇〇）から、継続的にか断続的にだったのかは不明なものの、本帳に記載が見られる年次の文政五年(一八二二)から天保九年(一八三八)を経て、安政二年(一八五五)までは使用していたことがわかる。しかしこのことは、それだけの長い時期、この檀那帳が改訂や完全な作り替えがないままに使用され続けてきたことを示し、ひいては、この檀那帳が対象とする大坂の檀那場にほとんど成長・展開がなかったことを示している。すなわち、大坂の檀那場はほとんど成長しなかったといえるのである。これは、以前示した江戸の檀那場の事例と大きく異なる。

五　立山曼荼羅『稲沢家本(教算坊旧蔵本)』

1　立山曼荼羅『稲沢家本(教算坊旧蔵本)』(写真2)

立山曼荼羅『稲沢家本』は元来、芦峅寺教算坊の立山曼荼羅であった[12]。おそらく、教算坊衆徒が大坂や越前の檀那場で廻檀配札活動を行った際、この立山曼荼羅が絵解きされることもあっただろう。

この作品の形態は絹本三幅で、法量は内寸が一四〇・〇×一六六・五センチメートル、外寸が一九六・五×一九八・〇センチメートルである。画中には、芦峅寺衆徒の絵解き題材としての項目である①立山開山縁起、②立山地獄、③立山浄土、④立山禅定登山案内、⑤芦峅寺布橋灌頂会の五つの場面が描かれている。

この作品の特徴としては、まず、一八世紀後半から一九世紀にかけて京坂以西で隆盛した南画の筆致をとっていることがあげられる。また、一般的な作品では、立山開山縁起の一場面として、画面の下段に、佐伯有頼が熊に矢を射掛け、その矢が熊に命中したにもかかわらず、熊が絶命せずに駆け逃げるので、有頼がそれを追いかける場面が描かれるが、この作品ではそうした図柄は見られず、その代わりに、画面の中央辺りに、有頼がまるで熊を従えるかのように相並べて描かれている。さらに、画面下段には布橋灌頂会の場面がとりわけ大きく描かれている。立山地獄の場

写真2　『立山曼荼羅　稲沢家本』（個人所蔵、富山県［立山博物館］寄託資料）

面では閻魔王や冥官たちが獄卒や亡者たちより若干大きめに丁寧に描かれている。一幅・二幅及び二幅・三幅の間が大幅に切断されており、切断された部分の上段には日輪・月輪が、下段には布橋灌頂会で行道する式衆たちの図柄があったものと推測される。

2　文政初期に見られる三幅一対の立山曼荼羅

芦峅寺衆徒と岩峅寺衆徒は宝永六年（一七〇九）から天保四年（一八三三）までの一二四年間、立山の宗教的権利を巡りたびたび激しい争論を引き起こし、両峅寺を支配する加賀藩の公事場奉行での裁判沙汰となった。そして、それは文化期（一八〇四〜一八一八）頃から激化した。こうした争論の内容と経過については拙著『立山信仰と立山曼荼羅―芦峅寺衆徒の勧進活動―』(13)に詳述しているのでここでは省略する。

さて、この一連の争論において、文政元年（一八一八）一〇月、芦峅寺衆徒は加賀藩公事場奉行で下された判決に対し、その内容に従う旨と、それに加え芦峅寺衆徒が勧進布教に使用する「御札（祈禱・牛王宝印・火防）」や「山絵図（木版画の立山登山案内図）」「御絵有頼之由来（立山曼荼羅）」「御守」などの品々の追加承認を求めて加賀藩寺社奉行に請書を提出している。

この請書のなかで、芦峅寺側が「有頼之由来」（立山曼荼羅）の概要を説明しているが、それには「右有頼之由来ヲ絵伝ニ仕、有頼一代幷布施之城主ゟ於立山不思議奇瑞之ともを委細絵図ニ相認申物故、於立山之事とも三幅之絵伝ニいたし、往古・他国江罷越致教化申故、自然与他国ゟ参詣之諸人も御座候」[14]と記されている。

ここで問題となるのは、芦峅寺衆徒の間で、立山曼荼羅が三幅一対の形態とされている点である。これまでの研究では、立山曼荼羅の形態は四幅一対が一般的とされており、実際、現存の立山曼荼羅諸本の形態を見ていくと、四幅一対の作品が二三点（うち芦峅寺系作品が一八点）、一幅の作品が一四点（うち芦峅寺系作品が五点）、二幅一対の作品が八点（うち芦峅寺系作品が二点）、三幅一対の作品が四点（うち芦峅寺系作品が三点）、五幅一対の作品が一点（芦峅寺系作品）、折り本一枚（芦峅寺系作品）の作品が一点、二曲一隻の屛風仕立ての作品が一点、といった状況であり、やはり四幅一対の作品が半数ほどである。これに対して、三幅一対の立山曼荼羅には、『稲沢家本（教算坊旧蔵本）』や『立山黒部貫光株式会社本』『日光坊B本』『専称寺本』が現存するが、このうち、『専称寺本』は岩峅寺系作品である。芦峅寺系作品では、『日光坊B本』が明治時代に成立した作品であり、江戸時代の作品となると『稲沢家本（教算坊旧蔵本）』と『立山黒部貫光株式会社本』の二点だけできわめて少ない。

この請書の「三幅之絵伝」の記載は芦峅寺衆徒の書き損じだったと考えられなくもない。しかし、この請書は芦峅寺衆徒にとって、立山に対する自分たちの宗教権利をなんとしてでも確保したいという強い意志がこもった特別重要な書類であり、とても書き損じたとは考えにくい。また、この請書は二冊の異なる控え帳に収められており、いずれも「三幅之絵伝」と記されているので写し間違えとは考えられない。

以上の点から、素直にこの文書を解釈して、文政元年（一八一八）頃、芦峅寺衆徒の間では、三幅一対の立山曼荼羅が主流だったと考えたい。

それではなぜ三幅一対の現存作品が少ないのか。その理由として、諸国で檀那場を形成し廻檀配札活動を行った芦峅寺衆徒にとっては、元来、立山曼荼羅は携帯性に優れた絵解き布教のための教具、いわば消耗品であり、それほど大事にされるものではなかったからだと思われる。自坊から檀那場へ持ち運ばれる際や、たび重なる絵解きの際に画面が差し棒などで突っつかれ、傷みが激しくなると案外あっさりと打ち捨てられて新しい作品に替えられるようなもの、あるいは実例として『坪井家A本（もと教順坊の立山曼荼羅）』や『立山黒部貫光株式会社本』に補筆の痕跡が見られるように、補修されても元図があっさりと塗り潰され、大幅に書き替えられるなどするようなものだったのであろう。特に衆徒たちが自ら描いたような稚拙な作品だとなおのことである。

ただし、立山曼荼羅の絵解き布教は檀那場で次第に受け入れられ定着したであろうから、そのうち檀家が立山曼荼羅を寄進してくれたり、あるいは例外として『宝泉坊本』や『吉祥坊本』のように大名や皇女和宮など、高貴な身分の人々が寄進してくれるようになる。そうなると、衆徒たちも立山曼荼羅を粗略に扱うわけにはいかず、大事に長持ちさせながら使用するか、むしろ家宝として大事にしまい込む場合もあっただろう。現存の立山曼荼羅諸本にはどちらかといえば、こういった類の作品が多いと思われる。

さて、立山曼荼羅のこのような性格から、おそらく文政元年（一八一八）頃は三幅一対の立山曼荼羅が主流だったのだろうが、のちに幕末期になると四幅一対の作品が主流となり、しかも檀家に寄進され、芸術性を帯びた作品ばかりが現存するところとなった。

以上の状況や観点からすると、おそらく文政期頃に成立した作品と推測される『稲沢家本（教算坊旧蔵本）』は立山曼荼羅の形態をはじめ、構図や図柄の変遷を探るうえで非常に重要な作品として位置づけられる。

3　有楽斎長秀作『越中立山御絵図』（写真3）

有楽斎長秀[15]が描いた木版画の『越中立山御絵図』[16]は『立山曼荼羅　稲沢家本（教算坊旧蔵本）』とそっくりな構図と図柄を持ち、模写関係が見られる。なお、模写の精度からすると長秀は立山曼荼羅を実見していると思われる。この作品の制作時期は坂森幹浩氏によると、落款の書体から文政年間（一八一八～一八三〇）初期～中期頃と考えられている。[17]

ところで、長秀の人物を見ておくと、彼は京都の画家であるが大坂堀江にも住居を持ち二都で活躍した。堀江は御池通二丁目～四丁目辺りに所在し、堀江新地開発の時に許可された芝居小屋や茶屋もあって、茶立女・飯盛女・飯炊女と呼ばれる遊女が置かれ歓楽街となっていた。長秀の作画期は寛政一一年（一七九九）から天保七年（一八三六）までとされる。彼は上方絵における最も多作の一人にあげられるが、特に合羽摺の作品では第一人者と見られる。

文政前期には大坂心斎橋筋塩町角、車町阿弥陀池表町筋の版元本屋清七[18]などから版行された「大坂しん町ねり物姿」（細判合羽摺揃物）[19]を発表している。また、文政中期には大判錦絵の役者絵を版元綿屋喜兵衛より発表している。天保後期の作品に広重の作品を模倣した花鳥画もある。こうした役者似顔絵や美人画、花鳥画などの他、滑稽本・噺本の挿絵や芝居番付なども描いている。[20]

写真3　『越中立山御絵図』（富山県立図書館所蔵）

4　教算坊衆徒と有楽斎長秀作との接点

長秀は前述のとおり文政前期に「大坂しん町ねり物姿」（細判合羽摺揃物）を描いている。ここでいう練物とは祭礼の際に行われる行列で、練り歩くところからの名称である。これが上方の遊廓で夏に行われた遊女の扮装行列をさすようになる。「大坂しん町ねり物姿」はこうした遊女の扮装姿を一人一枚に描いた遊女絵であり、この作品の存在から作者の長秀が大坂の新町遊廓に出入りしていたことがうかがわれる。

一方、今回分析している教算坊の檀家帳は寛政一二年（一八〇〇）に作成され、その後、安政期（一八五四～一八六〇）頃まで使用されてきたものであることから、当然、大坂の檀那場として、その一部の新町遊廓の檀那場もそれと同じ時期に存在していたことになり、こうしたところに新町遊廓という仕切られた特殊な領域での教算坊衆徒と長秀の接点、及び『立山曼荼羅教算坊本』と長秀の

『越中立山御絵図』の接点が推測されるのである。なお、教算坊は配札、長秀は浮世絵といったように、両者がいずれも紙や墨、木版を使用する刷り物文化に深く関わっている点も、両者の接点を考えるうえで重要である。

5 『稲沢家本（教算坊旧蔵本）』と有楽斎長秀作『越中立山御絵図』との模写関係

筆者はこれまで特に根拠があったわけではないが、漠然と『稲沢家本（教算坊旧蔵本）』は長秀の『越中立山御絵図』を模写して成立したものと推測していた。しかし、どうやらそれは逆だったようである。

これまでの検討内容を一度整理してみると、以下のようになる。①芦峅寺衆徒の間では文政元年（一八一八）頃、後の幕末期に多く見られる四幅一対の立山曼荼羅ではなく三幅一対の立山曼荼羅が主流であったと推測される。②長秀は文政前期に「大坂しん町ねり物姿」を発表しており、この頃かあるいはこの少し以前に、大坂新町遊廓という仕切られた特殊な領域で、同所を檀那場とする教算坊衆徒と接触する可能性があった。③教算坊衆徒と長秀はともに刷り物文化の担い手であった。④長秀の『越中立山御絵図』と『稲沢家本（教算坊旧蔵本）』には確実に模写関係が存在する。模写の精度からすると長秀は立山曼荼羅を実見している。⑤長秀の『越中立山御絵図』の制作時期は坂森幹浩氏によると、落款の書体から文政年間（一八一八～一八三〇）初期～中期頃と考えられている。

以上の条件から次のような推測が成り立つ。すなわち、文政年間（一八一八～一八三〇）の初期～中期頃、当時、大坂新町遊廓で同地を檀那場として廻檀配札活動を行っていた教算坊衆徒と「大坂しん町ねり物姿」を作成するために同地に出入りしていた長秀との間に接点ができ、長秀が教算坊の所持する立山曼荼羅を模写して『越中立山御絵図』を描いたというものである。

ところで、長秀が『教算坊本』を模写して『越中立山御絵図』を描いた際、『教算坊本』では、各図柄が正方形に近い長方形の画面に収められていたものが、長秀の作品では横丈が長めの長方形の画面に収められたために、特に地獄の場面で各図柄が幾分ゆったりと配置されている。ただし、それによって、図柄の付加や削除による増減はないものの、賽の河原や火車、目連尊者と串刺しにされたその母、獄卒に舌を抜かれる亡者などの図柄が置換されている。

また、長秀は立山の現地空間に対する認識が弱く、例えば、賽の河原の描かれる位置が、芦峅寺系立山曼荼羅の一般的な作品や『教算坊本』では実景観に即して別山直下の辺りに描かれるのが、長秀の作品では、画面に向かって左端下段に描かれている。また、剱岳の「自然の塔」の描き方も、芦峅寺系立山曼荼羅の一般的な作品や『教算坊本』では剱岳そのものから聳えるように描かれるのであるが、長秀の作品では空に浮かぶ雲上に描かれている。このように、細部を見ていくと、芦峅寺系立山曼荼羅の一般的な作品や『教算坊本』に見られる描き方とは異なる部分がある。

以上の点から考えると、『教算坊本』を元本として長秀が『越中立山御絵図』を模写したと推測できる。なお、『教算坊本』はその筆致から、おそらく教算坊衆徒かあるいは檀那場の檀家が現地の南画の職人画家に外注して制作された作品と考えられるが、前述の模写関係とは逆に、もし長秀の『越中立山御絵図』を模写して『教算坊本』が成立したとするならば、長秀が当時既存の立山曼荼羅を模写・部分改変したことによって生じた、芦峅寺系立山曼荼羅の一般作品との構図や図像における差異が、『教算坊本』では補正されたことになる。これは、現実的には困難なことであろう。

6　近江国からの立山参詣

この檀那帳には、No.217近江国坂田郡村居田村「伊兵衛」（現在は米原市）とNo.220同国同郡中多郎村「利平」（現在は米原市）について、前者には「寅七月十九日当山」、後者には「寅七月廿日同行三人」と付記されており、二人とも、何年かは不明だが寅年の七月末に立山を訪れていることがわかる。

彼らがもともと教算坊の檀家であったのか、それとも立山参詣が機縁となり、のちに教算坊の檀家になったのかは明らかでないが、仮に、もともとの檀家であったとすると、教算坊衆徒は、大坂での毎年の廻檀配札活動のために越中から大坂に赴く際、北国街道から中山道を通り、草津で東海道に入り、大坂に向かったものと思われる。

おわりに

以上、芦峅寺教算坊が形成した大坂の檀那場の実態を紹介してきた。すなわち、教算坊は、本檀那帳の成立した寛政一二年(一八〇〇)頃から文政期・天保期を経て、安政二年(一八五五)以降の何年か後まで、大坂に檀那場を形成していた。

寛政一二年(一八〇〇)当時、教算坊の檀那場は大坂三郷を中心に檀家数が二百軒、宿家が二軒程度の規模で形成されており、特に大坂三郷の檀家数は一七八軒であった。なお、そのなかでも特徴的な配札地として新町遊廓があげられ、越後町や瓢箪町、吉原町、九軒町などに多数の檀家が見られる。

檀家の実態としては、経済都市大坂を反映してか、なかには大番などの身分の信徒も見られるものの武家はきわめて少なく、屋号を持つものが圧倒的に多い。また、新町遊廓の関係者や歌舞伎役者、宗教者などの檀家も見られる。

檀那場での衆徒の活動実態としては、芦峅寺衆徒の場合、一般的に冬から春にかけての農閑期に廻檀配札活動を行うとされているが、本檀那帳の事例では、五月や八月、九月にそれを行っている。頒布品に大札や「病気護符」「家内安全」などの護符をはじめ、血盆経や経帷子なども見られる。祈禱については、大坂三郷が石山本願寺ゆかりの地ということもあってか、真宗的な「御座」が勤められている。ただし、その具体的な実態は本檀那帳からうかがうことができなかった。また、おそらく立山曼荼羅の絵解き布教を示すものと思われる「懸事」が、時折檀家に求められて行われている。

なお、そうした際に使用された立山曼荼羅『教算坊本（現在の稲沢家本）』は、それが浮世絵作家の有楽斎長秀に模写される文政初期までにはすでに成立していたことになり、文政元年（一八一八）当時、芦峅寺一山において、彼らの立山曼荼羅の一般的な形態であった三幅一対作品の数少ない現存作品として非常に貴重である。今後、この作品を基準として文政初期までの作品の構図や図柄の実態、さらにはその後の四幅一対作品への変遷過程などを検討する必要があろう。

ところで、寛政一二年（一八〇〇）に成立した檀那帳が、幕末期まで改訂されずに、あるいは完全に作り替えられずに使用され続けてきたことは、教算坊の大坂の檀那場が全く成長・展開していないことを示している。そればかりか幕末期には、衆徒が廻檀配札活動を怠った時期があったため、衆徒が久しぶりに檀那場を訪れた際には、檀家がなくなっていたりあるいは代替わりで師檀関係を断られたりしたため、大坂の檀那場を廃止せざるをえなかった。このように、大坂では概して、檀家の気質によるものかあるいは教算坊衆徒の資質によるものか、はたまた教算坊衆徒があくまでも越前の檀那場を重視し、大坂の檀那場は副次的なものとしてとらえていたからかは、それを示す資料が皆無で定かではないが、ある意味で教算坊衆徒の大坂での勧進布教は失敗に終わったといえよう。

註

（1）拙著『近世立山信仰の展開―加賀藩芦峅寺衆徒の檀那場形成と配札―』（岩田書院、二〇〇二年）。

（2）『宗門御改帳　芦峅寺　宝暦五年六月七日』（廣瀬誠編『越中立山古記録　第三巻』五二頁～五九頁、立山開発鉄道、一九九一年）。

（3）『由緒書上帳　扣　立山元東神職　明治六癸酉年一月扣』（『越中立山古記録　第三巻』一六三頁）。

（4）『当山速要御用留　定目代　天保十三壬寅年』（高瀬保編『越中立山古記録　第二巻』一一四頁・一一五頁、立山開発鉄道、一九九〇年）。「衆徒之内教算坊越前之国江廻旦ニ罷越し候ニ付」。

（5）塚田孝『歴史のなかの大坂　都市に生きた人たち』（岩波書店、二〇〇二年）。

（6）『日本歴史地名大系　二八巻　大阪府の地名』（平凡社、二〇〇一年）。

（7）『立山衆徒諸国旦那持御札守等調筆方掟書誓条連判条　芦峅寺宝庫　天保四年癸巳十一月吉日』（廣瀬誠編『越中立山古記録　第一巻』二〇二～二一二頁、立山開発鉄道、一九八九年）。

（8）「御座」（『真宗新辞典』真宗新辞典編纂会編、法蔵館、一九八三年）。真宗の御座はお講と同種の宗教的機能を果たすが、原則的に区別されるものである。各集落の家で月数回、定例の仏事を開催することをいう。仏間での勤行と茶の間での信心沙汰からなる。仏事の日は、親鸞忌日か各個の集落に所縁の深い宗主の命日などに定められる。地域によっては、いりお座とか中陰お座といった臨時のものも開かれる。原則として、手次寺の住職は参加しない。

（9）同帳のNo.123「市川ゑび重郎」は文政四年（一八二一）まで檀家であったが、その年、師檀関係を断っているので、この檀那帳が、その頃までは使用されていたことがわかる。

（10）同帳のNo.215「木村屋」については、「常現真性居士。文政五壬午八月四日」と「常光真月信女かな、文政元寅九月朔日」といったふうに、二人の戒名と命日が記されており、この檀那帳が、その文政五年（一八二二）頃までは使用されていたことがわかる。

（11）同帳のNo.51「いせ屋おやす」は天保九年（一八三八）四月に「おやす」から「安治郎」に代替わりしたことを示す記載が見られるので、この檀那帳が、その頃までは使用されていたことがわかる。

（12）立山曼荼羅『稲沢家本』については、これまで、佐伯立光「立山曼荼羅絵図解説」（『立山町史　別冊』五頁、立山町、一九八四年）や、岩鼻通明「宗教景観の構造把握への一試論―立山の縁起、マンダラ、参詣絵図からのアプローチ―」（『空間・景観・イメージ』一六八頁、京都大学文学部地理学教室編、地人書房、一九八三年）、拙稿「立山曼荼羅の図像描写に対する基礎的研究―特に諸本の分類について―」（『富山県［立山博物館］研究紀要』七号、五八頁・五九頁、富山県［立山博物館］、二〇〇〇年）などでは芦峅寺福泉坊の所蔵本として紹介されている。一方、長島勝正『立山曼荼羅集成（複製）第一期』（文献出版、一九八三年）や川口久雄『山岳まんだらの世界―日本列島の原風景1―』（一四一頁、名著出版、一九八七年）では芦峅寺教山坊の所蔵本として紹介されている。元来、芦峅寺教算坊が所蔵していた作品であったが、のちに芦峅寺福泉坊に移り、さらに現在では立山町の稲沢家に所蔵されるに至った。この経緯や当時の状況などについては佐伯泰正氏（故人）より伺った。

（13）拙稿「立山衆徒の勧進活動と立山曼荼羅」（『立山信仰と立山曼荼羅―芦峅寺衆徒の勧進活動―』一一五頁～一三六頁、岩田書院、一九九八年）。

（14）『納経一巻等記録　立山芦峅寺　文政元卯年　但シ一山要用　場御裁判書立在中配札一件ト可見合』（『越中立山古記録　第一巻』一〇六頁）。『納経一件ニ付請書ニ附テ上ル　一冊中印　文政元年寅九月』（芦峅寺雄山神社所蔵）。

（15）「長秀」（『原色浮世絵大百科事典　第二巻』原色浮世絵大百科事典編集委員会編、大修館書店、一九八二年）。松平進『上方浮世絵の再発見』（二四〇頁、講談社、一九九九年）。松平進『上方浮世絵の世界』（一九八頁～二〇五頁、和泉書院、二〇〇〇年）。

(16)『越中立山御絵図』(富山県立図書館所蔵、三五・五×四五・三センチメートル、江戸時代後期)。
(17) 坂森幹浩「解説　神通川船橋と立山―版画に描かれた越中名所―」(『富山市民俗民芸村特別展 越中の民画』二六頁・四四頁・四五頁、富山市民俗民芸村、二〇〇三年)。
(18)『原色浮世絵大百科事典　第三巻』(原色浮世絵大百科事典編集委員会編、大修館書店、一九八二年)。
(19) 黒田源次『上方絵一覧』(三一頁~三四頁・二七四頁・二七五頁、東洋書院、一九七八年)。
(20)『原色浮世絵大百科事典　第三巻』。

第八章　立山曼荼羅の図像を読み解く
―目連救母説話図像と越中国南砺系チョンガレ台本―

本章は、立山曼荼羅と富山県南砺地方の盆踊りチョンガレ節との関係を、両者の共通項である目連救母説話に着目して、考察するものである。

立山曼荼羅の諸作品には、目連救母説話図像が必ず描かれている。しかも、その配置場所や大きさなどの面で中核的な図像と考えられる。ところが、立山曼荼羅の絵解き台本である『立山手引草』には、不思議なことに、目連救母説話に関する内容が全く見られない。しかし、だからと言ってそれが絵解きの際に話題にされていなかったとは考え難い。そこで、まず、目連救母説話が立山曼荼羅の話題のひとつとして絵解きされていた可能性を指摘し、次に、その絵解きと富山県南砺地方の盆踊りチョンガレ節との関係について、岩峅寺衆徒の布教活動から、若干の考察を試みたい。

1　立山曼荼羅

立山曼荼羅は、立山信仰を護持し、各地で勧進布教をした立山衆徒（芦峅寺衆徒と岩峅寺衆徒）に絵解きされ、立山信仰の世界観や御利益が、庶民のみならず徳川将軍夫人や江戸城大奥女中、幕府老中や諸大名など、最上流の人々にまで、幅広く受け入れられた。立山信仰は山中の血の池に由来する血盆経信仰や布橋灌頂会など、女人救済に特徴があった。信徒には新吉原の遊女も見られ、また作品のなかには天璋院篤姫や皇女和宮にゆかりの立山曼荼羅も存在する。

2 立山曼荼羅に描かれた目連救母説話図像

立山曼荼羅には、立山地獄の部分として、目連が阿鼻地獄や血の池地獄に堕ちた母を救う、いわゆる目連救母説話に関する場面が必ず描かれている。その場面を見ていくと、次の四つがある。①目連の母が串刺しにされ炎で焼かれる場面、②施餓鬼法要の場面、③火の車、④血の池地獄の場面。

さて、立山曼荼羅の画面におけるこの四つの場面の図像の配置状況から、立山曼荼羅諸本の作成主体者が、「仏説目連救母経」や「血盆経」に基づく目連救母説話の内容をどの程度理解していたのかが推測できる。その際、「仏説目連救母経」に関わるのは①②③の図像であり、「血盆経」に関わるのは④の図像である。

例えば四つの図像が離ればなれに関連性を持たないかたちで配置されている場合は、おそらく他の作品を参考にしての単なる図像の取り込みであり、目連救母説話そのものに対する認識は低いと思われる。『相真坊A本』にこのかたちが見られる。

①②③④全てが近接して配置されている作品には、『来迎寺本』がある。①②③が近接して配置されている作品には、『佐伯家本』『坪井家B本』『富山県立図書館本』『泉蔵坊本』『立山町本』『伊藤家本』がある。①②が近接して配置されている作品には、『坪井家A本』『金蔵院本』『立山黒部貫光株式会社本』『相真坊B本』『筒井家本』『善道坊本』などがある。②④が近接して配置されている作品には、『宝泉坊本』『吉祥坊本』がある。なお、④は前述のとおり②④近接型の場合もあれば、単独型の場合もあり、いずれの作品にも描き込まれている。

3 立山曼荼羅の絵解き台本『立山手引草』と目連救母説話

立山曼荼羅の絵解き台本として唯一現存するのが、岩峅寺延命院所蔵の『立山手引草』（写本二冊）である。第二冊の奥書に、「于時嘉永七寅年三月下旬写之、主延命院玄清書之、常什物」と記されているので、延命院玄清が幕末に既存の文章（形態は不明）を書写して制作したことがわかる。この『立山手引草』には、目連救母説話が記載されておらず、立山衆徒が立山曼荼羅の絵解き布教において、目連救母説話図像をどのように扱っていたのかは不明である。しかし『立山手引草』に記載がなくても、立山曼荼羅の絵解きで目連救母説話が全く語られていなかったということにはならないだろう。実際の立山曼荼羅の絵解きでは、台本になくても語られていたり、絵に描かれていない物語が語られていたことがわかってきている。以下、このことについて少し考えておきたい。

説話画の絵解きに関する従来の研究では、立山曼荼羅の場合にも言えることだが、絵解き台本に基づいた内容のみが過度に重視され、いかなる「場」においても、台本に基づく同一の内容が実演されていたかのように考えられがちだった。これに対して、筆者は以前、説話画の絵解きが行われる場合、現実的にはその環境によって多様性が生じていたことを指摘している。具体的な分析方法として、芦峅寺宝泉坊の衆徒・泰音の廻檀日記帳を複数冊分析し、絵解き会場の実態や絵解き内容など、その多様性を指摘したのである。

この分析結果から、参考までに絵解きの話題についてだけあげておくと、立山曼荼羅が掛けられた「場」では、次のような内容が語られていた。

「咄ハ篤薬□（一字難読）如来」、「咄し国寺咄、幷二十七番咄シ」、「演説は東上玉沙汰王咄、彫刻釈迦如来之咄、其他色々御咄仕候」、「大貪王長寿王咄し」、「一ノ谷七番咄し」（立山曼荼羅にこれに関する図柄がある）、「説法阿弥陀経幷周菊童子事」、「一念発起菩提心咄し」、「称妙川咄し。韻ヲ以思報すれば徳ニ沈之咄し」、「小町咄し、修羅道咄し等」（立山曼荼羅に修羅道の図柄がある）、「称妙川等咄」（立山曼荼羅にこれに関する図柄がある）、「布橋供養咄し」（立山曼荼羅にこれに関する図柄がある）、「曾我咄し」、「三界霊覚女咄し」、「三界霊之御咄し」、「母山姥之咄し」（立山曼荼羅にこれに関する図柄（芦峅寺の媼尊）がある）、「大どん（貪）王咄し」、「菩提六根咄し」、「十雪幷慈童咄し」、「慈童之咄致、三度栗咄しいたし」、「地蔵尊之御咄し」（立山曼荼羅にこれに関する図柄がある）、「種々御咄し」、「七番咄」（七番は一ノ谷の話し。立山曼荼羅にこれに関する図柄がある）、「地蔵尊咄し」（立山曼荼羅にこれに関する図柄がある）、「仏法僧たとひ御噺」、「六根返之御咄し」、「八番長谷川観音ばなし」。

以上の事例から、立山曼荼羅が掛けられた「場」で、立山曼荼羅の画像の一部やそこに込められている思想の一部に関わるテーマで絵解きが行われていたことがわかる。また、立山曼荼羅が絵解きされるとき、それに描かれた画像の内容だけがいつも同じように語られていたわけではなく、その時々に、立山曼荼羅には画像がなくても、ある特定のテーマを決めて語られることも多々あったことがわかる。

話題のなかに「一ノ谷七番咄し」や「八番長谷川観音ばなし」、「二十七番咄シ」など、番数が示されているものもある。少なくとも二十七番までは話題があったということである。なお、「八番長谷川観音ばなし」については、宝泉坊の蔵書のなかに文政五年（一八二二）開版の『大和国長谷寺縁起（豊山長谷寺略縁起）』が見られるので、この縁起と関係した内容を話していたとも考えられる。

「一ノ谷七番咄し」「小町咄し、修羅道咄し等」「布橋供養咄し」「母山姥之咄し」「称妙川咄し」「地蔵尊之御咄し」などの話題は、立山曼荼羅の画面に関連の画像が含まれており、それを指し示しながら語っていたとも考えられる。

以上の詳細については本書第六章を参照していただきたい。

4 富山県南砺地方の盆踊りチョンガレ節の台本

富山県南砺地方の盆踊りチョンガレ節の台本については、次の文献に一覧などが紹介されている[1]。伊藤曙覧「盆踊りチョンガレ節」、吉川良和「チョンガレ系目蓮盆踊唄初攷」、吉川良和「南礪系本目蓮尊者盆踊唄詞章校異初稿」。

これらを参考にして台本の現存状況を見ていくと、制作年代がわかる最も古いものは、井波町地区の元禄三年（一六九〇）「綽如上人五段次方」（院瀬見、前川与作）である。しかし、この台本の古さは突出しており、これ以外となると、同じく井波地区の嘉永四年（一八五一）「いなば幸蔵籠之段」（院瀬見、前川与作）と同年「大者判口通親之笑ぶし」（柴田屋市蔵）など、幕末期以降のものとなる。

こうしたなかで、目連尊者関係の台本を見ていくと、前掲の吉川「南礪系本目蓮尊者盆踊唄詞章校異初稿」には、「南礪系諸本一覧」として、一七点の台本があげられている。このうち、制作年代がわかる最も古い目連尊者関係の台本は、原本明治二一年（一八八八）抄本「目蓮尊者」（砺波市鷹栖チョンガレ活字本）である。次に明治二八年原本「目蓮尊者」（三段目前半部のみ）（山田村大字大塚新村）、明治三三年原本「ちょんかれふし目蓮獄地巡り段」（四段目のみ）などがある。いずれにしても年代がわかる台本は明治から昭和のものばかりである。

しかし、だからといって、南砺地方の盆踊りチョンガレ節において、目連尊者の題材が明治以降に流入したといったことでもないだろう。おそらく、庶民の唱導芸能である盆踊りチョンガレ節の「目連尊者」が台本化されたのは明治期に入ってからであっても、それ自体は、幕末期にはすでに流入していたのではないかと思われる。

5 立山曼荼羅の目連救母説話図像と南砺系本「チョンガレ節・目連尊者」の共通性

吉川良和氏は北陸地方に流伝する「目連尊者」の盆踊り歌が二系統あり、それを仮にA系統とB系統と呼ぶことにして大別すると、A系統のものは石川県地方に伝承する金沢系本であり、B系統のものは主に富山県南砺地方を中心に伝わる「チョンガレ節・目連尊者」の南砺系本であるとされている。

さらに、それらの特徴をA系統はすっきりと内容が整ってわかりやすいが、芸能的立場から見れば、B系統の詞章はA系統に比べてはるかに優れて「語り物」的で、内容が豊かであると指摘されている。

「語り物」と言えば、立山曼荼羅も絵解き布教の教具であるが、前掲の吉川「南礪系本目蓮尊者盆踊唄詞章校異初稿」(2)を参考として、立山曼荼羅の目連救母説話図像と南砺系本「チョンガレ節・目連尊者」とが、内容的に重なる部分を数箇所、指摘することができる。

6　富山県南砺地方に見る立山信仰の痕跡

近年、富山県の南砺市福光町や小矢部市で、江戸時代、岩峅寺衆徒が布教・勧進活動を行っていたことを推測させる史料がいくつか見つかっている。その中のひとつである、小矢部市・個人所蔵の岩峅寺系立山曼荼羅『伊藤家本』は、伝来は不明だが、毎年、お盆の時期に床の間に掛けられていたという。立山曼荼羅諸本のなかには、『伊藤家本』や『坪井家本』など、地獄絵とみなされて、個人宅でお盆の時期に掛けられていたというものがいくつか見られる。

寛政九年(一七九七)、越中国砺波郡・福光村の和泉屋喜兵衛(俳号・石崎古近、福光村の肝煎)は立山禅定登山を行い、その紀行文を『立山禅定』(3)と題して残している。そのなかに、「岩峅の覚乗坊と云う僧、此地(福光村)へ年々勤めに廻りて我能く知れり」と見え、岩峅寺宿坊家の覚乗坊が、寛政期に毎年福光辺りで勧進布教活動を行っていたことがうかがわれる。

また近年、富山県南砺市広瀬舘の個人家所蔵文書群から、越中立山に関する手書きの絵図が二点見つかっている。

そのひとつは「越中立山西草安見図」（本紙、縦七〇・〇×横六八・七センチメートル）と題する絵図で、画中にこの絵図を描いた「広瀬舘村辻野十左衛門」の記名が見られる。辻野家歴代当主の中で、「十左衛門」を名乗るのは唯一彼だけであり、「十左衛門」は天明六年（一七八六）一〇月二三日に病没しているので、「越中立山西草安見図」の成立はそれ以前のこととなる。この絵図の内容から十左衛門が立山を訪れ禅定登山を行ったことがあったと推測される。

もうひとつは「（上部欠損）名所附図別当岩峅寺書写」と題する絵図の部分で、岩峅寺衆徒が各地での廻檀配札活動で頒布していた木版立山登山案内図を模写したものと思われる。現在は絵図の下段部分だけが残り、しかも二枚に分離している（①縦二四・〇×横三四・〇センチメートル、②縦二四・〇×横一七・三センチメートル）。画中にこの絵を描いた「辻野権右衛門」の記名が見られる。

以上の絵図は、広瀬舘の個人家と立山の宿坊衆徒、特に岩峅寺衆徒との間に、師檀関係や、あるいは宿家などの何らかの関係があったことを推測させる。

さらに、岩峅寺雄山神社前立社壇の境内地の表神門近くに立てられている二基一対の大型石燈籠の基礎部分に銘文[4]が見られ、それによって、その石燈籠は、砺波郡先蟹谷組講中の「渋江村」「平田村」「内山村」が施主となり、岩峅寺六角坊を願主として嘉永二年（一八四九）七月に造立されたことがわかる。おそらくこの辺りは六角坊の檀那場であったと推測される。なお、渋江村と平田村は渋江川下流域の村であり、その上流は、医王山山塊の北部に位置する人母地区である。そしてそこには立山社[5]が存在し、さらに人母村と内山村は隣接した村々である。したがって、渋江川を中心に、岩峅寺宿坊家の檀那場が形成されていたと考えられるのである。

江戸時代後期、越中国砺波郡の石黒郷（現、南砺市福光町）や蟹谷郷（現、小矢部市）の辺りで岩峅寺衆徒の覚乗坊や六角坊らが布教活動を行っており、地元に立山講が結成された場合もあった。そして布教活動の際には、立山曼荼羅が教具として用いられていたと考えられる。宿坊家との直接的な関係は明らかでないが、小矢部市の個人家から岩峅寺系の立山曼荼羅が見つかっている。

こうした立山曼荼羅の諸作品に必ず描かれている図像のひとつに目連救母説話図像がある。それは立山曼荼羅の画面構成要素としては、配置場所や大きさなどの面で中核的な図像と考えられる。

さて、立山曼荼羅の絵解き台本『立山手引草』（嘉永七年〔一八五〇〕）には、この目連救母説話に関する内容が全く見られない。しかしだからと言って、それが絵解きの際に話題にされることが全くなかったとは考え難く、また、芦峅寺宝泉坊における絵解き内容の実態からは、立山曼荼羅の画面において該当の図像の有無にかかわらず、さまざまな話題が絵解きされていたことがうかがわれる。そこでは『立山手引草』の内容を遵守するような絵解きのあり方はまるで見られなかった。

ところで、富山県南砺地方はチョンガレ芸能が盛んな地域であり、盆踊りチョンガレ節の台本が多数現存しているが、そのなかで、目連救母説話に関するものが特に多く、一七点見られる。しかもその詞章は、優れて「語り物」的であり、内容も豊かである。

ただし、目連救母説話については、最も古い台本でも明治中期のものであり、いつ頃からチョンガレ節にそれが導入されたのかは明らかでないが、幕末期にはすでに歌われていたと考えられる。その際、どこから目連救母説話の情報がもたらされたかと言うと、その可能性として、岩峅寺衆徒の砺波郡での立山曼荼羅を用いた布教活動を指摘しておきたい。

註

（1）伊藤曙覧「盆踊りチョンガレ節」（『越中の民俗宗教』岩田書院、二〇〇二年）。吉川良和「チョンガレ系目蓮盆踊唄初攷」（『言語文化』四一巻、一橋大学・語学研究室、二〇〇四年）。吉川良和「南礪系本目蓮尊者盆踊唄詞章校異初稿」（『一橋大学研究年報　社会学研究』四四巻、二〇〇六年）。

（2）註（2）吉川「南礪系本目蓮尊者盆踊唄詞章校異初稿」。

（3）石崎古今「立山禅定」（橋本龍也編『越中紀行文集（越中資料集成一〇）』四四三頁〜四四七頁、桂書房、一九九四年）。岩峅は芦峅より三里手前也。岩峅の覚乗坊と云う僧、此地へ年々勤めに廻りて我能く知れり、此寺にて山手形をとり、行きに芦峅に宿す、権暁坊と云う寺也。

（4）『立山信仰宗教村落―岩峅寺―石造物等調査報告書（立山町文化財調査報告書第三三冊）』（四七頁・一〇一頁・一二七頁・二一四頁、立山町教育委員会編集発行、二〇一一年）。

（5）千秋謙治「医王山の山麓堂祠と信仰」（『医王山文化調査報告書「医王は語る」』三七六頁〜三九一頁、医王山文化調査委員会編、福光町、一九九三年）。『福光町史　下巻』（一四四頁・一四八頁、福光町史編纂委員会、福光町、一九七一年）。

付章　『流聞軒其方狂歌絵日記』所収「立山三尊開帳」に描かれた地獄絵と岩峅寺系立山曼荼羅

立山曼荼羅に関する研究の便宜上、現在それには系統分類がなされており、芦峅寺の宿坊家に関わる「芦峅寺系立山曼荼羅」、岩峅寺の宿坊家に関わる「岩峅寺系立山曼荼羅」、それ以外の「その他系立山曼荼羅」の三系統に分類される。

さて、石川県立歴史博物館所蔵の『流聞軒其方狂歌絵日記』(以下『流聞軒日記』)に記載が見られる「立山三尊開帳(於・卯立山(卯辰山))」については、安永二年(一七七三)閏三月の岩峅寺延命院文書「立山大権現末社修覆出開帳認可状」(岩峅寺延命院所蔵)や文政七年(一八二四)改『開帳旧記・宝物弘通旧記』(金沢市立玉川図書館所蔵)の『開帳旧記』安永二年五月の条から、実際の開催が確認できる。すなわち、絵日記の作者・白沢流聞軒其方は、安永二年四月二一日から同月晦日まで、卯辰山宝泉坊において開催された岩峅寺の出開帳を取材して、「立山三尊開帳」を執筆・作画したのである(写真1)。

そこには、「於卯立山　立山三尊開帳」、「のふり銭壱文ならひち平白銭七八十文斗壱さし」、「銭之相場此間ハさかり候へ共、のふりニ成候」、「さかったる銭もあがりし立山へ、のふりとなせし、巾着の底」、「角はへた地獄を爰に卯立山　南無三尊な　見せ物の数」の表題や狂歌が記されている。さらに、二点の挿絵が描かれ、そのうち岩峅寺衆徒が地獄絵を絵解きする様子を描いた挿絵は、岩峅寺系立山曼荼羅の成立について、大きな示唆を与えてくれる。

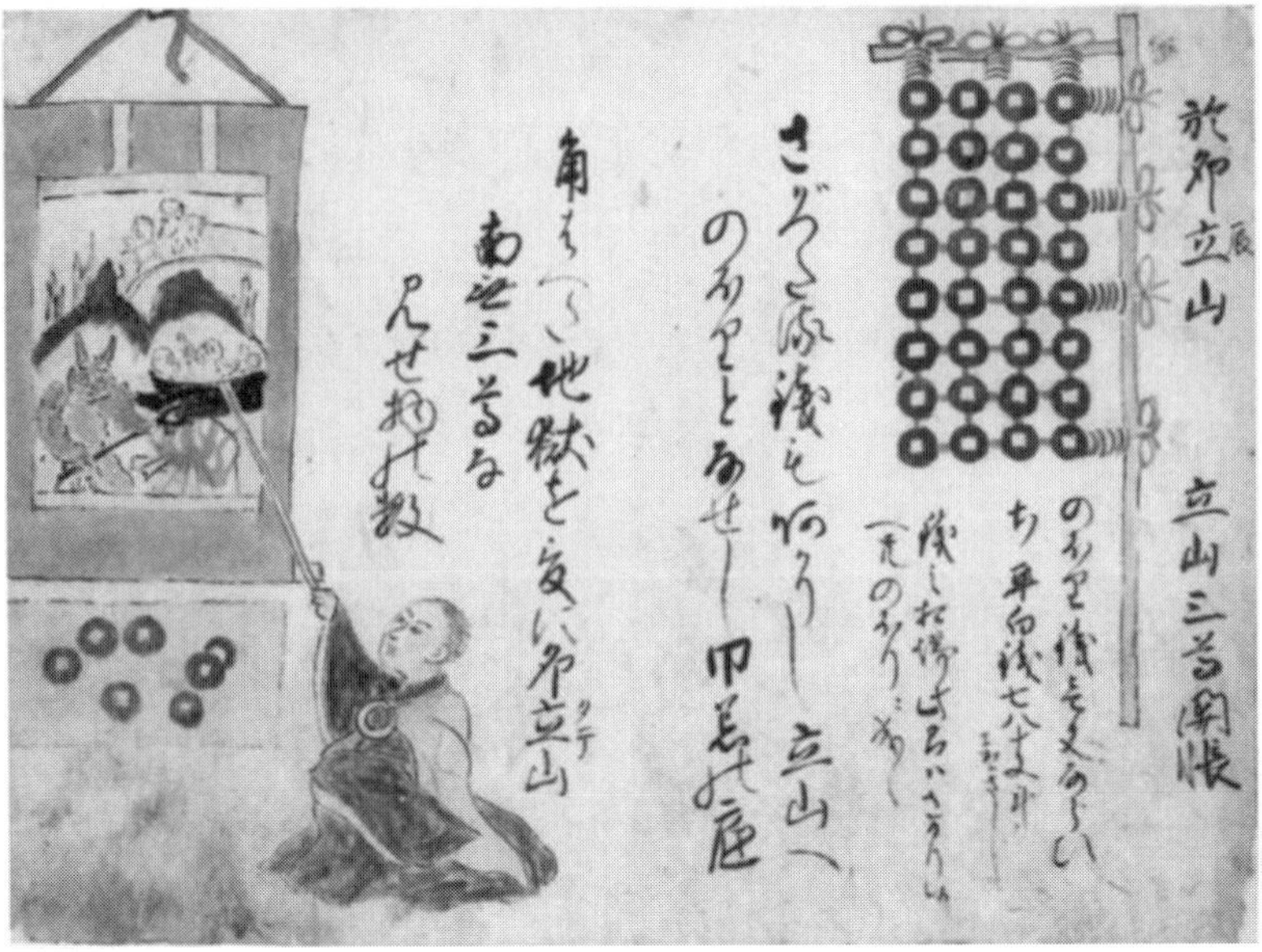

写真１　『流聞軒其方狂歌絵日記』（石川県立歴史博物館所蔵）に描かれた立山衆徒による出開帳の様子

筆者は以前、文化八年（一八一一）『納経一件控　上ル控』（芦峅寺雄山神社所蔵文書）や前掲『開帳旧記・宝物弘通旧記』、天保四年（一八三三）『岩峅寺配札方基本願書幷双方往復之旨趣書』（芦峅寺一山会所蔵文書）によって、岩峅寺系立山曼荼羅は、文化期から天保期の間に、既存の芦峅寺系立山曼荼羅を摸倣して制作されるようになったことを指摘した[1]。

ならばそれ以前は、岩峅寺衆徒の間でどのような教具が用いられていたか。それを考えていたときに出てきたのが前述の挿絵の地獄絵である。

形態は一幅物の掛軸式絵画で、画面には地獄の様子として、背景に針山を描き、大柄な獄卒を配して目連救母説話の部分と瓮熟処が描かれている。さらに画面上部には、熊野観心十界曼荼羅の画面上部に見られる「老いの坂」の半円形の極端な省略画像か、あるいは著しい変形画像が、二人の人物を配して描かれている。熊野観心十界曼荼羅に描かれる「心」の文字や日輪・月輪、四聖などの画像は見られない。立山曼荼羅の最

写真２　『熊野観心十界図』（兵庫県立歴史博物館所蔵）

も重要な題材である立山開山縁起に関わる画像も見られない。この地獄絵を絵解きする岩峅寺衆徒は僧形で、黒衣に五條袈裟、青剃り頭で、絵解き棒を持つ。岩峅寺衆徒の僧形については、立山曼荼羅諸本に描かれるものと概ね一致している。

さて以上見てきたように、『流聞軒其方狂歌絵日記』が成立した明和九年（安永元年〔一七七二〕）から安永八年頃、岩峅寺衆徒は出開帳による勧進布教で、立山開山縁起の画像がなく、立山曼荼羅とは言えないような地獄絵を絵解きしていた。おそらくこの頃、岩峅寺衆徒は立山曼荼羅（立山曼荼羅の定義について問題はあるが、ここでは既存の五二作品の立山曼荼羅を基準とする）を所持・使用しておらず、既存の熊野観心十界曼荼羅のような地獄絵を教具として、勧進布教を行っていたと推測される。

ところで、小栗栖健治著『熊野観心十界曼荼羅』（岩田書院、二〇一一年）によれば、熊野観心十界曼荼羅は江戸時代中期に制作されたものが中心であるという（写真2）。また、小栗栖氏の形式分類では、熊野観心十界曼荼羅には定型本と非定型本（模写本、別本）があり、定型本の制作時期は一七世紀から一九世紀に及んでいたという。さらに、熊野観心十界曼荼羅が別本という枠組みを超えて、さまざまな図像として展開し、特に江戸時代後期以降に成立する地獄絵への影響は大きいものがあったという。

こうした状況から、『流聞軒其方狂歌絵日記』の挿絵が示唆するように、岩峅寺衆徒が勧進布教の際、熊野勧心十界曼荼羅の模写本や別本などを使用することがあっても不自然ではなかっただろう。なお、現存の熊野観心十界曼荼羅について所蔵寺院の宗派を見ていくと、天台宗・天台真盛宗・真言宗・浄土宗・浄土真宗・時宗・曹洞宗・臨済宗などさまざまな宗派に及び、宗派の枠を超えてその汎用性の高さがわかる。ちなみに、岩峅寺一山の宗派は無本山天台宗であった。

註

（1） 拙著『立山信仰と立山曼荼羅—芦峅寺宗徒の勧進活動—』（八九頁〜一一四頁、岩田書院、一九九八年）。

参考資料

参考資料1　立山曼荼羅諸本の解説（諸本一覧は本書45p「表1」）

1．来迎寺本

本作品に対し実施した蛍光X線撮影で、補筆以前の元図部分に、コバルトを含む花紺青（スマルト）の顔料が確認された。同顔料の越中での普及を考えると、本作品の制作時期は江戸時代後期と推測される。またデジタル近赤外線撮影で、本作品が当初大型の1枚物であり、掛幅ではなく、折り畳み本の形態であったことが判明した。筆者は1994年に発表した論文［3-51］において芦峅寺文書の調査・研究から考察した布橋灌頂会の儀式内容の変遷と、立山曼荼羅に描かれた同儀式内容の画像比較により、それを描く諸作品のうち、文政期頃の儀式の改変以前の内容を描く『来迎寺本』や『坪井家A本』を除いて、全ての作品が文政期以降の作品と推測している。布橋灌頂会の場面を見ると、儀式の進行方向が画面に向かって右から左となっている。こうした構図を持つ他の作品には『坪井家A本』や『福江家本』『金蔵院本』『立山黒部貫光株式会社本』『大仙坊D本』がある。立山地獄の場面で業秤や浄玻璃鏡は描かれているが、閻魔王や冥官の姿は見られない。

2．福江家本

本作品は、筆者が2幅1対で静岡市の古美術商から購入したものである。ところどころ図像が中途半端に切れている部分もあるが、片幅に芦峅寺の媼堂や影向石、布橋及び布橋灌頂会の式衆が描かれていることから、この2幅は芦峅寺系の

立山曼荼羅の部分であることがわかる。地獄で獄卒が亡者を責める場面の各図像や、媼堂や影向石、布橋、式衆(来迎師)などの図像の配置状況から、この立山曼荼羅は成立当初、『来迎寺本』や『坪井家Ａ本』などと類似した構図をもつ４幅１対の比較的大型の作品であったと推測される。現在は２幅１対の形態であるが、成立当初、剣(針)の山の剱岳や阿修羅道、血ノ池地獄などが描かれた幅は、画面に向かって左から１幅目の上段部分であったと考えられる。もう一方の媼堂や布橋が描かれている幅は、『来迎寺本』の構図に近いものであれば、前述同様、画面に向かって左から１幅目の中段部分から下段部分と考えられる。一方、『坪井家Ａ本』の構図に近いものであれば、画面に向かって左から２幅目の中段部分から下段部分と考えられる。今のところ確証はないが、筆者はこの作品が前者の『来迎寺本』に似た構図をとっていたのではないかと考えている。現在は他の幅が散逸しているため、立山開山縁起や立山浄土、立山禅定登山案内、布橋灌頂会(布橋から閻魔堂の間の様子)に関する図像がどのようなものであったのかを知ることができない。画面に描かれている図像は、媼堂(媼尊３体)や影向石、布橋、式衆などの他、剣(針)の山の剱岳(男女の亡者とそれを追い立てる獄卒)、浄玻璃鏡(鏡に映った建物の火災を見る亡者と獄卒)、檀荼幢、業秤、阿修羅道(刀で斬り合う２人の武士と太鼓を叩いて煽る無常大鬼)、亡者が部屋に閉じ込められて炎で焼かれる様子、血ノ池地獄と如意輪観音菩薩、獄卒が岩と岩の間に亡者を挟んで拘束し、亡者の舌を金挟みで引き抜く様子、獄卒が岩と岩の間に亡者を挟んで拘束し押し潰す様子、大きな炎で焼かれる様子、石女地獄(女性の亡者と犬)、寒地獄、獄卒が亡者を臼に入れ杵で突き潰す様子、布橋の付近で人を襲う鬼、などである。この作品では、布橋灌頂会の儀式については媼堂側の図像しか残っていないが、成立当初の画面では、儀式の進行方向が画面に向かって右から左となっていたと考えられる。こうした構図をもつ他の作品には、前述の『来迎寺本』と『坪井家Ａ本』の他、『金蔵院本』『立山黒部貫光株式会社本』『大仙坊Ｄ本』が見られるが、これらのうち本作品の成立過程については、各作品の図像内容の相関関係から推測すると『来迎寺本』と『坪井家Ａ本』(元図)との間に位置づけられる。本作品では、人物や獄卒、建造物などの図像が描かれていない空いたスペースに、装飾として不揃いなかたちの金箔が細かく押されている。

３．坪井家Ａ本

本作品は、文政期から天保期に芦峅寺に定住し、同寺一山組織に多大な影響を与えた、元高野山学侶の龍淵と関わりの深い作品である。軸裏の上部に記された「立山絵伝」の画題が本作品の呼称であった。軸裏には他に龍淵が天保元年(1830)に記した銘文(龍淵と作品の履歴)と、かつて本作品の所蔵者であった芦峅寺日光坊衆徒が記した銘文(尾張国の檀家名など)も見られる。それによると、本作品は最初、芦峅寺教順坊の所蔵であった。それを龍淵が譲り受け、画

工飛陽蘭江斎に指示して破損箇所を修復・補筆させ使用していた。天保8年(1837)に龍淵が亡くなると、その後は日光坊の手に渡った。江戸時代から昭和初期まで、同坊衆徒は尾張国の檀那場での廻檀配札活動で、本作品を絵解き布教の教具として用いていた。しかし、太平洋戦争の影響で廻檀配札活動が途絶えると、本作品は名古屋市に所在する檀家の坪井家に預け置かれたままとなり、現在に至っている。本作品の修復前の構図・画像と立山曼荼羅『金蔵院本』や『福江家本』のそれには模写関係が見られる。布橋灌頂会の場面を見ると、儀式の進行方向が画面に向かって右から左となっている。

4. 金蔵院本

金蔵院は新潟県糸魚川市山寺に所在する高野山真言宗の古刹である。同寺が、千国街道に沿って信濃国に檀那場を形成した、芦峅寺の教蔵坊や宝伝坊などの立ち寄り先であった可能性があり、それらの坊家と関係を持つ作品だったと考えられる。立山の血の池地獄や大施餓鬼法要会、女人禁制伝説、立山連峰に関わる画像などに、立山衆徒の信仰上の常識とは異なる図像表現や色使いが見られ、立山信仰の受容者側で制作されたと考えられる。布橋灌頂会の場面が、それを含む一般的な作品と逆の進行方向で描かれている。すなわち、『金蔵院本』では画面に向かって左側に閻魔堂、間に布橋を挟んで右側に媼堂が描かれ、儀式は左側から右側に進行するかたちで描かれている。なお布橋灌頂会の儀式と閻魔堂は切り離されて描かれている。この構図は、『坪井家A本』や『来迎寺本』と共通している。全体的な構図や画像のモチーフ、配置場所は『坪井家A本』の元図や『福江家本』と模写関係にある。

5．立山黒部貫光株式会社本

本作品の画中には、立山の山岳景観を背景に、①立山開山縁起、②立山地獄、③立山浄土、④立山禅定登山案内、⑤芦峅寺布橋灌頂会の５つの場面が描かれている。デジタル近赤外線撮影による調査で、第２幅と第３幅にはのちの加筆や描き直し部分と見られる箇所が多数確認された。しかし、劔岳・別山と立山地獄を中心に描く第１幅にはほとんど後筆がない。当初の図様の筆致は人物・堂舎ともに小ぶりながら、優れて的確細微な印象である。第１幅の霞形や雲形の表現は、一見して他の２幅とは形態や暈しを指すなどの描法が異なるので、複数の絵師が制作にあたった可能性がある。元図では立山地獄場面以外の部分に六道世界が描かれている。禅定道の描き方に特徴があり、画面左下段からスタートし、立山峰本社を目指してジグザグに登っている。その他、布橋灌頂会の場面では、画面右側に閻魔堂、布橋を挟み、左側に媼堂を配し、儀式は画面右側から左側へと進行している。

6．佐伯家本

所蔵家の佐伯家は、もと芦峅寺の百姓家であった。現在は立山町の市街地に所在する。現当主の曾祖母「とく」の兄弟に佐伯久松(次男)という、立山曼荼羅の絵解きに長けた人物がいた。久松の立山曼荼羅が現在の佐伯家に伝来した。諸作品のなかで最も図像数が多い。立山山中の諸堂舎や登拝道の名所、諸行事、地獄の各場面などに文字注記が施されている。布橋に対する正確な構造描写や、立山開山慈興上人廟所、講堂、大宮、若宮などの芦峅中宮寺の境内地の様子、さらに芦峅寺の媼谷川で行われた流灌頂、芦峅寺の玉橋、地獄谷に実在する油絞地、獄紺屋地獄、百姓地獄の様子など、地元住民ならでは知りうるような情報に基づく画像表現が随所に見られる。布橋灌頂会の場面の構図や図柄、及び大施餓

鬼法要会の場面の構図や図柄は『相真坊Ｂ本』や『大仙坊Ａ本』のそれと模写関係にある。布橋灌頂会の参列者には女性に混じって男性の姿も見られ、彼らは善の綱を握って行道している。

7．坪井家Ｂ本

大正時代の芦峅寺日光坊の檀那帳に、所蔵家の坪井家が定宿の檀家として記載されており、本作品はかつて日光坊の所蔵であったと推測される。本作品では衆徒の立場から見て、立山信仰の内容(例えば布橋灌頂会の様子)や現地の景観などが比較的正確に描かれており、おそらく日光坊衆徒がみずから発願・制作・使用したものであろう。こうした作品では、衆徒に絵心があれば別だが、大概は技術のない素人が描くため、素朴で泥臭い絵になりがちである。また、衆徒側に描きたい物語や事象がたくさんあり、それをできるだけ反映させようとするので、画像数がどうしても多くなる。特徴的な図柄をあげると、玉殿窟の場面では、佐伯有頼が矢疵阿弥陀如来と不動明王を前にして、鎧を脱ぎ剃髪してひれ伏している。芦峅寺教蔵坊が信州の立山講から寄進され、閻魔堂前に安置された地蔵菩薩坐像にはカラフルに彩色が施されている。布橋付近に施餓鬼壇が設けられ大施餓鬼法要会が行われている。〔第一章三節〕

8．相真坊Ａ本

諸作品のうち、本作品だけが5幅物である。同家に伝わる『相真坊Ｂ本』の絵相がきわめて洗練されているのに対し、この作品は全体的に山中絵図の雰囲気が強く漂い、泥臭さを感じさせる。一見すると古く見えるが、佐伯有頼の装束の描き方などから、幕末頃の成立と推測される。芦峅寺集落内の媼堂や閻魔堂、布橋、講堂、開山堂などの諸堂舎、立山開山慈興上

人廟所、宿坊の家並みなどは比較的正確な配置で描かれているが、芦峅中宮寺の境内地で開催された立山大権現祭の祭礼は描かれていない。布橋灌頂会の場面では、参列者に女性(３人)と男性(20人)の両方が見られ、いずれも白装束ではなく日常着を着ている。芦峅寺の嫗堂は描かれているが、なかに安置されていた嫗尊の画像は見られない。

9．相真坊Ｂ本

本作品は芦峅寺相真坊に伝わる。本作品の画面には、立山の山岳景観を背景として、「立山開山縁起」のいくつかの場面をはじめ、立山地獄の様子、阿弥陀如来と諸菩薩の来迎場面、立山山麓・山中の名所や旧跡、布橋灌頂会の様子などが、マンダラのシンボルの日輪(太陽)・月輪(月)や参詣者などとともに、巧みな画面構成で描かれている。本作品と『大仙坊Ａ本』や『筒井家本』『善道坊本』との間には、全体的にあるいは部分的に模写関係が見られる。こうした一連の作品の制作においては、発願者と発注者は衆徒か檀家のどちらか、あるいは両者であり、制作者は絵師、受納者は衆徒といった状況が想定される。これら作品は根本的には全て絵師によって描かれているので、絵の構図や画像は美術作品としてもひじょうに優れている。適度な図像配置がなされ、絵解き布教の教具としても立山信仰の受容者側には見易いものとなっている。制作時に絵師が衆徒から既存の立山曼荼羅を参考作品として与えられ、それに基づいて描いたか、あるいは制作現場で衆徒から直接指示を受けて描いたようであり、立山信仰の基本的な内容は概ね踏襲されているといってよい。ただし、より注意深く画像を見ていくと、例えば、阿弥陀聖衆来迎の画像や布橋灌頂会の参詣者の画像など、いくつかの画像に衆徒側の布教意図を考えた場合、明らかに違和感を覚えるものもある。

10．大仙坊Ａ本

本作品は芦峅寺大仙坊に伝わる。正方形の画面には、背景として立山三山(雄山・浄土山・別山)を中心に剱岳などの諸峰が描かれている。山中の領域には禅定登山道を中心に立山開山縁起や女人禁制伝説が描かれ、また特に地獄谷周辺には平安末期の『今昔物語集』にも登場する立山地獄の様子が所狭しと描かれている。一方、救済の場として浄土山上空に立山浄土が設定され、阿弥陀三尊来迎の図柄で表現されている。立山上空にはこの他、飛天や日輪・月輪が

描かれている。山麓には立山信仰を守り広めた岩峅寺衆徒と芦峅寺衆徒の宗教村落が描かれている。大仙坊衆徒が用いたため、岩峅寺の宗教施設は控えめに描かれ、一方、芦峅寺については、媼堂・閻魔堂・布橋・仁王門などの宗教施設はもちろんのこと、毎年秋の彼岸中日に同村で女性の極楽往生を願って行われた布橋灌頂会も詳しく描かれている。本作品と『相真坊Ｂ本』『筒井家本』『善道坊本』との間には模写関係が見られる。〔第一章二節・三節〕

11. 筒井家本

本作品の画面には、立山の山岳景観を背景として、「立山開山縁起」のいくつかの場面をはじめ、立山地獄の様子、阿弥陀如来と諸菩薩の来迎場面、立山山麓・山中の名所や旧跡、布橋灌頂会の様子などが、マンダラのシンボルの日輪(太陽)・月輪(月)や参詣者などとともに、巧みな画面構成で描かれている。綺麗な水色の空に、ピンク色の飛雲に乗った阿弥陀三尊来迎や阿弥陀聖衆来迎の場面が映える。本作品は芦峅寺宝龍坊の旧蔵本である。衆徒が立山信仰を絵解き布教する際の教具として見た場合、ひとつの到達点に至った作品であろう。また、鑑賞用の美術作品としても十分に見応えがある。本作品と『相真坊Ｂ』や『大仙坊Ａ本』『善道坊本』との間には、全体的にあるいは部分的に模写関係が見られる。『相真坊Ｂ』『大仙坊Ａ本』と同様、本作品の制作においては、発願者と発注者は衆徒か檀家のどちらか、あるいは両者であり、制作者は絵師、受納者は衆徒といった状況が想定される。弥陀ヶ原の餓鬼の田圃に浄土真宗の宗祖・親鸞聖人が描かれているのは、この作品だけである。

12. 善道坊本

本作品は芦峅寺善道坊に伝わる。画中には、立山の山岳景観を背景に、①立山開山縁起、②立山地獄、③立山浄土、④立山禅定登山案内、⑤布橋灌頂会の5つの場面が描かれている。江戸時代から太平洋戦争後のまもなくまで、同坊は三河国の宝飯郡、幡豆郡、渥美郡、設楽郡などに檀那場を形成しており、毎年農閑期に同地で廻檀配札活動を行っていた。同坊の嘉永3年(1850)の三河国檀那帳によると、頒布した護符には牛玉宝印(「立山之宝」)、守護札(「梵字 御守護」)、山絵図(木版立山禅定登山案内図)、大札(「御祈禱之札 立山善道坊」)、小札(「立山大宮供諸願成就祈所」)、護摩供養札(「梵字 奉修立山護摩供御札」)、媼尊供養札(「御媼尊」)、月水供養札などがあった。この他、経帷子、血盆経、扇子、箸、楊子、反魂丹なども頒布していた。本作品はこうした勧進・布教活動の際に、絵解きされたものである。軸裏には檀那場の信徒の名前や戒名が多数記されている。

13. 宝泉坊本

芦峅寺宝泉坊は江戸時代中期までには江戸に檀那場を形成し、廻檀配札活動を行っていた。江戸時代後期には同坊衆徒の布教活動によって、立山信仰は商人や職人、下級武士、遊廓新吉原の関係者らの庶民層にだけでなく、諸大名や江戸城の関係者など近世身分制社会の最上層の人々にも受け入れられていた。宝泉坊と関わりが見られるのは、江戸幕府第11代将軍徳川家斉の夫人の広大院に従事した御年寄の大奥女中らをはじめ、江戸幕府第12代将軍徳川家慶に従事した上﨟御年寄の山野井、さらに幕末期には、江戸幕府第13代将軍徳川家定の夫人の天璋院篤姫や側室の豊倹院、江戸幕府第14代将軍徳川家茂の夫人の皇女和宮、彼女たちに従事した大奥女中らである。この他、幕政を担う松平乗全のような

老中や徳川御三家、安芸広島藩浅野家、加賀金沢藩前田家らの諸大名家、さらには徳川家菩提寺の伝通院との関わりも見られる。こうした状況のもと、宝泉坊は三河国西尾藩松平(大給)家を檀家としていた。同家は、江戸時代後期に乗完(第12代藩主)・乗寛(第13代藩主)・乗全(第14代藩主)と３人の老中を輩出した幕閣の名門である。このうち乗寛・乗全親子、さらには乗全の弟で第15代藩主の松平乗秩らが立山権現を厚く信仰していたのだが、特に乗全(官職名は和泉守、1794～1870)は際立っており、自筆の作品を含む何点もの絵画や石燈籠、鉦などを宝泉坊に寄進している。乗全は第14代西尾藩主で、天保11年(1840)に家督を相続した後、幕府の役職である奏者番や寺社奉行、大坂城代などを歴任した。さらに弘化２年(1845)から安政２年(1855)までと、安政５年(1858)から万延元年(1860)までの２度にわたって老中職を勤め、幕政の実力者として活躍した。特に２度目の老中職在任中には、大老井伊直弼とともに安政の大獄を遂行したことで有名である。一方、乗全は文武に優れ、書画・詩歌・茶道・蘭語・弓馬・剣術などを得意とした。また、学問所や医学研究所の済生館を設立したり、洋式砲術などを早くから導入・実用化するなど、開明的な性格であった。ところで、宝泉坊衆徒の泰音が、江戸での宗教活動について記した幕末期の廻檀日記帳を読むと、その実態がかなり具体的に見えてくる。それによると、西尾藩の藩邸は茅場町に上屋敷(現、東京証券取引所の場所)、木挽町に中屋敷(現、歌舞伎座の場所)、深川に下屋敷があった。そして泰音がこれらの藩邸を布教に訪れた際には、乗全や乗秩らと必ず謁見している。また、藩主の乗全や乗秩が宝泉坊の檀家なので、屋敷に住む家族や愛妾、家臣、女中に至る全ての者が宝泉坊の檀家となっている。こうした宝泉坊との師檀関係から、乗全は安政５年(1858)、おそらく当時宝泉坊が所持していた既存の立山曼荼羅を参考に、みずからがプロ顔負けの技法でそれを模写し、新たな立山曼荼羅すなわち本作品を制作した。その際、表装については、江戸幕府第13代将軍徳川家定(安政５年７月６日没)に事前に申し伝えたうえで、かつて乗全が将軍世子の徳川慶福(のちの江戸幕府第14代将軍徳川家茂)から拝領して保持していた衣服を解体し、その布を表具に使用したという。完成した立山曼荼羅は安政５年(1858)12月15日に宝泉坊に寄付された。その後の文久元年(1861)には、この曼荼羅が江戸城本丸や二ノ丸、徳川御三家のうちの尾張藩邸、紀州藩邸、その他加賀藩邸などに順々に貸し出され(江戸城本丸と二ノ丸は４月21日～５月６日、尾張藩邸と紀州藩邸は５月９日～５月20日、加賀藩邸は５月25日～26日)、江戸幕府第14代将軍徳川家茂や天璋院篤姫をはじめ、諸大名たちの間で礼拝・鑑賞されている。また、そうした華麗な経歴を持つ曼荼羅なので、芦峅寺一山は、慶応３年(1867)、加賀藩寺社奉行に対して、当時の加賀第14代藩主前田慶寧にも礼拝・鑑賞していただきたいと願い出ている。〔第一章三節、第三章、第六章三節〕

14. 吉祥坊本

幕末期、芦峅寺吉祥坊は江戸を檀那場として活動しており、三河国岡崎藩本多家も有益な檀家として抱えていた。当時の第5代藩主本多忠民(官職名は中務大輔・美濃守、1817～1883)は、大老井伊直弼の政権下で京都所司代を勤めている。安政5年(1858)、井伊は将軍の権力代行者として強権を発動し、日米間の外交問題や江戸幕府第13代将軍徳川家定の後継者を巡る将軍継嗣問題を、朝廷の許可なしで強引に決着させた。その際、反対勢力を処罰・弾圧した(安政の大獄)。しかし安政7年(1860)3月、井伊がこれに激怒した水戸浪士ら尊王攘夷派に暗殺されると(桜田門外の変)、久世広周と安藤信正の両老中を首班とする連立政権が成立した。彼らは井伊暗殺事件で失墜した幕府の権威を回復するため、孝明天皇の妹和宮(名は親子、出家して静寛院宮、1846～1877)を江戸幕府第14代将軍徳川家茂の夫人に迎える「公武合体政策(具体的には天皇家と将軍家が婚姻関係を結ぶこと)」を進めた。そして文久2年(1862)2月、江戸城内で家茂と和宮の婚儀が執り行われた。忠民はこうした久世・安藤の政権下で、万延元年(1860)6月から文久2年(1862)3月まで老中職を勤めている。さらにその後も、元治元年(1864)10月から慶応元年(1865)12月まで、2度目の老中職を勤めている。さて、本作品は忠民が幕末期、吉祥坊に寄進したものである。ただし、忠民は自分で立山曼荼羅を描くことができなかったので、吉祥坊には作品の制作費を渡したものと推測される。それを受けて、当時の吉祥坊衆徒の体順(～1868)は、作品の実質的な制作を檀家である南伝馬町の加賀屋忠七と銀座の筆屋の栄文堂庄之助に依頼し、慶応2年(1866)4月に作品の本紙が完成している。なお、この作品の画中下段には登光斎林龍と林豊の2人の作者銘と落款が見られ、先述の両者と同一人物であると思われる。一方、作品の表装は、同年5月に南伝馬町の田村五太夫が行っている。本作品の構図や図像は立山曼荼羅『宝泉坊本』のそれと著しく類似しており、両作品の間には明らかに模写関係がうかがわれる。おそらく、登光斎林龍と林豊が本作品を制作する際には、松平乗全がかつてみずから制作して宝泉坊に寄進した『宝泉坊本』を事前に借り受け、その構図や図像を参考にさせたのであろう。ところで、本作品が慶応2年(1866)4月に、本多忠民の寄進本としてすでに完成していたことは前述のとおりだが、その後、和宮がこの作品に関わっている。すなわち、慶応2年(1866)7月20日、第二次長州征討で

大坂城まで出陣していた夫の将軍家茂が城中で急死した(享年21歳)。そこで、その家茂に対する追善供養の意味が、この作品に加えられたのである。おそらく、和宮降嫁の際、幕府の老中として家茂や和宮と関係があった本多忠民が、未亡人となった和宮に対し、家茂に対する追善供養として作品への寄進話を持ちかけたのであろう。この作品の表の上部には和宮の寄附を示す「静寛院宮御寄附」の識札が、裏には家茂と和宮の2枚の識札が、施主の代表者としての扱いで貼り込まれている。〔第一章三節〕

15. 富山県[立山博物館]D本(旧・越中書林本)

画中には、立山の山岳景観を背景に、①立山開山縁起、②立山地獄、③立山浄土、④立山禅定登山案内、⑤布橋灌頂会の5つの場面が描かれている。この作品と立山衆徒との関係は不明であるが、構図や図柄については、『宝泉坊本』(三河国西尾藩第14代藩主の松平乗全筆・安政5年)や『吉祥坊本』(皇女和宮・三河国岡崎藩第5代藩主本多忠民の寄進・慶応2年)と模写関係にある。『宝泉坊本』と『吉祥坊本』はいずれも4幅1対の作品であるが、それらに描き込まれた多くの立山曼荼羅の諸情報をほとんど損なうことなく、みごとに一幅のなかに収め描いている。本作品を描いた絵師の優れた技量が推される。一方、画中に、一般的な作品には見られない雷神の画像が描かれていたり、山中の河川が比較的大きく描かれており、絵師の自己主張も多少見られるが、立山信仰に対する理解は案外しっかりしていたようである。上部表具に目に見えない釘穴がある。外国からの里帰り品である。

16. 稲沢家本

本作品は芦峅寺教算坊の旧蔵本である。江戸時代後期、同坊は大坂三郷に檀那場を形成し、毎年の廻檀配札活動で本作品を教具として用いていた。18世紀後半から19世紀に京坂以西で隆盛した南画の筆致が見られる。一般的な作品では、立山開山縁起の一場面として、画面の下段に、佐伯有頼が熊に矢を射掛け、矢疵を負って逃げる熊を追跡す

る場面が描かれるが、本作品にはそれが見られず、代わりに画面の真ん中辺りに、有頼が熊を従えたように並べて描かれている。画面下段には布橋灌頂会の場面が特に大きく描かれている。立山地獄の場面では閻魔王や冥官たちが獄卒や亡者たちより若干大きめに丁寧に描かれている。１幅・２幅、及び２幅・３幅の間が大幅に切断されており、切断部分の上段には日輪・月輪が、下段には布橋灌頂会で行道する職衆たちの図柄があったものと推測される。浮世絵師の有楽斎長秀が描いた木版画『越中立山御絵図』と本作品との間に模写関係が見られる。〔第七章五節〕

17. 多賀坊本

本作品は岩峅寺多賀坊に伝来する。画中には、立山の山岳景観を背景に、①立山開山縁起、②立山地獄、③立山浄土、④立山禅定登山案内、⑤布橋灌頂会の５つの場面が描かれている。また、画中上段に「越中立山略縁起」と題された立山開山縁起が記載され、その末尾に「立山芦峅寺」とある。岩峅寺集落は描かれず、布施城や佐伯有頼・熊の構図に独自性が見られる。画面下段には布橋灌頂会の場面が大きく描かれている。以上の特徴はいずれも芦峅寺との関わりを強く示すものであるが、岩峅寺の宿坊家である多賀坊に伝来した経緯は不明である。空の描写に用いられている紺色の顔料から明治以降の制作と推測される。全体の構図は『稲沢家本』や浮世絵師の有楽斎長秀が描いた木版画『越中立山御絵図』と類似している。長秀は上方で活躍した浮世絵師で、その作画期は寛政11年(1799)から天保７年(1836)までとされ、特に合羽摺の作品では第一人者である。

18. 最勝寺本

愛知県知多郡阿久比町の天台宗最勝寺に伝わる。剱岳の針山地獄が二峰描かれ、浄土山には聖衆来迎の代わりに風神・雷神が描かれている。立山地獄の位置関係は現実とは著しく異なり、布橋灌頂会は他の地獄絵の画像が活用されているといった具合に、通常の画像からかなり逸脱している。立山開山縁起に関する描写を見ると、通常作品には定番の佐伯有頼が手負いの熊を追いかける場

面がない。玉殿窟の場面では窟がなく、阿弥陀如来と観音菩薩・勢至菩薩の三尊来迎を前に、佐伯有頼が跪いて合掌する姿が描かれている。熊は阿弥陀如来に変身せず、熊の姿のままで三尊の脇に跪いている。このように独特な構図と画像を持つ作品だが、軸裏の銘文に「立山和光大権現画伝」と画題が記され、立山曼荼羅と判断できる。さらに銘文から、本作品は安政2年(1855)、知多郡寺本村の常光院の僧侶至円に前述の画題で描かれ、完成後に現所蔵の最勝寺に奉納されたことがわかる。〔第一章三節〕

19. 大江寺本

三重県鳥羽市の曹洞宗大江寺に伝わる。1幅物の大型掛幅で、31・5cm×43. 5cmの和紙を凡そ10枚ほど重ね継ぎしてできている。画中には、①立山開山縁起、②立山地獄、③立山浄土、④立山禅定登山案内、⑤芦峅寺布橋灌頂会の5つの場面が描かれている。立山開山縁起に対する制作者の意識は弱く、佐伯有頼が熊に矢を射る場面では有頼の姿が見られず、矢疵の熊だけが描かれている。また玉殿窟での阿弥陀如来の顕現の場面も大画面のわりには取り扱い方が貧弱である。これに対し、画中中段には、立山地獄での責め苦の様子や大施餓鬼法要会の様子が大きく描かれている。獄卒の図像には大津絵の影響が見られる。立山開山縁起に対する意識の弱さや布橋灌頂会に対する理解不足の描写から、本作品の制作者は、芦峅寺衆徒の檀那場での勧進布教活動によって感化を受けた檀家か、あるいは檀家から発注を受けた在地の絵師辺りであると推測される。

20. 龍光寺本

画中には、全体的に茶色っぽい色彩で、①立山開山縁起、②立山地獄、③立山浄土、④立山禅定登山案内、⑤芦峅寺布橋灌頂会の5つの場面が描かれている。この他、獅子頭を先頭に、芦峅寺の衆徒や社人が神輿とともに練り歩く様子や、それを見物する人々が描かれている。これは、江戸時代、毎年旧暦の6月14日と15日の両日、芦峅寺一山の衆徒が、立山大権現と立山開山者の佐伯有

若・有頼父子を祀る意味で執行した夏の大祭、すなわち立山大権現祭を描いたものである。さらに作品の特徴をいくつかあげると、立山山中の禅定道及び白装束の禅定登山者の登山風景などが丁寧に描かれている。玉殿窟の場面の矢疵阿弥陀如来と不動明王の配置や、剱岳の針山地獄における獄卒と亡者の配置、衆合地獄の獄卒の配置など、一般的な作品とは逆の配置をとっている。珍しい図柄としては、立山山中を水源地とする称名川や芦峅寺の布橋上を通行する禅定登山者などの画像が見られる。

21. 大仙坊B本

本作品は芦峅寺大仙坊に伝わる。画中には、①立山開山縁起、②立山地獄、③立山浄土、④立山禅定登山案内、⑤布橋灌頂会の５つの場面が描かれている。各場面の人物や仏、鬼などの異類は、他の作品と比較するとかなり大柄に描かれている。芦峅寺閻魔堂の近くにかつて「牛石」と称する牛の形をした大きな自然石が存在したが、それが石としてではなく、池に生身の牛がはまった形で表現されていたり、別山山頂に硯ヶ池が描かれなかったりと、現地情報に誤認や抜けが見られる。したがって、この作品の制作者は立山衆徒ではなく、おそらく芦峅寺衆徒の檀那場での勧進布教活動によって感化を受けた檀家か、あるいは檀家から発注を受けた在地の絵師辺りであると推測される。制作者は絵解きの教具としてよりも、むしろの芸術作品として本作品を描いたように思われる。浄玻璃鏡や人頭の図像で閻魔王庁を表現しているが、閻魔王や冥官は描かれていない。

22. 大徳寺本

本作品は真宗大谷派大徳寺に伝わる。同寺には享保16年(1731)『慈興院大徳寺由緒記』と題する、独自の立山開山縁起が存在する。画中には、①立山開山縁起、②立山地獄、③立山浄土、④立山禅定登山案内、⑤芦峅寺布橋灌頂会の

５つの場面が、日輪(太陽)・月輪(月)や参詣者などとともに、巧みな画面構成で描かれている。立山三山(雄山・浄土山・別山)や剱岳などの峰々が白っぽく着色され象徴的である。弥陀ヶ原の辺りには精霊田が多く描かれている。布橋灌頂会の場面における職衆と女性参詣者の行道の構図や図柄は、芦峅寺文書の天保13年(1842)『諸堂勤方等年中行事』(芦峅寺一山会所蔵)に記載された布橋灌頂会の行道の内容と類似しており、完成の域に達した儀式内容が描かれている。引導師の先頭集団が仏の行道面を付けているのは興味深い。大徳寺では、毎年８月のお盆の頃に勤められる虫干し法要会で、先々代住職佐伯スズエ氏、先代住職昭彦氏、現住職徳順氏と三代にわたって本作品が絵解きされ続けている。

写真：『立山曼荼羅大徳寺本』を絵解きする佐伯徳順氏(同氏写真提供)

23. 富山県立図書館本

本作品の画面には、立山の山岳景観を背景として、「立山開山縁起」のいくつかの場面をはじめ、立山地獄の様子、阿弥陀如来と諸菩薩の来迎場面、立山山麓・山中の名所や旧跡、芦峅寺布橋灌頂会の様子などが、マンダラのシンボルの日輪(太陽)・月輪(月)や参詣者などとともに、巧みな画面構成で描かれている。本作品と『泉蔵坊本』や『立山町本』『坂木家本』『日光坊Ｂ本』との間には、全体的にあるいは部分的に模写関係が見られる。第４幅(右より数えて)の軸裏に識札が貼り込まれており、「遠州敷地郡引馬城之南　米津村磐谷写之(落款１)(落款２)」と記されている。芦峅寺大仙坊所蔵の『立山神主口伝書』(昭和10年〔1935〕)によると、遠江国に檀那場を形成し、廻檀配札活動を行っていた宿坊家に、芦峅寺泉蔵坊があげられており、前述のとおり『泉蔵坊本』との間に模写関係が見られるので、かつては同坊の所蔵作品だった可能性もあろう。山々の緑色の色彩が鮮やかである。

24. 泉蔵坊本

本作品は富山県富山市天台宗円隆寺(芦峅寺泉蔵坊)に伝わる。正方形の画面

には、立山の山岳景観を背景として、「立山開山縁起」のいくつかの場面をはじめ、立山地獄の様子、阿弥陀如来と諸菩薩の来迎場面、立山山麓・山中の名所や旧跡、芦峅寺布橋灌頂会の様子などが、マンダラのシンボルの日輪(太陽)・月輪(月)や参詣者などとともに、巧みな画面構成で描かれている。本作品と『富山県立図書館本』や『立山町本』『坂木家本』『日光坊B本』との間には、全体的にあるいは部分的に模写関係が見られる。円隆寺の先々代住職佐伯秀胤氏は、立山曼荼羅の最後の絵解き者だった。明治36年(1903)生まれの佐伯氏は、明治13年(1880)に結成されて以降、太平洋戦争の終戦後まもなくまで存続した立山講社の活動に直接関わってきた人物である。幼少より泉蔵坊衆徒として、父忠胤氏と立山信仰の布教のため、東海地方の檀那場を廻り、その際、実際に本作品を節談調(抑揚のある語り口)で絵解きした。

25. 立山町本

かつては芦峅寺旧宿坊家の長覚坊の旧蔵本である。正方形の画面には、立山の山岳景観を背景として、「立山開山縁起」のいくつかの場面をはじめ、立山地獄の様子、阿弥陀如来と諸菩薩の来迎場面、立山山麓・山中の名所や旧跡、芦峅寺布橋灌頂会の様子などが、マンダラのシンボルの日輪(太陽)・月輪(月)や参詣者などとともに、巧みな画面構成で描かれている。本作品は芦峅寺宿坊家の伝来本であるため、岩峅寺の宗教施設は控えめに描かれ、一方、芦峅寺については、媼堂・閻魔堂・布橋・仁王門などの宗教施設、あるいは布橋灌頂会が丁寧に描かれている。本作品はパステルカラーの水彩絵の具で描かれていることや、常願寺川には護岸工事も表現されていることなどから、近代以降に制作されたもの

と推測される。制作にあたっては、構図や画像の共通性から、『富山県立図書館本』や『泉蔵坊本』などが参考とされ、部分的に模写されたものと推測される。

26. 坂木家本

本作品は、廃仏毀釈の影響を受けている。①仏教儀式の布橋灌頂会にかえて、神道儀式の立山大祈祭が描かれている。②立山峰本社の伊邪那岐命と天手力男命の神名をはじめ、他の諸峰にも神名が注記されている。③立山開山縁起の玉殿窟の場面では、一般的に矢疵阿弥陀如来と不動明王、佐伯有頼の画像が描かれるが、本作品では仏教色が除かれ、矢疵の熊と白鷹、佐伯有頼の画像で表現されている。④阿弥陀三尊の来迎は、仏の姿を影絵で抽象的に表現している。一方、本作品には若干仏教色も残っている。立山地獄の場面は火焔と善知鳥の片袖幽霊譚で表現され、また藤橋の道元禅師や材木坂、美女杉、禿杉、獅子ヶ鼻の弘法大師等、立山禅定登山案内に関する物語や名所も控えめに描かれている。立山開山縁起に関わる各画像は、『善道坊本』のそれと模写関係にある。軸裏には愛知県の葉栗郡や中島郡、春日井郡、名古屋区などの檀那場の町村名や檀家の名前が墨書されている。

27. 日光坊B本

芦峅寺旧宿坊家の日光坊に伝わる。明治の神仏分離令発布以後に制作され神道的色彩が色濃く表れている。画中、藤橋から少し登った所に「小林区處」の文言を記した旗が立っているが、それにより、本作品は明治5年(1872)の新

川県での大区小区制施行以後の制作であることがわかる。①曼荼羅のシンボルともいえる日輪・月輪が描かれていない、②玉殿窟の場面で矢疵阿弥陀如来と不動明王が影絵で表現されている、③地獄の場面では閻魔王庁の様子や獄卒が亡者を責めたてる様子は描かず、火焔と血の池の図柄だけで立山地獄をイメージさせている、④布橋灌頂会にかえて立山大祈祭を描いている、などの画像には仏教色を隠そうとする意識が強く表れており、まだ廃仏毀釈の影響が尾を引いている時期に制作されたと考えられる。布施城の下方に描かれた佐伯有頼とその家来の画像は『立山町本』にも同じものが見られ、両作品のこの部分にだけ、模写関係がうかがわれる。

28. 玉泉坊本

本作品は芦峅寺旧宿坊家の玉泉坊に伝わるものである。明治の神仏分離令発布以後に制作され、神道的色彩が色濃く表れている。画中最上段には立山本社(峰本社)とともにその祭神として「伊邪那岐大神」と「天手力男大神」がとりわけ大きく描かれている。立山大権現が阿弥陀如来の仏の姿ではなく、神の姿で描かれているのは、諸作品のなかで本作品だけである。画中における各峰の祭神は、大汝山が「大汝命」、浄山(浄土山)が「天日鷲命」、別山が「長白羽命」、劔岳が「須佐之男命」、大日山(大日岳)が「大日霊命」とされている。また、称名滝は「清浄滝」、地獄谷は「火吹谷」と記され仏教的色彩が払拭されている。画中下段には芦峅寺雄山神社の祈願殿や大宮・若宮・元祖霊社(かつての開山堂)が描かれている。全体的には目立たないが、玉殿岩屋をはじめ、室堂・サイ川原・ウバ石・カガミ石・美女杉・カムロ杉・材木坂など立山禅定登山に関する名所も控えめに描かれている。

29. 日光坊A本

江戸時代、立山山麓の芦峅寺村では、毎年秋の彼岸の中日に男性の禅定登山と同義の儀礼として、村の閻魔堂・布橋・媪堂の宗教施設を舞台に、女性の浄土往生を願って「布橋大灌頂」と称する法会を開催していた。地元宿坊衆徒の主催により、全国から参集した女性参詣者は閻

魔堂で懺悔の儀式を受け、次にこの世とあの世の境界の布橋を渡り、死後の世界に赴く。そこには立山山中に見立てられた媼堂があり、堂内で天台系の儀式を受けた。こうして、全ての儀式に参加した女性は、授戒し血脈を授かり、男性のように死後の浄土往生が約束されたのである。本作品はこの法会の場面だけを描いたものである。職衆の持物が詳しく描かれている。画面上段には阿弥陀三尊と二十五菩薩の来迎が描かれている。芦峅寺教蔵坊が信州の立山講から寄進され閻魔堂前に安置された地蔵菩薩坐像や加賀藩からの制札、布橋下の流灌頂の卒都婆なども、ひじょうに丁寧に描かれている。

30. 大仙坊Ｄ本（布橋灌頂会来迎師院主之図）

芦峅寺大仙坊に伝来する作品である。画面に描かれているのは布橋灌頂会の場面の一部分だけである。芦峅寺の布橋の一部と、同橋の結界となる四本杉のうち２本が描かれ、さらに布橋のすぐ側に柵で囲って影向石が描かれていることから、画面の僧侶たちは、布橋灌頂会の執行役の来迎師側の院主（赤色の法衣に九條袈裟）と職衆（黒衣）たちであることがわかる。したがって、この作品での布橋灌頂会の儀式の進行方向は画面に向かって左から右となる。これは、従来の立山曼荼羅研究の成果に照らし合わせて考えると、制作時期が比較的古い作品に見られる描き方の傾向である。『来迎寺本』や『坪井家Ａ本』『福江家本』がそれにあたる。この作品はおそらく、当初４幅１対だった立山曼荼羅の向かって左から２幅目の下段部分を、作品の欠損などの何らかの理由で、新たに表具をし直して残したものであろう。

31. 大仙坊Ｃ本

芦峅寺大仙坊に伝来する作品である。血の池地獄と賽の河原の場面だけを１幅ずつに描く。立山山中には「血の池」という池水が血の色をした不気味な池が存在している。その名称は、月経や出産の出血が不浄を他に及ぼす罪から、女性だけが堕ちるとされた血の池地獄に由来する。この地獄は血盆池地獄とも別称されるように、「血盆経」という僅か420余字の短文の経典に基づいて創造された。立山衆徒は、女性がそこから救われるための血盆経や月水

不浄除の護符を、立山禅定登山者や檀家に積極的に頒布し、また地元立山で立山衆徒が催す血盆経投入儀礼に対して納経したり、布橋灌頂会に参加すれば救われると説いた。こうした勧進活動を一層効果的に行うため、彼らの教具の立山曼荼羅にも、血の池地獄の図柄が真紅の強烈な色彩で描かれた。賽の河原は、親より先に死んだ子どもが堕ちるところである。立山曼荼羅には、地獄の場面のひとつとして必ず描かれている。

32. 市神神社本

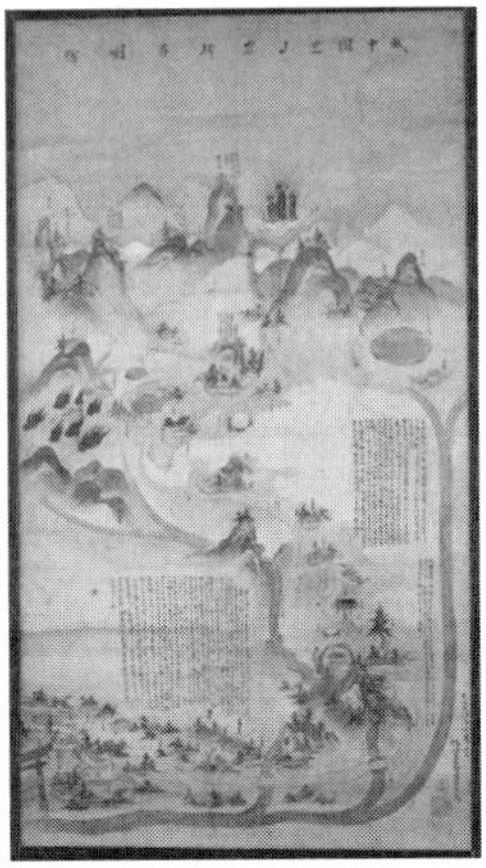

江戸時代から昭和時代初期まで、立山衆徒が布教先の人々を立山登山に誘うために、あるいは立山を訪れた参詣者や登山者に対し、お土産用として頒布した、「山絵図」(以下、「木版立山登山案内図」とする)と称する絵地図があった。それは単色摺りの木版画で、大きさは概ね縦60cm×横40cmであり、２枚の和紙を繋ぎ合わせて１枚に仕立てていた。本作品の画中には、「越中国立山岩峅寺図絵」の表題と、「文化三寅年十月四日　北条左近平氏富書写(落款：楽□〔１文字難読〕)(落款：北条氏富)」の銘文が見られる。おそらく、文化３年(1806)に北条左近平氏富と称する人物が、木版立山登山案内図「越中国立山禅定名所附図別当岩峅寺」を拡大模写して制作したものであろう。本作品に描き込まれた各画像と文字注記、立山略縁起の文言(岩峅寺系の内容)などは、かなりの高率で前述の木版立山登山案内図のそれと合致する。〔第四章三節〕

33. 広川家本

軸裏に「立山略図」と画題が見られる。本作品は、木版立山登山案内図「越中国立山禅定名所附図別当岩峅寺」を拡大模写して制作したものであろう。両者間の各画像や文字注記は高率で合致している。ただし立山略縁起の部分は雲の描写にすり替えられている。成立時期に関する銘文はないが、紙をこまめに貼り継いで画面を作っているので、案外古い作品と思われる。『市神神社本』(文化３年〔1806〕)や『飯野家本』(天保６年〔1835〕か？)、『志鷹家本』(天保７年〔1836〕)と同様、江戸時代後期の成立であろう。木版立山登山案内図や他の立山曼荼羅には描

かれず、本作品だけに描かれている「じやなぎ」の文字注記をともなう木の画像が興味深い。それは布橋の付近に柳の木のかたちで描かれている。その木が持つ言い伝えや説話は明らかでないが、一般的な立山曼荼羅には描かれない画像であることから、本作品は立山衆徒ではなく、その外部者によって制作されたものと考えられる。〔第四章三節〕

34. 飯野家本

画中に「七十二翁　泰利光　乙未春　応需謹写」と銘文が見られる。おそらく天保6年(1835)の成立と思われる。当時72歳だった泰利光と称する人物が、誰かから依頼を受け、岩峅寺系の木版立山登山案内図「越中国立山禅定名所附図別当岩峅寺」の画像を拡大模写して制作したものと思われる。画面上部には立山略縁起の文言が見られるが、それは前述の木版立山登山案内図に挿入された岩峅寺系の立山略縁起ではなく、芦峅寺系の立山略縁起が用いられている。軸裏に貼り紙をして「越中立山略縁起之図　名刹 芦峅寺旧蔵」の墨書銘が記されている。本作品の「越中立山略縁起之図」の表題は、軸裏の銘文から推測すると、おそらく本作品の成立当初のものではなく、後に所蔵者が代わってから付加されたものであろう。本作品では、本紙の画像そのものより、画面上部に挿入された芦峅寺系の立山略縁起に制作者の意識が強く置かれているように思われる。〔第四章四節〕

35. 富山県［立山博物館］C本

本作品の軸裏に銘文が見られ、「越中国立山禅定名所図別当岩峅寺」、「婦毛とより峯迄九里八丁之高山也。六月朔日より七月晦日迄参詣ス」と墨書されている。本作品は、木版立山登山案内図「越中国立山禅定名所附図別当岩峅寺」の構図や図像を参考にして制作したものであろう。近年、木版立山登山案内図を拡大模写したり、その構図を参考にして制作したと推測される作品が複数見つかっている。『市神神社本』『広川家本』『飯野家本』『志鷹家本』『立山博物館E本』『立山博物館B本』である。これら

の構図や画像を詳細に分析すると、立山曼荼羅の成立パターンのひとつに、木版立山登山案内図から立山曼荼羅が成立していくパターンがあったことがわかる。本作品には、玉殿窟の場面に小さくではあるが、蓮台に乗った阿弥陀如来が描かれており、また山中の登山道にも、伏拝の辺りと獅子ヶ鼻の辺りの２箇所に禅定登山者の姿が描かれており、木版立山登山案内図から立山曼荼羅へ一歩前進した過程がみられる。

36. 富山県［立山博物館］Ｅ本

本作品の画中には、「越中国立山禅定名所附図別当岩峅寺」の画題や「元治二乙丑年　摂州嶋下郡坪井村　村田広秀　写(落款)」の銘文、立山略縁起の文言などが記されている。したがって本作品は、元治２年(1865)に摂津国嶋下郡坪井村(現、大阪府摂津市)の村田広秀と称する人物が、既存の岩峅寺系の立山木版登山案内図「越中国立山禅定名所附図別当岩峅寺」の構図や図像を参考にして制作したものと思われる。なお縁起や禅定道案内の画面上のレイアウトには、前掲の木版案内図からの変更が見られる。地獄谷には２人の獄卒が、また畜生ヶ原には人面の四つ足動物が２匹描かれている。

37. 志鷹家本

本作品は、立山衆徒との関係は不明だが、天保７年(1836)頃に岩峅寺系の木版立山登山案内図「越中国立山禅定名所附図別当岩峅寺」を拡大模写し、加筆・彩色を施して制作された。「越中国立山図」と題し、木版立山登山案内図には必携の東西南北の方位を示す注記が抹消され、同案内図が本来的に持つ絵地図的な性格が弱められているのに対し、一方では立山開山縁起の開山者佐伯有頼が熊に矢を射た場面の図柄や、立山地獄の獄卒・亡者たちの図柄が加筆されており、立山曼荼羅が本来的に持つ説話画的性格が幾分強められた内容となっている。画中には、文字注記や絵解きのための解説文が記されている。軸裏の銘文として幅の上段に「維時天保七申年十月日　小松谷御坊正林寺御什物　当山十七世玉誉上人御代」と記され、また下段には「御曼陀羅奉納施主」として上田幸右衛門・森本泰甫・村田庄八の３人と、「信心輩」として藤屋清兵衛他13人の名前が記されている。〔第四章五節〕

38. 富山県［立山博物館］B本

本作品は、立山衆徒以外の者が制作したと推測される。それを示す構図や画像について、立山曼荼羅の一般例と本作品の内容を比較しながら列挙すると、立山開山縁起の一場面である佐伯有頼が熊に矢を射て追跡する画像は、一般的には横江村から千垣村辺りに配されるが、本作品では、立山山中の美女平辺りに配されている。材木坂の画像は、坂そのものが材木を敷き並べたかたちで表現されるが、本作品では、坂の脇に材木が散乱した様子を描いて、その場所が材木坂であることを示している。賽の河原は、立山山中の雷鳥沢と浄土沢の出合いに実在する「賽の河原」を意識して、画中でも概ねその場所に配置されるが、本作品では、みくりが池の湖岸に嬰児を描き、それを「賽の河原」として表現している。立山山中の地獄谷を立山地獄に見立てて、そのスペースに烈しい火焔の様子や、獄卒が亡者に責め苦を与える様子を描くが、本作品ではそれに加え、立山カルデラの辺りにも、獄卒と火焔を描いている。

39. 富山県［立山博物館］A本

本作品は岩峅寺中道坊との関わりを有するものである。画面いっぱいに立山の山岳景観が描かれ、立山曼荼羅というよりは、むしろ山絵図そのものといった様相を帯びている。画中には一応、①立山開山縁起、②立山地獄、③立山浄土、④立山禅定登山案内の４つの場面が描かれているが、いずれもきわめて簡略な描かれ方で物語性に欠けている。画中の登場人物や諸仏・諸堂舎・名所・峰々などに、金地に墨書で名称がふられている。軸裏に銘文が見られるが、それによると本作品は、文政期に越後国で廻檀配札活動を行っていた中道坊との関係から、同国高田の田中氏が文政２年(1819)に中道坊が所持する立山曼荼羅を書写して制作したものだとしている。岩峅寺宿坊家との直接的な関わりが確認できる作品は、本作品を含む３点だけであり、岩峅寺衆徒が出開帳や廻檀配

札活動などで用いた立山曼荼羅の構図や図柄を考察するうえで、ひじょうに貴重な資料である。〔第一章二節〕

40. 玉林坊本

岩峅寺旧宿坊家の玉林坊に伝来する。岩峅寺の宿坊家との直接的な関係が確認できる江戸時代の作品としては唯一のものである。画中には、①立山開山縁起、②立山地獄、③立山浄土、④立山禅定登山案内の4つの場面が描かれている。江戸時代中期以降、岩峅寺衆徒と芦峅寺衆徒を支配する加賀藩は、両峅寺の立山に対する宗教的権利・職務を区分し、岩峅寺には立山峰本社付別当の職号を授け、山中諸堂舎の管理権や山役銭の徴収権、納経所の設置権を認めた。一方、芦峅寺には、岩峅寺のような立山そのものに関わる権利を全く認めず、むしろ加賀藩領国内外での廻檀配札活動を認めた。このような両峅寺における宗教活動の差異は、彼らが使用した立山曼荼羅の構図や図柄にも大きく影響している。すなわち、本作品のように、立山そのものに関わる権利を有した岩峅寺衆徒の立山曼荼羅は、概ね山絵図そのものの様相を帯びており、立山地獄の場面は比較的淡泊な描き方である。

41. 桃原寺本

浄土真宗本願寺派桃原寺に伝来する。画中には、立山の山岳景観を背景として、「立山開山縁起」のいくつかの場面をはじめ、立山地獄の様子、阿弥陀如来と諸菩薩の来迎場面、立山山麓・山中の名所や旧跡などが、マンダラのシンボルの日輪(太陽)・月輪(月)や参詣者などとともに、巧みな画面構成で描かれている。特に立山本峰(雄山・大汝山・富士の折立山)や劔岳・浄土山の山容、及び山中の難所修行の場である一ノ谷や獅子ヶ鼻の景観に、太線を用いた力強い筆致が見られ、全体的には勇壮な山絵図としてのイメージが強く感じられる。立山地獄の場面は、賽の河原と大施餓鬼法要の様子を除き、主要部分が向かって左端幅に集中して描き込まれており、若干窮屈な感がある。4幅中、3幅の

軸裏には画題として「立山絵伝」「地獄図」「来迎図」の墨書が見られる。本作品と構図や画像が似通った立山曼荼羅に、『玉林坊本』『伊藤家本』『中道坊本』がある。〔第四章七節〕

42. 伊藤家本

本作品は、当初4幅1対であったと考えられるが、現在は第3幅と第4幅だけが残っている。岩峅寺の宗教施設が丁寧に描かれていることと、現存する2幅の構図が岩峅寺旧玉林坊に伝わる『玉林坊本』の第3幅と第4幅の構図と共通するので、本作品も岩峅寺にゆかりの立山曼荼羅と推測される。また、佐伯有頼が矢疵を負って逃げる熊を追いかける場面の画像や、玉殿窟における阿弥陀如来の顕現の場面の画像は、ほぼ『玉林坊本』と共通しており、両作品の間に模写関係が推測される。立山連峰の背後に富士山を表現したものと思われるが、その白い山容の中腹に社が描かれているのは、この作品だけである。先代の伊藤家当主によると、本作品は明治の初めに、芦峅寺の人が同家に売りに来たので母が購入したのだという。かつて伊藤家では、毎年お盆の間だけこの作品を掛け、先代当主の母が家族を前にして、目連尊者と盂蘭盆供養についての絵解きを行ったという。

43. 村上家本

本作品は、岩峅寺旧玉林坊に伝わる『玉林坊本』の第3幅の構図・図柄と共通性が見られ、おそらく、もとは4幅1対の作品であったのが、のちに第3幅だけ残ったものと推測される。立山信仰に関する図柄としては、画面下段に立山開山縁起の一場面である佐伯有頼が矢疵の熊を追いかける図柄が描かれている。なお、この図柄と前述の『玉林坊本』、及び『伊藤家本』の同図柄との間には模写関係が見られる。この他、称名滝が画面中段に比較的大きく豊富な水量で描かれている。立山禅定道の中程に金色の鏡石が象徴的に描かれている。全体的に見ると空の水色や木々の

緑色がひじょうに鮮やかな作品である。

44. 専称寺本

本作品は浄土宗専称寺に伝来する。立山の山岳景観を背景として、「立山開山縁起」のいくつかの場面をはじめ、立山地獄の様子、阿弥陀如来と諸菩薩の来迎場面、立山山麓・山中の名所や旧跡、諸堂舎などが、参詣者などとともに、巧みな画面構成で描かれている。日輪・月輪の画像は見られない。岩峅寺と芦峅寺の集落及びそれぞれの諸堂舎などが概ね同等の扱いで描かれている。横江や千垣の集落も比較的丁寧に描かれている。芦峅寺の場面では布橋灌頂会の儀式こそ描かれてはいないが、衆徒の姿や、媼堂の媼尊を参拝する参詣者の姿などが描かれている。立山地獄の餓鬼道の場面では、亡者が単に飢え苦しむ様子に止まらず、獄卒にやり込められている様子まで描かれており、珍しい。立山開山縁起の場面のひとつとして、時の文武天皇が阿弥陀如来(立山大権現)の夢告を受け、当初、志賀の都に住んでいた佐伯有若・有頼親子に、越中国司の任を命ずる様子が描かれている。

45. 竹内家本

滋賀県湖南市の竹内家に伝来する。当地で制作されたと考えられる。立山の山岳景観を背景として、「立山開山縁起」のいくつかの場面をはじめ、立山地獄の様子、阿弥陀如来と諸菩薩の来迎場面、立山山麓・山中の名所や旧跡、諸堂舎などが、参詣者などとともに、巧みな画面構成で描かれている。日輪・月輪の画像は見られない。立山の山名や地名、岩峅寺や芦峅寺の諸堂舎名、立山開山者名など、各画像に注記が見られる。なお、立山開山縁起のうちの、開山者が熊に矢を射た場面では、開山者に「佐伯有頼太郎」の名前が付記されている。向かって右端幅の中段に、立山大権現の霊告を受ける越中国主・佐々成政の画像が描かれ、そのやや上段の立山温泉の場面

では、甲冑を脱いでくつろぐ成政らしき人物が見られる。立山山中の小走りには成政が山を越えようとしている場面が見られるが、これは佐々成政のザラ峠越えの物語を表現したものであろう。全体的にアニメチックに描かれている。

46. 藤縄家本

水墨画風に描かれた、法量の異なる２幅１対の作品である。小幅が向かって左幅、大幅が向かって右幅であろう。小幅の下段には刀を差した武士姿の人物(佐伯有頼であろう)が熊に矢を放っている。矢は熊に命中したが、熊は絶命せずに血を垂らしながら逃げていく。その上を白鷹が舞う。大幅の玉殿窟と思しき場面には、胸に矢を射られて血を流す黒衣の僧侶と、それを拝む武士姿の人物(佐伯有頼であろう)が描かれている。以上はいずれも立山開山縁起の一場面と考えられる。他の作品と比較すると、構図や図像表現に著しく独自性が見られるが、本作品も立山曼荼羅である。立山峰本社や室堂などの諸堂舎、称名滝や禅定登山者なども描かれている。玉殿窟の場面や立山浄土の三尊来迎の場面に、立山の本地仏である阿弥陀如来ではなく、黒衣の僧侶の姿で表現しているところが珍しい。立山地獄と思われる場面は、賽の河原の地蔵菩薩と子どもたちの描写だけで表現されている。

47. 称念寺Ａ本

本作品を所蔵する浄土真宗本願寺派称念寺は、立山曼荼羅の他にも、木像立山大権現本地仏や立山に関わる縁起を持つ、いわゆる立山信仰ゆかりの寺院である。本作品には、画面いっぱいに立山の山岳景観が描かれ、立山曼荼羅というよりは、山絵図に近い作品である。画中には、きわめて簡素に①立山開山縁起、②立山地獄、③立山浄土、④立山禅定登山案内の４つの場面が描かれている。狩野派の影響をうけた地方の画工によって描かれたのではないかとも言われているが、軸裏に銘文などがないため詳細は不明である。素朴な画

風から、立山曼荼羅の比較的初期のかたちをとどめていると考えられる。布橋灌頂会の場面がないため、岩峅寺衆徒が用いていた作品に近い。画面下段には常願寺川に沿って岩峅寺・千垣・芦峅寺の集落と参詣者が丁寧に描かれている。以前は場面の名称を書いた短冊が貼られていたらしく、絵解きに使用されていたことが推察される。

48. 称念寺B本

立山の山岳景観が壮大な雰囲気で描かれ、山絵図そのものといった作品であるが、立山曼荼羅の成立過程を考察する際に貴重な作品である。玉殿窟は自然景観として描かれている。立山開山縁起や立山地獄、立山浄土の各場面の図柄は全く見られない。日輪・月輪も描かれていない。立山禅定道の名所として材木坂や美女杉・禿杉・姥石・鏡石などが簡略な図柄で描かれている。地獄谷の自然景観を赤っぽい火焔や血の池の図柄で表現し、多少立山地獄を連想させる。下段には岩峅寺と芦峅寺の集落を簡潔に描いている。軸裏に、以下の銘文が見られる。「立山図絵二軸」、「当時所蔵之立山図絵一軸伝来数世不識何代求也。古記日立山図絵一軸天正之乱武田謙信来攻越中法刹為之焼燼是以其図不伝云因以所蔵之図蓋後成者也。然而其図紙腐墨滅不可以祥是以予原古図合考縁起以作此両軸幸無登山之縁起以之勿疑。立鷹山伝燈四十世住順珍識。画工信州桂斎図。干時文化十年二月中旬」

49. 中道坊本

岩峅寺宿坊家の衆徒は、江戸時代後期、立山山中諸堂舎の修復費用などを獲るため、出開帳による勧進活動を頻繁に行っている。それは加賀藩寺社奉行の許可を得て藩内各地の寺院を宿寺とし、事前に取り決められた開催期間と収益分配に基づいて行われた。また、一部の岩峅寺衆徒が出開帳を機縁に他藩に檀那場を形成し、廻檀配札活動を行った。その際にも立山曼荼羅を宝物として公開したり、檀那場の人々に絵解きしている。その頃、中道坊衆徒も廻檀配札活動を行い、立山

曼荼羅を絵解きしていた。本作品は旧中道坊の所蔵であるが、そのときにはまだ存在していなかったであろう。空の描写に用いられている紺色の顔料から明治以降の制作と推測される。画中には、立山の山岳景観を背景に、①立山開山縁起、②立山地獄、③立山浄土、④立山禅定登山案内の4つの場面が描かれている。筆致や各画像の細部は異なるが、全体的な構図は『玉林坊本』や『桃原寺本』などと類似している。

50. 西田家本

画中には、立山の山岳景観を背景に、①立山開山縁起、②立山地獄、③立山浄土、④立山禅定登山案内の4つの場面が描かれている。画中下段には岩峅寺や千垣、芦峅寺の集落がほぼ均等に描かれ、また千垣の辺りでは立山開山縁起の一場面である、佐伯有頼が矢疵を負って逃げる熊を追跡する図柄がやや大きめに描かれている。立山地獄や立山浄土の場面はやや控えめに描かれている。筆致や各図柄の細部は異なるが、全体的な構図は『玉林坊本』と類似している。玉殿窟の場面では、佐伯有頼の前に矢疵阿弥陀如来の顕現と諸菩薩の来迎を描いている。画面に向かって左端最下段、岩峅寺の境内地に狛犬が2基1対で描かれている。これは、加賀第2代藩主前田利長夫人の玉泉院が、元和元年(1615)頃に立山寺(岩峅寺)に奉納したという狛犬である。また、同じく境内地に、弘化2年(1845)3月、加賀第13代藩主前田斉泰が寄進した湯立て釜が描かれている。

51. 四方神社本

作品群のなかで唯一屏風の形態である。各隻の中央には縦に二分割できるような切筋が見られ、元は4幅1対の掛け軸式の作品だったとも考えられる。測量図に基づいて描かれたと推測される。立山の険阻な山岳景観に、立山信仰の諸要素が加えられた作品である。日輪・月輪は見られない。岩峅寺村を始点として、山麓から山中・山上まで、登拝道が赤線でしっかり描かれ、その所々に、背中に黄色い莫蓙を背負った

登拝者の姿が見られる。画中には地名や山名、史跡名勝、堂舎名などの文字注記が数多く見られる。立山開山縁起に関する画像として、山麓の布倉山(現、尖山)の辺りに白鷹と熊が描かれている。また雄山の上空には白鷹が描かれている。興味深い画像としては、弥陀ヶ原野に僧侶と死装束を着た足のない幽霊が描かれている。玉殿窟の場面では、立山の本地阿弥陀如来や不動明王は描かれず、代わりに2人の神官らしき人物が描かれている。地獄谷には、血の池、カラタセン(伽羅陀山)などが描かれている。なお、血の池の側には白装束を着た女性の亡者が描かれている。伽羅陀山の付近には、地蔵と思われる仏が亡者の身代わりとなって火に包まれている。地獄谷の辺りに、白装束を着た獄卒(頭に2本の角)が描かれている。本作品を所蔵する四方神社(元の名称は伊須流岐比古神社)は、明治13年(1880)の立山講社の結成及びその後の運営、雄山神社国弊社昇格運動の推進などに活躍した雄山神社祠官(立山教会長)栂野安輝(1847～1932)が奉祀した神社である。画中の芦峅寺村には「立山教本部」が描かれており、栂野安輝と立山講社もしくは組織改変後の立山教会との関係から、四方神社に本作品が伝わったものであろう。画中の向かって右下には「深川藤原守次六十六年(落款1)(落款2)」の作者名が見られるが、その詳細は不明である。

52. 称名庵本

富山市石田集落の北端に、かつて浄土宗来迎寺の末寺として称名庵が存在した(現在は廃寺)。旧境内地には旧本尊の如意輪観世音菩薩を安置した小祠が建っている。同寺の「称名庵縁起」(個人所蔵)によると、称名庵は元禄3年(1690)の創建で、石田村の若林太平が、立山称名滝の巌上から招来した如意輪観世音菩薩を奉じて開基になったという。本作品は、その縁起の内容が木版立山登山案内図や立山曼荼羅の構図を用いて表現されたものである。文字注記をともなって名所なども描き込まれている。箱書に「立山図壹幅本寺ヨリ御下シ　天保十四年卯七月　当院十二世妙貞代」と記されている。

付　立山曼荼羅諸本の掲載箇所一覧

		序章5節	1章1節	1章2節	1章3節	3章	4章1節	4章2節	4章3節	4章4節
番号	作品名									
1	来迎寺本		1章1節							
2	福江家本		1章1節							
3	坪井家Ａ本	序章5節	1章1節							
4	金蔵院本									
5	立山黒部貫光株式会社本									
6	佐伯家本				1章3節					
7	坪井家Ｂ本	序章5節			1章3節					
8	相真坊Ａ本				1章3節					
9	相真坊Ｂ本				1章3節					
10	大仙坊Ａ本	序章5節	1章1節	1章2節	1章3節					
11	筒井家本				1章3節					
12	善道坊本	序章5節								
13	宝泉坊本	序章5節	1章1節		1章3節	3章				
14	吉祥坊本	序章5節	1章1節		1章3節					
15	立山博物館Ｄ本									
16	稲沢家本									
17	多賀坊本									
18	最勝寺本	序章5節	1章1節		1章3節					
19	大江寺本	序章5節	1章1節		1章3節					
20	龍光寺本	序章5節								
21	大仙坊Ｂ本	序章5節								
22	大徳寺本									
23	富山県立図書館本 （越中立山開山縁起大曼陀羅）	序章5節	1章1節							
24	泉蔵坊本	序章5節								
25	立山町本									
26	坂木家本	序章5節								
27	日光坊Ｂ本	序章5節								
28	玉泉坊本									
29	日光坊Ａ本	序章5節								
30	大仙坊Ｄ本 （布橋灌頂会来迎師院主之図）	序章5節								
31	大仙坊Ｃ本	序章5節								
32	市神神社本		1章1節				4章1節	4章2節		
33	広川家本						4章1節		4章3節	
34	飯野家本		1章1節				4章1節		4章3節	4章4節
35	立山博物館Ｃ本									
36	立山博物館Ｅ本		1章1節							
37	志鷹家本		1章1節				4章1節			
38	立山博物館Ｂ本									
39	立山博物館Ａ本		1章1節	1章2節						
40	玉林坊本									
41	桃原寺本									
42	伊藤家本									
43	村上家本									
44	専称寺本									
45	竹内家本									
46	藤縄家本									
47	称念寺Ａ本									
48	称念寺Ｂ本		1章1節							
49	中道坊本									
50	西田家本									
51	四方神社本									
52	称名庵本									

4章5節	4章6節	4章7節	4章8節	5章4節	5章5節	6章1節	6章2節	6章3節	6章4節	7章5節	8章
											8章
										7章5節	8章
											8章
										7章5節	8章
											8章
											8章
											8章
											8章
						6章1節					
											8章
					5章5節						8章
			4章8節					6章3節	6章4節	7章5節	8章
			4章8節							7章5節	8章
										7章5節	
						6章1節					
						6章1節					
											8章
						6章1節					8章
											8章
					5章5節						
										7章5節	
	4章6節	4章7節	4章8節	5章4節							
	4章6節	4章7節	4章8節	5章4節							
	4章6節	4章7節	4章8節								
				5章4節							
				5章4節							
4章5節	4章6節	4章7節	4章8節	5章4節							
	4章6節	4章7節	4章8節	5章4節							
				5章4節							
		4章7節					6章2節				
		4章7節	4章8節	5章4節							
		4章7節									8章
										7章5節	
				5章4節							
		4章7節									
				5章4節							

参考資料２　立山曼荼羅研究関係文献目録（1936年～2017年）

１．単行書

1－1：増補日本の絵解き―資料と研究―/林雅彦/三弥井書店/1984
1－2：立山信仰と立山曼荼羅―芦峅寺衆徒の勧進活動―（日本宗教民俗学叢書４）/福江充/岩田書院/1998
1－3：立山信仰講話/佐伯幸長/立山神道本院/1984
1－4：近世立山信仰の展開―加賀藩芦峅寺衆徒の檀那場形成と配札―（近世史研究叢書７）/福江充/岩田書院/2002
1－5：密教マンダラと文学・絵解き/真鍋俊照/法蔵館/2004
1－6：立山曼荼羅―絵解きと信仰の世界―/福江充/法蔵館/2005
1－7：立山信仰と布橋大灌頂法会―加賀藩芦峅寺衆徒の宗教儀礼と立山曼荼羅―/福江充/桂書房/2006
1－8：立山の歴史　立山信仰の歴史/福江充/富山県立山センター/2006
1－9：立山曼荼羅図の近赤外線撮影による調査研究成果報告書（2006年度富山県立山博物館委託研究「立山曼荼羅の科学的研究」）/高橋平明/（財）元興寺文化財研究所/2007
1－10：立山曼荼羅の科学的研究成果報告書（2007年度　富山県立山博物館 委託研究「立山曼荼羅科学調査」）/高橋平明・川本耕三・山田卓司・大久保治/（財）元興寺文化財研究所/2008
1－11：江戸城大奥と立山信仰/福江充/法蔵館/2011
1－12：立山縁起絵巻―有頼と十の物語―/米田まさのり/桂書房/2011
1－13：参詣曼荼羅の研究/大高康正/岩田書院/2012
1－14：Hell-bent for Heaven in Tateyama mandara Painting and Religious Practice at a Japanese Mountain/CARORINE HIRASAWA（平澤キャロライン）/John T.Carpenter/BRILL（ブリル）/2013
1－15：山岳信仰（中公新書2310）/鈴木正崇/中央公論新社/2015
1－16：立山信仰と三禅定―立山衆徒の檀那場と富士山・立山・白山―福江充/岩田書院/2017

２．図版・展覧会図録

2－1：立山曼荼羅集成（複製）第１期/長島勝正/文献出版/1983
2－2：立山曼荼羅集成（複製）第２期/長島勝正/文献出版/1985
2－3：立山のこころとカタチ―立山曼荼羅の世界―/富山県［立山博物館］/1991
2－4：古絵図は語る―立山・イメージとそのカタチ―/富山県［立山博物館］/1993

2－5：曼荼羅世界の邂逅―立山曼荼羅、その背後にあるもの―/富山県［立山博物館］/1996
2－6：国立歴史民俗博物館資料調査報告書 情報資料研究部社寺境内図資料集成1/国立歴史民俗博物館/2001
2－7：地獄遊覧―地獄草紙から立山曼荼羅まで―/鷹巣純・福江充/富山県［立山博物館］/2001
2－8：探検！立山曼荼羅―親子で親しむ立山開山伝説―/高木三郎/富山県［立山博物館］/2002
2－9：立山曼荼羅　物語の空間/福江充/富山県［立山博物館］/2005
2－10：立山と真宗―御絵伝がつなぐ二つの世界―/蒲池勢至・岡田知己・福江充/富山県［立山博物館］/2006
2－11：女人救済信仰の広がりと変容/佐々木麻由子・細井雄次郎・松下愛/『女たちと善光寺』/長野市立博物館/2009
2－12：綜覧 立山曼荼羅/福江充・青青編集/富山県［立山博物館］2011
2－13：木版文化と立山/米原寛・福江充/富山県［立山博物館］/2012
2－14："絵解き"ってなぁに？　語り継がれる仏教絵画/龍谷ミュージアム・朝日新聞社/2012
2－15：高志の国文学館企画展 ガイドブック 立山曼荼羅を文学する/福江充/高志の国文学館/2013
2－16：立山と帝釈天―女性を救うほとけ―/富山県［立山博物館］/2013
2－17：立山禅定名所案内―観光地・立山のルーツをさぐる―/富山県［立山博物館］/2014
2－18：北陸新幹線開業記念 立山の至宝展/富山県［立山博物館］/2015
2－19：女性たちの立山　近世から近代へ……/富山県［立山博物館］/2015
2－20：立山と白山―北陸霊山の開山伝承―/富山県［立山博物館］/2015
2－21：立山曼荼羅の絵解きと私達―未知の世界に向かって―（第4回ことぶき工房リフォームと刺し子教室展絵像作作画/井黒智壽子）絵像画参考・大仙坊Ａ本/井黒智壽子/ことぶき工房（井黒智壽故リフォームと刺し子教室）/2015
2－22：立山×地獄展/富山県［立山博物館］/2016
2－23：特別展 霊峰立山―立山信仰を探る―/富山県埋蔵文化財センター/2016
2－24：城下町金沢は大にぎわい！/石川県立歴史博物館/2016
2－25：うば尊を祀る　立山・芦峅寺から諸国へ/富山県［立山博物館］/2017
2－26：布橋灌頂会/富山県［立山博物館］/2017
2－27：地獄絵ワンダーランド/三井記念美術館・龍谷ミュージアム・NHKプロモーション/NHKプロモーション/2017

3．論文・コラム

3－1：立山姥堂の行事考/草野寛正/『高志人』1巻1号所収/1936
3－2：檀那廻りについて/佐伯立光/『立山芦峅寺史考』所収/立山寺/1957
3－3：社僧社人/佐伯幸長/『霊峰立山』所収/立山開発鉄道・立山鎮座雄山神社神光会/1959
3－4：配札檀那廻りについて/佐伯立光/『立山史談』所収/大用堂/1965
3－5：立山信仰と立山曼荼羅/沼賢亮/『仏教芸術』68所収/1968
3－6：配札檀那廻りについて/『立山民俗立山地区民俗資料緊急調査報告書』所収/富山県教育委員会/1969
3－7：立山信仰と勧進/日和祐樹/『大阪市立博物館研究紀要』2所収/1970
3－8：立山曼陀羅と姥神信仰―敦煌本十王経画巻の投影―/川口久雄/『日本海域研究所報告』5所収/1973
3－9：諸国檀那廻り/佐伯幸長/『立山信仰の源流と変遷』所収/立山神道本院/1973
3－10：越中絵画史点描/高瀬重雄/『越中の絵図（富山文庫12）』所収/巧玄出版/1975
3－11：立山信仰と勧進/日和祐樹/『白山・立山と北陸修験道（山岳宗教史研究叢書10）』所収/名著出版/1977
3－12：立山信仰 立山僧徒の布教活動/佐伯立光/『立山町史』上巻所収/1977
3－13：『立山曼荼羅』諸本攷の試み/林雅彦/『国語国文論集』7所収/1978
3－14：説話文学と絵解き―立山地獄と女人をめぐる周辺―/林雅彦/『伝承文学研究』21所収/1978
3－15：〈翻訳〉『立山手引草』/林雅彦/『学習院女子短期大学紀要』16所収/1978
3－16：絵解き台本『立山手引草』小攷/林雅彦/『論纂説話と説話文学』所収/笠間書院/1979
3－17：立山曼陀羅の文化史的考察/高瀬重雄/『立山信仰の歴史と文化』所収/名著出版/1981
3－18：立山曼荼羅の概説/廣瀬誠/『郷土の文化』昭和57年所収/富山県立図書館・富山県郷土史会/1982
3－19：絵解きへのアプローチ 立山曼荼羅/廣瀬誠/『国文学 解釈と鑑賞』47巻11号所収/1982
3－20：マンダラ入門 絵解きマンダラ当麻曼荼羅と立山曼荼羅/廣瀬誠/『大法輪』昭和58年2月号所収/大法輪閣/1983
3－21：宗教景観の構造把握への一試論―立山の縁起、マンダラ、参詣絵図からのアプローチ―/岩鼻通明/『空間景観イメージ』所収/地人書房/1983
3－22：立山曼荼羅図に見られる立山信仰の世界/佐伯立光/『立山町史』別冊

所収/立山町/1984
3-23：志鷹新太郎蔵「越中国立山図」―解説と翻訳―/小林健二/『絵解き研究』2所収/1984
3-24：立山衆徒の絵解きをめぐって/廣瀬誠/『立山黒部奥山の歴史と伝承』所収/桂書房/1984
3-25：立山曼荼羅と当麻曼荼羅/廣瀬誠/『立山黒部奥山の歴史と伝承』所収/桂書房/1984
3-26：立山曼荼羅の女人について/廣瀬誠/『立山黒部奥山の歴史と伝承』所収/桂書房/1984
3-27：立山曼荼羅とその絵解きをめぐって/廣瀬誠/『古典の変容と新生』所収/明治書院/1984
3-28：参詣曼荼羅にみる立山修験の空間認識/岩鼻通明/『歴史地理学紀要』27所収/古今書院/1985
3-29：立山マンダラ作成年代考/岩鼻通明/『山岳修験』2所収/1986
3-30：立山曼陀羅の諸本と演変/川口久雄/『山岳まんだらの世界―日本列島の原風景1―』所収/名著出版/1987
3-31：立山地獄変と敦煌本十王経画巻/川口久雄/『山岳まんだらの世界―日本列島の原風景1―』所収/名著出版/1987
3-32：絵解きの法師・御師・比丘尼/赤井達郎/『絵解きの系譜』所収/教育社/1989
3-33：立山マンダラにみる聖と俗のコスモロジー/岩鼻通明/『絵図のコスモロジー（下巻）』所収/地人書房/1989
3-34：佐伯幸長氏の「立山曼荼羅」絵解き/『絵解き―資料と研究―』所収/三弥井書店/1989
3-35：大江寺蔵「立山曼荼羅」のこと/岩鼻通明/『絵解き研究』8所収/1990
3-36：社寺参詣曼荼羅の系譜における立山曼荼羅の位置づけに関する研究/岩鼻通明/富山県教育委員会立山博物館建設準備室／1991
3-37：わが家のマンダラが世界に通ずる―序にかえて―/佐伯彰一/『立山のこころとカタチ―立山曼荼羅の世界―』所収/富山県［立山博物館］/1991
3-38：立山曼荼羅の世界/岩鼻通明/『立山のこころとカタチ―立山曼荼羅の世界―』所収/富山県［立山博物館］/1991
3-39：立山曼荼羅とその背景（研究余滴）/米原寛/『立山のこころとカタチ―立山曼荼羅の世界―』所収/富山県［立山博物館］/1991
3-40："絵解き"という芸能―その定義・系譜、そして「立山曼荼羅」―/林雅彦/『国立能楽堂特別展示能と縁起絵』所収/日本芸術文化振興会/1991
3-41：越中立山女人救済儀礼再考/岩鼻通明/『月刊芸能』1992･2所収/1992

3-42：絵解き曼荼羅/廣瀬誠/『立山のいぶき―万葉集から近代登山事始めまで―（とやまライブラリー２）』所収/シー・エー・ピー/1992
3-43：越中立山における血盆経信仰Ⅱ/弘中（高達）奈緒美/富山県［立山博物館］/1993
3-44：古絵図に見える立山信仰/楠瀬勝/『古絵図は語る―立山・イメージとそのカタチ―』所収/富山県［立山博物館］/1993
3-45：古絵図とそのコスモロジー/米原寛/『古絵図は語る―立山・イメージとそのカタチ―』所収/富山県［立山博物館］/1993
3-46：史料紹介 宝泉坊文書―立山曼荼羅の寄進について―/福江充/『たてはく―人と自然の情報交流誌』５所収/1993
3-47：立山曼荼羅と地獄思想/林雅彦/『絵解き万華鏡 聖と俗のイマジネーション』所収/三一書房/1993
3-48：社寺参詣の絵解き―参詣曼荼羅の特性とその普及―/鈴木昭英/『仏教芸能と美術（仏教民俗学大系５）』所収/名著出版/1993
3-49：絵解きと参詣曼荼羅/林雅彦/『日本の美術』12所収/至文堂/1993
3-50：『立山曼荼羅［坪井龍童氏本］』について/福江充/『富山県［立山博物館］研究紀要』１所収/1994
3-51：布橋灌頂会の変遷について―文政期から天保期を中心として―/福江充/『富山史壇』113所収/1994
3-52：女人禁制の宗教論/鈴木正崇/『日本の美学』21所収/ぺりかん社/1994
3-53：石黒信由の立山道筋実測図と立山曼荼羅/楠瀬勝/『歴史の中の都市と村落社会』所収/思文閣出版/1994
3-54：仏教・文学・民俗・絵画/林雅彦/『穢土を厭ひて浄土へ参らむ』所収/名著出版/1995
3-55：立山博物館イベント「立山曼荼羅を聴く」―絵解きの世界―/林雅彦/富山県［立山博物館］/1995
3-56：近世後期における芦峅寺系立山曼荼羅の制作過程についての一試論/福江充/『富山県［立山博物館］研究紀要』２所収/1995
3-57：Buddhism and Japan's Sacred Mountains/五来重/『DHARMA WORLD』22所収/1995
3-58：立山曼陀羅―その説話的背景―/山道五穂子/『河南文学』５所収/1995
3-59：絵解きマンダラ―当麻曼荼羅と立山曼荼羅―/廣瀬誠/『真言密教とマンダラ』所収/大法輪閣/1995
3-60：立山講社の活動―近代化のなかでの模索―/福江充/『富山県［立山博物館］研究紀要』３所収/1996
3-61：立山信仰 天空の浄土の盛衰/鈴木正崇/『季刊民族学』75所収/1996
3-62：立山講社の活動―近代化のなかでの模索―/福江充/『富山県［立山博物館］研究紀要』３所収/1996

3 -63：密教と浄土のマンダラの接点/真鍋俊照/『曼荼羅世界の邂逅―立山曼荼羅、その背後にあるもの―』所収/富山県［立山博物館］/1996
3 -64：立山曼荼羅における立山地獄の構図―絵解き布教で強調された立山地獄の構図を中心として―/福江充/『曼荼羅世界の邂逅―立山曼荼羅、その背後にあるもの―』所収/富山県［立山博物館］/1996
3 -65：説話からみた立山曼荼羅/石田尚豊/『曼荼羅世界の邂逅―立山曼荼羅、その背後にあるもの―』所収/富山県［立山博物館］/1996
3 -66：開館五周年記念特別展「曼荼羅世界との邂逅」の展示構成の考え方について/米原寛/『曼荼羅世界の邂逅―立山曼荼羅、その背後にあるもの―』所収/富山県［立山博物館］/1996
3 -67：曼荼羅の色/真鍋俊照/『曼荼羅世界の邂逅―立山曼荼羅、その背後にあるもの―』所収/富山県［立山博物館］/1996
3 -68：絵解き台本「立山曼荼羅」/林雅彦/『絵解き研究』12所収/1996
3 -69：六道十王図のコスモロジー/鷹巣純/『マンダラ宇宙論』所収/法蔵館/1996
3 -70：蓮如上人絵伝の絵解き/赤井達郎/『講座蓮如』２所収/平凡社/1997
3 -71：近世幕末期の江戸における立山信仰―越中立山山麓芦峅寺衆徒の江戸の檀那場での廻檀配札活動―/福江充/『富山県［立山博物館］研究紀要』４所収/1997
3 -72：立山曼荼羅研究の成果と課題/岩鼻通明/『山岳修験』20所収/1997
3 -73：立山衆徒の勧進活動と立山曼荼羅/福江充/『山岳修験』20所収/1997
3 -74：立山曼荼羅と観心十界曼荼羅―地獄絵・寺社参詣図・絵伝の関連についての基礎的研究―/脊古真哉/富山県［立山博物館］/1998
3 -75：江戸時代幕末期 芦峅寺宿坊家間の檀那場をめぐる争いについて/福江充/『富山県［立山博物館］研究紀要』５所収/1998
3 -76：芦峅寺衆徒の宗教活動/福江充/『とやま民俗文化誌（とやまライブラリー６）』所収/シー・エー・ピー/1998
3 -77：立山略縁起と立山曼荼羅―芦峅寺宝泉坊旧蔵本『立山縁起』の紹介と考察―/福江充/『国文学解釈と鑑賞』63-12所収/1998
3 -78：立山に隠されたマンダラ宇宙 富山県／立山/内藤正俊/『日本「異界」発見』所収/ＪＴＢ/1998
3 -79：芦峅寺媼堂の立地・構造からみた布橋灌頂会/福江充/『郷土の文化』25所収/2000
3 -80：六道絵の図像構成に関する研究―六道・立山・山中他界―/鷹巣純/富山県［立山博物館］/2000
3 -81：立山曼荼羅の図像描写に対する基礎的研究―特に諸本の分類について―/福江充/『富山県［立山博物館］研究紀要』７所収/2000
3 -82：他界遍歴の図像化（日本の地獄、立山／立山曼荼羅の世界）/川村邦光

/『地獄めぐり（ちくま新書246)』所収/筑摩書房/2000

3-83：木版立山登山案内図と立山曼荼羅/福江充/『立山登山案内図と立山カルデラ　第５回企画展』所収/立山カルデラ砂防博物館/2000

3-84：立山の自然と曼荼羅/福江充/『北アルプス大百科』所収/ティビーエス・ブリタニカ/2000

3-85：立山曼荼羅に関する外郭情報　特に呼称と形態について/福江充/『たてはく―人と自然の情報交流誌―』36所収/2001

3-86：「立山曼荼羅」に描かれた世界/福江充/『ふるさと富山歴史館』所収/富山新聞社/2001

3-87：立山信仰を物語る立山曼荼羅/福江充/『ふるさと富山歴史館』所収/富山新聞社/2001

3-88：立山の山岳信仰　絵図にみる信仰の世界とその変遷をたどる/岩鼻通明/『山と溪谷』792所収/2001

3-89：立山曼荼羅（御絵伝様）の解説/福江充監修・佐伯喜代男編集/『立山信仰曼荼羅の里　史跡を訪ねる』所収/立山町教育委員会・立山曼荼羅を偲ぶ集い/2001

3-90：立山御絵伝様絵解き口上/福江充監修・佐伯喜代男編集/『立山信仰曼荼羅の里　史跡を訪ねる』所収/立山町教育委員会・立山曼荼羅を偲ぶ集い/2001

3-91：立山曼荼羅に関わる説話/福江充監修・佐伯喜代男編集/『立山信仰曼荼羅の里　史跡を訪ねる』所収/立山町教育委員会・立山曼荼羅を偲ぶ集い/2001

3-92：絵図にみる立山信仰/岩鼻通明/『なにが分かるか、社寺境内図』所収/国立歴史民俗博物館/2001

3-93：特集・絵解きと能　立山曼荼羅絵解き　立山信仰の世界/岩鼻通明/『国立能楽堂』222所収/2002

3-94：立山曼荼羅の絵解き/米原寛/『国文学　解釈と鑑賞』68-６所収/2003

3-95：【遺産の核心】立山　立山山中に地獄あり/福江充/『朝日ビジュアルシリーズ　週刊日本遺産立山黒部峡谷』36所収/朝日新聞社/2003

3-96：解説　神通川船橋と立山―版画に描かれた越中名所―/坂森幹浩/『越中の民画』所収/富山市民俗民芸村/2003

3-97：Aspects of Ketsubonkyo-Belief/高達奈緒美/『Practicing the Afterlife: Perspectives from Japan』所収/ウィーンオーストリア国立科学アカデミー出版部/2004

3-98：真鍋俊照の仏教アートへようこそ16　極楽浄土と地獄を絵解き/真鍋俊照/『週刊朝日百科　仏教を歩く』16所収/朝日新聞社/2004

3-99：熊野観心十界曼荼羅の成立と展開/小栗栖健治/『兵庫県立歴史博物館紀要塵界』15所収/2004

3 -100：芦峅寺教算坊が大坂で形成した檀那場と立山曼荼羅/福江充/『富山県［立山博物館］研究紀要』11所収/2004
3 -101：金峯・熊野信仰と霊山曼荼羅　社寺参詣曼荼羅の特性とその普及/鈴木昭英/『霊山曼荼羅と修験巫俗（修験道歴史民俗論集２）』所収/法藏館/2004
3 -102：幕閣大名と立山曼荼羅/福江充/『大いなる遺産 立山黒部100万年の輝き』所収/北日本新聞社/2004
3 -103：参詣曼荼羅とは何か？/中山和久/『巡礼・遍路がわかる事典』所収/日本実業出版社/2004
3 -104：歴博対談47　絵解き研究の地平　林雅彦/『歴博』127所収/国立歴史民俗博物館/2004
3 -105：浄土と地獄―立山曼荼羅の絵解きと見世物の口上―/内藤正敏/『東西南北2005（和光大学総合文化研究所年報）特集 宗教と芸能あいだ』所収/2005
3 -106：Hellbent on Heaven:Female Damnation and Salvation in Tateyama's Mandalas/平澤キャロライン/Stanford University/2005
3 -107：江戸城をめぐる立山信仰と立山曼荼羅―「宝泉坊本」と「吉祥坊本」の成立背景―/福江充/『仏教美術と歴史文化（真鍋俊照博士還暦記念論集）』所収/法藏館/2005
3 -108：江戸時代中期の芦峅寺系立山曼荼羅と布橋儀式（のちの布橋大灌頂法会）―「坪井家Ａ本」と「金蔵院本」にみる江戸時代中期の構図と画像―/福江充/『富山県［立山博物館］研究紀要』13所収/2006
3 -109：立山曼荼羅と冥府思想　壮大な冥府のドラマ/吉田八岑/『宗教地獄絵残虐地獄絵』所収/大和書房/2006
3 -110：特集　立山衆徒の勧進活動と立山曼荼羅/福江充/『らいちょう会』４所収/立山貫光らいちょう会/2006
3 -111：ミニ講演　立山曼荼羅の死生観/福江充/『全国高等学校 国語教育研究連合会　第39回研究大会　富山大会』/2006
3 -112：立山衆徒の勧進布教活動と立山曼荼羅（第６分科会ミニ講演要旨）/福江充/『全国高等学校国語教育研究連合会　第39回研究大会　富山大会　大会集録』/全国連第39回研究大会　富山大会実行委員会/2007
3 -113：【書評と紹介】福江充著『立山曼荼羅―絵解きと信仰の世界―』/木場明志/『山岳修験』39所収/2007
3 -114：立山曼荼羅の成立過程に関する一考察―木版立山登山案内図から立山曼荼羅への展開―/福江充/『富山県［立山博物館］研究紀要』14所収/2007
3 -115：剱岳をめぐる立山信仰/福江充/『地図中心』417所収/財団法人日本地

図センター/2007
３-116：立山信仰と立山曼荼羅─初心者もわかる立山信仰世界─/福江充/『山からみた日本海文化Ⅱ（日本海文化研究所公開講座平成18年度記録集)』所収/富山市日本海文化研究所/2007
３-117：６日本のマンダラ６-21立山曼荼羅/森雅秀/『マンダラ事典　100のキーワードで読み解く』所収/春秋社/2008
３-118：加賀藩芦峅寺衆徒の檀那場形成と廻檀配札活動/福江充/『近世の宗教と社会１　地域のひろがりと宗教』所収/吉川弘文館/2008
３-119：参詣曼荼羅試論/大高康正/『近世の宗教と社会１　地域のひろがりと宗教』所収/吉川弘文館/2008
３-120：立山地獄を闊歩する/福江充/『アート・トップ　特集地獄絵巡礼』221所収/芸術新聞社/2008
３-121：天璋院篤姫も鑑賞した立山曼荼羅/福江充/『弦』４所収/弦短歌会/2008
３-122：特集　立山登拝　衆生を救う霊山、立山/福江充/『ひととき』８巻10号所収/株式会社ウェッジ「ひととき」編集部/2008
３-123：特集　立山登拝　曼荼羅に導かれて三〇〇三メートルの頂へ/謝孝浩/『ひととき』８巻10号所収/株式会社ウェッジ「ひととき」編集部/2008
３-124：特集　立山登拝　信仰を支えた巧妙なイメージ戦略/福江充/『ひととき』８巻10号所収/株式会社ウェッジ「ひととき」編集部/2008
３-125：参詣曼荼羅作成主体考/大高康正/『日本宗教文化史研究』12巻２号（通巻24号）/日本宗教文化史学会/2008
３-126：平成20年度　大学体育指導者中央研修会　講演２『立山信仰の歴史と立山曼荼羅』/福江充/『大学体育』35巻２号（通巻92号）所収/社団法人全国大学体育連合/2008
３-127：『劒岳 点の記』をよりよく理解するための解説　劒岳と立山信仰/福江充/『測量』59巻２号（通巻695号）所収/社団法人日本測量協会/2009
３-128：熊野観心十界曼荼羅とそのルーツ（Ｖ）─「子は三界の首枷」考─/宮川充司/『椙山女学園大学研究論集　人文科学篇』40所収/2009
３-129：「剣の枝」考─和泉式部と邪婬の刀葉林─/田村正彦/『國語と國文學』86-３（通巻1024）所収/東京大学国語国文学会/2009
３-130：芦峅寺宝泉坊の江戸での檀那場形成と「立山信仰」の展開（２）─江戸時代後期の江戸城大奥及び諸大名家をめぐる立山信仰─/福江充/『富山県［立山博物館］研究紀要』16所収/富山県［立山博物館］/2009
３-131：立山曼荼羅の「十界」/内藤正敏/『江戸・都市の中の異界（内藤正敏

＊民俗の発見Ⅳ)』所収/法政大学出版局/2009
3 -132：山川草木と共に　第17回　消し去られた石たち/佐伯史麿/『自然人秋2009』 6 - 2 （通巻22）所収/橋本確文堂/2009
3 -133：立山曼荼羅の成立過程に関する一考察―木版立山登山案内図から立山曼荼羅への展開―/福江充/『日本史学年次別論文集2007年版』所収/学術文献刊行会/朋文出版/2010
3 -134：立山信仰の世界（映画「劔岳　点の記」に関する話題を交えて）（第27回2009年電気設備学会全国大会特別講演）/福江充/『電気設備学会誌』30- 1 （通巻316）所収/社団法人電気設備学会/2010
3 -135：剣の山の上の美女―妄念の地獄から恋慕の地獄へ―/田村正彦/『佛教文學』34所収/仏教文学会/2010
3 -136：三霊山 3 ×山・川・滝　相川七瀬さんが出会った立山曼荼羅の世界/宮川哲/『別冊ランドネ　聖なる山と、聖なる川』所収/枻出版社/2010
3 -137：三霊山と霊山曼荼羅/加藤基樹/『立山・富士山・白山 みつの山めぐり―霊山巡礼の旅「三禅定」―』所収/富山県［立山博物館］/2010
3 -138：『立山曼荼羅』を旅する/米本光徳/『京都府埋蔵文化財論集』 6 所収/2010
3 -139：コレクション富山県［立山博物館］（「立山曼荼羅吉祥坊本」の紹介）/野口安嗣/『博物館研究』46- 3 （通巻513）所収/日本博物館協会/2011
3 -140：立山曼荼羅の絵解き再考―芦峅寺宝泉坊衆徒泰音の「知」と御絵伝（立山曼荼羅）招請を観点として―/福江充/『富山県［立山博物館］研究紀要』18所収/富山県［立山博物館］/2011
3 -141：Keyword 1 ［浄土信仰］死の恐怖を乗り越え極楽往生するには/『日経おとなのOFF』入門ニッポンの仏教2011年 6 月号（通巻120）所収/日経BP社（C）2011/2011
3 -142：山の宗教―大自然を道場とする修験道―/松尾剛次/『別冊太陽 日本のこころ182　名僧でたどる日本の仏教』所収/平凡社/2011
3 -143：三禅定（富士山・立山・白山）と木版立山登山案内図および立山曼荼羅の成立/福江充/『密教美術と歴史文化』所収/法蔵館/2011
3 -144：序にかえて/『綜覧 立山曼荼羅（富山県［立山博物館］開館20周年記念特別企画展解説図録)』所収/福江充・青青編集/富山県［立山博物館］2011
3 -145：立山曼荼羅に描かれた画像/同上書所収/福江充
3 -146：作品解説/福江充/同上書所収
3 -147：「立山曼荼羅」は「参詣曼荼羅」か/米原寛/同上書所収
3 -148：立山曼荼羅諸本の制作にかかわる「場」の多様性―水墨美術館会場に

おける展示概念―所収/福江充/同上書所収

3-149：こころをうつす 絵鏡―立山博物館会場における展示概説―/加藤基樹/同上書所収

3-150：立山曼荼羅研究関係文献目録/福江充/同上書所収

3-151：Part 1 祈りの山 神のおわす山から魂がよみがえる山まで 登拝する山 立山/森田聡子/『日経おとなのOFF　2011年８月号（通巻122号）夏山賛歌2011―祈りの山 学びの山散策の山―』所収/日経ＢＰ社（C）2011/2011

3-152：Ｉ部 絵図を読む １章 絵図の要素 1.1形態　掛図/杉本史子/『絵図学入門』所収/東京大学出版会/2011

3-153：立山信仰と立山曼荼羅―芦峅寺衆徒の勧進活動―/太田久夫/『富山県の基本図書　ふるさと調べの道しるべ』所収/桂書房/2011

3-154：加賀藩芦峅寺衆徒の檀那場形成と廻檀配札活動/福江充/『江戸城大奥と立山信仰』所収/法蔵館/2011

3-155：江戸城大奥と諸大名家の立山信仰/福江充/同上書所収

3-156：立山曼荼羅に描かれた地獄と極楽/福江充/『男の隠れ家』15-10（通巻173）所収/朝日新聞出版・株式会社グローバルプラネット/2011

3-157：越中立山芦峅寺の由緒書・縁起・勧進記と木版立山登山案内図・立山曼荼羅/福江充/『富山県［立山博物館］研究紀要』19所収/富山県［立山博物館］/2012

3-158：立山曼荼羅概論/大高康正/『参詣曼荼羅の研究』所収/岩田書院/2012

3-159：第２章 地獄ものがたり その一 山岳信仰【立山編】立山曼荼羅 日本国の人、罪わ造りて多く此の地獄に堕つ/福江充/『地獄の本（洋泉社MOOK）』所収/洋泉社/2012

3-160：巻頭図版解説/米原寛/『木版文化と立山』所収/富山県［立山博物館］/2012

3-161：立山信仰における木版文化と配札・立山曼荼羅/福江充/同右書所収

3-162：６章 旅する“絵解き”/『“絵解き”ってなぁに？ 語り継がれる仏教絵画』所収/龍谷ミュージアム・朝日新聞社/2012

3-163：作品解説/同上書所収/龍谷ミュージアム・朝日新聞社

3-164：「立山曼荼羅」には何が描かれている？/福江充/『富山県謎解き散歩』所収/新人物往来社/2013

3-165：『立山曼荼羅』は何を伝えようとしたか―宗教的機能と思想史的背景―/加藤基樹/『富山県［立山博物館］研究紀要』20所収/富山県［立山博物館］/2013

3-166：立山曼荼羅をめぐる重層的な社会構造/福江充/『図像解釈学―権力と他者―（仏教美術論集４）』所収/竹林舎/2013

3-167：地獄と浄土が共存する立山地獄の世界/栗原紀行・株式会社プラネッ

トライツ/『男の隠れ家特別編集 時空旅人Vol.14 先人たちの足跡、名峰の歴史を知る 日本山岳史』所収/三栄書房/2013

3-168：第5章 流転する地獄絵 2地獄絵の系譜/小栗栖健治/『図説 地獄絵の世界』所収/河出書房新社/2013

3-169：近世以前における「女性と救済」の論理―女性史の視点から―/米原寛/『立山と帝釈天―女性を救うほとけ―』所収/富山県［立山博物館］/2013

3-170：立山と忉利天上/同上書所収/富山県［立山博物館］

3-171：立山の帝釈岳/同上書所収/富山県［立山博物館］

3-172：立山と女人救済―女性をも救う立山―/同上書所収/富山県［立山博物館］

3-173：立山と地獄の歴史地理学的研究―立山地獄が生まれた経緯と背景―/仲あずみ/『人間文化学部学生論文集』12所収/京都学園大学人間文化学部/2014

3-174：立山曼荼羅 称名庵本「立山禅定名所案内―観光地・立山のルーツわさぐる―」より 富山県［立山博物館］/『博物館研究』49-7（通巻553）所収/富山県［立山博物館］/日本博物館協会/2014

3-175：常願寺川水系の水神信仰―立山曼荼羅に描かれた水神信仰―【シリーズ/河川文化を語る】/福江充/『会報 河川文化（特集「越国の川」）』68所収/公益社団法人日本河川協会/2014

3-176：第1章霊場の形成と御師の活動―越中立山に見る加賀藩と立山衆徒―/福江充/『勧進・参詣・祝祭（シリーズ日本人と宗教―近世から近代へ 第4巻）』所収/春秋社/2015

3-177：立山にみる救済の論理/米原寛/『富山史壇』176所収/越中史壇会/2015

3-178：第5章 立山―天空の浄土の盛衰―/鈴木正崇/『山岳信仰（中公新書2310）』所収/中央公論新社/2015

3-179：立山曼荼羅の図像を読み解く―目連救母説話図像と越中国南砺系チョンガレ台本―/福江充/『仏教文学』40所収/仏教文学会/2015

3-180：2 江戸でつくられた立山曼荼羅（Ⅰ 立山曼荼羅のなかの女人たち）/城岡朋洋/『女性たちの立山 近世から近代へ……』所収/富山県［立山博物館］/2015

3-181：[論考]立山曼荼羅のなかの女人救済思想（Ⅰ 立山曼荼羅のなかの女人たち）/加藤基樹/同上書所収

3-182：1 女人救済の霊場（Ⅱ 救いを求める女人たち）/城岡朋洋/同上書所収

3-183：3 立山曼荼羅、幕末の江戸を廻る/城岡朋洋/同上書所収

3-184：[論考]江戸城大奥の女性の信仰と立山信仰/畑尚子/同上書所収

３-185：６「立山曼荼羅」と「白山曼荼羅」（第２章 立山信仰と白山信仰の比較）/高木三郎・加藤基樹・多賀康晴/『立山と白山―北陸霊山の開山伝承―』所収/富山県［立山博物館］/2015
３-186：熊野観心十界曼荼羅と立山曼荼羅 参詣曼荼羅に描かれた地獄極楽の世界/正木晃/『超保存版 地獄と極楽浄土』所収/枻出版社（エイムック3333）/2016
３-187：近世の地獄イメージ（第Ⅱ部 地獄の閃光 第２章）/加藤基樹・高野靖彦/『立山×地獄展』所収/富山県［立山博物館］/2016
３-188：非日常性と立山地獄/田村正彦/同上書所収
３-189：近世文芸と女人蛇体/堤邦彦/同上書所収
３-190：立山における閻魔信仰/加藤基樹/同上書所収
３-191：近世における地獄表現と「立山地獄」/高野靖彦/同上書所収
３-192：『流聞軒其方狂歌絵日記』所収「立山三尊開帳」に描かれた地獄絵と岩峅寺系立山曼荼羅/福江充/『城下町金沢は大にぎわい！』所収/石川県立歴史博物館/2016
３-193：第２章 地獄ものがたり その一 山岳信仰【立山編】立山曼荼羅 日本国の人、罪わ造りて多く此の地獄に堕つ/福江充/『地獄絵大全（洋泉社MOOK）』所収/洋泉社/2016
３-194：芦峅寺旧宝泉坊の『布橋灌頂会絵巻』と「布橋灌頂会配役・配置図に関する一考察/福江充/『富山史壇』181所収/越中史壇会/2016
３-195：「布橋灌頂会」研究の方法―関係史料にみる観念的・実態的―/加藤基樹/『富山県［立山博物館］研究紀要』23所収/富山県［立山博物館］/2017

初出一覧

序　章　三禅定と木版立山登山案内図及び立山曼荼羅（新稿）

第一章　立山曼荼羅をめぐる重層的な社会構造
「立山曼荼羅を巡る重層的な社会構造」『図像解釈学―権力と他者―（仏教美術論集　四）』（竹林舎、二〇一三年）。
文献目録3-166

第二章　芦峅寺の立山縁起と木版立山登山案内図・立山曼荼羅
「越中立山芦峅寺の由緒書・縁起・勧進記と木版立山登山案内図・立山曼荼羅」（『富山県［立山博物館］研究紀要』一九号、富山県［立山博物館］、二〇一二年）。文献目録3-157（＊他研究者による新史料の発見及び筆者の誤認に対する指摘により一部改稿）

第三章　立山略縁起と立山曼荼羅―芦峅寺宝泉坊旧蔵本『立山縁起』の紹介と考察―
「立山略縁起と立山曼荼羅―芦峅寺宝泉坊旧蔵本『立山縁起』の紹介と考察―」（『国文学　解釈と鑑賞』六三巻一二号、至文堂、一九九八年）。文献目録3-77

第四章　立山曼荼羅の成立過程に関する一考察―木版立山登山案内図から立山曼荼羅への展開―
「立山曼荼羅の成立過程に関する一考察―木版立山登山案内図から立山曼荼羅への展開―」（『富山県［立山博物館］研究紀要一四号、富山県［立山博物館］、二〇〇七年）。文献目録3-114

第五章　木版立山登山案内図と立山曼荼羅（新稿）

第六章　立山曼荼羅の絵解き再考―芦峅寺宝泉坊衆徒泰音の「知」と御絵伝（立山曼荼羅）招請に着眼して―

「立山曼荼羅の絵解き再考—芦峅寺宝泉坊泰音の「知」と御絵伝（立山曼荼羅）招請に着眼して—」（『富山県［立山博物館］研究紀要』一八号、富山県［立山博物館］、二〇一一年）。文献目録3-140

第七章　芦峅寺教算坊が大坂で形成した檀那場と立山曼荼羅

「芦峅寺教算坊が大坂で形成した檀那場と立山曼荼羅」（『富山県［立山博物館］研究紀要』一一号、富山県［立山博物館］、二〇〇四年）。文献目録3-100

第八章　立山曼荼羅の図像を読み解く—目連救母説話図像と越中国南砺系チョンガレ台本—

「立山曼荼羅の図像を読み解く—目連救母説話図像と越中国南砺系チョンガレ台本—」（『仏教文学』四〇号、仏教文学会、二〇一五年）。文献目録3-179

付　章　『流聞軒其方狂歌絵日記』所収「立山三尊開帳」に描かれた地獄絵と岩峅寺系立山曼荼羅

「『流聞軒其方狂歌絵日記』所収「立山三尊開帳」に描かれた地獄絵と岩峅寺系立山曼荼羅」（『城下町金沢は大にぎわい！』石川県歴史博物館、二〇一六年）。文献目録3-192

参考資料1　立山曼荼羅諸本の解説（新稿）

参考資料2　立山曼荼羅研究関係文献目録（一九三六年～二〇一七年）

『綜覧立山曼荼羅』（富山県［立山博物館］、二〇一一年）。文献目録2-12

あとがき

本書は、筆者の七冊目の単著である。七冊全てが「立山信仰」に関わる内容である。亡くなった父（福江文祐）が、「おまえは、いつになったら本気で真宗に向かっていくんだ？」と、苦笑いをしているかもしれない。筆者としては、立山信仰に関する著書はあと三冊刊行して、計一〇冊を目論んでいる。だから父にはわるいが、もう少しかかりそうである。

宗派は違えど、筆者が立山信仰史研究の分野に飽きもせず長らく興味を持ち続けていられるのも、生まれが寺院で、幼少の頃から今日までごく身近に宗教があったからだろう。

筆者の実家は、富山県小矢部市の片田舎に所在する真宗大谷派の寺院「善住寺」である。平成二七年（二〇一五）九月に住職だった父がで亡くなり（享年八三歳）、同年一二月に住職を引き継いだ。といっても、一方では大学教員なので、月曜日から金曜日までは大学で勤務している。したがって、もし不定期に通夜や葬儀がでれば休暇をとって対応し、法事や村御講は土曜日・日曜日・祝日で対応している。近年の大学においては、オープンキャンパスなど、土曜・日曜・祝日にもさまざまな仕事が入ることが多く、さらに、これに学内外の講演活動や学会活動及び研究発表、執筆活動なども加わるから、けっこう忙しい。そのうえ、ささやかな息抜きとして、週末の夜は妻を相方に富山や金沢のライブハウスや弾き語り酒場でアマチュアの音楽活動も行っている。

誠にありがたいのは、僧籍を持った母（律子）が健在で、やはり僧籍を持った妻（朱美）とともに日頃の月忌参りはもちろん、筆者が多忙なときは通夜・葬儀・法事などの法務も行ってくれていることである。二人には本当に感謝している。今回の出版もこうした日頃の家族の協力や応援があったからこそできたことである。

ところで、それこそ博覧強記だった父の膨大な遺品の整理や、そのついでに本堂の内陣裏の物置や土蔵なども整理していくと、思いがけず大量の古文書が出てきた。その古文書群には長い間触れられたような形跡が見られなかった。したがって祖父や父は、代々の口伝である程度は自寺の由緒を聞き知っていたかもしれないが、おそらく先の古文書は見ていないだろうから、どこまで正確に由緒を認識していたかは疑問である。

かつて筆者は富山県［立山博物館］と高志の国文学館で併せて二五年間学芸員を勤めてきたので、古文書を見ると思わず血が騒ぎ、整理・解読したくなる。そこで父の遺品整理をしながら一方で古文書に目を通し、粗方区分けをしたあと解読してみた。すると、おそらく祖父や父もどれだけ認識していたかは不明だが、筆者も全く知らなかった善住寺の歴史が見えてきた。

日頃の忙しさにかまけ、母と妻に法務を任せっ切りで満足に住職の役目も果たせていないが、寺院及び檀家さんたち、そして亡き父や家族に対するささやかな罪滅ぼしも兼ね、ここでは立山信仰の話ではなく、善住寺の住職として、同寺の由緒を概略しておきたいと思う。自分のルーツでもあるので。

まず、明治一二年（一八七九）の表紙のない冊子に、「善住寺移転記」や「寺院移転御添書願」などが収められており、そこから善住寺の由緒を見ていきたい。

善住寺は、歎心と称する人物が、真宗大谷派第一一世門主顕如に帰依して直弟となり、天正五年（一五七七）に越中国砺波郡水嶋村において一宇を創建したのが始まりという。その後、享保一七年（一七三二）三月六日、第五世素歎が本山より「善住寺」として寺号免許を獲得し、正式に善住寺が創立した。ここまではどこにでもありそうな寺院の創建話である。

しかし、天保二年（一八三一）三月、第一〇世素心が住職のとき、原因は不明だが堂宇が悉く破損したため、結局すべて取り壊し跡形もなくなった。本尊と寺号免許は法類である同村の真宗大谷派勝満寺に預け置くことになった。このような経緯から、江戸時代に善住寺が実在したことを示す古文書は皆無であり、唯一、文化八年（一八一一）に東本願寺（第二〇代法主達如）から善住寺（第九世法意）に下知された『歓喜光院真影（東本願寺第一九代法主乗如絵像）』一幅が残るのみである。

さて、このあとの話から福江家のご先祖様が登場する。明治一二年（一八七九）、越中国砺波郡の名畑村・藤森村・杉谷内村の三ヶ村の真宗の信徒たちは、三ヶ村内に寺院がなく、何かと不都合を感じていた。そこで勝満寺に本尊と寺号免許のみで存在していた善住寺に着目し、勝満寺に対し善住寺を名畑村に移転させて欲しいとの情願を起こした。当時善住寺は、勝満寺住職船見厳俊氏が自坊と兼ねて住職を務めていた。

三ヶ村の信徒たちは勝満寺に対し、名畑村に畑山与三兵衛所有の土地を借り受け、そこに善住寺を移転する案を示した。さらに移転後の善住寺の住職は、杉谷内村の福江円成と称する人物に任せることを内定させていた。以下は、筆者のご先祖である福江円成について述べたい。

その起源は明らかではないが、幕末に越中国砺波郡杉谷内村には、真宗の道場が存在していた。善住寺文書のなかの安政四年（一八五七）『釈浄心　御吊御香典留帳　巳十月廿六朝五ツ往生　円成』や同年『死去入用方調理記帳　安政四年巳十月廿六日　円成』によると、当時の道場主は円成と称する人物で、さらにその先代は浄心と称する人物であった。浄心の葬儀に際し近隣の真宗寺院から香典を頂戴しているので、真宗の道場だったことがわかる。

また、文久二年（一八六二）『祖師上人六百回御遠忌記事一幕　杉谷内円成　文久二戌年五月廿三日ヨリ廿五日迄』

と同年『就　祖師聖人六百回大御遠忌万諸事留帳　杉谷内円成』（裏表紙『遊山堂納戸勘定記　越之仲州砺波郡蟹谷郷杉谷山円成寺用』）の古文書から、同年に杉谷内村の真宗道場円成寺で宗祖親鸞聖人の六百回大御遠忌が催されたことがわかる。なお、後者の文書の本文巻末に「文久第二　五月　越中砺波郡蟹谷郷杉谷内寺円成　行年廿七歳」と記載されており、当時住職円成は二七歳で、自坊を円成寺と称していたことがわかる。

さて、善住寺の住職就任を打診された福江円成は、長男速成の同意も得て引き受けることにした。そこで杉谷内村の真宗道場は廃止し、道場の建物（三三坪、前口五間三尺、奥行六間）をまるごと名畑村字上杉木に用意された新たな善住寺の土地（境内坪数一二三坪）に寄進・移築した。

ところで、円成は長く真宗道場主であったが、日常の法務には特に必要がなかったのか、真宗大谷派の得度を受けていなかった。しかし、明治九年（一八七六）一二月に得度を受けて正式に真宗大谷派の僧侶となっている（円成、四〇歳）。さらに明治一一年一月には教導職試補となり、そして同年一二月に善住寺の住職になったのである。その間、善住寺の遷座供養会が明治一二年一〇月二五日から二七日まで行われている。移転に対する諸入費は二二〇円八銭であった。勝満寺には善住寺移転の一件に対する謝礼として、三ヶ村の信徒より五〇円が支払われている。

以下は、明治一二年（一八七九）に取り決められた善住寺と名畑村・藤森村・杉谷内村の三ヶ村との契約事項などである。善住寺の境内地の借賃は名畑村の四〇軒が毎年弁償する。資金は一五〇円である。年中仏供米は三ヶ村から徴収する。堂宇の修繕は三ヶ村で賄う。米五石と金五〇円を三ヶ村で賄う。信徒三〇〇戸（名畑村ほか九ヶ村）。

善住寺の歴代住職は次のとおりである。開祖…歎心、第二世…融法、第三世・第四世…不明、第五世…素歎、第六世…浄心、第七世…城音、第八世…正道、第九世…法意、第一〇世…素信、第一一世…得明。第一二世…福江円成、第一三世…福江誓成、第一四世…福江政雄、第一五世…福江文祐、第一六世…福江充。

以上、立山信仰ばかり研究していて、自坊にあまり目を向けてこなかったことへの罪滅ぼしも兼ねて、若干ではあるが、自分のルーツである善住寺とご先祖の真宗道場の歴史をまとめてみた。

お父さん、どうでしたか？　知ってましたか？　えっ、極楽浄土にはご先祖様がみんな揃っていらっしゃるから知ってるって…。ということでお父さんごめんなさい。これでまたしばらくは立山信仰の研究を続けさせてください。あと三冊刊行したら。真宗はそのあとで。

本書の執筆に際しての資料提供や写真資料の掲載、論文転載に関しては、次の方々に格別の御高配を賜りました。ここに記して厚くお礼申し上げます（敬称略・五十音順）。

芦峅寺雄山神社、飯野直義、石川県立歴史博物館、市神神社、伊藤正之、稲沢照彦、円隆寺、加藤基樹、刈谷市中央図書館、金蔵院、最勝寺、佐伯カルエ、佐伯健一、佐伯節子、佐伯孝元、佐伯智恵子、佐伯宏、佐伯淳、佐伯賢、佐伯睦麿、坂木雅浩、志鷹新樹、称念寺、専称寺、大江寺、大仙坊、大徳寺、多賀坊、竹内孝、立山黒部貫光株式会社、立山町、筒井志朗、坪井政明、坪井政子、桃原寺、富山県［立山博物館］、富山県立図書館、兵庫県立歴史博物館、広川真紀子、藤縄慶昭、北陸大学、細木ひとみ、村上幸一、四方神社、来迎寺、龍光寺。

最後に、出版事業の困難な時期、快く本書出版の機会をお与えいただき、上梓に至るまで格別の御配慮と御便宜を賜りました岩田書院社長岩田博氏に深く感謝の意を表します。

平成三〇年七月十七日

福江　充

著者紹介

福江　充（ふくえ　みつる）

1963年、富山県生まれ。1989年、大谷大学大学院文学研究科修士課程修了。北陸大学国際コミュニケーション学部准教授。文学博士(金沢大学)。第9回日本山岳修験学会賞・第3回日本学術振興会賞・第24回とやま賞を受賞。平成19年度富山県優良職員表彰。平成26年度日本博物館協会顕彰。主な著書に『立山信仰と立山曼荼羅』（岩田書院、1998年)、『近世立山信仰の展開』（岩田書院、2002年)、『立山曼荼羅―絵解きと信仰の世界―』（法蔵館、2005年)、『立山信仰と布橋大灌頂法会』（桂書房、2006年)、『江戸城大奥と立山信仰』（法蔵館、2011年)、『立山信仰と三禅定』（岩田書院、2017年)などがある。日本山岳修験学会理事、北陸宗教文化学会理事、日本宗教民俗学会委員、越中史壇会委員、富山民俗の会幹事、日本民俗学会会員、加賀藩研究ネットワーク会員。真宗大谷派・善住寺住職。

立山曼荼羅《たてやままんだら》の成立と縁起《えんぎ》・登山案内図《とざんあんないず》

2018年(平成30年) 7月　第1刷　330部発行　　**定価[本体8600円＋税]**

著　者　福江　充

発行所　有限会社岩田書院　代表：岩田　博　　http://www.iwata-shoin.co.jp

〒157-0062　東京都世田谷区南烏山4-25-6-103　電話03-3326-3757　FAX03-3326-6788

組版・印刷・製本：藤原印刷　　Printed in Japan

ISBN978-4-86602-042-6 C3039 ¥8600E

			本体価	刊行年月
933	山崎　一司	「花祭り」の意味するもの	6800	2015.09
934	長谷川ほか	修験道史入門	2800	2015.09
935	加賀藩ﾈｯﾄﾜｰｸ	加賀藩武家社会と学問・情報	9800	2015.10
936	橋本　裕之	儀礼と芸能の民俗誌	8400	2015.10
937	飯澤　文夫	地方史文献年鑑2014	25800	2015.10
938	首藤　善樹	修験道聖護院史要覧	11800	2015.10
939	横山　昭男	明治前期の地域経済と社会＜近代史22＞	7800	2015.10
940	柴辻　俊六	真田幸綱・昌幸・信幸・信繁	2800	2015.10
941	斉藤　　司	田中休愚「民間省要」の基礎的研究＜近世史43＞	11800	2015.10
942	黒田　基樹	北条氏房＜国衆19＞	4600	2015.11
943	鈴木　将典	戦国大名武田氏の領国支配＜戦国史14＞	8000	2015.12
944	加増　啓二	東京北東地域の中世的空間＜地域の中世16＞	3000	2015.12
945	板谷　　徹	近世琉球の王府芸能と唐・大和	9900	2016.01
946	長谷川裕子	戦国期の地域権力と惣国一揆＜中世史28＞	7900	2016.01
947	月井　　剛	戦国期地域権力と起請文＜地域の中世17＞	2200	2016.01
948	菅原　壽清	シャーマニズムとはなにか	11800	2016.02
950	荒武賢一朗	東北からみえる近世・近現代	6000	2016.02
951	佐々木美智子	「産む性」と現代社会	9500	2016.02
952	同編集委員会	幕末佐賀藩の科学技術　上	8500	2016.02
953	同編集委員会	幕末佐賀藩の科学技術　下	8500	2016.02
954	長谷川賢二	修験道組織の形成と地域社会	7000	2016.03
955	木野　主計	近代日本の歴史認識再考	7000	2016.03
956	五十川伸矢	東アジア梵鐘生産史の研究	6800	2016.03
957	神崎　直美	幕末大名夫人の知的好奇心	2700	2016.03
958	岩下　哲典	城下町と日本人の心性	7000	2016.03
959	福原・西岡他	一式造り物の民俗行事	6000	2016.04
960	福嶋・後藤他	廣澤寺伝来　小笠原流弓馬故実書＜史料叢刊10＞	14800	2016.04
961	糸賀　茂男	常陸中世武士団の史的考察	7400	2016.05
962	川勝　守生	近世日本石灰史料研究IX	7900	2016.05
963	所　理喜夫	徳川権力と中近世の地域社会	11000	2016.05
964	大豆生田稔	近江商人の酒造経営と北関東の地域社会	5800	2016.05
000	史料研究会	日本史のまめまめしい知識１＜ぶい＆ぶい新書＞	1000	2016.05
965	上原　兼善	近世琉球貿易史の研究＜近世史44＞	12800	2016.06
967	佐藤　久光	四国遍路の社会学	6800	2016.06
968	浜口　　尚	先住民生存捕鯨の文化人類学的研究	3000	2016.07
969	裏　　直記	農山漁村の生業環境と祭祀習俗・他界観	12800	2016.07
971	橋本　　章	戦国武将英雄譚の誕生	2800	2016.07
973	市村・ほか	中世港町論の射程＜港町の原像・下＞	5600	2016.08

岩田書院 刊行案内 (25)

			本体価	刊行年月
974	小川　雄	徳川権力と海上軍事＜戦国史15＞	8000	2016.09
975	福原・植木	山・鉾・屋台行事	3000	2016.09
976	小田　悦代	呪縛・護法・阿尾奢法＜宗教民俗９＞	6000	2016.10
977	清水　邦彦	中世曹洞宗における地蔵信仰の受容	7400	2016.10
978	飯澤　文夫	地方史文献年鑑2015＜郷土史総覧19＞	25800	2016.10
979	関口　功一	東国の古代地域史	6400	2016.10
980	柴　裕之	織田氏一門＜国衆20＞	5000	2016.11
981	松崎　憲三	民俗信仰の位相	6200	2016.11
982	久下　正史	寺社縁起の形成と展開＜御影民俗22＞	8000	2016.12
983	佐藤　博信	中世東国の政治と経済＜中世東国論６＞	7400	2016.12
984	佐藤　博信	中世東国の社会と文化＜中世東国論７＞	7400	2016.12
985	大島　幸雄	平安後期散逸日記の研究＜古代史12＞	6800	2016.12
986	渡辺　尚志	藩地域の村社会と藩政＜松代藩５＞	8400	2017.11
987	小豆畑　毅	陸奥国の中世石川氏＜地域の中世18＞	3200	2017.02
988	高久　舞	芸能伝承論	8000	2017.02
989	斉藤　司	横浜吉田新田と吉田勘兵衛	3200	2017.02
990	吉岡　孝	八王子千人同心における身分越境＜近世史45＞	7200	2017.03
991	鈴木　哲雄	社会科歴史教育論	8900	2017.04
992	丹治　健蔵	近世関東の水運と商品取引 続々	3000	2017.04
993	西海　賢二	旅する民間宗教者	2600	2017.04
994	同編集委員会	近代日本製鉄・電信の起源	7400	2017.04
995	川勝　守生	近世日本石灰史料研究10	7200	2017.05
996	那須　義定	中世の下野那須氏＜地域の中世19＞	3200	2017.05
997	織豊期研究会	織豊期研究の現在	6900	2017.05
000	史料研究会	日本史のまめまめしい知識２＜ぶい＆ぶい新書＞	1000	2017.05
998	千野原靖方	出典明記 中世房総史年表	5900	2017.05
999	植木・樋口	民俗文化の伝播と変容	14800	2017.06
000	小林　清治	戦国大名伊達氏の領国支配＜著作集１＞	8800	2017.06
001	河野　昭昌	南北朝期法隆寺雑記＜史料選書５＞	3200	2017.07
002	野本　寛一	民俗誌・海山の間＜著作集５＞	19800	2017.07
003	植松　明石	沖縄新城島民俗誌	6900	2017.07
004	田中　宣一	柳田国男・伝承の「発見」	2600	2017.09
005	横山　住雄	中世美濃遠山氏とその一族＜地域の中世20＞	2800	2017.09
006	中野　達哉	鎌倉寺社の近世	2800	2017.09
007	飯澤　文夫	地方史文献年鑑2016＜郷土史総覧19＞	25800	2017.09
008	関口　健	法印様の民俗誌	8900	2017.10
009	由谷　裕哉	郷土の記憶・モニュメント＜ブックレットH22＞	1800	2017.10
010	茨城地域史	近世近代移行期の歴史意識・思想・由緒	5600	2017.10

岩田書院 刊行案内（26）

			本体価	刊行年月
011	斉藤　　司	煙管亭喜荘と「神奈川砂子」＜近世史46＞	6400	2017.10
012	四国地域史	四国の近世城郭＜ブックレットH23＞	1700	2017.10
014	時代考証学会	時代劇メディアが語る歴史	3200	2017.11
015	川村由紀子	江戸・日光の建築職人集団＜近世史47＞	9900	2017.11
016	岸川　雅範	江戸天下祭の研究	8900	2017.11
018	鳥越　皓之	自然の神と環境民俗学	2200	2017.11
019	遠藤ゆり子	中近世の家と村落	8800	2017.12
020	戦国史研究会	戦国期政治史論集　東国編	7400	2017.12
021	戦国史研究会	戦国期政治史論集　西国編	7400	2017.12
022	同文書研究会	誓願寺文書の研究（全２冊）	揃8400	2017.12
024	上野川　勝	古代中世 山寺の考古学	8600	2018.01
025	曽根原　理	徳川時代の異端的宗教	2600	2018.01
026	北村　行遠	近世の宗教と地域社会	8900	2018.02
027	森屋　雅幸	地域文化財の保存・活用とコミュニティ	7200	2018.02
028	松崎・山田	霊山信仰の地域的展開	7000	2018.02
029	谷戸　佑紀	近世前期神宮御師の基礎的研究＜近世史48＞	7400	2018.02
030	秋野　淳一	神田祭の都市祝祭論	13800	2018.02
031	松野　聡子	近世在地修験と地域社会＜近世史48＞	7900	2018.02
032	伊能　秀明	近世法制実務史料 官中秘策＜史料叢刊11＞	8800	2018.03
033	須藤　茂樹	武田親類衆と武田氏権力＜戦国史叢書16＞	8600	2018.03
179	福原　敏男	江戸山王祭礼絵巻	9000	2018.03
034	馬場　憲一	武州御嶽山の史的研究	5400	2018.03
035	松尾　正人	近代日本成立期の研究　政治・外交編	7800	2018.03
036	松尾　正人	近代日本成立期の研究　地域編	6000	2018.03
037	小畑　紘一	祭礼行事「柱松」の民俗学的研究	12800	2018.04
038	由谷　裕哉	近世修験の宗教民俗学的研究	7000	2018.04
039	佐藤　久光	四国猿と蟹蜘蛛の明治大正四国霊場巡拝記	5400	2018.04
040	川勝　守生	近世日本石灰史料研究11	8200	2018.06
041	小林　清治	戦国期奥羽の地域と大名・郡主＜著作集２＞	8800	2018.06
042	福井郷土誌	越前・若狭の戦国＜ブックレットH24＞	1500	2018.06
043	青木・ﾐﾋｪﾙ他	天然痘との闘い：九州の種痘	7200	2018.06
044	丹治　健蔵	近世東国の人馬継立と休泊負担＜近世史50＞	7000	2018.06
045	佐々木美智子	「俗信」と生活の知恵	9200	2018.06
046	下野近世史	近世下野の生業・文化と領主支配	9000	2018.07

107	福江　　充	立山信仰と立山曼荼羅［宗教民俗学叢書４］	8200	98.04
248	福江　　充	近世立山信仰の展開［近世史叢書７］	11800	2002.05
017	福江　　充	立山信仰と三禅定	8800	2017.11